경상남도교육청

교육공무직원 소양평가

시대에듀

2026 최신판 시대에듀 경상남도교육청 교육공무직원 소양평가
인성검사 3회 + 모의고사 7회 + 면접 + 무료공무직특강

Always **with you**

사람의 인연은 길에서 우연하게 만나거나 함께 살아가는 것만을 의미하지는 않습니다.
책을 펴내는 출판사와 그 책을 읽는 독자의 만남도 소중한 인연입니다.
시대에듀는 항상 독자의 마음을 헤아리기 위해 노력하고 있습니다. 늘 독자와 함께하겠습니다.

PREFACE

머리말

경상남도교육청은 교육공무직원을 채용하기 위해 소양평가를 실시하여 지원자가 업무에 필요한 역량을 갖추고 있는지 평가한다. 채용절차는 「원서접수 ➞ 서류심사 및 필기시험 ➞ 면접심사 ➞ 합격자 결정」 순서로 진행한다. 직종별로 서류심사 및 필기시험을 구분하여 실시하며, 서류심사 및 필기시험 합격자에 한하여 면접에 응시할 수 있는 자격이 주어진다.

이에 시대에듀에서는 경상남도교육청 교육공무직원 소양평가를 준비하는 수험생들을 위해 다음과 같은 특징의 본서를 출간하게 되었다.

도서의 특징

❶ 경상남도교육청 기관 소개

- 경상남도교육청 소개를 수록하여 경상남도교육청 교육목표 및 교육공무직원 업무에 대한 전반적인 이해가 가능하도록 하였다.

❷ 5개년 기출복원문제

- 2025~2021년 시행된 경상남도교육청 5개년 기출복원문제를 통해 최근 출제경향을 파악할 수 있도록 하였다.

❸ 인성검사 소개 및 모의테스트

- 인성검사 소개 및 모의테스트 2회분을 통해 인성검사 문항을 사전에 익히고 체계적으로 연습할 수 있도록 하였다.

❹ 직무능력검사 핵심이론 및 기출예상문제

- 경상남도교육청 교육공무직원 직무능력검사 5개 영역별 핵심이론 및 기출예상문제를 수록하여 소양평가에 완벽히 대비하도록 하였다.

❺ 최종점검 모의고사

- 실제 시험과 같은 문항 수와 출제영역으로 구성된 모의고사 4회분을 수록하여 시험 전 자신의 실력을 스스로 점검할 수 있도록 하였다.

❻ 면접 소개 및 예상 면접질문

- 면접 소개 및 예상 면접질문을 통해 한 권으로 경상남도교육청 교육공무직원 채용을 준비할 수 있도록 하였다.

끝으로 본서를 통해 경상남도교육청 교육공무직원 채용을 준비하는 모든 수험생에게 합격의 행운이 따르기를 진심으로 기원한다.

SDC(Sidae Data Center) 씀

경상남도교육청 소개

교육철학

민주성	자발적인 참여, 소통과 공감으로 만들어 가는 교육
공공성	모든 학생에게 차별 없이 질 높은 배움을 제공하는 교육
미래성	교육의 내용과 방법 모두를 혁신한 창의적인 교육
지역성	지역사회 자원을 이용하고 지역에 기여하는 교육

교육비전

배움이 즐거운 학교 함께 가꾸는 경남교육

교육지표

함께 배우며 미래를 열어가는 민주시민 육성

- 배움 중심의 **새로운 교육**
- 더불어 행복한 **교육복지**
- 안전하고 건강한 **교육환경**
- 소통과 공감의 **교육공동체**
- 깨끗하고 공정한 **지원행정**

교육청 심벌마크

경상남도교육청
GYEONGSANGNAMDO OFFICE OF EDUCATION

국가와 경상남도를 상징하는 태극문양과 한글 경남의 'ㄱ'과 'ㄴ'을 이용하여 공부하는 학생의 모습과 미래를 향한 진리탐구를 형상화하여 국가발전을 위한 새로운 미래교육을 위해 노력하는 경상남도교육청의 의지를 나타냄

브랜드슬로건

경남교육
아이좋아

학생 중심 교육으로 '아이'가 좋아하고, 현장 중심 교육으로 행복한 나(I)를 만들어가며, 지원 중심 교육으로 즐거운 감탄사 '아이좋아'가 울려 퍼지는 교육공동체 모두가 행복한 경남교육을 펼쳐 나간다는 의미를 담고 있음

교육공무직원 소개

교육공무직원의 8가지 의무

1 교육공무직원은 맡은 바 직무를 성실히 수행하여야 하며, 직무를 수행함에 있어 사용부서의 장의 직무상의 명령을 이행하여야 한다.

2 교육공무직원이 근무지를 이탈할 경우에는 사용부서의 장에게 허가를 받아야 한다. 다만, 불가피한 사유로 사전허가를 받을 수 없는 경우에는 구두 또는 유선으로 허가를 받아야 한다.

3 교육공무직원은 근무기간 중은 물론, 근로관계가 종료된 후에도 직무상 알게 된 사항을 타인에게 누설하거나 부당한 목적을 위하여 사용하여서는 아니 된다. 다만, 공공기관의 정보공개에 관한 법률 및 그 밖의 법령에 따라 공개하는 경우는 그러하지 아니하다.

4 교육공무직원은 직무의 내 · 외를 불문하고 그 품위를 손상하는 행위를 하여서는 아니 된다.

5 교육공무직원은 공과 사를 명백히 분별하고 국민의 권리를 존중하며, 친절 · 공정하고 신속 · 정확하게 모든 업무를 처리하여야 한다.

6 교육공무직원은 직무와 관련하여 직접 또는 간접을 불문하고 사례를 주거나 받을 수 없다.

7 교육공무직원은 다른 직무를 겸직할 수 없다. 다만, 부득이한 경우에는 사용부서의 장에게 신청하고 사전 허가를 받아야 한다.

8 사용부서의 장은 업무에 지장을 주거나 교육기관 특성상 부적절한 영향을 초래할 우려가 있는 경우 겸직을 허가하지 아니하거나 겸직 허가를 취소할 수 있다.

교육공무직원의 업무

구분	내용
돌봄전담사	• 늘봄교실 운영 및 관리 등
유치원방과후전담사	• 공립유치원 방과후 과정(아침 · 저녁 돌봄) 운영 전담 • 교원 행정 업무 지원 및 기타 관련 업무 등 지원
조리실무사	• 급식품의 위생적인 조리 및 배식 활동 • 급식실 내 · 외부의 청소, 소독 • 급식시설 · 설비 및 기구의 세척, 소독 • 기타 영양(교)사의 지도사항 이행 및 조리사의 업무 지원 등
조리사	• 식단에 따른 조리 업무(전처리에서부터 조리, 배식 등 전 과정) • 구매식품의 검수 지원 • 급식설비 및 기구의 위생안전 실무 • 그 밖의 조리 실무에 관한 사항 • 급식실의 청소 관리 및 급식실 관리 • 급식시설 · 설비 및 기구의 세척 · 소독 관리 • 기타 영양(교)사의 지도사항 협의 이행 및 업무 지원
교육복지사	• 교육취약계층학생 발굴 · 지원(학생 성장 지원, 맞춤형 지원, 교육복지운영 지원) • 교육복지우선지원사업 관리 · 운영에 관한 사항 • 지역사회 연계 · 활동 등
기숙사 생활 지도원	• 기숙사 학생 생활 교육 · 지도 및 관리 운영 전반 • 기숙사 내 출입 통제, 환경위생 · 청결 관리 • 기숙사 시설 관리 및 기숙사 내 · 외 교육환경 관리 전반 • 기타 학교장이 지정하는 업무
특수교육실무원	• 특수교육대상자의 교육 및 활동에 대한 지원 등
사무행정원	• 교육활동을 위한 교육행정 업무지원 등
취업지원관	• 우수취업처 발굴 및 취업 지원, 학습 중심 현장실습 운영 관리 및 추수 지도 • 직업계고 및 선취업 · 후진학 지원 • 특성화고 · 마이스터고 포털(하이파이브) 관리 및 직업교육 관련 행정 처리 • 직업계고 홍보 및 직업교육 업무 지원, 기타 직업교육 관련 학교장(기관장) 지정업무 등
안내원	• 기관 이용객 안내 및 민원 · 전화 응대 • 행정업무 지원 등

교육행정서비스헌장

행정서비스헌장이란?

행정기관이 제공하는 ❶ 서비스의 기준과 내용, ❷ 제공방법 및 절차, ❸ 잘못된 서비스에 대한 시정 및 보상조치 등을 구체적으로 정하여 공표하고, 이의 실천을 국민에게 약속하는 제도이다.

도입배경 및 목적

❶ 행정 환경의 변화에 따라 지난 50년간 유지되어 온 행정서비스 전달체계의 구조와 틀을 일대 쇄신할 필요성 대두

- 서비스 제공방식을 고객 중심으로 전환하여 국민이 일방적인 수혜자가 아니라 적극적 선택권자임을 천명
- 규제 · 절차 중심의 형태와 조직문화를 고객과 결과 중심으로 전환
- 고품질의 서비스 제공을 위해 경쟁과 경영의 원리를 도입

❷ '깨끗하고 공정한 정부'를 원하는 국민의 기대 충족

- 행정서비스의 투명성을 확보하여 서비스 제공에 따른 부정과 부패 방지
- 모든 국민에게 공정하고 평등한 서비스의 제공을 약속하여 특혜나 이권의 여지를 근절

❸ 정부개혁 작업의 성공적 추진을 뒷받침하기 위한 전략적 수단 필요

- 정부주도의 개혁만으로는 국민지지 확보에 한계가 있으므로 국민요구에 대한 대응성과 책임성을 높일 수 있는 것이 필요
- 분야별 목표를 재검토함으로써 개혁의 방향을 '고객위주'로 설정할 수 있는 기회 제공

경상남도교육청 교육행정서비스헌장

경상남도교육청 전 공무원은 우리의 고객에게 사랑과 신뢰를 받도록 최상의 교육행정서비스를 제공할 것을 약속하며, 혁신하는 마음가짐으로 다음과 같이 실천할 것이다.

우리는 고객 누구나 질 높은 교육행정서비스를 받을 수 있도록 최선을 다할 것이다.
우리는 모든 민원을 고객의 입장에서 생각하고 신속 · 정확 · 공정하게 처리할 것이다.
우리는 고객의 다양한 의견을 수렴하고 적극적으로 반영할 것이다.
우리는 행정처리과정에서 고객에게 불만족이나 불편을 초래한 경우, 즉시 시정하고, 이에 대한 적정한 보상을 할 것이다.
우리는 교육행정서비스에 대하여 고객으로부터 매년 평가를 받고 그 결과를 공개하고 부족한 상황을 보완할 것이다.

이와 같은 우리의 목표를 달성하기 위하여 구체적인 서비스 이행표준을 정하고 이를 성실히 실천할 것을 약속한다.

2025년 기출분석

총평

2025년 경상남도교육청 교육공무직원 채용은 총 2회 시행되었고, 1차 필기시험과 2차 면접으로 이루어졌다. 필기시험의 경우, 언어논리력, 이해력, 공간지각력, 문제해결력, 관찰탐구력으로 구성된 직무능력검사의 영역이 구분되지 않고 섞여서 출제된 것이 가장 큰 특징이었다. 언어논리력에서는 지문의 길이가 긴 독해 문제가 출제되었고, 어휘력 문제의 비중이 줄었다. 이해력에서는 조직 내 대인관계에 관해 묻는 문제가 출제되었다. 공간지각력과 문제해결력은 다른 도형 찾기, 명제 추리 등 익숙한 문제들이, 관찰탐구력은 물리 등 기초 과학 문제가 골고루 출제되었다. 전년 대비 지문의 길이가 길어진 만큼 시간 관리에 유념을 기울여야 했다.

필기시험

구분	출제영역	문항 수	시간
인성검사	–	200문항	40문항
직무능력검사	언어논리력, 이해력, 공간지각력, 문제해결력, 관찰탐구력	45문항	50문항

※ 조리 직종은 관찰탐구력 대신 조리 문제가 출제되고, 유치원방과후전담사는 관찰탐구력 대신 2019 개정누리과정(해설서) 문제가 출제됩니다.

출제유형

구분	출제유형
언어논리력	• 맞춤법 기출 키워드 이래뵈도/이래봬도 • 추론하기 기출 키워드 개구리화 현상, 디지털 소외계층 • 내용일치 기출 키워드 승정원 • 제목찾기 기출 키워드 퇴계 이황
이해력	• 조언하기 기출 키워드 콜포비아 • 의사표현 기출 키워드 업무진행방식, 소통
공간지각력	• 제시된 도형과 다른 도형 찾기 • 완성된 평면도의 꼭짓점 개수의 합 • 제시된 도형에 필요한 최소한의 블록 수 • 입체도형 단면도
문제해결력	• 명제 추리 • 입사 순서 찾기 • 부정행위 한 사람 찾기 • 가장 늦게 도착하는 운송수단 찾기
관찰탐구력	• 기초과학 기출 키워드 질량의 보존 법칙, 굴절각 찾기, 마그마

도서 200% 활용하기

5개년 기출복원문제

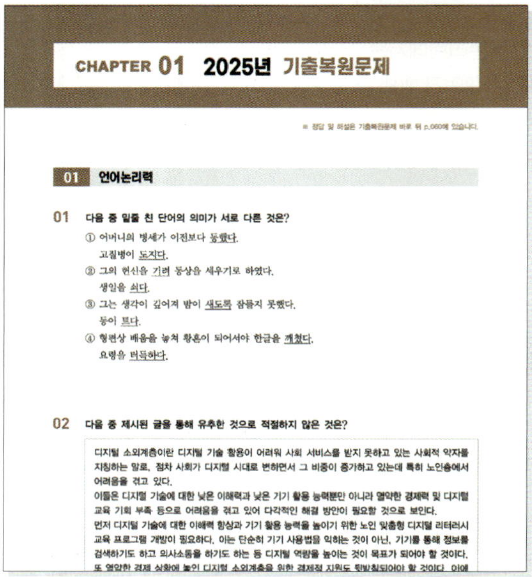

CHAPTER 01 2025년 기출복원문제

※ 정답 및 해설은 기출복원문제 바로 뒤 p.060에 있습니다.

01 언어논리력

01 다음 중 밑줄 친 단어의 의미가 서로 다른 것은?

① 어머니의 병세가 이전보다 둥했다.
   고질병이 도지다.
② 그의 헌신을 기려 동상을 세우기로 하였다.
   생일을 쇠다.
③ 그는 생각이 깊어져 밤이 새도록 잠들지 못했다.
   동이 트다.
④ 형편상 배움을 놓쳐 황혼이 되어서야 한글을 깨쳤다.
   요령을 터득하다.

02 다음 중 제시된 글을 통해 유추한 것으로 적절하지 않은 것은?

디지털 소외계층이란 디지털 기술 활용이 어려워 사회 서비스를 받지 못하고 있는 사회적 약자를 지칭하는 말로, 점차 사회가 디지털 시대로 변하면서 그 비중이 증가하고 있는데 특히 노인층에서 어려움을 겪고 있다.
이들은 디지털 기술에 대한 낮은 이해력과 낮은 기기 활용 능력뿐만 아니라 열악한 경제력 및 디지털 교육 기회 부족 등으로 어려움을 겪고 있어 다각적인 해결 방안이 필요할 것으로 보인다.
먼저 디지털 기술에 대한 이해력 향상과 기기 활용 능력을 높이기 위한 노인 맞춤형 디지털 리터러시 교육 프로그램 개발이 필요하다. 이는 단순히 기기 사용법을 익히는 것이 아닌, 기기를 통해 정보를 검색하기도 하고 의사소통을 하기도 하는 등 디지털 역량을 높이는 것이 목표가 되어야 할 것이다.

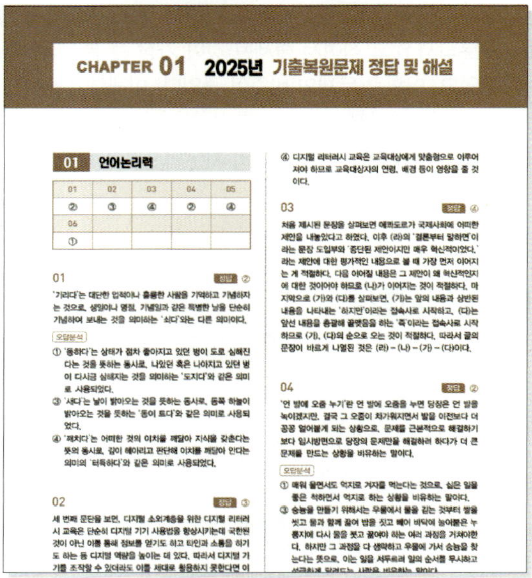

CHAPTER 01 2025년 기출복원문제 정답 및 해설

01 언어논리력

01	02	03	04	05
②	③	④	②	④
06				
①				

01 정답 ②

'기리다'는 대단한 업적이나 훌륭한 사람을 기억하고 기념하자는 것으로, 생일이나 명절, 기념일과 같은 특별한 날을 단순히 기념하여 보내는 것을 의미하는 '쇠다'와는 다른 의미이다.

오답분석

① '둥하다'는 상태가 점차 좋아지고 있던 병이 도로 심해진다는 것을 뜻하는 동사로, 나았던 혹은 나아지고 있던 병이 다시금 심해지는 것을 의미하는 '도지다'와 같은 의미로 사용되었다.
③ '새다'는 날이 밝아오는 것을 뜻하는 동사로, 동쪽 하늘이 밝아오는 것을 뜻하는 '동이 트다'와 같은 의미로 사용되었다.
④ '깨치다'는 어떠한 것의 이치를 깨달아 지식을 갖춘다는 뜻의 동사로, 깊이 헤아리고 판단해 이치를 깨달아 안다는 의미의 '터득하다'와 같은 의미로 사용되었다.

02 정답 ③

세 번째 문단을 보면, 디지털 소외계층을 위한 디지털 리터러시 교육은 단순히 디지털 기기 사용법을 향상시키는데 국한된 것이 아닌 이를 통해 정보를 얻기도 하고 타인과 소통을 하기도 하는 등 디지털 역량을 높이는 데 있다. 따라서 디지털 기기를 조작할 수 있더라도 이를 제대로 활용하지 못한다면 이

④ 디지털 리터러시 교육은 교육대상에게 맞춤형으로 이루어져야 하므로 교육대상자의 연령, 배경 등이 영향을 줄 것이다.

03 정답 ④

처음 제시된 문장을 살펴보면 예카도로가 국제사회에 어떠한 제안을 내놓았다고 하였다. 이후 (라)의 '결론부터 말하면'이라는 문장 도입부와 '중단된 제안이지만 매우 혁신적이었다.'라는 제안에 대한 평가적인 내용으로 볼 때 가장 먼저 이어지는 게 적절하다. 다음 이어질 내용은 그 제안이 왜 혁신적인지에 대한 것이어야 하므로 (나)가 이어지는 것이 적절하다. 마지막으로 (가)와 (다)를 살펴보면, (가)는 앞의 내용과 상반된 내용을 나타내는 '하지만'이라는 접속사로 시작하고, (다)는 앞선 내용을 총괄해 끝맺음을 하는 '즉'이라는 접속사로 시작하므로 (가), (다)의 순으로 오는 것이 적절하다. 따라서 글의 문장이 바르게 나열된 것은 (라) – (나) – (가) – (다)이다.

04 정답 ②

'언 발에 오줌 누기'란 언 발에 오줌을 누면 당장은 언 발을 녹이겠지만, 결국 그 오줌이 차가워지면서 발을 이전보다 더 꽁꽁 얼어붙게 되는 상황으로, 문제를 근본적으로 해결하기보다 임시방편으로 당장의 문제만을 해결하려 하다가 더 큰 문제를 만드는 상황을 비유하는 말이다.

오답분석

① 매워 울면서도 억지로 겨자를 먹는다는 것으로, 싫은 일을 좋은 척하면서 억지로 하는 상황을 비유하는 말이다.
③ 숭늉을 만들기 위해서는 우물에서 물을 긷는 것부터 쌀을 씻고 물과 함께 끓여 밥을 짓고 뻬어 바닥에 눌어붙은 누룽지에 다시 물을 붓고 끓여야 하는 여러 과정을 거쳐야한다. 하지만 그 과정을 다 생략하고 우물에 가서 숭늉을 찾는다는 뜻으로, 이는 일을 서두르려 일의 순서를 무시하고

2025～2021년 시행된 경상남도교육청 기출복원문제를 수록하여 최근 출제경향을 파악할 수 있도록 하였다.

인성검사 + 면접

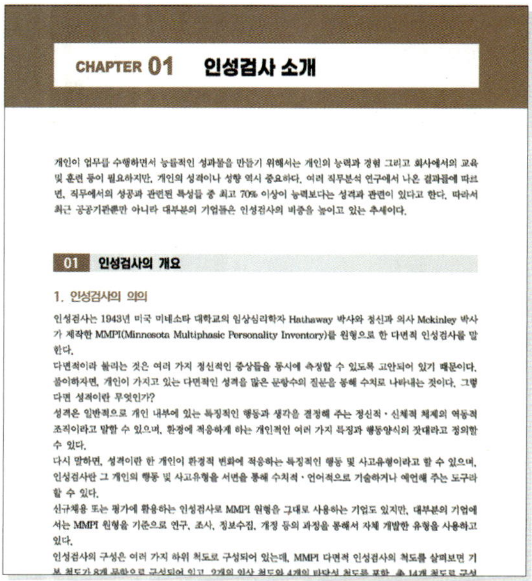

CHAPTER 01 인성검사 소개

개인이 업무를 수행하면서 능률적인 성과물을 만들기 위해서는 개인의 능력과 경험 그리고 회사에서의 교육 및 훈련 등이 필요하지만, 개인의 성격이나 성향 역시 중요하다. 여러 직무분석 연구에서 나온 결과들에 따르면, 직무에서의 성공과 관련된 특성들 중 최고 70% 이상이 능력보다는 성격과 관련이 있다고 한다. 따라서 최근 공공기관뿐만 아니라 대부분의 기업들은 인성검사의 비중을 높이고 있는 추세이다.

01 인성검사의 개요

1. 인성검사의 의의

인성검사는 1943년 미국 미네소타 대학교의 임상심리학자 Hathaway 박사와 정신과 의사 Mckinley 박사가 제작한 MMPI(Minnesota Multiphasic Personality Inventory)를 원형으로 한 다면적 인성검사를 말한다.
다면적이라 불리는 것은 여러 가지 정신적인 증상들을 동시에 측정할 수 있도록 고안되어 있기 때문이다. 풀이하자면, 개인이 가지고 있는 다면적인 성격을 많은 문항수의 질문을 통해 수치로 나타내는 것이다. 그렇다면 성격이란 무엇인가?
성격은 일반적으로 개인 내부에 있는 특징적인 행동과 생각을 결정해 주는 정신적·신체적 체제의 역동적 조직이라고 말할 수 있으며, 환경에 적응하게 하는 개인적인 여러 가지 특징과 행동양식의 잣대라고 정의할 수 있다.
다시 말하면, 성격이란 한 개인이 환경적 변화에 적응하는 특징적인 행동 및 사고유형이라고 할 수 있으며, 인성검사란 그 개인의 행동 및 사고유형을 서면을 통해 수치적·언어적으로 기술하거나 예언해 주는 도구라 할 수 있다.
신규채용 또는 평가에 활용하는 인성검사로 MMPI 원형을 그대로 사용하는 기업도 있지만, 대부분의 기업에서는 MMPI 원형을 기준으로 연구, 조사, 정보수집, 개정 등의 과정을 통해서 자체 개발한 유형을 사용하고 있다.
인성검사의 구성은 여러 가지 하위 척도로 구성되어 있는데, MMPI 다면적 인성검사의 척도를 살펴보면 기

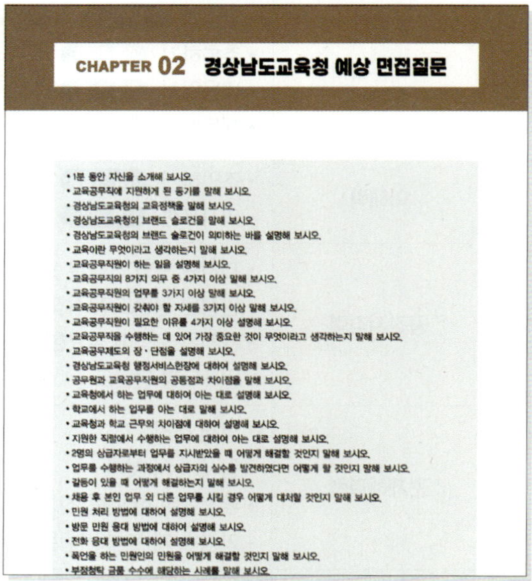

CHAPTER 02 경상남도교육청 예상 면접질문

- 1분 동안 자신을 소개해 보시오.
- 교육공무직에 지원하게 된 동기를 말해 보시오.
- 경상남도교육청의 교육정책을 말해 보시오.
- 경상남도교육청의 브랜드 슬로건을 말해 보시오.
- 경상남도교육청의 브랜드 슬로건이 의미하는 바를 설명해 보시오.
- 교육이란 무엇이라고 생각하는지 말해 보시오.
- 교육공무직원이 하는 일을 설명해 보시오.
- 교육공무직의 8가지 의무 중 4가지 이상 말해 보시오.
- 교육공무직원의 업무를 3가지 이상 말해 보시오.
- 교육공무직원이 갖춰야 할 자세를 3가지 이상 말해 보시오.
- 교육공무직원이 필요한 이유를 4가지 이상 설명해 보시오.
- 교육공무직을 수행하는 데 있어 가장 중요한 것이 무엇이라고 생각하는지 말해 보시오.
- 교육공무제도의 장·단점을 설명해 보시오.
- 경상남도교육청 행정서비스헌장에 대하여 설명해 보시오.
- 공무원과 교육공무직원의 공통점과 차이점을 말해 보시오.
- 교육청에서 하는 업무에 대하여 아는 대로 설명해 보시오.
- 학교에서 하는 업무를 아는 대로 말해 보시오.
- 교육청과 학교 근무의 차이점에 대하여 설명해 보시오.
- 지원한 직렬에서 수행하는 업무에 대하여 아는 대로 설명해 보시오.
- 2명의 상급자로부터 업무를 지시받았을 때 어떻게 해결할 것인지 말해 보시오.
- 업무를 수행하는 과정에서 상급자의 실수를 발견하였다면 어떻게 할 것인지 말해 보시오.
- 갈등이 있을 때 어떻게 해결하는지 말해 보시오.
- 채용 후 본인 업무 외 다른 업무를 시킬 경우 어떻게 대처할 것인지 말해 보시오.
- 민원 처리 방법에 대하여 설명해 보시오.
- 방문 민원 응대 방법에 대하여 설명해 보시오.
- 전화 응대 방법에 대하여 설명해 보시오.
- 폭언을 하는 민원인의 민원을 어떻게 해결할 것인지 말해 보시오.
- 부정청탁 금품 수수에 해당하는 사례를 말해 보시오.

인성검사 모의테스트 및 예상 면접질문을 수록하여 경상남도교육청 인재상에 부합하는지 확인할 수 있도록 하였다.

직무능력검사

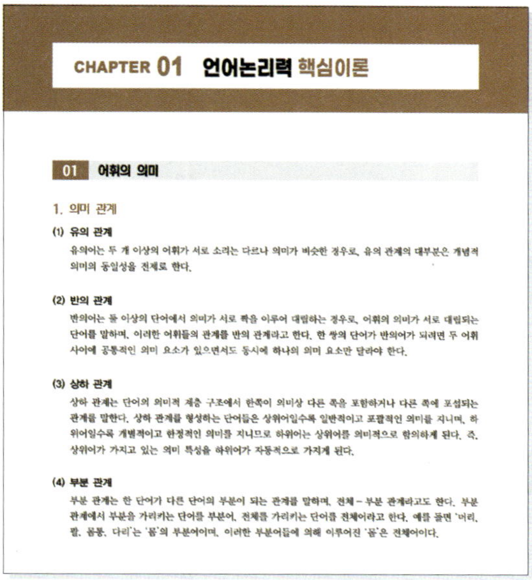
CHAPTER 01 언어논리력 핵심이론

01 어휘의 의미

1. 의미 관계

(1) 유의 관계
유의어는 두 개 이상의 어휘가 서로 소리는 다르나 의미가 비슷한 경우로, 유의 관계의 대부분은 개념적 의미의 동일성을 전제로 한다.

(2) 반의 관계
반의어는 둘 이상의 단어에서 의미가 서로 짝을 이루어 대립하는 경우로, 어휘의 의미가 서로 대립되는 단어를 말하며, 이러한 어휘들의 관계를 반의 관계라고 한다. 한 쌍의 단어가 반의어가 되려면 두 어휘 사이에 공통적인 의미 요소가 있으면서도 동시에 하나의 의미 요소만 달라야 한다.

(3) 상하 관계
상하 관계는 단어의 의미적 계층 구조에서 한쪽이 의미상 다른 쪽을 포함하거나 다른 쪽에 포섭되는 관계를 말한다. 상하 관계를 형성하는 단어들은 상위어일수록 일반적이고 포괄적인 의미를 지니며, 하위어일수록 개별적이고 한정적인 의미를 지니므로 하위어는 상위어를 의미적으로 함의하게 된다. 즉, 상위어가 가지고 있는 의미 특성을 하위어가 자동적으로 가지게 된다.

(4) 부분 관계
부분 관계는 한 단어가 다른 단어의 부분이 되는 관계를 말하며, 전체 – 부분 관계라고도 한다. 부분 관계에서 부분을 가리키는 단어를 부분어, 전체를 가리키는 단어를 전체어라고 한다. 예를 들면 '머리, 팔, 몸통, 다리'는 '몸'의 부분어이며, 이러한 부분어들에 의해 이루어진 '몸'은 전체어이다.

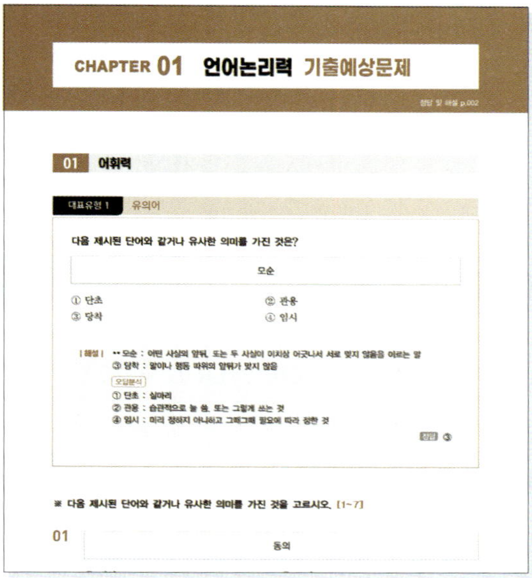
CHAPTER 01 언어논리력 기출예상문제

정답 및 해설 p.002

01 어휘력

대표유형 1 유의어

다음 제시된 단어와 같거나 유사한 의미를 가진 것은?

모순

① 단초 ② 관용
③ 당착 ④ 임시

| 해설 | • 모순 : 어떤 사실의 앞뒤, 또는 두 사실이 이치상 어긋나서 서로 맞지 않음을 이르는 말
③ 당착 : 말이나 행동 따위의 앞뒤가 맞지 않음

오답분석
① 단초 : 실마리
② 관용 : 습관적으로 늘 씀. 또는 그렇게 쓰는 것
④ 임시 : 미리 정하지 아니하고 그때그때 필요에 따라 정한 것

정답 ③

※ 다음 제시된 단어와 같거나 유사한 의미를 가진 것을 고르시오. [1~7]

01 동의

직무능력검사 5개 출제영역에 대한 핵심이론 및 기출예상문제를 수록하여 출제유형을 익힐 수 있도록 하였다.

최종점검 모의고사

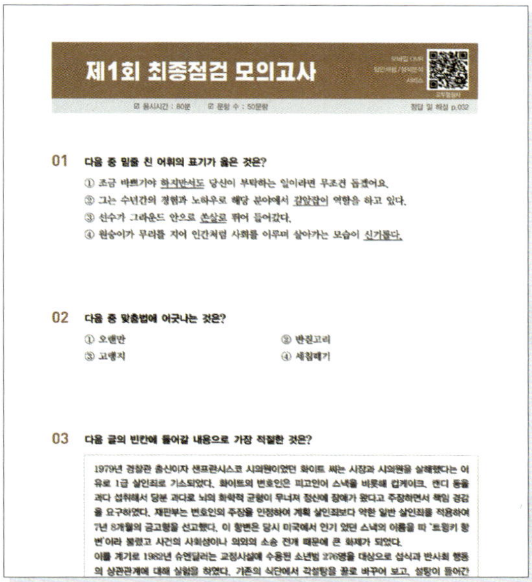
제1회 최종점검 모의고사

모바일 OMR 답안채점 / 성적분석 서비스

☑ 응시시간 : 80분 ☑ 문항 수 : 50문항 정답 및 해설 p.032

01 다음 중 밑줄 친 어휘의 표기가 옳은 것은?
① 조금 바쁘기야 하지만서도 당신이 부탁하는 일이라면 무조건 돕겠어요.
② 그는 수년간의 경험과 노하우로 해당 분야에서 길앞잡이 역할을 하고 있다.
③ 선수가 그라운드 안으로 쏜살로 뛰어 들어갔다.
④ 원숭이가 무리를 지어 인간처럼 사회를 이루며 살아가는 모습이 신기롭다.

02 다음 중 맞춤법에 어긋나는 것은?
① 오랜만 ② 반짇고리
③ 고랭지 ④ 세첨매기

03 다음 글의 빈칸에 들어갈 내용으로 가장 적절한 것은?

1979년 경찰관 출신이자 샌프란시스코 시의원이었던 화이트 씨는 시장과 시의원을 살해했다는 이유로 1급 살인죄로 기소되었다. 화이트의 변호인은 피고인이 스낵을 비롯해 컵케이크, 캔디 등을 과다 섭취해서 당분 과다로 뇌의 화학적 균형이 무너져 정신에 장애가 왔다고 주장하면서 책임 경감을 요구하였다. 재판부는 변호인의 주장을 인정하여 계획 살인죄보다 약한 일반 살인죄를 적용하여 7년 8개월의 금고형을 선고했다. 이 항변은 당시 미국에서 인기 있던 스낵의 이름을 따 '트윙키 항변'이라 불렸고 사건의 사회성이나 의외의 소송 전개 때문에 큰 화제가 되었다.
이를 계기로 1982년 슈엔달러는 교정시설에 수용된 소년범 276명을 대상으로 섭식과 반사회 행동의 상관관계에 대해 실험을 하였다. 기존의 식단에서 각설탕을 꿀로 바꾸어 보고, 설탕이 들어간

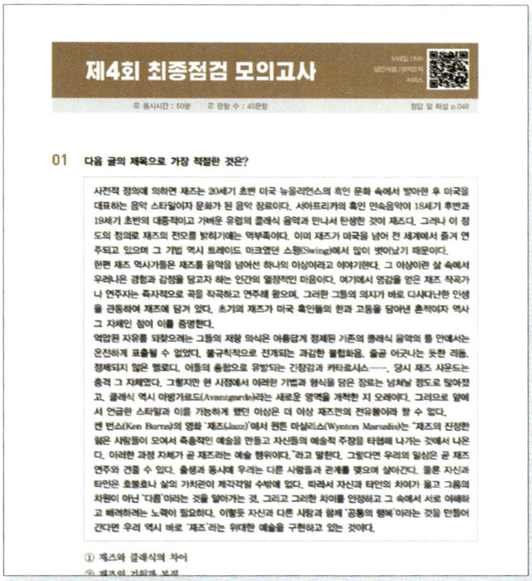
제4회 최종점검 모의고사

모바일 OMR 답안채점 / 성적분석 서비스

☑ 응시시간 : 50분 ☑ 문항 수 : 45문항 정답 및 해설 p.048

01 다음 글의 제목으로 가장 적절한 것은?

사전적 정의에 의하면 재즈는 20세기 초반 미국 뉴올리언스의 흑인 문화 속에서 발아한 후 미국을 대표하는 음악 스타일이자 문화가 된 음악 장르이다. 서아프리카의 흑인 민속음악이 18세기 후반과 19세기 초반의 대중적이고 가벼운 유럽의 클래식 음악과 만나서 탄생한 것이 재즈다. 그러나 이 정도의 정의로 재즈의 전모를 밝히기에는 역부족이다. 이미 재즈가 미국을 넘어 전 세계에서 즐겨 연주되고 있으며 그 기법 역시 트레이드 마크였던 스윙(Swing)에서 많이 벗어났기 때문이다.
한편 재즈 역사가들은 재즈를 음악을 넘어선 하나의 이상이라고 이야기한다. 그 이상이란 삶 속에서 우러나온 경험과 감정을 담고자 하는 인간의 열정적인 마음이다. 여기에서 영감을 얻은 재즈 작곡가나 연주자는 즉자적으로 곡을 작곡하고 연주해 왔으며, 그러한 그들의 의지가 바로 다사다난한 인생을 관통하여 재즈에 담겨 있다. 초기의 재즈가 미국 흑인들의 한과 고통을 담아낸 흔적이자 역사 그 자체인 점이 이를 증명한다.
억압된 자유를 되찾으려는 그들의 저항 의식은 아름답게 정제된 기존의 클래식 음악의 틀 안에서는 온전하게 표출될 수 없었다. 불규칙적으로 진개되는 과감한 불협화음, 줄곧 어긋나는 듯한 리듬, 정제되지 않은 멜로디, 이들의 총합으로 유발되는 긴장감과 카타르시스……. 당시 재즈 사운드는 충격 그 자체였다. 그렇지만 현 시점에서 이러한 기법과 형식을 담은 장르는 넘쳐날 정도로 많아졌고, 클래식 역시 아방가르드(Avantgarde)라는 새로운 영역을 개척한 지 오래이다. 그러므로 앞에서 언급한 스타일과 이를 가능하게 했던 이상은 더 이상 재즈만의 전유물이라 할 수 없다.
켄 번스(Ken Burns)의 영화 '재즈(Jazz)'에서 윈튼 마살리스(Wynton Marsalis)는 "재즈의 진정한 힘은 사람들이 모여서 즉흥적인 예술을 만들고 자신들의 예술적 주장을 타협해 나가는 것에서 나온다. 이러한 과정 자체가 곧 재즈라는 예술 행위이다."라고 말한다. 그렇다면 우리의 일상은 곧 재즈 연주와 견줄 수 있다. 출생과 동시에 우리는 다른 사람들과 관계를 맺으며 살아간다. 물론 자신과 타인은 호불호나 삶의 가치관이 제각각일 수밖에 없다. 따라서 자신과 타인의 차이가 옳고 그름의 차원이 아닌 '다름'이라는 것을 알아가는 것, 그리고 그러한 차이를 인정하고 그 속에서 서로 이해하고 배려하려는 노력이 필요하다. 이렇듯 자신과 다른 사람과 함께 '공동의 행복'이라는 것을 만들어 간다면 우리 역시 바로 '재즈'라는 위대한 예술을 구현하고 있는 것이다.

① 재즈와 클래식의 차이
② 재즈의 기원과 본질

실제 시험과 유사하게 구성된 최종점검 모의고사 4회를 수록하여 소양평가에 대비할 수 있도록 하였다.

이 책의 차례

Add+

5개년 기출복원문제

※ 기출복원문제는 수험생들의 후기를 통해 시대에듀에서 복원한 문제로 실제 문제와 다소 차이가 있을 수 있으며, 본 저작물의 무단전재 및 복제를 금합니다.

CHAPTER 01 2025년 기출복원문제

※ 정답 및 해설은 기출복원문제 바로 뒤 p.060에 있습니다.

01 언어논리력

01 다음 중 밑줄 친 단어의 의미가 서로 다른 것은?

① 어머니의 병세가 이전보다 동했다.
고질병이 도지다.

② 그의 헌신을 기려 동상을 세우기로 하였다.
생일을 쇠다.

③ 그는 생각이 깊어져 밤이 새도록 잠들지 못했다.
동이 트다.

④ 형편상 배움을 놓쳐 황혼이 되어서야 한글을 깨쳤다.
요령을 터득하다.

02 다음 글을 통해 유추한 내용으로 적절하지 않은 것은?

> 디지털 소외계층이란 디지털 기술 활용이 어려워 사회 서비스를 받지 못하고 있는 사회적 약자를 지칭하는 말로, 점차 사회가 디지털 시대로 변하면서 그 비중이 증가하고 있는데 특히 노인층에서 어려움을 겪고 있다.
> 이들은 디지털 기술에 대한 낮은 이해력과 낮은 기기 활용 능력뿐만 아니라 열약한 경제력 및 디지털 교육 기회 부족 등으로 어려움을 겪고 있어 다각적인 해결 방안이 필요할 것으로 보인다.
> 먼저 디지털 기술에 대한 이해력 향상과 기기 활용 능력을 높이기 위한 노인 맞춤형 디지털 리터러시 교육 프로그램 개발이 필요하다. 이는 단순히 기기 사용법을 익히는 것이 아닌, 기기를 통해 정보를 검색하기도 하고 의사소통을 하기도 하는 등 디지털 역량을 높이는 것이 목표가 되어야 할 것이다.
> 또 열약한 경제 상황에 놓인 디지털 소외계층을 위한 경제적 지원도 뒷받침되어야 할 것이다. 이에는 디지털 기기를 구매하거나 대여할 수 있는 경제적 지원, 인터넷 사용료 등 직접적인 지원뿐만 아니라, 디지털 리터러시 교육에 참여할 수 있도록 교통비, 교재비 등 간접적인 지원도 포함되어야 할 것이다.

① 디지털 소외계층인 노인들은 온라인 서비스를 제대로 받지 못했겠군.
② 디지털 소외계층은 노인층뿐만 아니라 청년층에서도 있을 수 있겠군.
③ 디지털 소외계층은 디지털 기기를 조작할 수 있는 사람은 해당하지 않겠군.
④ 디지털 리터러시 교육은 교육대상자의 연령, 배경 등에 따라 이루어져야겠군.

03 다음 글의 문단이 바르게 나열된 것은?

> 에콰도르 정부는 아마존 열대우림 지역의 유전 개발을 포기할 테니, 그 보상을 해달라는 전례 없는 제안을 국제사회에 제시했다.
> (가) 하지만 또 다른 관점에서 보면 이 석유를 얻기 위해 열대우림을 개발할 경우 생물 다양성을 해침은 물론, 대기 중에 5억 톤을 상회하는 이산화탄소가 발생하게 돼 환경문제가 발생한다.
> (나) 왜냐하면 이 열대우림 지역에는 약 8억 5천만 배럴의 석유가 매장되어 있는 것으로 예측되어, 시가로 약 70억 달러에 해당하는 값어치를 가졌기 때문이다.
> (다) 즉 에콰도르 정부가 환경문제와 같은 공동의 이익을 위해서는 유전을 포기하는 것이 맞지만, 자국의 경제적 관점에서 볼 때는 포기하기 쉽지 않은 경제적 가치인 것이다.
> (라) 결론부터 말하면 이 제안은 목표액에 미치지 못해 중단되었지만, 당시에 에콰도르 정부의 이 제안은 매우 혁신적인 제안임이 분명했다.

① (나) – (가) – (라) – (다)
② (나) – (라) – (가) – (다)
③ (라) – (가) – (다) – (나)
④ (라) – (나) – (가) – (다)

04 다음 글에 가장 어울리는 속담은?

> 전공의 집단사직으로 의료파업이 계속되면서 정부는 현재 당면한 의료 공백에 대한 해결책으로 군의관 및 공보의 파견, 순환당직제 확대 등의 방안을 내놓았다. 이에 대해 A대학병원 응급의학과 교수는 이는 근본적인 문제 해결방법이 아닌 일시적인 미봉책이라며 비판했다. 게다가 응급의학과 전문의면서 군의관이거나 공보의인 인원은 소수인데다가 이들이 병원 시스템을 익히고 적응하는 데 상당한 기간이 소요되어 즉각적인 도움이 되지 않을뿐더러, 의료취약지역과 군대에 배치된 공보의 및 군의관이 응급실로 오게 된다면 해당 지역과 군대에서는 또 다시 의료 공백이 만들어질 것이라며 지적했다.

① 울며 겨자 먹기.
② 언 발에 오줌 누기.
③ 우물에 가 숭늉 찾는다.
④ 번갯불에 콩 볶아 먹겠다.

※ 다음 글을 읽고 이어지는 질문에 답하시오. [5~6]

왕명을 출납해 신하들에게 전달하는 역할을 했던 승정원은 조선시대 왕권 강화 핵심 기구로 오늘날의 대통령실 또는 대통령 비서실과 유사한 업무를 맡아 행하던 조선시대 왕의 비서기관이다.
조선시대 의정부나 6조, 3사와 같이 나라의 중요한 기관이었던 승정원은 왕명 전달뿐만 아니라 왕이 나라의 대소사를 결정할 때 옆에서 ㉠ 간언하고 상소를 비롯한 중요한 문서들이 올라올 때 이를 왕에게 보고하는 역할도 했다. 이와 더불어 왕이 지방으로 행차를 떠날 때에도 왕과 가장 가까운 자리에서 왕을 보좌하였다. 또한 승정원 내에서 글을 잘 쓰는 사람을 뽑아 주서를 맡겼는데, 이들은 ㉡ 만전을 기해 왕의 명령과 자신들의 업무, 그리고 사관들과 함께 궁궐에서 일어나는 모든 일들을 기록해 ㉢ 성책하였는데, 이것이 『승정원일기』라 불리는 조선시대의 역사 기록이다. 하지만 안타깝게도 조선 전기를 기록한 부분은 임진왜란 때 불타버려 인조 임금 이후의 남은 기록만을 ㉣ 보수하여 보관하고 있다.

05 다음 글의 내용과 일치하는 것은?

① 승정원은 왕의 업무 중 일부를 위임받아 행하였다.
② 승정원은 왕의 옆자리에 위치해 항시 왕과 동행하였다.
③ 승정원 일기는 승정원과 사관이 함께 기록한 것이다.
④ 승정원 일기의 원본은 지금은 찾아볼 수 없다.

06 다음 중 밑줄 친 단어에 대한 뜻으로 옳지 않은 것은?

① ㉠ 간언 : 웃어른이나 왕의 비위를 맞추며 어떠한 일에 대해 조언하는 것
② ㉡ 만전 : 조금의 빈틈도 없이 완전을 다한 것
③ ㉢ 성책 : 책으로 만드는 것
④ ㉣ 보수 : 낡거나 망가진 것을 손질하여 수리하는 것

02 이해력

01 다음 글을 읽고 〈보기〉의 빈칸에 들어갈 단어로 가장 적절한 것은?

> 만 3세부터 만 5세까지를 유치원 시기라고 보는데, 이 시기의 아이들은 신체, 인지, 정서, 사회성 등 전 영역에 걸쳐 큰 변화를 겪게 된다.
>
> 먼저 만 3세에는 달리기나 점프 등 대근육 발달과 더불어 블록을 쌓거나 간단한 퍼즐을 맞추는 등 섬세한 손가락 사용으로 소근육이 발달한다. 이 시기는 보통 언어 폭발기라고 불리는데, 자신의 생각과 감정의 표현이 간단한 문장으로 가능해지고, 왕성한 호기심으로 '왜?', '어떻게?'라는 의문을 달고 살기 때문이다. 또한 상상력이 풍부해져 소꿉놀이와 같은 가상놀이가 가능해진다. 하지만 자기중심성이 강한 시기라 타인의 입장까지는 생각하기 어려워 양보나 차례 지키기, 협동적인 활동은 어려우며, 부모의 칭찬과 격려에 예민하게 반응하기도 한다.
>
> 만 4세의 아이들은 점차 소근육 사용이 익숙해져 가위질이나 선 따라 그리기 등이 가능해진다. 또한 몸의 균형 감각이 발달해 자전거를 타기도 하고, 인지가 발달해 만 3세보다 블록 쌓기나 퍼즐 맞추기가 더 정교해지고, 간단한 수 개념에 대한 이해가 가능해진다. 서툴지만 정서적으로도 자신의 감정을 조절할 수 있게 되어 친구를 배려하는 것도, 잘못에 대해 사과하는 것도 가능해지고, 역할 놀이에서 서로 간의 역할과 규칙을 이해하게 되어 간단한 협동 놀이도 가능해진다.
>
> 마지막으로 만 5세에는 자세와 균형이 좋아지고 던지기, 잡기 등의 대근육과 소근육의 능력이 향상된다. 논리적 사고가 가능해져 원인과 결과를 이해하기도 하고 자신의 생각과 감정을 긴 문장으로 표현하기도 하며, 간단한 글자 읽기나 쓰기 같은 학습도 가능해진다. 또한 자기 조절 능력과 타인에 대한 공감 능력이 향상되어 상대의 기분을 이해할 수 있어 협동과 타협이 가능해져 친구 관계에서 다양한 경험과 만족감을 느낄 수 있게 된다.

보기

> 만 3세에는 강한 자기중심성으로 인하여 타인에 대해 ________가 어렵지만, 이는 점차 발달해 만 5세에는 타인의 기분까지도 이해할 수 있게 된다.

① 공감하기　　② 배려하기

③ 사과하기　　④ 창의적으로 생각하기

02 다음 글을 읽고 추론한 내용으로 적절하지 않은 것은?

> Z세대를 중심으로 '개구리화 현상'이라는 용어가 퍼져가고 있다. 이는 동화 '개구리 왕자'에서 유래한 것으로, 동화 속에서는 혐오스러운 개구리가 마법이 풀려 멋진 왕자로 돌아와 행복한 결말을 맺는다. 하지만 이와 반대로 개구리화 현상은 마치 왕자 같았던 좋아하던 상대가 사소한 행동을 함으로써 상대에 대한 애정이 식어 마음이 정반대로 바뀌는 것을 말한다.
> 이러한 현상에 대해 명확히 밝혀진 의학적・과학적 원인은 없지만, 전문가들은 여러 가지 추측을 내놓았다. 먼저 낮은 자존감이 원인으로, 상대방의 호감이 '나같이 보잘 것 없는 사람을 왜 좋아하지?'라는 부담감으로 작용한다는 것이다. 또 다른 이유로는 다양한 매체에서 등장하는 완벽한 이성의 모습과 현실 간의 괴리, 또 요즘 젊은 세대의 사소한 잘못으로도 쉽게 깨지는 얕은 인간관계 등이 거론되고 있다.
> 이와 반대로 기성세대에서는 '뱀화 현상'이 등장하고 있다. 이는 뱀이 개구리를 잡아먹는 모습에서 발상한 것으로, 좋아하는 상대방의 잘못되거나 부족한 면까지도 매력적으로 보이게 되는 심리상태를 말한다. 비슷한 맥락으로 '내 눈에 콩깍지' 또는 '눈에 콩깍지가 씌었다.'라는 말이 쓰이기도 한다.

① 개구리화 현상을 극복하기 위해서는 자신의 자존감부터 높여야 한다.
② 세대에 따라 상대방의 단점이나 부족한 점을 받아들이는 마음가짐이 다르다.
③ 개구리화 현상을 극복하기 위해서는 상대가 나와 같은 사람임을 받아들여야 한다.
④ 상대가 같은 행동을 하더라도 누구에게는 호감으로 누구에게는 혐오로 다가올 수 있다.

※ 다음 글을 읽고 이어지는 질문에 답하시오. [3~4]

상담사 : 요즘 어떻게 지내고 있니?
학생 : 그냥, 그럭저럭 지내고 있는데… 친구들이랑 부모님과 대화하는 게 힘드네요.
상담사 : 어느 부분에서 어려움을 느끼는지 얘기해줄 수 있을까?
학생 : 음… 부모님과는 말이 안 통해요. 그냥 제 의견은 존중을 안 하세요. 저는 공부하는 것도 싫고, 특히 간호학과 같은 곳은 생각도 안 해봤거든요. 그런데 저희 부모님은 현실과 동떨어진 허황된 미술 같은 거는 취미로 하고 현실적으로 보라며 취업 잘 되는 간호학과를 가래요.
상담사 : 그랬구나, 힘들었겠네. 너의 꿈은 미술 관련 분야인가 보구나.
학생 : 네, 저는 웹툰 작가가 되는 게 꿈이에요. 그런데 저희 부모님은 작가는 아무나 하냐며 자기 밥벌이도 못하는 작가가 얼마나 많은지 알고 하는 소리냐고, 자신들이 볼 때 저는 창의력도 부족하니까 웹툰은 취미로나 하라고 해서 속상해요.
상담사 : 부모님은 너의 미래를 위해 하신 말씀이겠지만, 네 입장에서는 너의 꿈을 존중하지 않는 것으로 들려서 속상하겠어.
학생 : 네, 그래서 이제는 부모님과 얘기하기 싫어서 집에 늦게 들어가거나 방에 들어가 자는 척해요. 그럼 부모님과 더 대화하지 않아도 되니까 싸울 일도 없거든요. 원래부터 맞벌이하신다고 저한테 관심도 없으셨으면서 말이에요.
상담사 : 부모님과 소통에 어려움을 겪고 있구나. 친구들과는 어떻게 지내니?
학생 : 친구들과는 다툼은 없지만, 그렇다고 잘 지내는 것 같지도 않아요.
상담사 : 왜 그렇게 생각하는지 말해줄 수 있을까?
학생 : 친구들과의 대화가 재미없어요. 저는 재밌는 웹툰을 보면 친구들한테 알려주고 싶거든요. 그런데 친구들은 그게 뭐냐며 별로 관심도 없고, 요즘 아이돌에 대한 얘기만 해요. 근데 저는 그런 거에 관심이 없다보니, 친구들의 대화에 끼기가 어려워요.
상담사 : 그 부분에 대해 친구들에게 얘기해 보았니?
학생 : 네, 그게 누구냐고 물어봤더니, 넌 그것도 모르냐며 어르신이냐고 놀리더라고요. 친구들은 다 아는데 저만 모르는 것 같아서 뒤처지는 것 같고 창피해서 그 뒤로는 그냥 아는 척 넘어가요.

03 다음 중 학생이 처음으로 상담한 내용은?

① 부모의 부재
② 부모와의 갈등
③ 친구들과의 대화 단절
④ 친구 관계에서의 소외감

04 다음 중 학생이 상담한 내용으로 적절하지 않는 것은?

① 부모와의 가치관 차이로 인한 갈등
② 꿈과 현실의 괴리에서 오는 학업 스트레스
③ 또래와의 소통 부재로 오는 소외감
④ 또래와의 관심사 차이로 인한 대화 단절

03 공간지각력

01 다음 중 제시된 도형만을 사용하여 만들 수 없는 모형은?

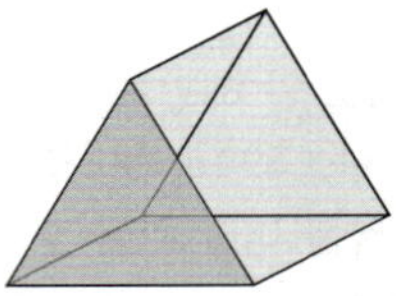

①

②

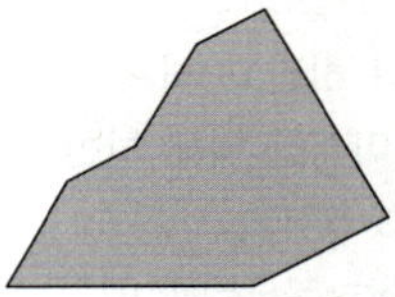

③

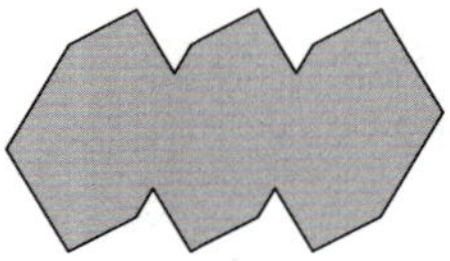

④

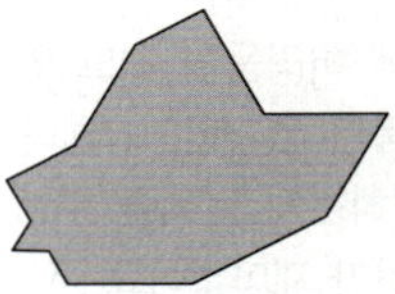

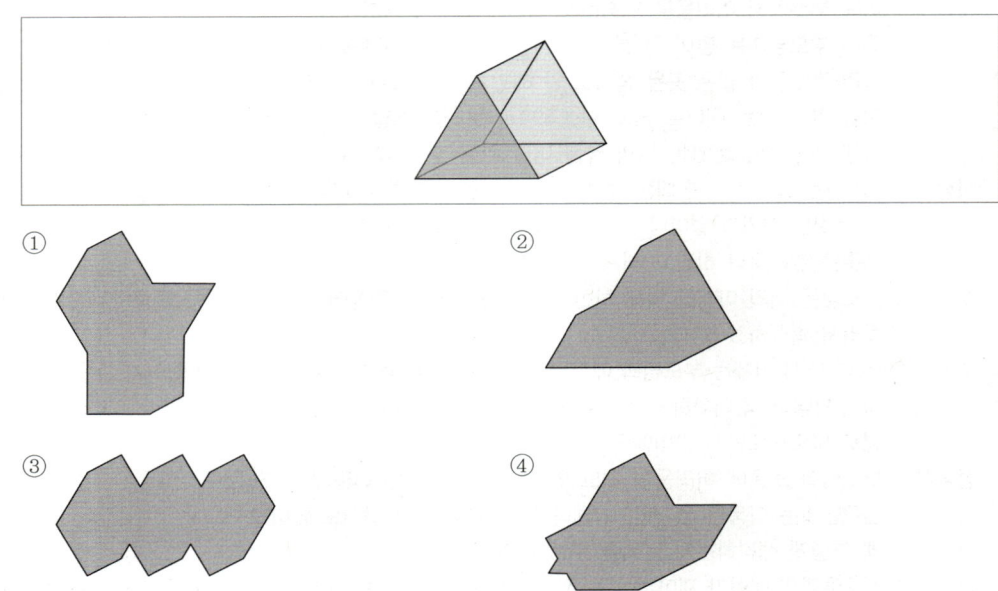

02 다음 중 제시된 블록만을 가지고 만들 수 없는 모형은?

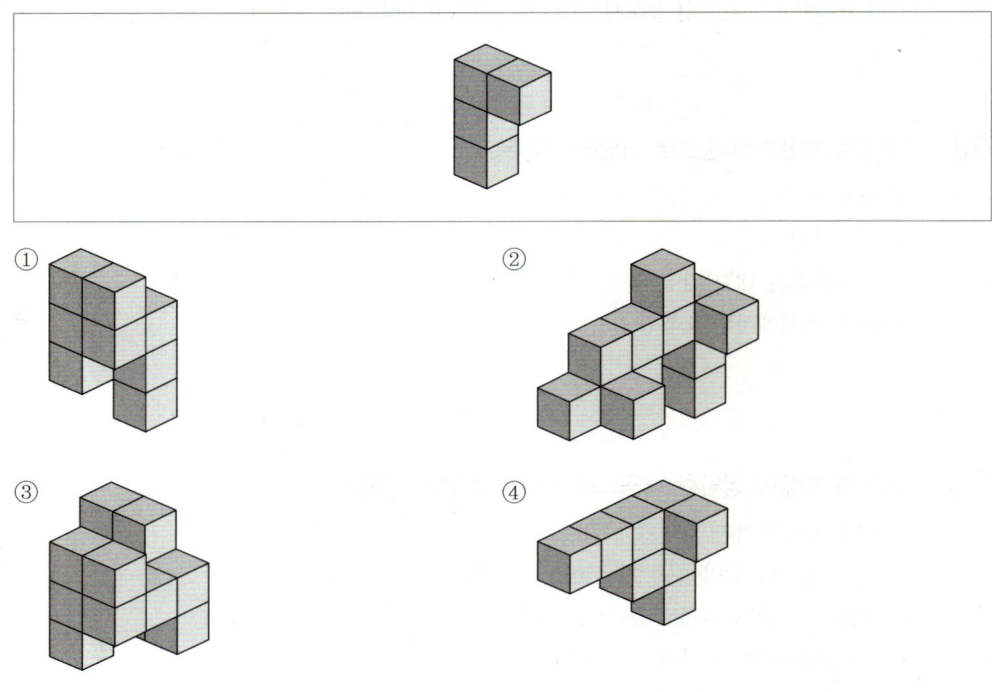

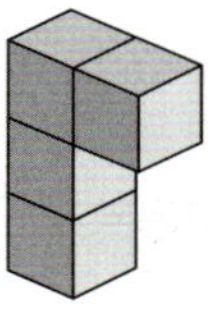

①

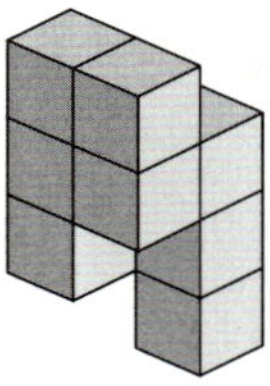

②

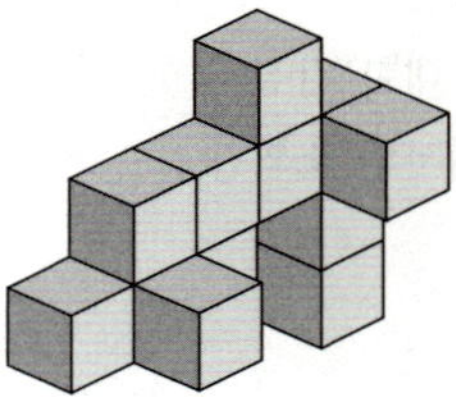

③

④

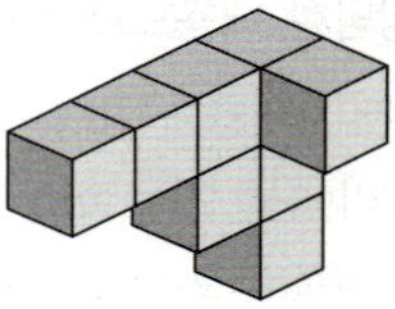

03 다음 중 제시된 그림에서 찾을 수 없는 도형은?(단, 도형은 회전이 가능하다)

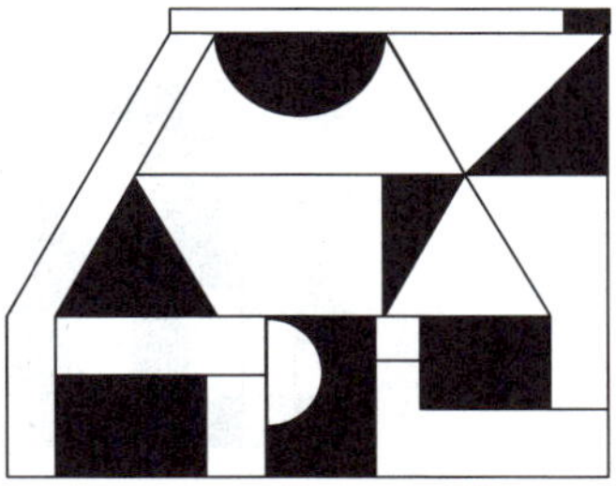

① 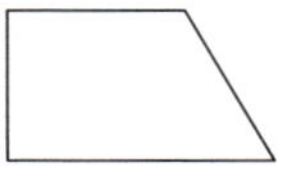

② 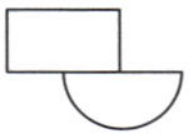

③ 

④ 

04 다음 주사위를 앞으로 1번, 오른쪽으로 1번 굴렸을 때, 윗면에 나타나는 수는?

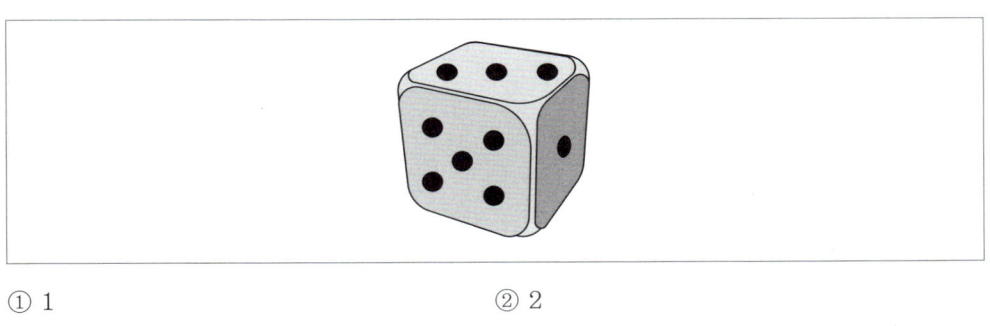

① 1

② 2

③ 4

④ 6

05 제시된 그림은 원래의 그림에서 검은색 정사각형들을 우하단으로 1칸씩 이동한 그림이다. 다음 중 원래의 그림으로 옳은 것은?

①

②

③

④

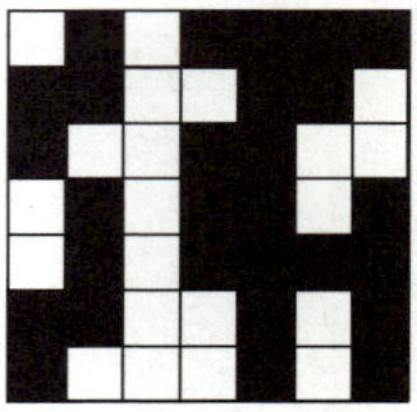

04 문제해결력

01 다음 명제가 모두 참일 때, 빈칸에 들어갈 내용으로 옳은 것은?

> • 날씨가 좋으면 야외활동을 한다.
> • 날씨가 좋지 않으면 행복하지 않다.
> • ______________________

① 야외활동을 하지 않으면 행복하지 않다.
② 날씨가 좋으면 행복한 것이다.
③ 야외활동을 하면 날씨가 좋은 것이다.
④ 날씨가 좋지 않으면 야외활동을 하지 않는다.

02 다음 명제가 모두 참일 때, 항상 참인 명제는?

> • 스포츠를 좋아하는 사람은 음악을 좋아한다.
> • 그림을 좋아하는 사람은 독서를 좋아한다.
> • 음악을 좋아하지 않는 사람은 독서를 좋아하지 않는다.

① 스포츠를 좋아하지 않는 사람은 독서를 좋아한다.
② 음악을 좋아하는 사람은 독서를 좋아하지 않는다.
③ 독서를 좋아하는 사람은 스포츠를 좋아하지 않는다.
④ 그림을 좋아하는 사람은 음악을 좋아한다.

03 A건설은 지방정부종합청사 건설사업과 관련한 입찰부정 의혹사건으로 감사원의 집중감사를 받았다. 감사원에서는 이 사건에 연루된 윤 부장, 이 과장, 김 대리, 박 대리, 입찰담당자 강 주임을 조사하여 최종적으로 다음과 같은 결론을 내렸다. 결론이 사실이라면 입찰부정에 실제로 가담한 사람은?

- 입찰부정에 가담한 사람은 정확히 두 명이다.
- 이 과장과 김 대리는 함께 가담했거나 혹은 가담하지 않았다.
- 윤 부장이 가담하지 않았다면, 이 과장과 입찰담당자 강 주임도 가담하지 않았다.
- 박 대리가 가담하지 않았다면 김 대리도 가담하지 않았다.
- 박 대리가 가담하였다면 입찰담당자 강 주임도 분명히 가담하였다.

① 윤 부장, 이 과장
② 이 과장, 김 대리
③ 김 대리, 박 대리
④ 윤 부장, 강 주임

04 서로 다른 무게의 공 5개가 있다. 다음 〈조건〉을 토대로 무거운 순서대로 나열한 것은?

조건

- 파란공은 가장 무겁지도 않고, 세 번째로 무겁지도 않다.
- 빨간공은 가장 무겁지도 않고, 두 번째로 무겁지도 않다.
- 흰공은 세 번째로 무겁지도 않고, 네 번째로 무겁지도 않다.
- 검은공은 파란공과 빨간공보다는 가볍다.
- 노란공은 파란공보다 무겁고, 흰공보다는 가볍다.

① 흰공 – 빨간공 – 노란공 – 파란공 – 검은공
② 흰공 – 노란공 – 빨간공 – 검은공 – 파란공
③ 흰공 – 노란공 – 검은공 – 빨간공 – 파란공
④ 흰공 – 노란공 – 빨간공 – 파란공 – 검은공

05 7층 아파트에 층마다 1명씩 거주하며, 현재 5명이 입주해 있다. E가 새로 입주하려 하는데 가능한 층수는?(단, E는 애완동물이 없다)

- 주민 간 합의를 통해 1 ~ 2층은 애완동물을 키우는 사람에게만 입주를 허용하였다.
- A는 개를 키우고 있다.
- B는 A보다 높은 곳에 살고 있고 홀수 층에 산다.
- C는 B 바로 아래층에 살고 애완동물이 없다.
- D는 5층에 산다.

① 1층
② 2층
③ 4층
④ 6층

06 다음 명제를 읽고 판단했을 때 항상 참이 아닌 것은?

- 정리정돈을 잘하는 사람은 집중력이 좋다.
- 주변이 조용할수록 집중력이 좋다
- 깔끔한 사람은 정리정돈을 잘한다.
- 집중력이 좋으면 성과 효율이 높다.

① 주변이 조용할수록 성과 효율이 높다.
② 깔끔한 사람은 성과 효율이 높다.
③ 성과 효율이 높지 않은 사람은 주변이 조용하지 않다.
④ 깔끔한 사람은 주변이 조용하다.

01 다음 중 질량 보존의 법칙을 알아보기 위한 방법으로 옳은 것은?

① 나무에 불을 붙여 태운 뒤 남은 재의 질량이 나무의 질량과 같은지 확인한다.
② 페트병에 담긴 물에 설탕을 넣고 녹여 만든 용액의 질량이 원래의 질량과 같은지 확인한다.
③ 진공 상태에서 물건을 떨어뜨릴 경우 질량이 가벼운 물체와 무거운 물체 중 어떤 것이 먼저 떨어지는지 확인한다.
④ 스케이트보드를 타고 같은 힘으로 벽을 밀었을 때, 질량이 가벼운 사람과 무거운 사람 중 어떤 사람이 멀리 밀리는지 확인한다.

02 다음 실험 도구의 아래쪽 고무막을 아래로 잡아 당겼을 때 일어나는 현상으로 옳은 것은?

① 아무런 변화가 일어나지 않는다.
② 병 안의 고무풍선이 모두 수축한다.
③ 병 안의 고무풍선이 모두 팽창한다.
④ 병 안의 고무풍선은 1개는 수축하고, 1개는 팽창한다.

03 다음 중 빈칸에 들어갈 단어가 바르게 연결된 것은?

> 비행 중인 항공기에는 다음 4가지의 힘이 작용한다.
> • ___㉠___ : 중력에 의해 항공기를 아래로 끌어당기는 힘
> • ___㉡___ : 엔진, 프로펠러 등에서 발생하여 공기를 앞으로 전진시키는 힘
> • ___㉢___ : 항공기가 공기와의 마찰로 인해 앞으로 나아가는 것을 방해하는 힘
> • ___㉣___ : 날개 윗면과 아랫면의 압력차이로 인해 비행경로의 수직으로 작용하는 힘

	㉠	㉡	㉢	㉣
①	추력	양력	항력	무게
②	추력	항력	양력	무게
③	무게	항력	추력	양력
④	무게	추력	항력	양력

04 A씨는 북쪽을 향해 바라보고 있다. A씨가 오른쪽으로 45° 돌고, 왼쪽으로 90° 돌았다면 A씨가 바라보는 방위는?

① 남동쪽 ② 남서쪽
③ 북동쪽 ④ 북서쪽

05 지구 내부의 구조는 지각, 맨틀, 외핵, 내핵으로 구성되어 있다. 다음 중 지구 내부 구조를 조사할 때 사용하는 방법으로 가장 적절한 것은?

① 광파 ② 음파
③ 지진파 ④ 전자기파

CHAPTER 02 2024년 기출복원문제

※ 정답 및 해설은 기출복원문제 바로 뒤 p.066에 있습니다.

01 언어논리력

01 다음 중 제시된 단어의 뜻이 옳지 않은 것은?

① 천학하다 : 가난하고 천하다.
② 가붓하다 : 조금 가벼운 듯하다.
③ 부산하다 : 급하게 서두르거나 시끄럽게 떠들어 어수선하다.
④ 가녀리다 : 물건이나 사람의 신체 부위 따위가 몹시 가늘고 연약하다.

02 다음 중 밑줄 친 부분의 띄어쓰기가 옳은 것은?

① 여행을 <u>다녀온 지</u> 벌써 세 달이 지났어.
② 이 일을 어떻게 <u>처리해야 할 지</u> 걱정이야.
③ 귤이 얼마나 <u>맛있는 지</u> 손가락이 다 물들었어.
④ 내 돈을 훔친 범인이 <u>누구든 지</u> 잡히면 가만두지 않겠어.

03 다음 중 밑줄 친 단어와 같거나 유사한 의미를 가진 것은?

생각지도 못한 위기 상황을 <u>맞닥뜨렸다</u>.

① 충돌하다 ② 직진하다
③ 구면하다 ④ 봉착하다

04 다음 밑줄 친 단어 중 문맥상 쓰임이 옳지 않은 것은?

① 우리는 첨단산업을 개발하고 육성해야 한다.
② 기술자가 없어서 고가의 장비를 썩이고 있다.
③ 생선 장수들이 좌판을 벌이고 손님을 맞아들였다.
④ 메모지를 벽에 덕지덕지 붙여 놓아 지저분해 보인다.

05 다음 중 제시된 문장에 사용되지 않는 단어는?

- 그는 나에게 언제나 ______이/가 되는 사람이다.
- 부모에 대한 지나친 ______은/는 좋지 않다.
- 두 사람은 서로서로 불쌍히 여기면서 ______하여 살아가지 않을 수 없었다.
- 약의 힘에 ______하는 습관은 끊기 어렵다.

① 의지 ② 의존
③ 의식 ④ 의탁

06 다음 글의 빈칸에 들어갈 접속어로 가장 적절한 것은?

신용카드를 사용하면 연말정산 시 15%를 공제받지만, 체크카드를 사용할 경우 두 배 더 공제받을 수 있다. 대신 1년간 사용한 액수가 소득공제 기준에 미치지 못하면 오히려 그만큼을 더 납부해야 한다. ________ 얼마 남지 않은 연말까지 연 소득의 25% 이상을 써야 한다면 신용카드를 사용하는 것이 좋다.

① 그러므로 ② 그러나
③ 마침내 ④ 그리고

02 이해력

01 **다음 제시된 문장을 논리적 순서대로 바르게 나열한 것은?**

(가) 그러나 셧다운제에 반발하는 목소리도 적지 않다. 여가를 즐기는 청소년의 정당한 권리를 박탈하는 것은 옳지 않다는 의견이다.
(나) 셧다운제에 찬성하는 사람들은 게임에 빠진 청소년들의 사회성이 결여되며, 게임이 청소년들의 건강 악화를 야기한다고 주장한다.
(다) 한편 게임 시장이 위축될 것에 대한 우려의 목소리도 있다.
(라) 셧다운제는 0시부터 오전 6시 사이에 만 16세 미만 청소년의 온라인 게임 접속을 차단하는 제도로서, 온라인 게임 중독을 예방하기 위해 도입되었다.
(마) 즉, 성장 가능성이 큰 우리나라 게임 산업의 경쟁력이 퇴보할 수 있다고 주장하고 있다.

① (나) – (가) – (라) – (다) – (마)
② (나) – (다) – (마) – (라) – (가)
③ (라) – (가) – (나) – (다) – (마)
④ (라) – (나) – (가) – (다) – (마)

02 다음 기사의 주제로 가장 적절한 것은?

> 정부는 조직 구성원의 다양성 확보와 포용 사회 구현을 위해 공공부문 여성 대표성 제고 5개년 계획을 수립하고, 내후년까지 고위공무원 여성의 비율 10%, 공공기관 임원 여성의 비율 20% 달성 등 각 분야의 목표치를 설정하였다.
> 12개 분야 가운데 고위공무원단은 지난해 목표치의 6.8%밖에 못 미쳤으나, 나머지 11개 분야는 목표치를 달성했다. 국가직 고위공무원단 여성 비율은 지난해 6.5%에서 올해 6.7%로 상승했다. 국가직 본부 과장급 공무원 여성 비율은 같은 기간 14.8%에서 17.5%로, 공공기관 임원은 11.8%에서 17.9%로 확대됐다. 여성 국립대 교수는 15.8%에서 16.6%로, 여성 교장·교감은 40.6%에서 42.7%로 늘었다. 또한 여성군인 간부 비율은 5.5%에서 6.2%로 상승했으며, 일반 경찰 중 여성 비율은 10.9%에서 11.7%로, 해경은 11.3%에서 12.0%로 늘었다. 정부위원회 위촉직 여성 참여율은 41.9%까지 높아졌다.
> 정부는 올해 여성 고위공무원이 없는 중앙부처에 1명 이상의 임용을 추진하고, 범정부 균형 인사 추진계획을 마련할 예정이다. 또한 여성 임원이 없는 공공기관에 여성 임원을 최소 1인 이상 선임하도록 독려할 방침이다. 여성 관리직 목표제 적용 대상은 300인 이상 기업에서 전체 지방공기업으로 확대된다. 국립대 교수 성별 현황 조사를 위한 양성평등 실태조사 법적 근거를 마련하고, 여성군인·경찰 신규 채용을 늘릴 계획이다. 헌법기관·중앙행정기관 위원회 성별 참여 조사 결과도 처음으로 공표한다. 그 외 여성의 실질적인 의사결정 권한 정도가 측정되도록 정부혁신평가 지표를 개선하고 자문단 운영, 성평등 교육도 계속 시행한다.
> 여성가족부 장관은 "의사결정 영역에서의 성별 균형적 참여는 결과적으로 조직의 경쟁력 제고에 도움이 된다."라며 "이에 대해 공감대를 갖고 자율적으로 조직 내 성별 균형성을 확보해 나가려는 민간부문에 대해서도 지원할 계획"이라고 말했다.

① 성차별 없는 블라인드 채용
② 여성 고위관리직 확대를 위한 노력
③ 고위공무원단의 여성 비율이 낮은 이유
④ 유리천장, 여성들의 승진을 가로막는 장애물

03 다음 글에 나타난 '라이헨바흐의 논증'을 평가 · 비판한 것으로 적절하지 않은 것은?

> 귀납은 현대 논리학에서 연역이 아닌 모든 추론, 즉 전제가 결론을 개연적으로 뒷받침하는 모든 추론을 가리킨다. 귀납은 기존의 정보나 관찰 증거 등을 근거로 새로운 사실을 추가하는 지식 확장적 특성을 지닌다. 이 특성으로 인해 귀납은 근대 과학 발전의 방법적 토대가 되었지만, 한편으로 귀납 자체의 논리적 한계를 지적하는 문제들에 부딪히기도 한다.
> 먼저 흄은 과거의 경험을 근거로 미래를 예측하는 귀납이 정당한 추론이 되려면 미래의 세계가 과거에 우리가 경험해 온 세계와 동일하다는 자연의 일양성(一樣性), 곧 한결같음이 가정되어야 한다고 보았다. 그런데 자연의 일양성은 선험적으로 알 수 있는 것이 아니라 경험에 기대어야 알 수 있는 것이다. 즉, "귀납이 정당한 추론이다."라는 주장은 "자연은 일양적이다."라는 다른 지식을 전제로 하는데, 그 지식은 다시 귀납에 의해 정당화되어야 하는 경험적 지식이므로 귀납의 정당화는 순환 논리에 빠져 버린다는 것이다. 이것이 귀납의 정당화 문제이다.
> 귀납의 정당화 문제로부터 과학의 방법인 귀납을 옹호하기 위해 라이헨바흐는 이 문제에 대해 현실적 구제책을 제시한다. 라이헨바흐는 자연이 일양적일 수도 있고 그렇지 않을 수도 있음을 전제한다. 먼저 자연이 일양적일 경우, 그는 지금까지의 우리의 경험에 따라 귀납이 점성술이나 예언 등의 다른 방법보다 성공적인 방법이라고 판단한다. 자연이 일양적이지 않다면, 어떤 방법도 체계적으로 미래 예측에 계속해서 성공할 수 없다는 논리적 판단을 통해 귀납은 최소한 다른 방법보다 나쁘지 않은 추론이라고 확언한다. 결국 자연이 일양적인지 그렇지 않은지 알 수 없는 상황에서는 귀납을 사용하는 것이 옳은 선택이라는 라이헨바흐의 논증은 귀납의 정당화 문제를 현실적 차원에서 해소하려는 시도로 볼 수 있다.

① 귀납이 지닌 논리적 허점을 완전히 극복한 것은 아니라는 비판의 여지가 있다.

② 귀납을 과학의 방법으로 사용할 수 있음을 지지하려는 목적에서 시도하였다는 데 의미가 있다.

③ 귀납과 견주어 미래 예측에 더 성공적인 방법이 없다는 판단을 근거로 귀납의 가치를 보여 주고 있다.

④ 귀납이 현실적으로 옳은 추론 방법임을 밝히기 위해 자연의 일양성이 선험적 지식임을 증명한 데 의의가 있다.

04 다음 중 (가)~(라) 문단과 안전 플랫폼을 효율적으로 운영하기 위해 제시된 방안이 적절하지 않은 것은?

> 언제 발생할지 모르는 각종 재해·재난을 완벽하게 막을 수는 없다. 다만, 재해·재난이 발생하기 전이라면 사전예방을 통해 발생위험을 줄이고, 재해·재난이 발생한 뒤라면 초기대응과 체계적인 관리를 통해 피해를 최소화할 수 있다. 재난에 대한 피해를 최소화하기 위해서는 체계화된 플랫폼(Platform)이라는 쉘터(Shelter)가 필요하다. 국가가 안전 플랫폼을 효율적으로 운영하기 위한 방안은 다음과 같다.
>
> (가) 첫째, 재난관리 지휘·명령 표준체계를 통해 컨트롤 타워를 통합적으로 관리할 수 있어야 한다. 재난현장 지원 및 조정체계를 통해 관계기관의 협업이 가능해야 하며, 안전정책 총괄관리 및 개선체계를 통해 국가안전관리 계획수립과 재난 안전 예산확보 및 안전관리 감독이 가능해야 한다.
>
> (나) 둘째, 지방자치단체의 역량 및 책임성이 강화되어 지역 재난안전을 관리할 수 있어야 한다. 이를 통해 지역별 재해·재난으로부터 신속히 대응할 수 있다. 또한 지방자치단체 주도의 재난대비 교육·훈련으로 재난대응 역량을 강화해야 한다. 아무리 효과적인 대응책을 가지고 있더라도 교육과 훈련을 통해 숙달되지 않으면 위기상황에 제대로 작동되지 않기 때문이다.
>
> (다) 셋째, 모두가 함께 안전을 만들기 위해서는 안전 문화가 생활 속에 자리 잡아야 한다. 이를 위해서는 안전문화 증진을 위한 콘텐츠 개발이 필요하고, 주민참여형 거버넌스를 구축하여 민관협력체계가 활성화되어야 한다. 또한 안전취약계층에 대한 맞춤형 안전대책과 재난피해자 지원 확대방안도 개선되어야 한다.
>
> (라) 넷째, 재난 안전 예방을 위해 공간분석을 통한 과학적 통합 경보 서비스와 피해예측시스템 및 재해 예방사업을 확대하고 안전산업육성을 위한 지원책이 마련되어야 한다. 공간분석은 공간데이터 분석을 통해 유용한 정보를 추출하여 공간적 의사결정을 하는 것을 말한다. 공간분석 시에 공간데이터의 기본단위를 설정하는 것이 공간분석의 기본이라고 할 수 있다.
>
> 다섯째, 대규모 재해·재난으로 확대될 수 있는 에너지 분야에서는 안전기술 개발 및 안전인프라가 구축되어야 하고, 농업 분야에서는 구제역 및 조류 인플루엔자 등의 감염병 대책관리가 필요하며, 의료 분야에서는 코로나 등의 전염병 대책관리 및 응급의료서비스가 강화되어야 한다. 화학 분야에서는 불산 유출 등과 같은 화학 물질 안전관리를 위해서 화학 안전관리제도를 구축하여 화학사고 대응체계를 강화해야 한다.

① (가) : 재난관리 지휘·명령 표준체계를 갖춰야 한다.

② (나) : 지방자치단체의 역량이 강화되어야 한다.

③ (다) : 생활 속 안전문화를 확산해야 한다.

④ (라) : 재난 안전 예방 인프라를 확충해야 한다.

03 공간지각력

01 다음 중 제시된 도형을 만들기 위해 필요하지 않은 조각은?

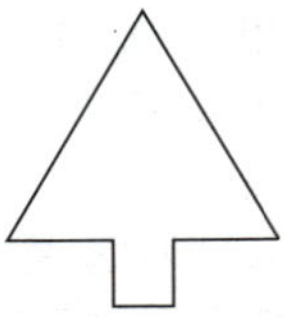

① 

② 

③ 

④ 

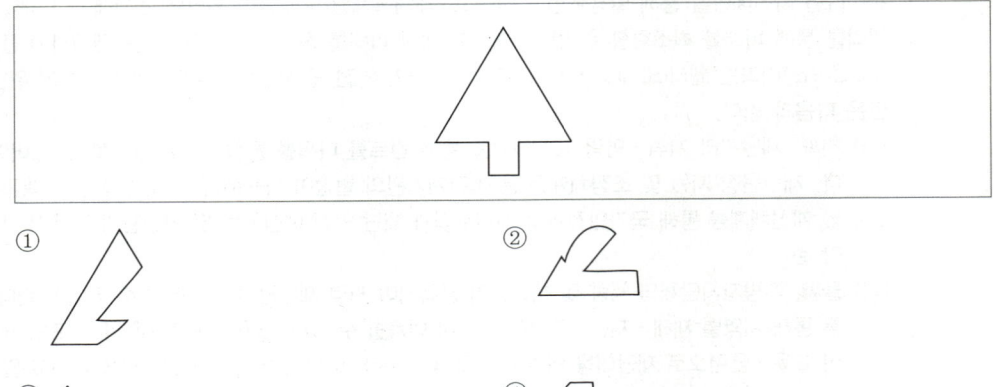

02 다음 중 제시된 도형과 같은 것은?(단, 도형은 회전이 가능하다)

① 

② 

③ 

④ 

03 다음과 같은 모양을 만드는 데 사용된 블록의 개수는?(단, 보이지 않는 곳의 블록은 있다고 가정한다)

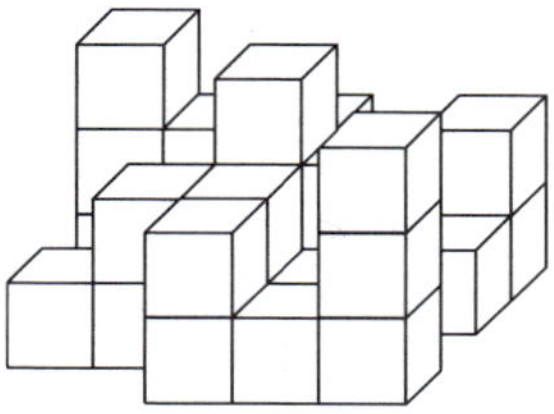

① 29개
② 30개
③ 31개
④ 32개

04 다음 중 제시된 전개도를 접었을 때 나타나는 입체도형으로 옳은 것은?

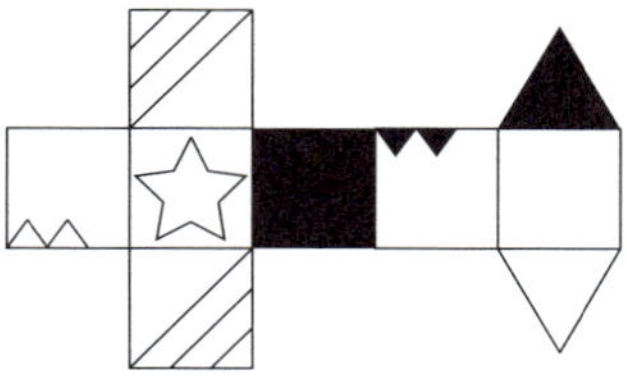

① 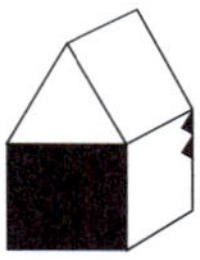
② 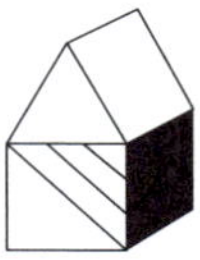
③ 
④ 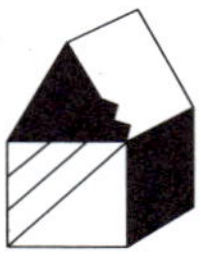

05 3×3×3 큐브에 대한 정의가 〈조건〉와 같다. 〈보기〉의 도형의 첫 번째 가로줄을 시계 방향으로 90°, 첫 번째 세로줄을 뒤로 90°, 첫 번째 가로줄을 시계 방향으로 90° 돌렸을 때, 나오는 모양을 다음과 같이 잘랐을 때의 단면은?

조건

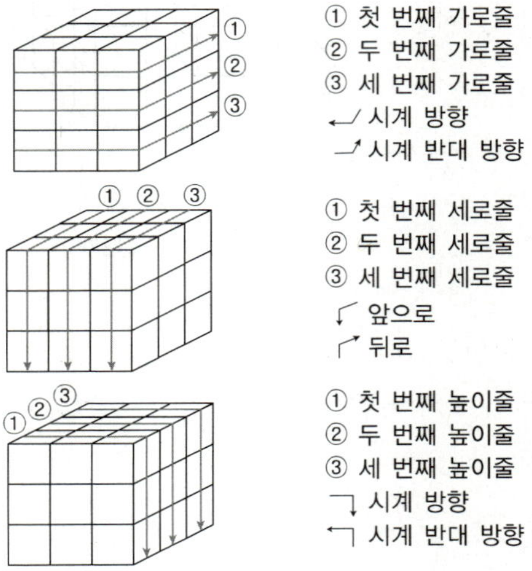

보기

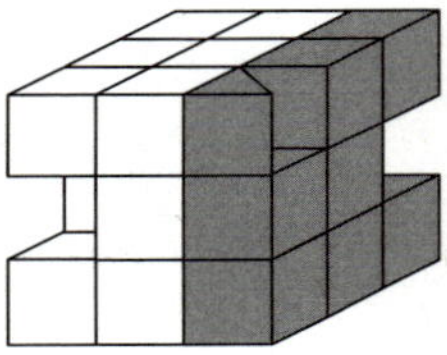

① 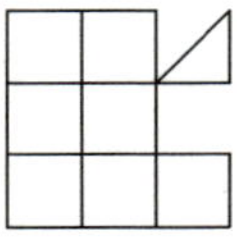

② 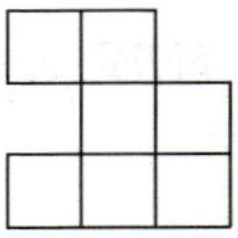

③ 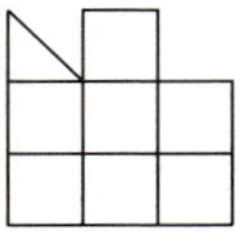

④ 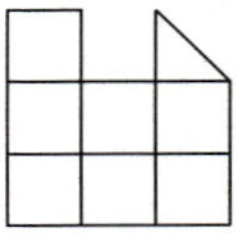

04 문제해결력

01 A ~ E 5명 중 2명만 진실을 말하고 있다. 다음 중 진실을 말하는 2명은?

- A : B는 거짓말을 하지 않아.
- B : C의 말은 거짓이야.
- C : D의 말은 진실이야.
- D : C는 진실을 말하고 있어.
- E : D는 거짓말을 하지 않아.

① A, B
② A, C
③ B, D
④ C, E

02 A사 직원 성우, 희성, 지영, 유진, 혜인, 재호가 다음 〈조건〉에 따라 근무할 때, 반드시 참인 명제는?

조건

- 성우, 희성, 지영, 유진, 혜인, 재호는 각자 다른 곳에서 근무하고 있다.
- 근무할 수 있는 곳은 감사팀, 대외협력부, 마케팅부, 비서실, 기획팀, 회계부이다.
- 성우가 비서실에서 근무하면, 희성이는 기획팀에서 근무하지 않는다.
- 유진이와 재호 중 한 명은 감사팀에서 근무하고, 나머지 한 명은 마케팅부에서 근무한다.
- 유진이가 감사팀에서 근무하지 않으면, 지영이는 대외협력부에서 근무하지 않는다.
- 혜인이가 회계부에서 근무하지 않을 때에만 재호는 마케팅부에서 근무한다.
- 지영이는 대외협력부에서 근무한다.

① 재호는 감사팀에서 근무한다.
② 희성이는 기획팀에서 근무한다.
③ 성우는 비서실에서 근무하지 않는다.
④ 혜인이는 회계부에서 근무하지 않는다.

※ A사에서는 임직원 해외연수를 추진하고 있다. 이어지는 질문에 답하시오. **[3~4]**

〈임직원 해외연수 공지사항〉

- 해외연수 국가 : 네덜란드, 일본
- 해외연수 일정 : 12월 11 ~ 20일(10일간)
- 해외연수 인원 : 국가별 2명씩 총 4명
- 해외연수 인원 선발 방법 : 업무평가 항목 평균 점수 상위 4명 선발(단, 평균 점수는 소수점 셋째 자리에서 반올림한다)

〈A사 임직원 업무평가〉

(단위 : 점)

성명	직급	업무평가 점수		
		조직기여	대외협력	기획
유명진	팀장	58	68	83
최은서	팀장	79	98	96
강하람	과장	84	72	86
이병수	대리	55	91	75
우태경	대리	90	84	97
소이진	대리	78	95	85
박정대	주임	97	76	72
신주원	주임	69	78	54
한주은	사원	77	83	66
최재훈	사원	80	94	92

03 **다음 중 해외연수 대상자가 될 수 있는 직원으로만 묶인 것은?**

① 유명진, 최은서
② 강하람, 이병수
③ 우태경, 소이진
④ 박정대, 신주원

04 **A사는 임직원 해외연수 인원을 국가별로 1명씩 늘려 총 6명으로 확대하려고 한다. 이때 해외연수 대상자가 될 수 없는 직원은?**

① 강하람
② 이병수
③ 우태경
④ 박정대

05 A사에서 인사팀의 1박 2일 워크숍 날짜를 결정하려고 한다. 다음 인사팀의 11월 월간 일정표와 〈조건〉을 고려할 때, 인사팀 워크숍 날짜로 가장 적절한 것은?

〈11월 월간 일정표〉

월	화	수	목	금	토	일
	1	2 오전 10시 연간 채용계획 발표(A팀장)	3	4 오전 10시 주간업무보고 오후 7시 B대리 송별회	5	6
7	8 오후 5시 총무팀과 팀 연합회의	9	10	11 오전 10시 주간업무보고	12	13
14 오전 11시 승진대상자 목록 취합 및 보고(C차장)	15	16	17 A팀장 출장	18 오전 10시 주간업무보고	19	20
21 오후 1시 팀미팅(30분 소요 예정)	22	23 D사원 출장	24 외부인사 방문 일정	25 오전 10시 주간업무보고	26	27
28 E대리 휴가	29	30				

조건

- 워크숍은 평일로 한다.
- 워크숍에는 모든 팀원이 빠짐없이 참석해야 한다.
- 워크숍 일정은 첫날 오후 3시 출발부터 다음 날 오후 2시까지이다.
- 다른 팀과 함께하는 업무가 있는 주에는 워크숍 일정을 잡지 않는다.
- 매월 말일에는 월간 업무 마무리를 위해 워크숍 일정을 잡지 않는다.

① 11월 9 ~ 10일　② 11월 18 ~ 19일
③ 11월 21 ~ 22일　④ 11월 28 ~ 29일

05 관찰탐구력

01 다음 중 물질을 분자식으로 나타냈을 때 산소가 포함되지 않은 것은?

① 물
② 이산화탄소
③ 에탄올
④ 메테인

02 다음 중 혈압, 체온, 체내 수분을 일정하게 유지하고 수면 등에 영향을 주는 것은?

① 대뇌
② 소뇌
③ 간뇌
④ 연수

03 다음 중 거울의 쓰임새가 나머지와 다른 것은?

① 자동차 측면 거울
② 치과용 거울
③ 편의점 감시 거울
④ 도로반사경

04 **다음 중 제시된 사례의 원리와 다른 것은?**

얼음에 소금을 넣으면 주변 온도가 내려간다.

① 이글루 안에 물을 뿌리면 따뜻해진다.
② 가스버너를 사용하면 가스통이 차가워진다.
③ 알코올 솜으로 손등을 문지르면 시원해진다.
④ 손난로를 주무르거나 흔들면 손난로가 따뜻해진다.

05 **다음은 비행기 날개에 흐르는 공기에 의해 비행기가 뜨는 원리를 나타낸 그림이다. 이때 작용하는 힘 A는 무엇인가?**

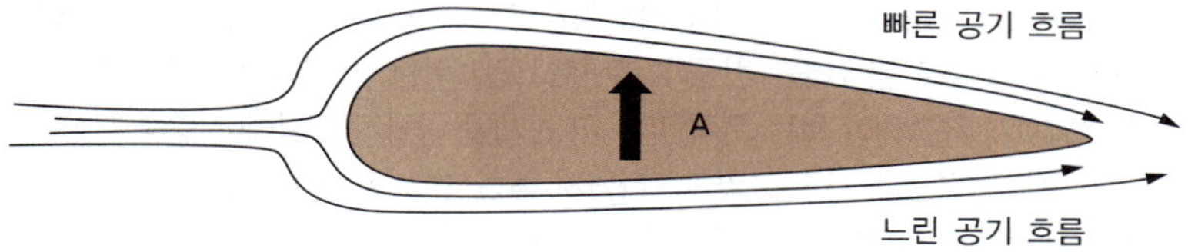

① 중력
② 양력
③ 마찰력
④ 수직항력

CHAPTER 03 2023년 기출복원문제

※ 정답 및 해설은 기출복원문제 바로 뒤 p.071에 있습니다.

01 언어논리력

01 다음 제시된 상황에 가장 적절한 사자성어는?

> 정책을 결정하는 사람들이 모여 회의를 하고 있다. 이들 중 한 명은 국민 지원금으로 1인당 1억 원을 지급하여 다들 먹고 살 수 있게 하면 자영업자의 위기를 해결할 수 있다고 말하고 있고, 다른 한 명은 북한이 자꾸 도발을 하니 지금이라도 기습 공격을 하여 통일을 하면 통일 문제가 해결된다고 하였다. 가만히 듣고 있던 한 명은 일본·중국에 대한 여론이 나쁘니 두 나라와 무역 및 외교를 금지하면 좋지 않겠냐고 하니 회의에 참여한 사람들이 서로 좋은 의견이라고 하면서 회의를 이어가고 있다.

① 토사구팽(兎死狗烹)
② 계명구도(鷄鳴狗盜)
③ 표리부동(表裏不同)
④ 탁상공론(卓上空論)

02 다음 제시된 단어의 대응 관계로 볼 때, 빈칸에 들어가기에 알맞은 것끼리 짝지어진 것은?

> 계절 : (　　) = (　　) : 호랑이

① 날씨, 사자
② 기후, 포유류
③ 윤년, 다리
④ 가을, 동물

03 다음 중 밑줄 친 단어의 맞춤법이 올바르게 쓰인 것끼리 짝지어진 것은?

> 오늘은 웬지 아침부터 기분이 좋지 않았다. 회사에 가기 싫은 마음을 다독이며 출근 준비를 하였다. 회사에 겨우 도착하여 업무용 컴퓨터를 켰지만, 모니터 화면에는 아무것도 보이지 않았다. 심각한 바이러스에 노출된 컴퓨터를 힘들게 복구했지만, 며칠 동안 힘들게 작성했던 문서가 훼손되었다. 당장 오늘까지 제출해야 하는 문서인데, 이 문제를 어떡게 해결해야 할지 걱정이 된다. 문서를 다시 작성하든지, 팀장님께 사정을 말씀드리던지 해결책을 찾아야만 한다. 현재 나의 간절한 바램은 이 문제가 무사히 해결되는 것이다.

① 웬지, 며칠, 훼손
② 며칠, 어떡게, 바램
③ 며칠, 훼손, 작성하든지
④ 며칠, 말씀드리던지, 바램

04 다음 제시된 단어와 같거나 유사한 의미를 가진 것은?

갈음하다

① 분리하다
② 대신하다
③ 어림하다
④ 헤아리다

05 다음 중 밑줄 친 단어와 같은 의미로 쓰인 것은?

할아버지의 수레를 뒤에서 밀었다.

① 밖에서 오랫동안 고민하던 그는 문을 밀고 들어왔다.
② 오랫동안 기른 머리를 짧게 밀었다.
③ 오늘 일을 보면 김차장을 누가 뒤에서 밀고 있는 것 같아.
④ 송판을 대패로 밀었다.

06 다음 글의 빈칸에 들어갈 접속어로 가장 적절한 것은?

단감은 비타민C와 비타민A가 풍부하여 감기 예방과 피로 해소에 좋다. ________ 단감의 타닌 성분은 알코올 농도 상승을 막고 흡수를 더디게 하여 숙취 해소에 도움을 준다.

① 그러나
② 그러므로
③ 왜냐하면
④ 또한

02 이해력

01 **다음 제시된 문장을 논리적 순서대로 바르게 나열한 것은?**

> (가) 또한 내과 교수팀은 "이번에 발표된 치료성적은 치료 중인 많은 난치성 결핵환자들에게 큰 희망을 줄 수 있을 것"이라며 덧붙였다.
> (나) A병원 내과 교수팀은 지난 결핵 및 호흡기학회에서 그동안 치료가 매우 어려운 것으로 알려진 난치성 결핵의 치료 성공률을 세계 최고 수준인 80%로 높였다고 발표했다.
> (다) 완치가 거의 불가능한 난치성 결핵균에 대한 치료성적이 우리나라가 세계 최고 수준인 것으로 발표되어 치료 중인 환자와 가족들에게 희소식이 되고 있다.
> (라) 내과 교수팀은 지난 10년간 A병원에서 새로운 치료법을 적용한 결핵 환자 155명의 치료성적을 분석한 결과, 치료 성공률이 49%에서 현재는 80%에 이르렀다고 설명했다.

① (나) – (가) – (다) – (라)
② (나) – (라) – (다) – (가)
③ (다) – (가) – (라) – (나)
④ (다) – (나) – (라) – (가)

02 **다음 글의 내용으로 적절하지 않은 것은?**

> 우리나라만이 갖는 선과 형태의 특성은 부드러움 속에 담긴 넉넉한 아름다움으로 요약할 수 있다. 이러한 형태미가 발생하게 된 가장 중요한 배경은 우리의 독특한 자연 조건과 정서에 있다. 정서는 환경과 생활 속에서 늘 보고 듣고 체험하는 데서 자연스럽게 형성되는데, 거칠고 척박한 곳에서의 생활은 거칠고 투박한 심성을 만들고 파생되는 미의 형태도 투박하게 된다. 반대로 따뜻하고 부드러운 환경에서 가꾸어진 여유로운 심성은 부드러운 그림의 형태로 나타날 것이다. 이처럼 환경의 영향이 크기 때문에 맹자의 어머니도 교육을 위해서 세 번씩이나 이사했던 것이다.
>
> 한편 우리나라의 자연은 노년기 지형으로서 완만한 선과 다양한 형태를 지니고 있다. 지리산처럼 웅장한 모습이 있는가 하면, 설악산처럼 힘 있는 선을 나타내는 형태도 있다. 그러나 전체적으로는 부드러움을 지녔다고 할 수 있으며, 강함은 전체적인 부드러움 속에서 적절하게 조화를 이룬다고 볼 수 있다. 이러한 자연환경 속에서 우리 민족은 부드럽고 따뜻한 정서를 지니게 되었고, 그에 따라 미술에서도 부드러운 곡선과 넉넉한 형태감이 나타나게 된 것이다.
>
> 우리의 전통 가옥인 초가집 지붕의 선과 형태를 생각해 보자. 자연스러운 곡선으로 마치 주변의 야산을 옮겨다 놓은 듯한 낯익은 형태감을 지니고 있다. 이처럼 우리 주변에서 흔히 볼 수 있는 자연의 선과 형태가 생활 속에서 나타나게 되었고, 자연스럽게 미의식에도 커다란 영향을 미쳐 작품에도 그러한 선과 형태가 나타난 것이다.
>
> 우리의 따뜻한 정서가 살아 있는 조선백자도 마찬가지이다. 중국의 자기처럼 '대칭과 완벽'의 아름다움을 찾을 수는 없지만, 보름달을 닮았다고 하여 '달 항아리'라는 예쁜 이름을 갖게 된 백자는 넉넉한 곡선과 비대칭의 아름다움, 그러면서도 여유 있고 균형 잡힌 형태감으로 우리에게 다가온다. 중국의 완벽한 자기(瓷器)나 기교적인 일본의 자기에서는 결코 느낄 수 없는 아름다움이다.
>
> 이러한 아름다움은 우리의 한복뿐 아니라 풍속화의 선이나 산수화의 부드러우면서도 때로는 힘찬 선과 형태감, 수수하면서도 때로는 파격적인 민화 등 다양한 분야에서 나타나는 것이다. 즉, 우리의 정서가 담겨 있는 선과 형태의 전반적인 특징은 '부드러움'이었으며, 자연과의 조화를 드러내는 아름다움이었던 것이다.
>
> 선과 형태에 관한 전통적인 개념이 현대 미술에까지 계승되고 있다고 자신 있게 말하지는 못하지만 우리 자신의 것을 바탕으로 하지 않는 문화는 사상누각에 불과하다. 우리는 우리 문화의 근원이라 할 수 있는 우리의 자연에 관심을 가져야 한다. 쉼 없이 이어지는 산의 부드러우면서도 때로는 힘 있는 곡선과 자연 그대로의 오솔길, 산 따라 골 따라 순응하면서 흘러가는 냇물의 흐름과 뚜렷한 사계절의 흐름을 우리의 그림과 도자기, 생활 문화와 비교해 보면 우리 미의 근원이 자연임을 알 수 있을 것이다.

① 한국의 자연은 완만한 선과 다양한 형태를 지니고 있다.

② 부드러움 속에 넉넉함이 담긴 것이 한국의 아름다움이다.

③ 한복이나 민화에서도 한국적인 아름다움을 발견할 수 있다.

④ 조선백자는 세련된 기교와 대칭의 아름다움을 지니고 있다.

※ 다음 글을 읽고 이어지는 질문에 답하시오. [3~4]

> 일반적으로 사람들은 현대미술을 이해하기 어려운 복잡한 미술이라고 생각한다. 회화나 조각에서 아름다움을 쉽게 느낄 수 있는 기존의 미술과는 달리 현대미술은 장르적 한계점을 벗어나 종합예술로서 예술가의 생각을 중심으로 표현하는 미술이기 때문이다. ___㉠___ 현대미술에 큰 관심이 없는 사람들은 자신의 생활과 큰 연결점이 없는 예술가만의 미술로 치부하곤 한다. 그러나 현대미술은 알고 보면 오히려 일반인들에게 친근하게 다가오는 미술이라고 할 수 있다. 과거의 미술은 미술사적으로 미학적인 요소들을 강조하여 표현되었다. 그러나 현대의 미술은 이러한 틀에서 벗어나 우리가 흔하게 접할 수 있는 요소를 활용하여 예술가의 생각이나 감각이 독창적인 방법으로 전개된다. 현대미술의 시작이라 할 수 있는 남성용 소변기를 사용해 제작한 마르셀 뒤샹의 「샘」을 보면 이를 쉽게 알 수 있다. 이처럼 현대미술은 기존 모더니즘적 예술지상주의에서 벗어나 일상 속에서 쉽게 접하는 요소들을 시각화하여 표현한다. 현대미술을 접하는 사람들은 예술가의 작품에서 의미를 발견하고, 일상 속 요소들의 숨겨진 아름다움이나 순수함을 발견할 수 있다. 특히 장르를 가리지 않는 현대미술의 특성상 미술뿐만 아니라 다른 영역에서도 사람들에게 새로운 시각과 아이디어를 제공할 수 있으며, 흔하고 무의미한 요소들에 특별한 의미를 부여하기 때문에 사물의 고정된 틀에서 벗어나 우리의 인식을 새롭게 넓힐 수 있다.

03 윗글의 주제로 가장 적절한 것은?

① 현대미술의 역할
② 현대미술이 가지는 한계점
③ 현대미술을 이해하는 방법
④ 예술가적 표현의 종류

04 윗글의 빈칸 ㉠에 들어갈 접속어로 가장 적절한 것은?

① 한편
② 그래서
③ 그러나
④ 예를 들어

03 공간지각력

01 다음과 같은 모양을 만드는 데 사용된 블록의 개수는?(단, 보이지 않는 곳의 블록은 있다고 가정한다)

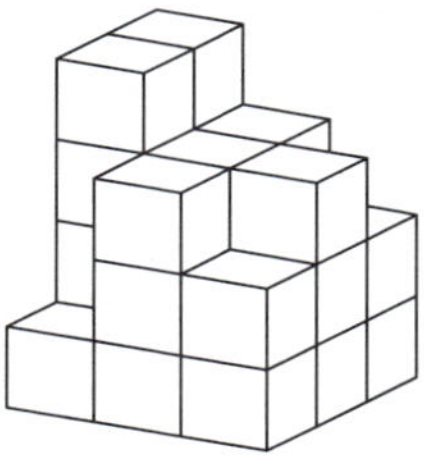

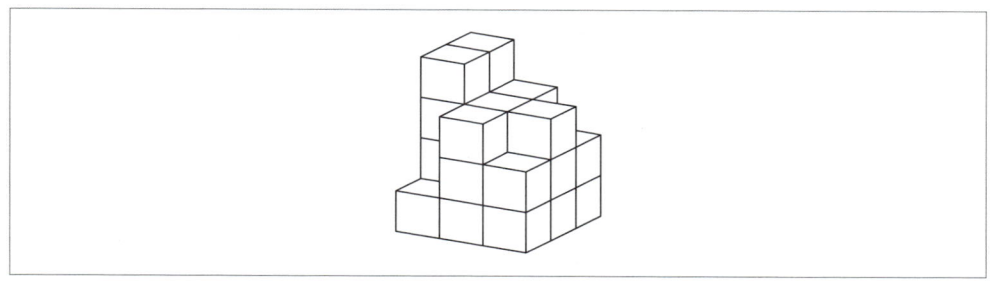

① 22개
② 23개
③ 24개
④ 25개

02 다음 중 제시된 도형과 같은 것은?(단, 도형은 회전이 가능하다)

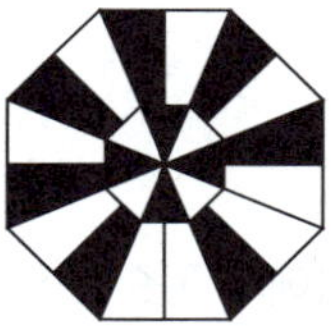

①
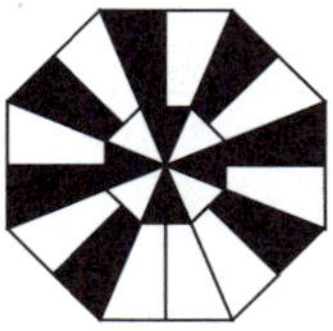

②
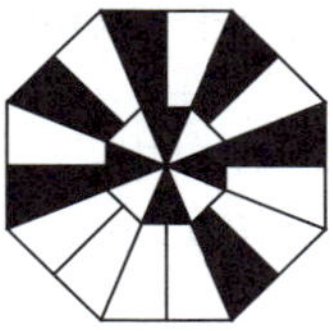

③
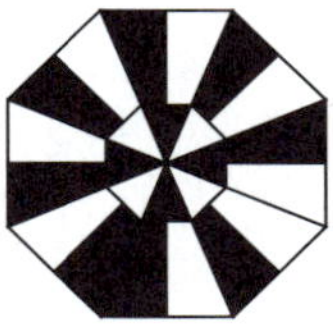

④
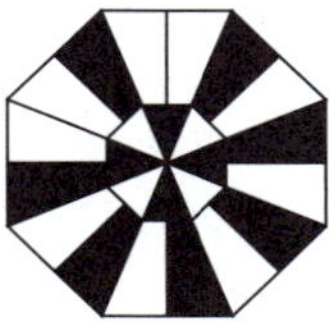

04 문제해결력

01 **다음 명제를 통해 얻을 수 있는 결론으로 옳은 것은?**

> 전제 1. 모든 음악가는 베토벤을 좋아한다.
> 전제 2. 나는 음악가가 아니다.
> 결론. 그러므로 ______________________________

① 나는 베토벤을 좋아한다.
② 나는 베토벤을 좋아하지 않는다.
③ 미술가인 내 어머니는 베토벤을 좋아하지 않는다.
④ 내가 베토벤을 좋아하는지, 좋아하지 않는지 알 수 없다.

02 **A ~ D 4명이 참여한 달리기 시합에서 동순위 없이 순위가 완전히 결정되었다. A, B, C는 다음과 같이 진술하였다. 이들의 진술이 자신보다 낮은 순위의 사람에 대한 진술이라면 참이고 높은 순위의 사람에 대한 진술이라면 거짓이라고 할 때, 반드시 참인 것은?**

> • A : C는 1위이거나 2위이다.
> • B : D는 3위이거나 4위이다.
> • C : D는 2위이다.

① A는 1위이다.
② B는 2위이다.
③ D는 4위이다.
④ A가 B보다 순위가 높다.

03 다음 글에서 나타난 문제 해결 기법은?

- 문제 상황 : 교내 도서관의 도서가 지속적으로 분실되고 있음
- 문제 해결 과정
  1. 왜 교내 도서관의 도서가 분실되는가?
     → 도서를 빌려간 학생들이 반납을 하지 않았기 때문
  2. 왜 학생들이 빌려간 도서를 반납하지 않는가?
     → 반납 기일에 대해 자주 잊어버리기 때문
  3. 왜 학생들은 반납 기일을 자주 잊어버리는가?
     → 임박한 반납 기일을 인지할 장치가 없기 때문
  4. 왜 반납 기일을 인지할 장치가 없는가?
     → 도서를 빌려줄 당시에 구두로만 반납 기일을 알려주기 때문
  5. 왜 구두로만 반납 기일을 알려주는가?
- 문제 해결 : 학생들이 반납 기일을 인지할 수 있도록 반납 기일 하루 전 문자로 통보

① TRIZ
② Brainstorming
③ Synectics
④ 5Why

05 관찰탐구력

01 '이 물질'의 합성과 분비가 제대로 이루어지지 않을 경우 포도당을 함유한 오줌을 배설하는 당뇨병이 발생할 수 있다. 대표적인 당뇨병 치료제인 '이 물질'은?

① 아미노산
② 글루카곤
③ 인슐린
④ 타우린

02 다음 그림은 마찰이 없는 수평면에서 크기가 다른 두 힘이 한 물체에 작용하고 있는 것을 나타낸 것이다. 이 물체의 가속도 크기는?

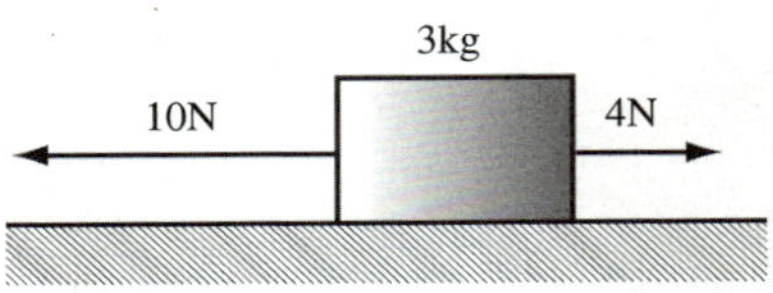

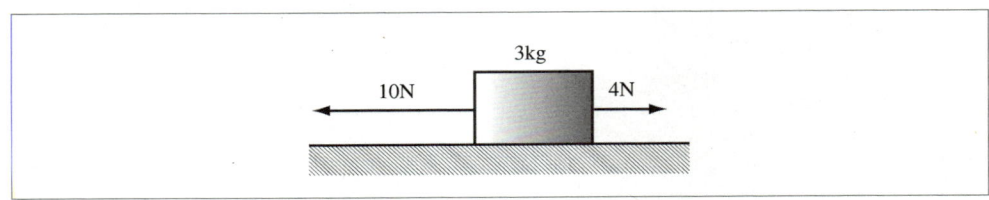

① $1m/s^2$
② $2m/s^2$
③ $3m/s^2$
④ $4m/s^2$

03 다음 설명에 해당하는 물질은?

- 암모니아 합성에 사용된다.
- 반응성이 낮아 과자 봉지의 충전재로 사용된다.
- 지구 대기 조성(부피비) 중 약 78%를 차지한다.

① 산소
② 탄소
③ 질소
④ 아르곤

04 **다음 중 작용 · 반작용의 사례에 해당하지 않는 것은?**

① 영수가 운동장을 걸었다.
② 물로켓이 물을 뿜으며 발사되었다.
③ 높은 곳에서 떨어질 때 몸을 굴렀다.
④ 풍선을 불은 후 손을 놓으니 앞으로 나아갔다.

05 **다음 〈보기〉의 현상에 공통으로 적용되는 법칙은?**

보기

- 물을 가득 채운 냄비를 가열하면 끓어 넘친다.
- 겨울철 축구공은 여름철에 비해 공기압이 떨어져 있다.
- 알코올 온도계로 기온을 측정하였다.
- 열기구가 하늘 위로 올라간다.
- 따뜻한 물에 찌그러진 탁구공을 넣으면 탁구공이 펴진다.

① 보일의 법칙
② 샤를의 법칙
③ 각운동량 보존의 법칙
④ 에너지 보존의 법칙

CHAPTER 04 2022년 기출복원문제

※ 정답 및 해설은 기출복원문제 바로 뒤 p.074에 있습니다.

01 언어논리력

01 다음 중 밑줄 친 어휘의 쓰임이 옳은 것은?

① 과일은 <u>껍질채</u> 먹는 게 몸에 더 좋다.
② 지난주에 할머니께 용돈을 <u>부쳐</u> 드렸다.
③ 분위기가 <u>한참</u> 무르익는 중에 비가 내리기 시작했다.
④ 이 문제는 많이 <u>혼돈하는</u> 내용이니 잘 알아두어야 한다.

02 다음 중 사자성어와 같은 의미의 속담을 연결한 것으로 옳지 않은 것은?

① 초록동색(草綠同色) : 가재는 게 편
② 조삼모사(朝三暮四) : 눈 가리고 아웅
③ 설상가상(雪上加霜) : 엎친 데 덮친 격
④ 상전벽해(桑田碧海) : 비 온 뒤에 땅이 굳는다.

03 다음 제시된 단어와 같거나 유사한 의미를 가진 것은?

달뜨다

① 실신하다　② 흥분하다
③ 부합하다　④ 조치하다

02 이해력

01 다음은 I사의 특정 상품 무상 부품 제공에 대한 공지이다. 이에 대한 내용으로 가장 적절한 것은?

> **S기저귀교환대 · 서랍장 무상 부품 제공 공지**
>
> S기저귀교환대 · 서랍장을 보유한 모든 고객은 제공된 안전 고정 장치로 상판을 고정해 사용하시기 바랍니다. 안전 고정 장치를 분실한 경우 당사 매장 방문 수령 또는 고객 지원센터를 통한 택배수령으로 새 고정 장치를 무료로 제공받을 수 있으며, 영수증 또는 별도의 구매 증빙 자료는 지참하지 않으셔도 됩니다.
> S기저귀교환대 · 서랍장은 아이의 성장에 따라 기저귀교환대로 사용하다가 수납가구로 장기간 사용할 수 있도록 디자인되었습니다. 그러나 일부 고객이 해당 제품을 제품 설명서에 따라 장치를 고정시키지 않고 접이식 가구로 사용하고 있다는 사례가 확인되었으며, 그 결과 제품의 상판이 분리되어 사고가 발생했다는 신고가 접수되었습니다. 이에 따라 당사는 제품에 대한 조사를 실시했으며, 고객 안전을 위한 선제적 조치로 무상으로 부품을 제공하는 글로벌 리콜 조치를 결정했습니다.
> 해당 제품은 당사가 제공하는 설명서에 따라 사용할 경우 안전한 제품이며, 안전 고정 장치의 올바른 사용과 제품 용도에 대한 커뮤니케이션을 보다 강화하여 고객의 안전에 최선을 다할 계획입니다.

① 기존에 제공된 고정 장치를 분실한 경우, 소정의 비용을 지불하면 추가구매가 가능하다.
② 고정 장치의 재수령을 위해서는 I사에서 구매했음을 확인할 수 있는 증빙 자료가 필요하다.
③ S기저귀교환대 · 서랍장 상품은 아이가 12개월이 경과하였을 경우에는 사용이 불가하다.
④ S기저귀교환대 · 서랍장 상품 관련 안전사고가 발생한 가장 큰 이유는 I사의 고지를 따르지 않았기 때문이다.

02 다음 제시된 문장을 논리적 순서대로 바르게 나열한 것은?

(가) 논리적 사고란 사물을 사리에 맞게 차근차근 따지고 앞뒤를 가려 모순 없이 여러 가지를 생각하는 것을 말한다.
(나) 사물을 논리적으로 따져 생각할 수 있는 논리적 사고력은 일상생활과 과학 연구에 있어서 중요한 도구가 될 뿐만 아니라, 인류의 문화를 발전시키는 창조력의 원천이 된다.
(다) 오늘날 인류가 이룩한 문명과 인류가 누리는 풍부하고 윤택한 생활도 논리적 사고력에 그 바탕을 두고 있다.
(라) 예를 들면, 컴퓨터의 복잡한 원리도 인간의 이러한 능력을 체계적으로 탐구하는 논리학에서 온 것이다.
(마) 오늘날에 있어서 논리의 역할은 많은 지식과 정보를 보다 신속하고 정확하게 다룰 수 있게 하는 데 있다고 할 수 있다.

① (가) – (나) – (다) – (라) – (마)
② (가) – (다) – (나) – (라) – (마)
③ (나) – (가) – (다) – (마) – (라)
④ (마) – (라) – (나) – (가) – (다)

03 다음 글의 제목으로 가장 적절한 것은?

요한 제바스티안 바흐는 '경건한 종교음악가'로서 천직을 다하기 위한 이상적인 장소를 라이프치히라고 생각하여 27년 동안 그곳에서 열심히 칸타타*를 써 나갔다고 알려졌다. 그러나 실은 7년째에 라이프치히의 칸토르**직으로는 가정을 꾸리기에 수입이 충분치 못해서 다른 일을 하기도 했고 다른 궁정에 자리를 알아보기도 했다. 그것이 계기가 되어 칸타타를 쓰지 않게 되었다는 사실이 최근의 연구에서 밝혀졌다.
볼프강 아마데우스 모차르트의 경우에는 비극적으로 막을 내린 35년이라는 짧은 생애에 걸맞게 '하늘이 이 위대한 작곡가의 죽음을 비통해하듯' 천둥 치고 진눈깨비 흩날리는 가운데 장례식이 행해졌고 그 때문에 그의 묘지는 행방을 알 수 없게 되었다고 했는데, 그 후 이러한 이야기는 빈 기상대에 남아 있는 기상자료와 일치하지 않는다는 사실도 밝혀졌다. 게다가 만년에 엄습해 온 빈곤에도 불구하고 다수의 걸작을 남기고 세상을 떠난 모차르트가 실제로는 그 정도로 수입이 적지는 않았다는 사실도 드러나, 최근에는 도박벽으로 인한 빈곤설을 주장하는 학자까지 등장하게 되었다.

*칸타타 : 17세기에서 18세기까지 바로크 시대에 발전한 성악곡의 한 형식. 독창 · 중창 · 합창과 기악 반주로 이루어지며, 이야기를 구성하는 가사의 내용에 따라 세속 칸타타와 교회 칸타타로 나뉨
**칸토르 : 교회의 음악감독이나 성가대 지휘자를 뜻함

① 음악가들의 쓸쓸한 최후
② 미화된 음악가들의 이야기와 그 진실
③ 음악가들을 괴롭힌 근거 없는 소문들
④ 음악가들의 명성에 가려진 빈곤한 생활

03 공간지각력

01 다음 두 블록을 합쳤을 때, 나올 수 없는 형태는?(단, 도형은 회전이 가능하다)

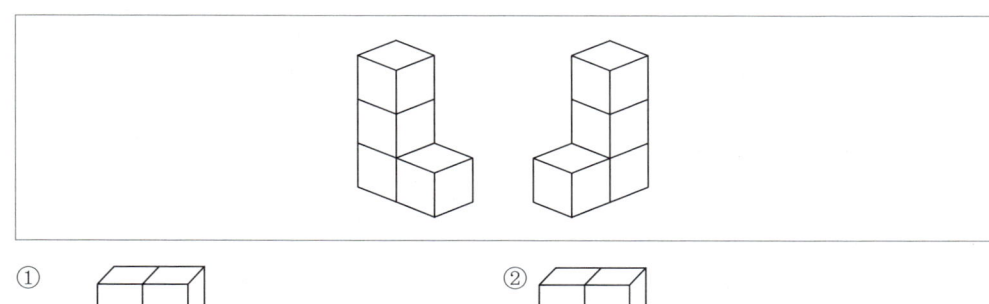

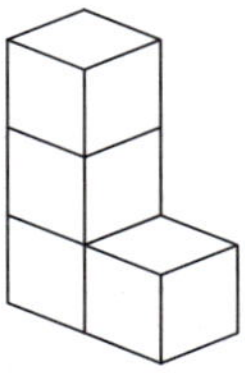

① 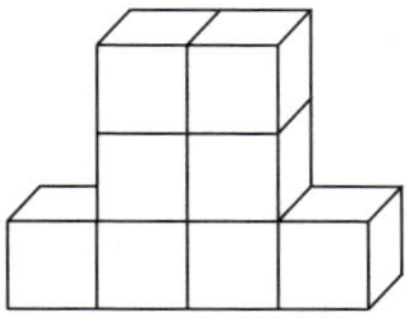

② 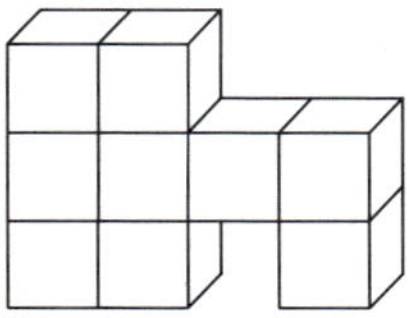

③ 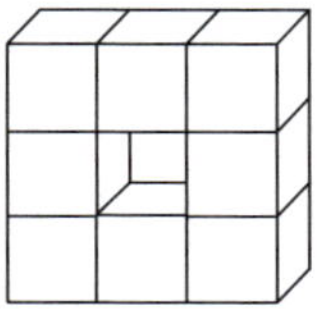

④ 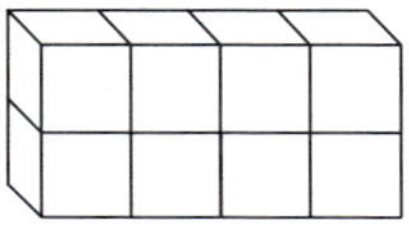

02 다음과 같은 모양을 만드는 데 사용된 블록의 개수는?(단, 보이지 않는 곳의 블록은 있다고 가정한다)

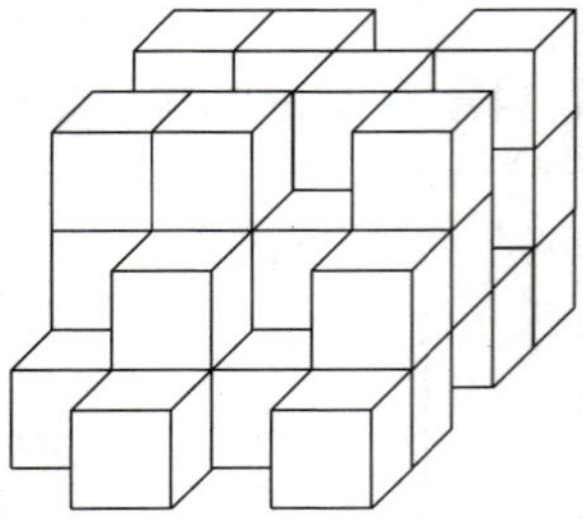

① 36개　② 37개

③ 38개　④ 39개

03 다음 그림과 같이 화살표 방향으로 종이를 접은 후, 펀치로 구멍을 뚫어 다시 펼쳤을 때의 그림으로 옳은 것은?

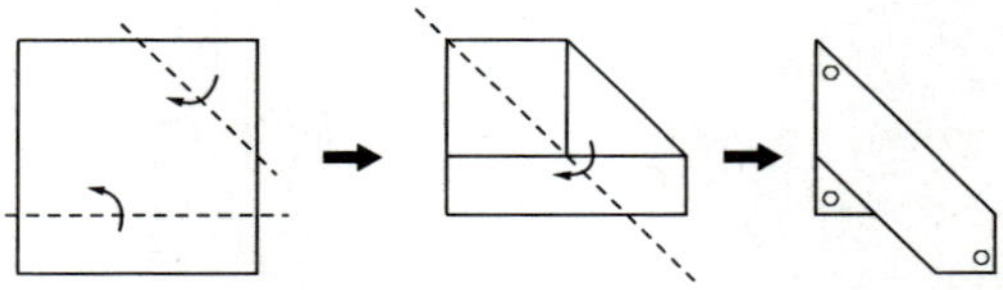

① 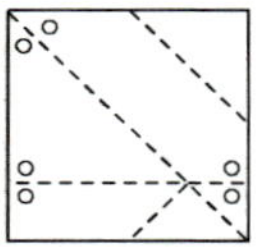

② 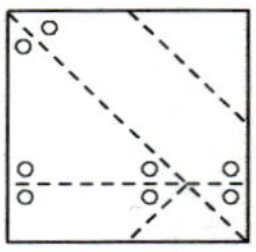

③ 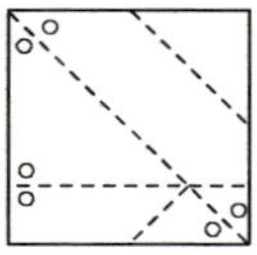

④ 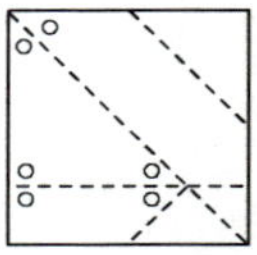

01 **다음 명제를 통해 얻을 수 있는 결론으로 옳은 것은?**

> 전제 1. 커피를 많이 마시면 카페인을 많이 섭취한다.
> 전제 2. 커피를 많이 마시지 않으면 불면증이 생기지 않는다.
> 결론. 그러므로 ________________________________

① 커피를 많이 마시면 불면증이 생긴다.
② 카페인을 많이 섭취하면 불면증이 생긴다.
③ 불면증이 생기면 카페인을 많이 섭취한 것이다.
④ 불면증이 생기지 않으면 카페인을 많이 섭취하지 않은 것이다.

02 **A사에서 다음과 같은 면접방식으로 면접을 진행할 때, 심층면접을 할 수 있는 최대 인원수와 마지막 심층면접자의 기본면접 종료 시각을 바르게 짝지은 것은?**

〈면접방식〉

- 면접은 기본면접과 심층면접으로 구분된다. 기본면접실과 심층면접실은 각 1개이고, 면접대상자는 1명씩 입실한다.
- 기본면접과 심층면접은 모두 개별면접의 방식을 취한다. 기본면접은 심층면접의 진행 상황에 관계없이 10분 단위로 계속되고, 심층면접은 기본면접의 진행 상황에 관계없이 15분 단위로 계속된다.
- 기본면접을 마친 면접대상자는 순서대로 심층면접에 들어간다.
- 첫 번째 기본면접은 오전 9시 정각에 실시되고, 첫 번째 심층면접은 첫 번째 기본면접이 종료된 시각에 시작된다.
- 기본면접과 심층면접 모두 낮 12시부터 오후 1시까지 점심 및 휴식 시간을 가진다.
- 각각의 면접 도중에 점심 및 휴식 시간을 가질 수 없고, 1인을 위한 기본면접 시간이나 심층면접 시간이 확보되지 않으면 새로운 면접을 시작하지 않는다.
- 기본면접과 심층면접 모두 오후 1시에 오후 면접 일정을 시작하고, 기본면접의 일정과 관련 없이 심층면접은 오후 5시 정각에는 종료되어야 한다.

※ 면접대상자의 이동 및 교체 시간 등 다른 조건은 고려하지 않는다.

	인원수	종료 시각
①	27명	오후 2시 30분
②	27명	오후 2시 40분
③	28명	오후 2시 30분
④	28명	오후 2시 40분

※ A사 직원 6명은 회식을 하기 위해 이탈리안 레스토랑에 갔다. 주문한 결과가 다음 〈조건〉과 같을 때, 이어지는 질문에 답하시오. [3~4]

조건

- 6명의 직원은 각각 토마토 파스타 2개, 크림 파스타 1개, 토마토 리소토 1개, 크림 리소토 2개, 콜라 2잔, 사이다 2잔, 주스 2잔을 주문했다.
- 이탈리안 레스토랑에 간 직원은 K부장, L과장, M대리, S대리, H사원, J사원으로 같은 직급끼리는 같은 소스가 들어가는 요리를 주문하지 않았고, 같은 음료도 주문하지 않았다.
- 각자 좋아하는 요리가 있으면 그 요리를 주문하고, 싫어하는 요리나 재료가 있으면 주문하지 않았다.
- K부장은 토마토 파스타를 좋아하고, S대리는 크림 리소토를 좋아한다.
- L과장과 H사원은 파스타면을 싫어한다.
- 대리들 중에 콜라를 주문한 사람은 없다.
- 크림 파스타를 주문한 사람은 사이다도 주문했다.
- 토마토 파스타나 토마토 리소토와 주스는 궁합이 안 맞는다고 하여 함께 주문하지 않았다.

03 다음 중 주문한 결과로 옳지 않은 것은?

① K부장은 콜라를 주문했다.
② L과장은 크림 리소토를 주문했다.
③ 사원들은 중 1명은 주스를 주문했다.
④ 토마토 리소토를 주문한 사람은 콜라를 주문했다.

04 다음 중 같은 요리와 음료를 주문한 사람이 바르게 짝지어진 것은?

① J사원, S대리　　② H사원, L과장
③ S대리, L과장　　④ M대리, H사원

05 관찰탐구력

01 다음은 기권에서 생물권으로 탄소가 이동하는 반응 중 하나를 나타낸 것이다. 이에 대한 설명으로 옳지 않은 것은?

이산화탄소 + 물 $\xrightarrow{\text{빛 에너지}}$ 포도당 + 산소

① 엽록체에서 일어난다.
② 포도당을 분해하는 반응이다.
③ 빛 에너지가 화학 에너지로 전환된다.
④ 이산화탄소를 소모하고 산소를 방출한다.

02 다음 그림은 태양, 지구, 달이 일직선으로 위치할 때를 나타낸 것이다. 달이 A에 있을 때, 지구의 P지점에서 관측할 수 있는 현상은?

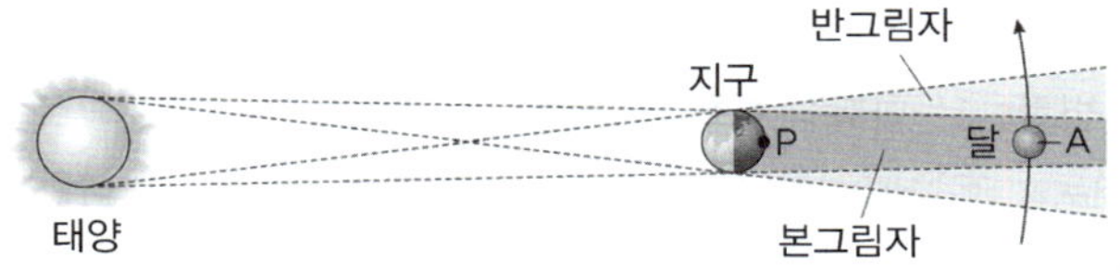

① 개기 일식　　② 부분 일식
③ 개기 월식　　④ 부분 월식

03 다음 중 열역학 제2법칙에 대한 설명으로 옳은 것은?

① 절대영도인 0K는 도달할 수 없다.
② 고립된 계에서 에너지는 비가역적이며, 엔트로피는 항상 증가한다.
③ 외부와의 열의 출입이 없다면, 에너지는 발생하거나 소멸하지 않는다.
④ A와 온도와 B의 온도가 같고, B의 온도와 C의 온도가 같으면 A의 온도와 C의 온도는 같다.

04 물체 A는 가속도가 $4m/s^2$인 등가속도 운동을 하고 있다. 처음 속도가 5m/s였을 때, 8초 후 속도와 8초 동안의 평균 속도는?

	8초 후 속도	평균 속도
①	37m/s	21m/s
②	37m/s	22m/s
③	44m/s	21m/s
④	44m/s	22m/s

05 다음 중 일상생활 속 물리적 변화와 화학적 변화를 바르게 나눈 것은?

㉠ 나무로 가구를 만든다.
㉡ 포도로 포도주스를 만든다.
㉢ 포도를 발효시켜 포도주를 만든다.
㉣ 못이 녹슨다.
㉤ 우유로 치즈를 만든다.

	물리적 변화	화학적 변화
①	㉠, ㉡	㉢, ㉣, ㉤
②	㉠, ㉤	㉡, ㉢, ㉣
③	㉠, ㉣, ㉤	㉡, ㉢
④	㉡, ㉢, ㉣	㉠, ㉤

CHAPTER 05 2021년 기출복원문제

※ 정답 및 해설은 기출복원문제 바로 뒤 p.077에 있습니다.

01 언어논리력

01 다음 내용에 해당하는 속담으로 가장 적절한 것은?

> 남의 덕으로 당치도 아니한 행세를 하게 되거나 그런 대접을 받고 우쭐대는 모양

① 뒤웅박 팔자다.
② 원님 덕에 나발 분다.
③ 꿩 장수 후리듯 하다.
④ 우선 먹기는 곶감이 달다.

02 다음 글에 어울리는 사자성어로 가장 적절한 것은?

> 지난해 중국, 동남아, 인도, 중남미 등의 신흥국이 우리나라의 수출 시장에서 차지하는 비중은 57% 수준으로, 미국, 일본, 유럽 등의 선진국 시장을 앞섰다. 특히 최근 들어 중국이 차지하는 비중이 주춤하면서 다른 신흥 시장의 비중이 늘어나고 있다.
> 중국의 코로나19 보복과 미·중 간 무역마찰의 영향 등 중국발 위험이 커짐에 따라 여타 신흥국으로의 수출 시장을 다변화할 필요성이 대두되고 있다. 이에 따라 정부에서도 기업의 새로운 수출 시장을 개척하기 위해 마케팅과 금융 지원을 강화하고 있다.
> 그러나 이러한 단기적인 대책으로는 부족하다. 신흥국과 함께하는 파트너십을 강화하는 노력이 병행되어야 한다. 신흥국과의 협력은 단기간 내에 성과를 거두기는 어렵지만, 일관성과 진정성을 갖고 꾸준히 추진한다면 해외 시장에서 어려움을 겪고 있는 우리 기업들에게 큰 도움이 될 수 있다.

① 안빈낙도(安貧樂道)
② 호가호위(狐假虎威)
③ 각주구검(刻舟求劍)
④ 우공이산(愚公移山)

03 **다음 중 밑줄 친 부분의 맞춤법이 옳지 않은 것은?**

① 어제는 <u>왠지</u> 피곤한 하루였다.
② 점심을 먹은 뒤 바로 <u>설겆이</u>를 했다.
③ 용감한 시민의 제보로 진실이 <u>드러났다</u>.
④ 바리스타<u>로서</u> 자부심을 가지고 커피를 내렸다.

04 **다음 제시된 단어와 반대되는 의미를 가진 것은?**

남용

① 절용　② 과용
③ 오용　④ 난용

05 **다음 제시된 단어의 대응 관계로 볼 때, 빈칸에 들어가기에 가장 적절한 단어를 나열한 것은?**

( ) : 닭 = 망둥이 : ( )

① 12간지, 갯벌　② 비둘기, 뭉둥이
③ 새벽, 낮　④ 소, 꼴뚜기

02 이해력

01 **다음 글을 읽고 답을 할 수 없는 질문은?**

> 퇴행성관절염과 류마티스관절염은 증상은 비슷하지만 근본 원인은 다르다. 근본 원인이 다르기 때문에 치료도 다르다. 퇴행성관절염은 많이 써서 생기는 병이므로 최대한 아끼고, 충격을 줄이는 쪽으로 치료를 한다. 류마티스관절염은 자가면역 질환이므로 염증 치료를 하지만 면역을 조절하는 치료도 필요하다.
> 퇴행성관절염은 증상을 인지한 초기에 적절한 치료를 받는 것이 중요하다. 증상은 있지만 관절염 소견이 없는 초기에는 체중 감량이나 생활습관 개선으로 통증을 완화할 수 있다. 경미한 관절염은 약물요법과 운동요법으로 호전할 수 있다. '무릎 연골 주사'라 불리는 히알루론산 주사도 초기에 권해진다. 보존적 치료에 효과가 없고 무릎 통증이 심해지며 관절 간격이 좁아졌거나, 다리 변형이 동반되었다면 수술을 고려할 수 있다. 연골이 많이 닳아 관절끼리 거의 붙어 있는 말기 퇴행성관절염 환자에게는 인공관절 수술이 최선의 치료이다. 인공관절 수술은 마모된 연골을 제거한 후 인공관절로 대치해 연골판 역할을 하도록 하는 수술이다. 최후의 수단인 만큼 인공관절 수명을 고려해 65세 이상에서 수술받도록 권해진다. 만성 질환인 류마티스관절염은 완치되는 사례는 드물다. 다양한 약물치료와 물리치료 등을 시행한다.
> 그렇다면 어떻게 하면 관절을 오래 건강하게 쓸 수 있을까? 일반 범위 내에서 관절을 사용하는 것이 가장 중요하다. 특히 쪼그려 앉는 자세, 양반 자세 등을 하면 무릎이 정상 운동 범위를 벗어나 연골에 압력을 가해 연골 파열 및 퇴행성관절을 촉진시킨다.
> 운동은 젊은 사람은 1시간 전후, 나이가 많으면 30분 전후로 무리하지 않게 적당한 선에서 해야 한다. 지나치게 높은 산을 오르는 등산은 올라갈 때보다 내려올 때 체중 및 중력 영향으로 연골 손상이 발생하기 쉬우므로 가급적 높은 산은 피하는 것이 좋다.

① 인공관절의 수명은 얼마나 되나요?
② 퇴행성관절염의 치료법은 어떻게 됩니까?
③ 퇴행성관절염은 언제 수술을 받아야 할까요?
④ 관절을 건강하게 오래 쓸 수 있는 방법은 무엇인가요?

02 다음 글의 내용으로 적절하지 않은 것은?

> 과학 기술에 의한 기적이 나타나지 않는다면, 우리 인간이 지구상에서 이용할 수 있는 자연 자원과 생활공간은 제한된 것으로 받아들여야 할 것이다. 그렇다면 공간을 이용할 때에 우리는 두 가지 한계점을 설정하지 않을 수 없다.
> 첫째, 우리는 이 지구상에서 생물이 서식할 수 있는 전체 공간의 제한성을 전제로 하고 그중에서 인간이 이용할 수 있는 생활공간의 한계를 깨뜨리지 않는 범위 안에서만 인간의 생활공간을 확장시켜 나가야 한다. 이렇게 되면 제한된 공간을 어떻게 나누어서 이용하느냐가 중요한 문제가 되므로, '적정 공간'이라는 개념이 중요한 의미를 갖게 된다. 우리 인간이 차지할 수 있는 전체 생활공간도 생태학적으로 적정 공간이 되어야 할 뿐 아니라, 개인이 차지할 수 있는 공간도 적정 공간의 한계를 벗어나서는 안 된다는 뜻이다.
> 둘째, 절대적 생활공간의 한계가 함께 문제가 되는 것은 자연 자원의 한계이므로 우리는 이 문제에서도 공간 이용에 관한 한계점을 설정할 필요가 있다. 지금까지 대부분의 생물들이 살아온 공간이란 태양의 열과 빛, 맑은 공기, 물 그리고 흙을 이용할 수 있는 자연 환경이었다. 이와 같이 자연 자원에 의존하는 생활공간을 '자연 공간'이라고 한다면, 과학 기술을 이용한 인간의 생활공간에는 비자연적인 것이 많다. 인공적인 난방 장치, 냉방 장치, 조명 장치, 환기 장치, 상수도 및 하수도 시설에 절대적으로 의존하는 공간이 모두 그런 것이다.

① 인간이 지구상에서 이용할 수 있는 자연 자원은 제한되어 있다.
② 과학 기술을 이용한 인간의 생활공간은 대부분 비자연적인 것이다.
③ 인간이 생활공간을 이용할 때 필요 이상의 공간을 차지해서는 안 된다.
④ 공간 활용을 위해 생명체가 서식할 수 없는 공간을 개척하는 것이 중요하다.

03 다음 글의 주제로 가장 적절한 것은?

> 20 대 80 법칙, 2 대 8 법칙으로 불리기도 하는 파레토 법칙은 전체 결과의 80%가 전체 원인의 20%에서 일어나는 현상을 가리킨다. 결국 크게 수익이 되는 것은 20%의 상품군 그리고 20%의 구매자이기에 이들에게 많은 역량을 집중할 필요가 있다는 것으로, 이른바 선택과 집중이라는 경영학의 기본 개념으로 자리 잡아 왔다.
> 하지만 파레토 법칙은 현상에 붙은 이름일 뿐 법칙의 필연성을 설명하진 않으며, 그 적용이 쉬운 만큼 내부의 개연성을 명확하게 파악하지 않으면 오용될 여지가 다분하다는 문제점을 지니고 있다. 예컨대 상위권 성적을 지닌 20%의 학생을 한 그룹으로 모아놓는다고 해서 그들의 80%가 갑작스레 공부를 중단하진 않을 것이며, 20%의 고객이 80%의 매출에 기여하므로 백화점 찾는 80%의 고객들을 홀대해도 된다는 비약으로 이어질 수 있기 때문이다.

① 파레토 법칙은 80%의 고객을 경원시하는 법칙이다.
② 파레토 법칙을 함부로 여러 사례에 적용해서는 안 된다.
③ 파레토 법칙은 보다 효율적인 판매 전략을 세우는 데 도움을 준다.
④ 파레토 법칙은 20%의 주요 구매자를 찾아내는 데 유효한 법칙이다.

03 공간지각력

01 다음 중 제시된 전개도로 입체도형을 만들 때, 만들어질 수 없는 것은?

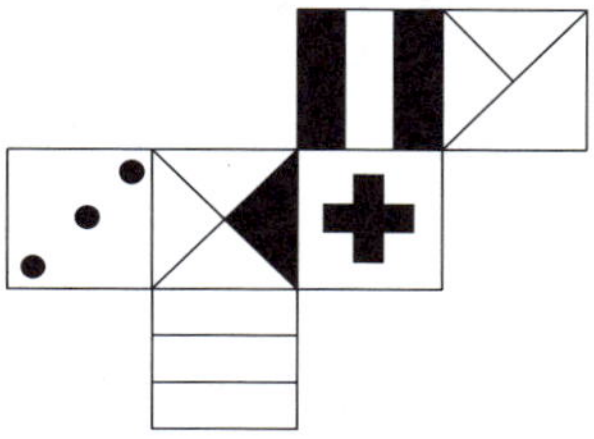

① 

② 

③ 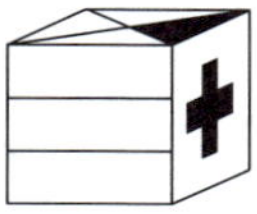

④ 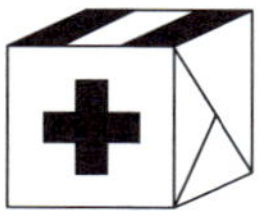

02 다음 그림과 같이 화살표 방향으로 종이를 접은 후, 펀치로 구멍을 뚫거나 일부분을 잘라내어 다시 펼쳤을 때의 그림으로 옳은 것은?

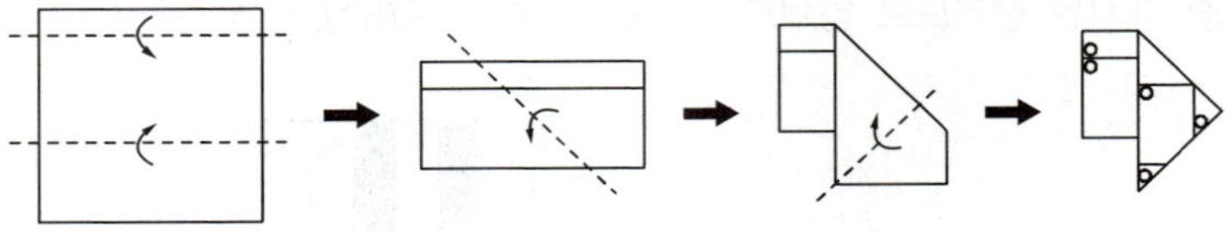

①
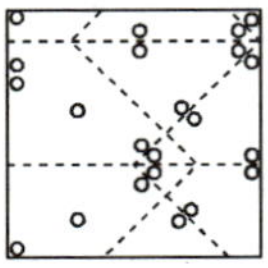

②
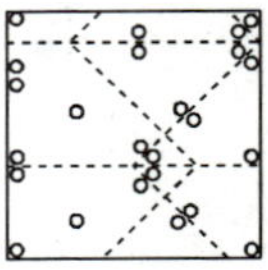

③
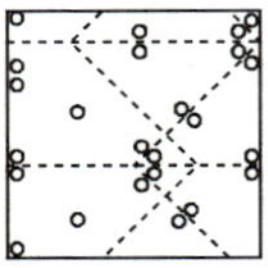

④
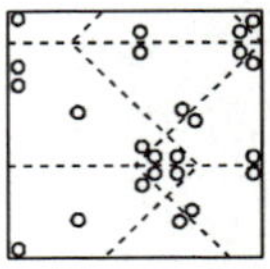

03 다음 중 제시된 그림에서 찾을 수 없는 조각은?

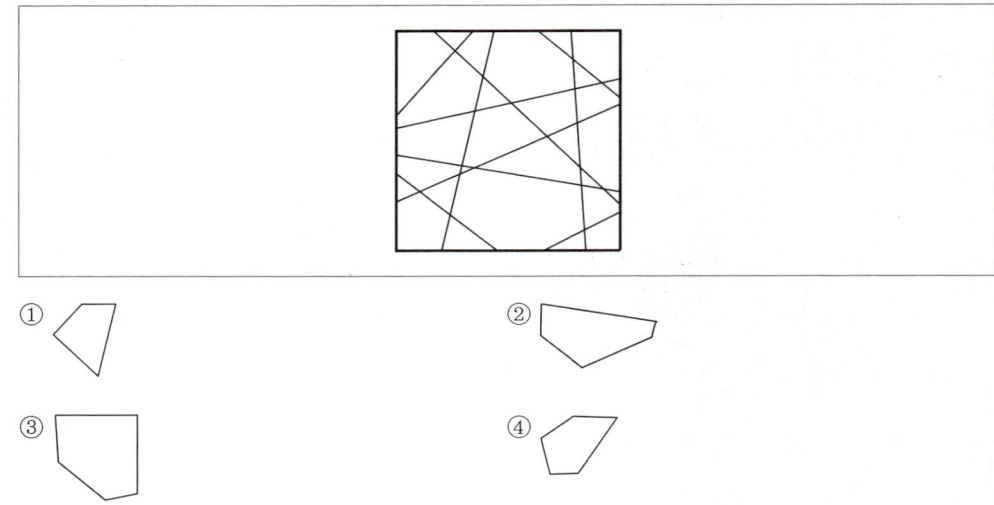

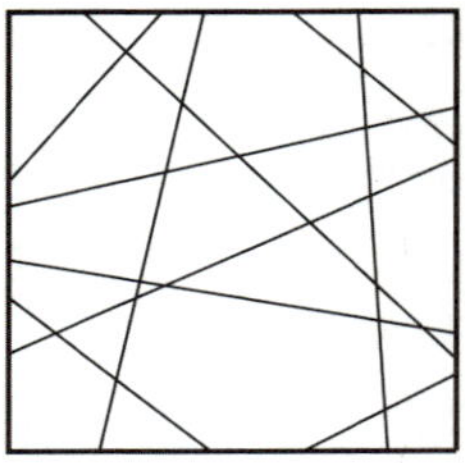

①
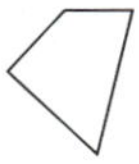

②
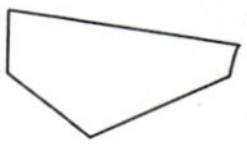

③
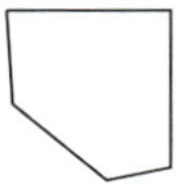

④
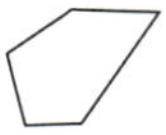

04 문제해결력

01 **김대리는 체육대회에 참여할 직원 명단을 작성하고자 한다. 6명의 직원 A ~ F가 다음 〈조건〉에 따라 참여한다고 할 때, 체육대회에 반드시 참여하는 직원의 수는?**

조건

- A가 참여하면 F는 참여하지 않고, B는 체육대회에 참여한다.
- C가 체육대회에 참여하면 D는 체육대회에 참여하지 않는다.
- E가 체육대회에 참여하지 않으면 C는 체육대회에 참여한다.
- B와 E 중 1명만 체육대회에 참여한다.
- D는 체육대회에 참여한다.

① 2명 ② 3명
③ 4명 ④ 5명

02 **K백화점 명품관에서 도난 사건이 발생했다. CCTV 확인을 통해 그 시각 백화점 명품관에 있던 용의자 6명 A ~ F가 검거됐다. 이들 중 범인인 2명이 거짓말을 하고 있다면, 거짓말을 한 사람은?**

- A : F가 성급한 모습으로 나가는 것을 봤어요.
- B : C가 가방 속에 무언가 넣는 모습을 봤어요.
- C : 나는 범인이 아닙니다.
- D : B 혹은 A가 훔치는 것을 봤어요.
- E : F가 범인인 게 확실해요. CCTV를 자꾸 신경 쓰고 있었거든요.
- F : 얼핏 봤는데, 제가 본 도둑은 C 아니면 E예요.

① B, C ② B, F
③ D, E ④ D, F

03 김대리는 이번 휴가에 여행을 갈 장소를 고르고 있다. 각 관광 코스에 대한 정보가 다음과 같을 때, 〈조건〉에 따라 김대리가 선택하기에 가장 적절한 관광 코스는?

〈관광 코스 정보〉

구분	A코스	B코스	C코스	D코스
기간	3박 4일	2박 3일	4박 5일	4박 5일
비용	245,000원	175,000원	401,000원	332,000원
경유지	3곳	2곳	5곳	5곳
참여인원	25명	18명	31명	28명
할인	X카드로 결제 시 5% 할인	-	Y카드로 결제 시 귀가셔틀버스 무료 제공	Y카드로 결제 시 10% 할인
비고	공항 내 수화물 보관서비스 제공	-	경유지별 수화물 운송서비스 제공	-

조건

- 휴가기간에 맞추어 4일 이상 관광하되 5일을 초과하지 않아야 한다.
- 비용은 결제금액이 30만 원을 초과하지 않아야 한다.
- 모든 비용은 Y카드로 결제한다.
- 참여인원이 30명을 넘지 않는 코스를 선호한다.
- 되도록 경유지가 많은 코스를 고른다.

① A코스　② B코스
③ C코스　④ D코스

04 다음은 강당 A ~ C의 사용료에 대한 자료이다. 〈조건〉에 맞는 강당을 이용하려고 할 때, 지불해야 하는 총금액은?

〈강당 사용료〉

구분	A강당	B강당	C강당
대관시간	평일 및 주말 9 ~ 21시 (공휴일 사용 불가)	평일 및 공휴일 9 ~ 18시	평일 및 공휴일 9 ~ 20시
대관비용(일)	평일 : 400,000원 주말 : 500,000원	평일 : 450,000원 공휴일 : 600,000원	500,000원
냉난방비	시간당 20,000원	시간당 30,000원 (일 최대요금 200,000원)	시간당 30,000원 (일 최대요금 230,000원)
수용인원	200명	300명	250명
크기	$400m^2$	$600m^2$	$500m^2$
비고	행사 연습 목적 사용 시 대관비용 20% 할인	행사 연습 목적 사용 시 대관비용 20% 할인	행사 연습 목적 사용 시 대관비용 25% 할인

※ 5월 1일 근로자의 날은 공휴일이 아님

조건

- 5월 5일 토요일 어린이날 행사를 위해 대관하는 것으로, 5월 1일 화요일부터 5월 4일 금요일은 행사 준비 연습을 위해 대관한다.
- 본 행사는 9시부터 18시까지 진행되며, 5월 1일부터 3일까지의 연습은 9시부터 13시까지 진행되고, 5월 4일 연습은 9시부터 17시까지 진행된다.
- 행사 참석인원은 220명이며, 가능한 한 적은 금액으로 대관할 예정이다.
- 냉난방 시설은 행사 연습 및 행사 시간 동안 항상 가동한다.

① 2,800,000원　　② 2,820,000원
③ 2,870,000원　　④ 2,910,000원

05 관찰탐구력

01 다음 중 전자기유도에 대한 설명으로 옳은 것을 〈보기〉에서 모두 고르면?

보기

㉠ 유도기전력의 크기는 자속의 변화량과 비례하고, 변화하는 시간과 반비례한다.
㉡ 자석의 극을 바꾸어도 전류의 방향은 변하지 않는다.
㉢ 발전소뿐만 아니라 교통카드, NFC 등의 충전 및 결제에도 적용된다.
㉣ 유도기전력의 크기는 단위길이당 감은 코일 수가 적을수록 더 크다.

① ㉠, ㉡ ② ㉠, ㉢
③ ㉡, ㉢ ④ ㉡, ㉣

02 다음은 직선 도로에서 운동하는 물체의 속도를 시간에 따라 나타낸 그래프이다. 이 운동에 대한 설명으로 옳지 않은 것은?

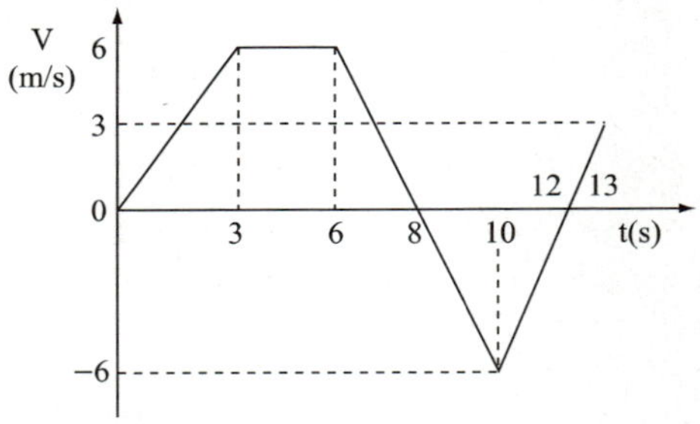

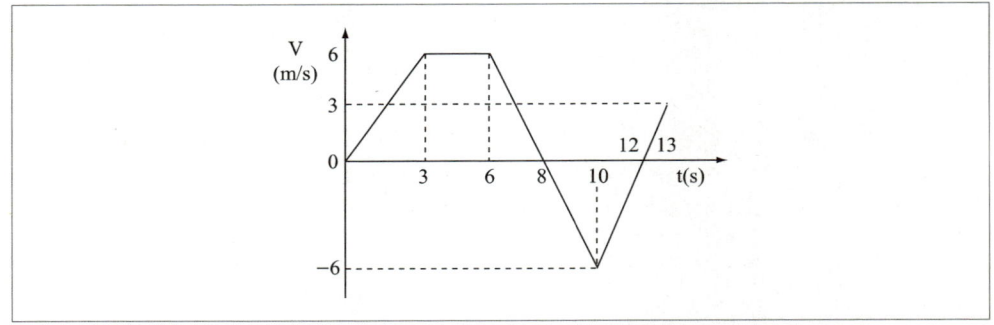

① 8초 동안의 이동거리는 33m이다.
② 이 물체의 운동 방향은 3번 바뀌었다.
③ 등속운동으로 이동한 거리는 18m이다.
④ 6초일 때의 위치와 10초일 때의 위치는 같다.

03 다음 중 달의 위상이 변하여도 달 표면의 무늬가 변함없는 이유로 옳은 것은?

① 지구가 자전하기 때문에
② 달의 공전 주기가 변하기 때문에
③ 달이 일정한 궤도로 공전하기 때문에
④ 달의 자전 주기와 공전 주기가 같기 때문에

04 다음 중 이온에 대한 설명으로 옳은 것은?

① 음이온은 전자를 잃어 (+)전하를 띤다.
② 양이온은 중성 전자를 얻어 (−)전하를 띠는 이온이다.
③ 음이온에는 수소 이온, 암모늄 이온, 구리 이온 등이 있다.
④ 중성 원자가 전자를 잃거나 얻어서 전하를 띠게 된 입자를 말한다.

05 다음 설명에 해당하는 혈액의 구성 성분 A는?

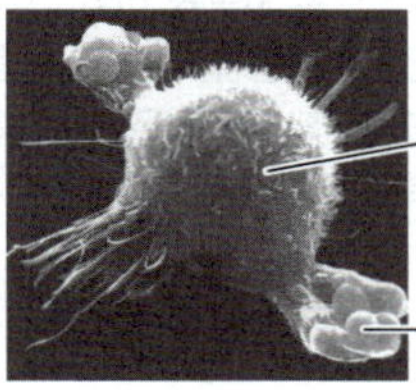

• A는 몸 안에 들어온 병원체를 식균 작용으로 제거한다.

① 혈장 ② 백혈구
③ 적혈구 ④ 혈소판

CHAPTER 01 2025년 기출복원문제 정답 및 해설

01 언어논리력

01	02	03	04	05
②	③	④	②	③
06				
①				

01 정답 ②

'기리다'는 대단한 업적이나 훌륭한 사람을 기억하고 기념하자는 것으로, 생일이나 명절, 기념일과 같은 특별한 날을 단순히 기념하여 보내는 것을 의미하는 '쇠다'와는 다른 의미이다.

오답분석

① '동하다'는 상태가 점차 좋아지고 있던 병이 도로 심해진다는 것을 뜻하는 동사로, 나았던 혹은 나아지고 있던 병이 다시금 심해지는 것을 의미하는 '도지다'와 같은 의미로 사용되었다.

③ '새다'는 날이 밝아오는 것을 뜻하는 동사로, 동쪽 하늘이 밝아오는 것을 뜻하는 '동이 트다'와 같은 의미로 사용되었다.

④ '깨치다'는 어떠한 것의 이치를 깨달아 지식을 갖춘다는 뜻의 동사로, 깊이 헤아리고 판단해 이치를 깨달아 안다는 의미의 '터득하다'와 같은 의미로 사용되었다.

02 정답 ③

세 번째 문단을 보면, 디지털 소외계층을 위한 디지털 리터러시 교육의 목적은 단순히 디지털 기기 사용법을 향상시키는 데 국한된 것이 아닌 이를 통해 정보를 얻기도 하고 타인과 소통을 하기도 하는 등 디지털 역량을 높이는 데 있다. 따라서 디지털 기계를 조작할 수 있더라도 이를 제대로 활용하지 못한다면 이는 디지털 소외계층으로 디지털 역량을 높이는 교육이 필요할 것이다. 즉, 디지털 소외계층에는 디지털 기기를 조작할 수 있는 사람도 포함될 수 있다.

오답분석

① 첫 번째 문단에서 노인층이 특히 디지털 기술 활용이 어려워 사회 서비스를 받지 못한다고 한 것을 통해 유추할 수 있다.

② 디지털 소외계층은 전 연령에 있을 수 있으나, 특히 노인층에서 큰 문제가 되고 있다.

④ 디지털 리터러시 교육은 교육대상에게 맞춤형으로 이루어져야 하므로 교육대상자의 연령, 배경 등이 영향을 줄 것이다.

03 정답 ④

처음 제시된 문장을 살펴보면 에콰도르가 국제사회에 어떠한 제안을 내놓았다고 하였다. 이후 (라)의 '결론부터 말하면'이라는 문장 도입부와 '중단된 제안이지만 매우 혁신적이었다.'라는 제안에 대한 평가적인 내용으로 볼 때 가장 먼저 이어지는 게 적절하다. 다음 이어질 내용은 그 제안이 왜 혁신적인지에 대한 것이어야 하므로 (나)가 이어지는 것이 적절하다. 마지막으로 (가)와 (다)를 살펴보면, (가)는 앞의 내용과 상반된 내용을 나타내는 '하지만'이라는 접속사로 시작하고, (다)는 앞선 내용을 총괄해 끝맺음을 하는 '즉'이라는 접속사로 시작하므로 (가), (다)의 순으로 오는 것이 적절하다. 따라서 제시문의 문단이 바르게 나열된 것은 (라) – (나) – (가) – (다)이다.

04 정답 ②

'언 발에 오줌 누기'란 언 발에 오줌을 누면 당장은 언 발을 녹이겠지만, 결국 그 오줌이 차가워지면서 발을 이전보다 더 꽁꽁 얼어붙게 만드는 상황으로, 문제를 근본적으로 해결하기보다 임시방편으로 당장의 문제만을 해결하려 하다가 더 큰 문제를 만드는 상황을 비유하는 말이다.

오답분석

① 매워 울면서도 억지로 겨자를 먹는다는 것으로, 싫은 일을 좋은 척하면서 억지로 하는 상황을 비유하는 말이다.

③ 숭늉을 만들기 위해서는 우물에서 물을 긷는 것부터 쌀을 씻고 물과 함께 끓여 밥을 짓고 빼어 바닥에 눌어붙은 누룽지에 다시 물을 붓고 끓여야 하는 여러 과정을 거쳐야 한다. 하지만 그 과정을 다 생략하고 우물에 가서 숭늉을 찾는다는 뜻으로, 이는 일을 서두르려 일의 순서를 무시하고 성급하게 달려드는 사람을 비유하는 말이다.

④ 하는 짓이 번갯불에 콩을 볶아 먹을 만큼 급하게 군다는 뜻으로, 어떤 행동을 당장 해치우지 못하여 안달하는 조급한 성질을 이르는 말이다.

05

정답 ③

마지막 문단에서 조선시대의 역사 기록인 『승정원일기』는 승정원인 주서가 사관과 함께 궁궐에서 일어나는 모든 일을 기록한 것이라 하였다.

오답분석

① 승정원은 왕의 업무 중 일부를 위임받은 것이 아니라, 왕의 업무 중 일부를 보좌한 것이다.
② 왕이 지방으로 이동할 때 왕과 가까운 자리에 위치해 동행한 것은 맞지만, 그 외에도 항시 왕과 동행했는지는 알 수 없다.
④ 『승정원일기』 중 조선 전기 부분은 임진왜란 때의 화재로 인해 소실되었지만, 그 이후의 기록은 남아 있어 현재도 볼 수 있다.

06

정답 ①

간언은 웃어른이나 왕이 행하는 그릇된 일에 대하여 이를 고칠 것을 조언하는 것으로 비위를 맞춘다는 뜻은 옳지 않다.

02 이해력

01	02	03	04	
①	②	②	②	

01

정답 ①

만 3세에는 자기중심성이 강해 타인의 입장까지 이해하기 어려우나, 만 4세부터는 자신의 감정 조절 능력이 점차 향상되어 상대를 배려하는 것과 잘못에 대한 사과가 가능해지고, 만 5세에 이르러서는 상대의 기분까지도 이해할 수 있게 된다. 따라서 빈칸에 들어갈 단어로 가장 적절한 것은 '공감하기'이다.

02

정답 ②

제시문은 단지 세대 별로 유행 중인 좋아하는 상대에 대한 심리적인 현상이 다를 뿐, 특정 세대의 경향을 단언하는 지문은 아니다. 따라서 세대에 따라 상대방의 단점이나 부족한 점을 받아들이는 마음가짐이 다르다고 보는 것은 섣부른 결론이다.

오답분석

① 자존감의 부족은 개구리화 현상의 원인 중 하나로 지목되고 있다. 따라서 자신의 자존감을 높이는 것은 개구리화 현상을 극복하는 데 도움이 될 수 있다.
③ 완벽한 이성의 모습과 현실 간의 괴리로 개구리화 현상이 나타날 수도 있다고 하였으므로 매체에서 보는 모습에 상대를 비교하기보다, 상대가 나와 같은 사람임을 받아들이는 것이 개구리화 현상을 극복하는 데 도움이 될 수 있다.
④ 상대가 같은 행동을 하더라도 '개구리화 현상'을 보이는 사람에게는 상대방에 대한 혐오로, '뱀화 현상'을 보이는 사람에게는 상대방에 대한 매력으로 받아들인다.

03

정답 ②

학생과 상담사의 대화 내용을 볼 때, 학생이 가장 먼저 상담한 내용은 부모님과 자신의 진로에 대한 생각 차이로 인한 갈등이다.

04

정답 ②

상담 내용 중 학업 스트레스에 대한 내용은 찾을 수 없으며, 학생은 꿈과 현실에서의 괴리감 또한 느끼고 있지 않다. 학생은 꿈을, 부모는 현실을 생각하여 진로에 대한 갈등을 겪고 있다.

오답분석

① '부모와의 가치관 차이로 인한 갈등'은 학생이 상담한 첫 번째 내용으로 학생 자신은 꿈을, 부모는 자식의 미래를 생각하게 되어 그 가치관 차이로 오는 갈등이다.

③·④ 상담 내용을 보면 학생은 친구들과 대화를 하려고 시도하지만 서로 관심사가 다르다보니 원활한 대화가 이루어지지 않고 있다고 하였으며, 이로 인해 친구들과 대화에도 끼기 어렵다고 하였다. 즉, 학생은 친구들과의 대화 단절 및 친구들 사이에서의 소외감을 느끼고 있다.

03 공간지각력

01	02	03	04	05
①	②	④	④	②

01

정답 ①

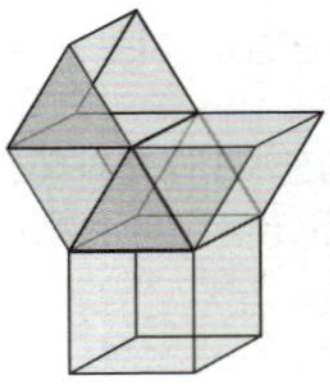

오답분석

②

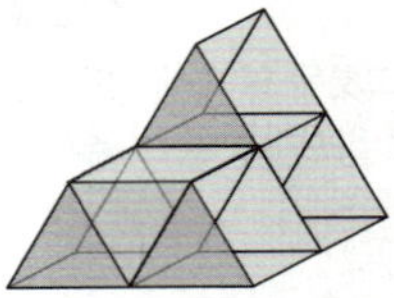

③

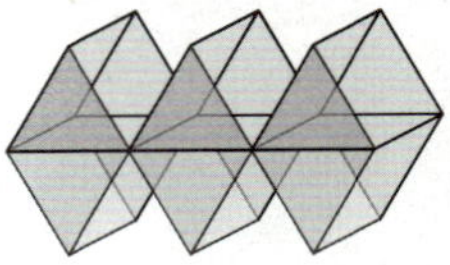

④

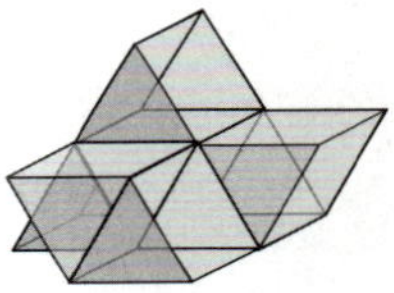

02

정답 ②

②을 분해해 보면 다음과 같이 나눌 수 있다.

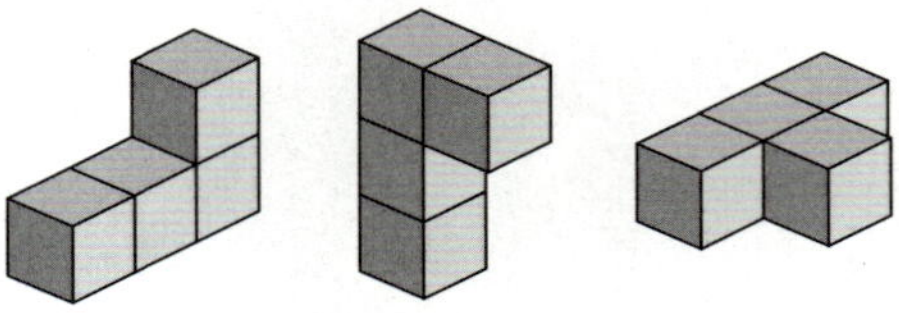

03

정답 ④

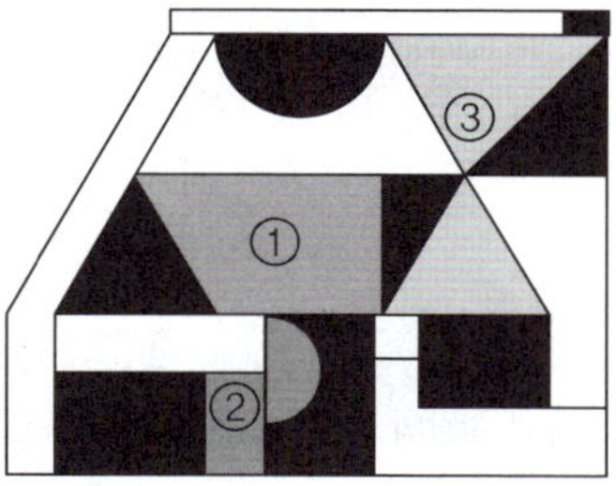

04

정답 ④

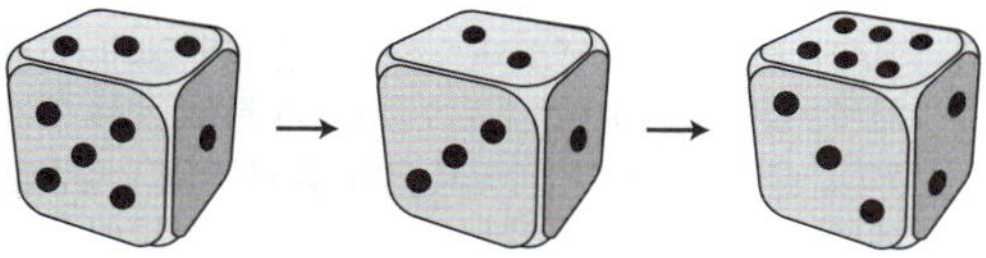

05

정답 ②

제시된 그림은 원래의 그림에서 우하단으로 1칸씩 이동한 그림이므로 원래의 그림은 좌상단으로 1칸씩 이동한 그림이다.

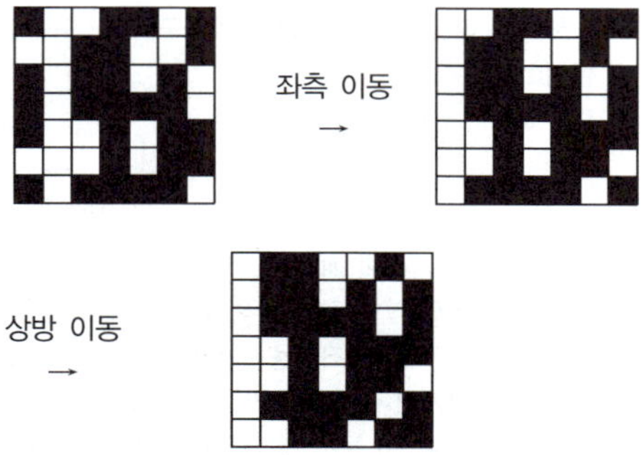

04 문제해결력

01	02	03	04	05
①	④	④	④	③
06				
④				

01

정답 ①

'날씨가 좋다.'를 A, '야외활동을 한다.'를 B, '행복하다.'를 C라고 하면 첫 번째 명제는 A → B, 두 번째 명제는 ~A → ~C이다. 두 번째 명제의 대우는 C → A이고 삼단논법에 의해 C → A → B가 성립하므로 마지막 명제는 C → B나 ~B → ~C가 된다.

따라서 빈칸에 들어갈 내용으로 적절한 것은 '야외활동을 하지 않으면 행복하지 않다.'이다.

02

정답 ④

문제에서 주어진 조건을 기호화하면 다음과 같다.

- p : 스포츠를 좋아하는 사람
- q : 음악을 좋아하는 사람
- r : 그림을 좋아하는 사람
- s : 독서를 좋아하는 사람

이를 토대로 제시된 명제를 정리하면 $p \rightarrow q$, $r \rightarrow s$, $\sim q \rightarrow \sim s$이다. $\sim q \rightarrow \sim s$ 명제의 대우를 취하면 $s \rightarrow q$이므로 $r \rightarrow s \rightarrow q$이다. 즉, $r \rightarrow q$가 성립된다.

따라서 항상 참인 명제는 '그림을 좋아하는 사람은 음악을 좋아한다.'이다.

03

정답 ④

세 번째 조건에 의해 윤 부장이 가담하지 않았다면, 이 과장과 강 주임도 가담하지 않았음을 알 수 있다. 이 과장이 가담하지 않았다면 두 번째 조건에 의해 김 대리도 가담하지 않았으므로 가담한 사람은 박 대리뿐이다. 이는 첫 번째 조건에 위배되므로 윤 부장은 입찰부정에 가담하였다.

네 번째 조건의 대우로 김 대리가 가담하였다면 박 대리도 가담하였고, 다섯 번째 조건에 의해 박 대리가 가담하였다면 강 주임도 가담하였다. 이는 입찰부정에 가담한 사람은 두 사람이라는 첫 번째 조건에 위배되는 것이므로, 김 대리는 입찰부정에 가담하지 않았다.

따라서 입찰부정에 가담하지 않은 사람은 김 대리, 이 과장, 박 대리이며, 입찰부정에 가담한 사람은 윤 부장과 강 주임이다.

04

정답 ④

- 첫 번째 조건 : 파란공은 두 번째 · 네 번째 · 다섯 번째로 무겁다.
- 두 번째 조건 : 빨간공은 세 번째 · 네 번째 · 다섯 번째로 무겁다.
- 세 번째 조건 : 흰공은 첫 번째 · 두 번째 · 다섯번째로 무겁다
- 네 번째 조건 : 무게는 파란공 · 빨간공>검은공이다.
- 다섯 번째 조건 : 무게는 흰공>노란공>파란공이다.

조건을 바탕으로 무거운 순서대로 나타내면 다음과 같다.

첫 번째	두 번째	세 번째	네 번째	다섯 번째
흰공	노란공	빨간공	파란공	검은공

따라서 공 5개를 무거운 순서대로 올바르게 나열한 것은 ④이다.

05

정답 ③

우선 E는 애완동물이 없기 때문에 1층과 2층에는 입주할 수 없다. 그리고 5층에는 D가 살고 있기 때문에 남은 층은 3, 4, 6, 7층이다. A는 개를 키우고 있기 때문에 1층이나 2층에 살고 있을 것이고 남은 B와 C가 어느 층에 살고 있을지를 유추해야 하는데 B는 A보다 높은 홀수 층에 살고 있으므로 3층이나 7층에 살고 있다. 그런데 B의 바로 아래층에 사는 C가 애완동물이 없으므로 C는 6층에 살고 있다.

따라서 B는 7층에 산다. 즉, E가 입주할 수 있는 층은 3층 또는 4층이다.

06

정답 ④

- 깔끔한 사람 → 정리정돈을 잘함 → 집중력이 좋음 → 성과 효율이 높음
- 주변이 조용함 → 집중력이 좋음 → 성과 효율이 높음

오답분석

① 2번째 명제와 4번째 명제로 추론할 수 있다.
② 3번째 명제, 1번째 명제, 4번째 명제로 추론할 수 있다.
③ 4번째 명제의 대우와 2번째 명제의 대우로 추론할 수 있다.

05 관찰탐구력

01	02	03	04	05
②	③	④	④	③

01

정답 ②

페트병에 담긴 물의 질량과 설탕의 질량은 설탕을 물에 녹인 뒤의 질량과 같다. 이는 설탕이 물에 녹는 물리적 변화를 겪어도 총질량이 변하지 않음을 확인하는 질량 보존의 법칙을 확인할 수 있는 방법이다.

오답분석

① 나무에 불을 붙이면 연소라는 화학적 변화가 일어나면서 나무의 일부가 기체(이산화탄소, 수증기 등)로 변해 공기 중으로 흩어지게 된다. 따라서 연소 후 남은 재의 질량만으로는 원래 나무의 질량과 비교할 수 없으므로, 이 방법으로는 질량 보존의 법칙을 확인할 수 없다.
③ 진공 상태에서 물체를 떨어뜨리면 공기저항에 상관없이 중력의 영향만 받으며, 질량이 다른 물체라도 동시에 바닥에 도달한다. 이는 중력이 질량에 관계없이 모든 물체에 동일한 가속도로 작용한다는 것을 확인할 수 있는 실험이다.
④ 스케이트보드를 타고 벽을 밀면, 질량이 가벼운 사람이 더 멀리 밀린다. 이는 뉴턴의 제2법칙(가속도의 법칙)과 관련된 실험이다.

02

정답 ③

제시된 실험 도구는 사람의 폐호흡의 원리를 파악하는 실험도구로 유리병은 몸통, Y형 유리관은 기관지, 2개의 고무풍선을 폐, 아래쪽 고무막은 횡격막을 의미한다. 아래쪽의 고무막을 아래로 잡아당기면 잡아당긴 만큼 유리병 내부 공간의 부피가 늘어나게 된다. 이 부피 증가로 인해 병 안의 기압이 외부의 기압보다 낮아져 Y형 유리관을 통해 공기가 고무풍선 안으로 들어오게 되므로 2개의 고무풍선 모두 팽창하게 된다. 사람이 호흡하는 것도 이와 같은 원리로 이루어진다.

03

정답 ④

비행 중인 항공기에는 다음 4가지의 주요 힘이 작용한다.

- 무게(Weight) : 항공기의 무게, 승무원, 연료 등의 무게를 합한 것으로 중력에 의해 항공기를 아래로 끌어당기는 힘이다. 양력과 반대되는 힘으로 무게가 양력보다 크면 항공기는 떠오르지 못한다.
- 추력(Thrust) : 항공기의 제트엔진, 프로펠러 등에서 발생하는 힘으로 항공기를 앞으로 전진시키는 힘이다. 항력과 반대되는 힘으로 추력이 항력보다 크면 항공기가 가속한다.
- 항력(Drag) : 항공기가 공기를 가르며 나아갈 때 발생하는 공기의 저항으로 항공기의 진행을 방해하는 힘이다. 추력과 반대되는 힘으로 항력이 추력보다 크면 항공기가 감속하며, 심할 경우 양력을 잃고 추락하게 된다.
- 양력(Lift) : 항공기의 날개가 공기 중을 통과하면서 발생하는 힘으로 날개 윗면과 아랫면의 압력차이로 인해 비행경로의 수직으로 작용하여 항공기를 위로 뜨게하는 힘이다. 무게와 반대되는 힘으로 양력이 무게보다 크면 항공기는 떠오르게 된다.

따라서 빈칸에 들어갈 단어가 바르게 연결된 것은 ④이다.

04

정답 ④

A씨가 오른쪽으로 45°, 왼쪽으로 90° 돌았으므로 처음 방위인 북쪽에서 왼쪽으로 45° 지점을 바라보게 된다. 해당 방위는 북쪽과 서쪽의 중간이므로 북서쪽에 해당한다.

05

정답 ③

지구 내부의 구조는 직접 관찰 또는 시추를 통해 한계적으로만 조사할 수 있기 때문에, 실제로는 지진파를 이용한 간접적 탐사 방법이 가장 널리 사용된다. 지진이 발생하면 지구 내부를 통과하는 지진파가 생성되는데, 이 지진파(P파, S파)의 속도와 전파 양상을 분석하면 지각, 맨틀, 외핵, 내핵과 같은 층상 구조를 구분할 수 있다. 따라서 지구 내부를 조사하는 가장 적절하고 효과적인 방법은 지진파를 이용하는 것이다.

01 언어논리력

01	02	03	04	05
①	①	④	②	③
06				
①				

01

정답 ①

• 천학하다 : 학식이 얕다.
• 빈천하다 : 가난하고 천하다.

02

정답 ①

경과한 시간을 나타낼 때의 '지'는 의존 명사이므로 한글 맞춤법에 따라 앞의 말과 띄어 써야 한다.

오답분석

② '-ㄹ지'는 하나의 연결 어미이므로 '처리해야 할지'가 옳은 표기이다.
③ 막연한 의문이 있는 채로 뒤 절의 사실이나 판단과 연관 지을 때의 '지'는 어미이므로 '맛있는지'가 옳은 표기이다.
④ '-든지'는 어느 것이 선택되어도 차이가 없는 둘 이상의 일을 나열함을 나타내는 하나의 보조사이므로 '누구든지'가 옳은 표기이다.

03

정답 ④

• 맞닥뜨리다 : 갑자기 마주 대하거나 만나다.
• 봉착(逢着)하다 : 어떤 처지나 상태에 부닥치다.

오답분석

① 충돌(衝突)하다 : 서로 맞부딪히거나 맞서다.
② 직진(直進)하다 : 곧게 나아가다.
③ 구면(苟免)하다 : 위험이나 재난 따위에서 간신히 벗어나다.

04

정답 ②

'썩이다'는 '걱정이나 근심으로 몹시 괴로운 상태가 되게 하다.'라는 뜻이다. 따라서 문맥상 '물건이나 사람 또는 사람의 재능 따위가 쓰여야 할 곳에 제대로 쓰이지 못하고 내버려진 상태에 있게 하다.'라는 뜻의 '썩히다'로 고쳐야 한다.

05

정답 ③

• 그는 나에게 언제나 의지가 되는 사람이다.
• 부모에 대한 지나친 의존은 좋지 않다.
• 두 사람은 서로서로 불쌍히 여기면서 의지 / 의탁하여 살아가지 않을 수 없었다.
• 약의 힘에 의존하는 습관은 끊기 어렵다.

• 의식(意識)
1. 깨어 있는 상태에서 자기 자신이나 사물에 대하여 인식하는 작용
2. 사회 · 역사적으로 형성되는 사물이나 일에 대한 개인 · 집단적 감정이나 견해나 사상

오답분석

① 의지(依支) : 다른 것에 몸을 기댐. 또는 그렇게 하는 대상
② 의존(依存) : 다른 것에 의지하여 존재함
④ 의탁(依託) : 어떤 것에 몸이나 마음을 의지하여 맡김

06

정답 ①

빈칸 앞 내용을 정리하면 연말정산 시 체크카드를 사용하면 30%를 공제받을 수 있지만, 사용 액수가 소득공제 기준에 미치지 못하면 오히려 더 납부해야 한다는 것이다. 이는 공제 기준을 충족하기 어렵다면 신용카드를 사용하는 것이 좋다는 빈칸 뒤의 내용의 근거가 된다. 따라서 빈칸에 들어갈 접속어로는 '그러므로'가 적절하다.

02 이해력

01	02	03	04	
④	②	④	④	

01

정답 ④

제시문은 셧다운제에 대한 찬반 의견과 추가로 앞으로 게임 시장이 위축될 것이라는 전망에 대한 내용의 글이다. (라) 셧다운제의 정의 – (나) 셧다운제에 대한 찬성 – (가) 셧다운제에 대한 반대 – (다) 게임 시장이 위축될 것이라는 우려 – (마) 우리나라 게임 산업의 경쟁력이 퇴보될 수 있다는 우려 순으로 나열하는 것이 적절하다.

02

정답 ②

제시된 기사는 여성 고위공무원과 공공기관의 임원 여성 비율을 확대하기 위한 정부의 정책과 이에 대한 성과를 이야기하고 있다. 또한 앞으로 정부가 민간부문에 대해서도 지원할 계획이라고 밝히며 여성 고위관리직 확대를 위한 정부의 노력을 이야기하고 있다. 따라서 주제로 ②가 가장 적절하다.

03

정답 ④

마지막 문단에 따르면 라이헨바흐는 자연이 일양적일 수도 있고 그렇지 않을 수도 있음을 전제하며, 자연이 일양적인지 그렇지 않은지 알 수 없는 상황에서는 귀납을 사용하는 것이 옳은 선택이라고 한다. 그러나 ④와 같이 귀납이 현실적으로 옳은 추론 방법임을 밝히기 위해 자연의 일양성이 선험적 지식임을 증명하고 있는 것은 아니다.

오답분석

① 라이헨바흐는 어떤 방법도 체계적으로 미래 예측에 계속해서 성공할 수 없다는 논리적 판단을 통해 귀납은 최소한 다른 방법보다 나쁘지 않은 추론이라고 확언한다. 하지만 이것은 귀납의 논리적 허점을 현실적 차원에서 해소하려는 것이며, 논리적 허점을 완전히 극복한 것은 아니라는 점에서 비판의 여지가 있다.
② 라이헨바흐는 귀납의 정당화 문제로부터 과학의 방법인 귀납을 옹호하기 위해 현실적 구제책을 제시한다. 이것은 귀납이 과학의 방법으로 사용될 수 있음을 지지하려는 것이다.
③ 라이헨바흐는 자연이 일양적인지 그렇지 않은지 알 수 없는 상황에서는 귀납을 사용하는 것이 옳은 선택이라고 본다. 따라서 ③의 진술처럼 라이헨바흐는 귀납과 견주어 미래 예측에 더 성공적인 방법이 없다는 판단을 근거로 귀납의 가치를 보여 주고 있다.

04

정답 ④

(라)에서는 재난 안전 예방을 위해서는 공간분석을 통한 과학적 통합 경보 서비스 등이 필요하다고 보았다. 따라서 '공간분석을 통한 재난 안전 예방 시스템을 구축해야 한다.'와 같은 방안이 (라)의 내용에 적절하다.

03 공간지각력

01	02	03	04	05
②	②	①	④	①

01
정답 ②

02
정답 ②

②는 제시된 도형을 시계 방향으로 90° 회전한 것이다.

03
정답 ①

- 1층 : $5 \times 4 - 4 = 16$개
- 2층 : $20 - 10 = 10$개
- 3층 : $20 - 17 = 3$개

∴ $16 + 10 + 3 = 29$개

04
정답 ④

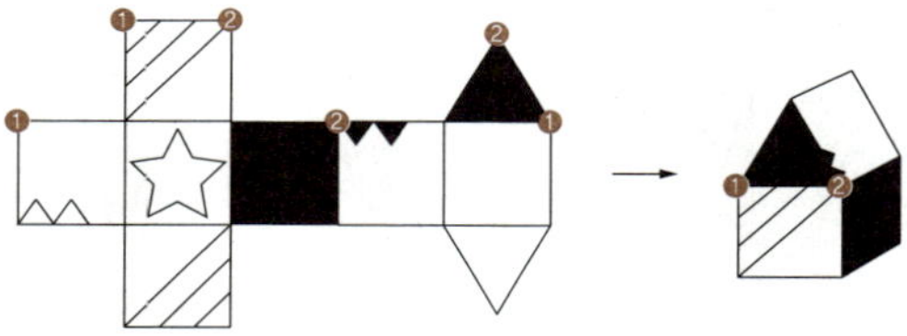

05
정답 ①

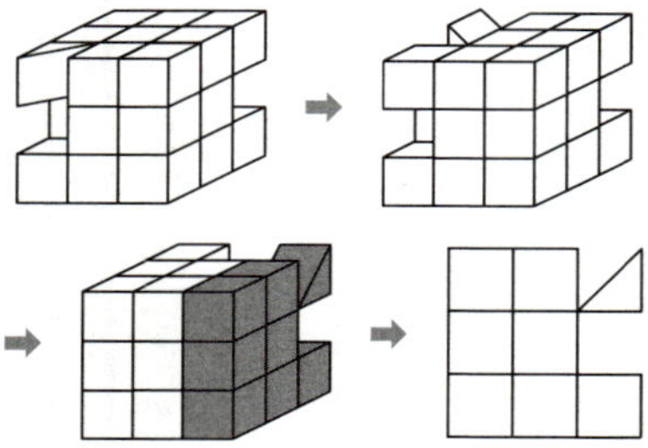

04 문제해결력

01	02	03	04	05
①	④	③	②	③

01
정답 ①

C, D, E의 진술이 연관되어 있고 2명만 진실을 말하고 있다고 하였으므로 C, D, E의 진술은 거짓이고 A, B의 진술이 참이다.

오답분석

②・③・④ 서로 진실을 말하고 있다는 C와 D의 진술은 동시에 참이 되거나 거짓이 되어야 한다.

02
정답 ④

마지막 조건에 따라 지영이는 대외협력부에서 근무하고, 다섯 번째 조건의 대우에 따라 유진이는 감사팀에서 근무한다. 그러므로 네 번째 조건에 따라 재호는 마케팅부에서 근무하며, 여섯 번째 조건에 따라 혜인이는 회계부에서 근무를 할 수 없다.

세 번째 조건에 의해 성우가 비서실에서 근무하게 되면, 희성이는 회계부에서 근무하고, 혜인이는 기획팀에서 근무하게 되며, 세 번째 조건의 대우에 따라 희성이가 기획팀에서 근무하면, 성우는 회계부에서 근무하고, 혜인이는 비서실에서 근무하게 된다. 이를 정리하면 다음과 같다.

감사팀	대외협력부	마케팅부	비서실	기획팀	회계부
유진	지영	재호	성우	혜인	희성
			혜인	희성	성우

따라서 반드시 참인 명제는 '혜인이는 회계부에서 근무하지 않는다.'이다.

오답분석

① 재호는 마케팅부에서 근무한다.
② 희성이는 회계부에서 근무할 수도 있다.
③ 성우는 비서실에서 근무할 수도 있다.

03

정답 ③

각 임직원의 평균 점수를 구하면 다음과 같다.

(단위 : 점)

성명	조직기여	대외협력	기획	평균	순위
유명진	58	68	83	69.67	9
최은서	79	98	96	91	1
강하람	84	72	86	80.67	6
이병수	55	91	75	73.67	8
우태경	90	84	97	90.33	2
소이진	78	95	85	86	4
박정대	97	76	72	81.67	5
신주원	69	78	54	67	10
한주은	77	83	66	75.33	7
최재훈	80	94	92	88.67	3

따라서 상위 4명인 최은서, 우태경, 최재훈, 소이진이 해외연수 대상자로 선정된다.

04

정답 ②

평균 점수의 내림차순으로 순위를 정리하면 다음과 같다.

(단위 : 점)

성명	조직기여	대외협력	기획	평균	순위
최은서	79	98	96	91	1
우태경	90	84	97	90.33	2
최재훈	80	94	92	88.67	3
소이진	78	95	85	86	4
박정대	97	76	72	81.67	5
강하람	84	72	86	80.67	6
한주은	77	83	66	75.33	7
이병수	55	91	75	73.67	8
유명진	58	68	83	69.67	9
신주원	69	78	54	67	10

따라서 이병수는 8위로 해외연수 대상자가 될 수 없다.

05

정답 ③

11월 21일의 팀미팅은 워크숍 일정 시작 전인 오후 1시 30분에 끝나므로 3시 출발이 가능하며, 22일의 일정이 없기 때문에 11월 21 ~ 22일이 워크숍 날짜로 적절하다.

오답분석

① 11월 9 ~ 10일 : 다른 팀과 함께하는 업무가 있는 주이므로 워크숍이 불가능하다.

② 11월 18 ~ 19일 : 19일은 주말이므로 워크숍이 불가능하다.

④ 11월 28 ~ 29일 : E대리 휴가로 모든 팀원의 참석이 불가능하다.

05 관찰탐구력

01	02	03	04	05
④	③	②	④	②

01

정답 ④

메테인의 분자식은 CH_4이다.

오답분석

① 물의 분자식은 H_2O이다.
② 이산화탄소의 분자식은 CO_2이다.
③ 에탄올의 분자식은 C_2H_6O이다.

02

정답 ③

오답분석

① 대뇌는 감각, 지각, 운동, 자율신경계, 호르몬 조절, 항상성 유지 등 신체 활동의 대부분을 조절하는 역할을 한다.
② 소뇌는 신체 평형감각을 유지하는 역할을 한다.
④ 연수는 호흡, 순환, 소화 운동을 조절하는 역할을 한다.

03

정답 ②

자동차 측면 거울, 편의점 감시 거울, 도로반사경은 되도록 넓은 시야를 확보해야 하므로 볼록 거울을 사용한다. 하지만 치과용 거울의 경우, 좁은 곳을 자세하게 봐야 하므로 거울과의 거리에 따라 확대하여 볼 수 있는 오목 거울을 사용한다.

04

정답 ④

얼음에 소금을 넣으면 어는점이 내려가는데, 이때 얼음은 액체로 상태변화를 하기 위해 주변 열을 흡수하려 하므로 주변의 온도는 내려가게 된다. 즉, 얼음이 물로 상변화하기 위해 열을 흡수하는 것이다. 하지만 손난로를 흔들거나 주물러서 손난로가 따뜻해지는 것은 난로 안에 있는 철이 산소와 접촉하여 화학반응이 일어나 산화철이 되는 산화반응에 의한 것이므로 그 원리가 다르다.

오답분석

① 이글루 안에 물을 뿌리면 물이 열을 방출하여 얼음으로 응고하고 이글루 안이 따뜻해진다.
② 가스버너를 사용하면 가스가 기화하면서 열을 흡수하므로 가스통이 차가워진다.
③ 알코올 솜으로 손등을 문지르면 알코올이 열을 흡수하여 기화하므로 손등이 시원해진다.

05

정답 ②

비행기 날개의 윗면에 흐르는 공기 흐름의 속도는 아랫면에 흐르는 공기 흐름의 속도보다 빠르다. 베르누이의 정리에 의해 유체의 속도가 빠른 곳의 압력이 더 낮으므로 압력은 아랫면이 더 높다. 이 압력 차이에 의해 힘이 발생하여 비행기가 공중으로 뜨게 하는데, 이 힘이 양력이다.

오답분석

① 중력은 물체가 잡아당기는 힘이다.
③ 마찰력은 물체가 운동할 때, 운동하는 방향의 반대 방향으로 작용하는 힘이다.
④ 수직항력은 물체의 표면에 수직으로 작용하는 힘이다.

CHAPTER 03 2023년 기출복원문제 정답 및 해설

01 언어논리력

01	02	03	04	05
④	④	③	②	①
06				
④				

01

정답 ④

탁상공론(卓上空論)은 '현실성이 없는 허황한 이론이나 논의'라는 뜻으로 제시된 상황에 가장 적절하다.

오답분석

① 토사구팽(兎死狗烹) : '토끼 사냥이 끝나면 사냥개를 삶는다.'는 뜻으로 요긴한 때는 소중히 여기다가도 쓸모가 없게 되면 천대하고 쉽게 버림을 비유하는 말
② 계명구도(鷄鳴狗盜) : '닭의 울음소리와 개 도둑'이라는 뜻으로 비굴하게 남을 속이는 하찮은 재주 또는 그런 재주를 가진 사람을 이르는 말
③ 표리부동(表裏不同) : '겉과 속이 같지 않다.'는 뜻으로 속마음과 다르게 말하거나 행동하는 것을 이르는 말

02

정답 ④

제시된 단어는 범주와 요소의 관계이다.
가을은 계절 중 하나이고, 호랑이는 동물 중 하나이다.

03

정답 ③

오답분석

- 웬지 → 왠지
- 어떡게 → 어떻게
- 말씀드리던지 → 말씀드리든지
- 바램 → 바람

04

정답 ②

- 갈음하다 : 다른 것으로 바꾸어 대신하다.
- 대신하다 : 어떤 대상의 자리나 구실을 바꾸어서 새로 맡다.

오답분석

① 분리하다 : 서로 나누어 떨어지게 하다.
③ 어림하다 : 대강 짐작으로 헤아리다.
④ 헤아리다 : 수량을 세다.

05

정답 ①

제시문과 ①의 '밀다'는 '일정한 방향으로 움직이도록 반대쪽에서 힘을 가하다.'의 의미로 사용되었다.

오답분석

② 머리카락이나 털 따위를 매우 짧게 깎다.
③ 뒤에서 보살피고 도와주다.
④ 나무 따위의 거친 표면을 반반하고 매끄럽게 깎다.

06

정답 ④

단감이 감기 예방과 피로 해소에 좋다는 앞의 내용에 이어 숙취 해소에도 도움을 준다는 내용을 추가로 이야기하고 있으므로 빈칸에 들어갈 접속어로 '또한'이 적절하다.

02 이해력

01	02	03	04	
④	④	①	②	

01
정답 ④

제시문은 A병원 내과 교수팀이 난치성 결핵균에 대한 치료성적이 세계 최고 수준으로 인정받았으며, 이로 인해 많은 결핵 환자들에게 큰 희망을 주었다는 내용의 글이다. 따라서 (다) 난치성 결핵균에 대한 치료성적이 우리나라가 세계 최고 수준임 – (나) A병원 내과 교수팀이 난치성 결핵의 치료 성공률을 세계 최고 수준으로 높임 – (라) 현재 치료 성공률이 80%에 이름 – (가) 이는 난치성 결핵환자들에게 큰 희망이 될 것임 순서로 나열되어야 한다.

02
정답 ④

네 번째 문단에서 조선백자는 넉넉한 곡선과 비대칭의 아름다움, 그러면서도 여유 있고 균형 잡힌 형태감을 지니고 있다고 하였다. '대칭과 완벽'은 중국 자기의 특징이고, '기교'는 일본 자기의 특징이다.

오답분석

① 두 번째 문단에서 확인할 수 있다.
② 첫 번째 문단에서 확인할 수 있다.
③ 다섯 번째 문단에서 확인할 수 있다.

03
정답 ①

제시문은 사람들의 인식을 넓히고 새로운 시각과 아이디어를 주는 것과 같은 '현대미술의 역할'에 대해 서술하고 있다.

04
정답 ②

㉠의 앞 문장은 ㉠의 뒷 문장에서 일반인이 현대미술을 예술가만의 미술로 치부하는 이유가 된다. 따라서 서로 인과 관계에 있으므로 '그래서'가 가장 적절하다.

03 공간지각력

01	02			
④	④			

01
정답 ④

- 1층 : $3\times3=9$개
- 2층 : $9-1=8$개
- 3층 : $9-3=6$개
- 4층 : $9-7=2$개

$\therefore\ 9+8+6+2=25$개

02
정답 ④

④는 제시된 도형을 180° 회전한 것이다.

04 문제해결력

01	02	03		
④	②	④		

01

정답 ④

모든 음악가는 베토벤을 좋아하지만, 음악가가 아닌 사람이 베토벤을 좋아하는지 좋아하지 않는지 알 수 없다. 따라서 ④가 옳은 결론이다.

오답분석

① · ② 나는 음악가가 아니고, 음악가가 아닌 사람이 베토벤을 좋아하는지 좋아하지 않는지 알 수 없다. 따라서 내가 베토벤을 좋아하는지 여부는 알 수 없다.

③ 미술가인 어머니에 대한 전제는 제시되어 있지 않다. 따라서 알 수 없다.

02

정답 ②

먼저 A의 진술이 참인 경우와 거짓인 경우로 나누어 본다.

i) A의 진술이 참인 경우
A가 1위, C가 2위이다. 그러면 B의 진술은 참이다. 따라서 B가 3위, D가 4위이다. 그러나 D가 C보다 순위가 낮음에도 C의 진술은 거짓이다. 이는 제시된 조건에 위배된다.

ii) A의 진술이 거짓인 경우
제시된 조건에 따라 A의 진술이 거짓이라면 C는 3위 또는 4위일 것인데, 자신보다 높은 순위의 사람에 대한 진술이 거짓이므로 C는 3위, A는 4위이다. 그러면 B의 진술은 거짓이므로, D가 1위, B가 2위이다.

따라서 반드시 참인 것은 ②이다.

03

정답 ④

제시문에서 볼 수 있는 문제 해결 기법은 5Why 기법이다. 5Why 기법은 문제에 대한 질문과 대답을 계속 진행하면서 문제의 실체와 근본적인 원인을 파악하고 올바른 해결방안을 수립하도록 돕는 문제 해결 기법이다.

오답분석

① TRIZ : 문제에 대하여 이상적인 결과를 정하고, 그 결과를 얻는 데 모순이 되는 것을 찾아 모순을 극복할 수 있는 창의적인 해결안을 찾는 문제 해결 기법

② Brainstorming : 새로운 아이디어를 떠올리고, 창의적으로 문제를 해결하기 위한 집단적 창의력 사고 기법

③ Synectics : 서로 관련이 없어 보이는 것들을 조합하여 새로운 것을 도출하는 사고 기법

05 관찰탐구력

01	02	03	04	05
③	②	③	③	②

01

정답 ③

이자(췌장)의 β세포에서 합성 · 분비되어 혈액 속의 포도당의 양을 일정하게 유지시키는 역할을 하는 인슐린은 당뇨병 치료제로 널리 사용된다.

02

정답 ②

서로 반대되는 힘의 합력은 다음과 같다.

$-10+4=-6$N[(−)는 힘의 방향을 뜻한다]

뉴턴의 운동 제2법칙(가속도의 법칙)에 따르면 $F=m\times a$이다.

$\therefore\ a=\frac{F}{m}=\frac{6}{3}=2\text{m/s}^2$

따라서 물체의 가속도 크기는 2m/s^2이다.

03

정답 ③

질소는 원소주기율표상에서 2주기 15족에 속하는 비금속 원소로 지구 대기의 약 78% 정도를 차지하고 있으며 지구 생명체의 구성 성분이다. 질소는 인체에 무해하고 반응성이 적은 안정한 기체로 과자 봉지 충전재로 많이 쓰인다.

04

정답 ③

높은 곳에서 떨어질 때 몸을 구르면 충격 시간이 길어져 몸에 받는 충격력이 감소한다. 이는 작용 · 반작용 사례에 해당하지 않는다.

오답분석

① 걸을 때 발바닥이 땅을 밀면서 땅 또한 발바닥을 밀어 앞으로 나아간다.

② 물로켓이 물을 밀면서 물 또한 물로켓을 밀어 앞으로 나아간다.

④ 풍선이 공기를 밀면서 공기 또한 풍선을 밀어 앞으로 나아간다.

05

정답 ②

보기에 나타난 현상들은 샤를의 법칙에 의해 나타나는 현상으로, 샤를의 법칙은 기체의 부피가 기체의 온도에 비례한다는 법칙이다. 이에 따르면 기체의 부피는 1℃ 올라갈 때마다 0℃일 때 부피의 $\frac{1}{273}$씩 증가한다.

CHAPTER 04 2022년 기출복원문제 정답 및 해설

01 언어논리력

01	02	03		
②	④	②		

01

정답 ②

오답분석

① 껍질채 → 껍질째
③ 한참 → 한창
④ 혼돈하는 → 혼동하는

02

정답 ④

상전벽해(桑田碧海)는 '뽕나무밭이 변하여 푸른 바다가 된다.'는 뜻으로 세상일의 변천이 심함을 비유적으로 이르는 말이다. 같은 의미의 속담으로는 '10년이면 강산도 변한다.'가 있다.

오답분석

① 초록동색(草綠同色) : '풀빛과 녹색은 같은 빛깔'이라는 뜻으로 같은 처지(處地)의 사람과 어울리거나 기우는 것을 비유하는 말
② 조삼모사(朝三暮四) : '아침에 세 개, 저녁에 네 개'라는 뜻으로 당장의 차이에 신경 쓰지만 결과는 매한가지임을 이르는 말
③ 설상가상(雪上加霜) : '눈 위에 서리가 덮인다.'는 뜻으로 난처한 일이나 불행한 일이 잇따라 일어남을 이르는 말

03

정답 ②

• 달뜨다 : 마음이 가라앉지 아니하고 조금 흥분되다.
• 흥분하다 : 어떤 자극을 받아 감정이 북받쳐 일어나다.

오답분석

① 실신하다 : 병이나 충격 따위로 정신을 잃다.
③ 부합하다 : 서로 맞대어 붙이다.
④ 조치하다 : 벌어지는 사태를 잘 살펴서 필요한 대책을 세워 행하다.

02 이해력

01	02	03		
④	①	②		

01

정답 ④

'그러나 일부 고객이 해당 제품을 제품 설명서에 따라 장치를 고정시키지 않고 접이식 가구로 사용하고 있다는 사례가 확인되었으며, 그 결과 제품의 상판이 분리되어 사고가 발생했다는 신고가 접수되었습니다.'라는 내용에서 확인할 수 있다.

오답분석

① '안전 고정 장치를 분실한 경우 당사 매장 방문 수령 또는 고객 지원센터를 통한 택배수령으로 새 고정 장치를 무료로 제공받을 수 있으며'라는 구절을 통해 소정의 비용 없이 제공받을 수 있음을 알 수 있다.
② '별도의 구매 증빙 자료는 지참하지 않으셔도 됩니다.'라고 하였으므로 별도의 증빙 자료가 필요하지 않다.
③ 'S기저귀교환대·서랍장은 아이의 성장에 따라 기저귀교환대로 사용하다가 수납가구로 장기간 사용할 수 있도록 디자인되었습니다.'라고 나와 있으므로 시간이 지나도 사용이 가능하다.

02

정답 ①

(다)는 '~ 생활도'로 보아 그 앞에 유사한 내용, 즉 (나)의 논리적 사고력이 인류의 문화를 발전시킨다는 내용이 와야 한다. (마)의 '지식과 정보를 보다 신속하고 정확하게 ~'는 (라)의 컴퓨터와 밀접하며, 또 컴퓨터는 (다)의 '인류가 누리는 풍부하고 윤택한 생활'과 밀접하다. 따라서 (가) – (나) – (다) – (라) – (마)의 순으로 나열하는 것이 적절하다.

03

정답 ②

제시문에서는 유명 음악가 바흐와 모차르트에 대해 알려진 이야기들과 이와는 다르게 밝혀진 사실을 대비하여 이야기하고 있다. 또한 사실이 아닌 이야기가 바흐와 모차르트의 삶을 미화하는 경향이 있으므로 제목으로는 '미화된 음악가들의 이야기와 그 진실'이 가장 적절하다.

03 공간지각력

01	02	03		
②	②	①		

01

정답 ②

오답분석

①

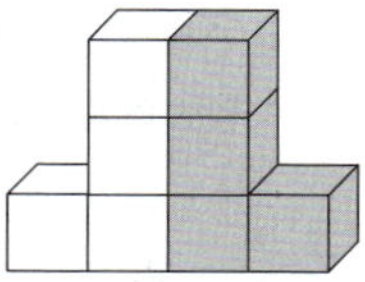

③

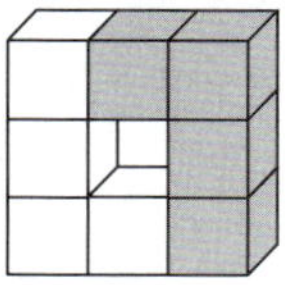

④

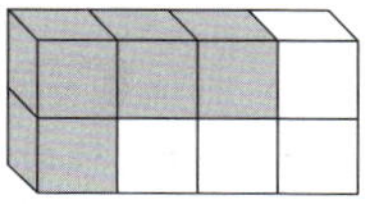

02

정답 ②

- 1층 : 4×5−3=17개
- 2층 : 20−7=13개
- 3층 : 20−13=7개

∴ 17+13+7=37개

03

정답 ①

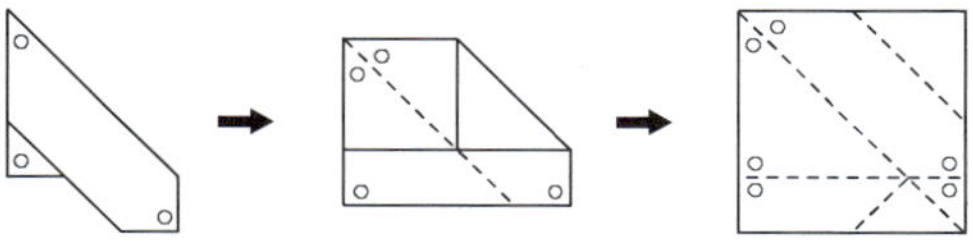

04 문제해결력

01	02	03	04	
③	①	③	③	

01

정답 ③

'커피를 많이 마신다.'를 A, '카페인을 많이 섭취한다.'를 B, '불면증이 생긴다.'를 C라고 하면 전제 1은 A → B, 전제 2는 ~A → ~C이다. 전제 2의 대우는 C → A이므로 C → A → B가 성립한다.

따라서 결론에 들어갈 명제로 C → B인 '불면증이 생기면 카페인을 많이 섭취한 것이다.'가 가장 적절하다.

02

정답 ①

오전 심층면접은 9시 10분에 시작하므로 12시까지 170분의 시간이 있다. 1명당 15분씩 면접을 볼 때, 가능한 면접 인원은 170÷15≒11명이다. 오후 심층면접은 오후 1시부터 바로 진행할 수 있으므로 종료시간까지 240분의 시간이 있다. 1명당 15분씩 면접을 볼 때 가능한 인원은 240÷15=16명이다. 즉, 심층면접을 할 수 있는 최대 인원수는 11+16=27명이다. 27번째 면접자의 기본면접이 끝나기까지 걸리는 시간은 10×27+60(점심 및 휴식 시간)=330분이다. 따라서 마지막 심층면접자의 기본면접 종료 시각은 오전 9시+330분=오후 2시 30분이다.

03

정답 ③

네 번째 조건에 따라 K부장은 토마토 파스타, S대리는 크림 리소토를 주문한다. 이때, L과장은 다섯 번째 조건에 따라 토마토 리소토나 크림 리소토를 주문할 수 있는데, 만약 L과장이 토마토 리소토를 주문한다면, 두 번째 조건에 따라 M대리는 토마토 파스타를 주문해야 하고, 사원들은 둘 다 크림 소스가 들어간 메뉴를 주문할 수밖에 없으므로 조건과 모순이 된다. 따라서 L과장은 크림 리소토를 주문했다.

다음으로 사원 2명 중 1명은 크림 파스타, 다른 1명은 토마토 파스타나 토마토 리소토를 주문해야 하는데, H사원이 파스타면을 싫어하므로 J사원이 크림 파스타, H사원이 토마토 리소토, M대리가 토마토 파스타를 주문했다.

일곱 번째 조건에 따라 J사원이 사이다를 주문하였고, H사원은 J사원과 다른 음료를 주문해야 하지만 여덟 번째 조건에 따라 주스를 함께 주문하지 않으므로 콜라를 주문했다. 또한 여덟 번째 조건에 따라 주스를 주문한 사람은 모두 크림 소스가 들어간 메뉴를 주문한 사람이어야 하므로 S대리와 L과장이 주스를 주문했다. 마지막으로 여섯 번째 조건에 따라 M대리는 사이다를 주문하고, K부장은 콜라를 주문했다. 이를 정리하면 다음과 같다.

구분	K부장	L과장	M대리	S대리	H사원	J사원
토마토 파스타	○		○			
토마토 리소토					○	
크림 파스타						○
크림 리소토		○		○		
콜라	○				○	
사이다			○			○
주스		○		○		

따라서 사원들 중 주스를 주문한 사람은 없다.

04
정답 ③

03번의 결과로부터 S대리와 L과장은 모두 크림 리소토와 주스를 주문했음을 알 수 있다.

05 관찰탐구력

01	02	03	04	05
②	③	②	①	①

01
정답 ②

제시된 반응은 광합성이다.

광합성의 의의
- 태양의 빛 에너지를 생물이 이용할 수 있는 화학 에너지로 전환
- 무기물로부터 유기물(포도당)로 합성
- 대기 중의 이산화탄소를 흡수하여 온실 효과를 감소시켜 지구 온난화 방지
- 생물의 호흡에 필요한 산소를 공급

02
정답 ③

지구의 본그림자에 달의 일부가 들어가는 현상을 부분 월식이라 하고, 지구의 본그림자에 달의 전부가 들어가 달 전체가 어두워지는 현상을 개기 월식이라 한다.

03
정답 ②

열역학 제2법칙은 에너지의 비가역성을 설명하는 법칙이다.

오답분석

① 열역학 제3법칙에 대한 설명이다.
③ 열역학 제1법칙에 대한 설명이다.
④ 열역학 제0법칙에 대한 설명이다.

04
정답 ①

8초 후 속도는 $5+4\times8=37\text{m/s}$이다.

평균 속도는 $\frac{(\text{처음 속도})+(\text{나중 속도})}{2}$이므로

$\frac{5+37}{2}=21\text{m/s}$이다.

05
정답 ①

물리적 변화는 물질 자체는 변하지 않고 물질의 상태나 모양 등이 변하는 변화이고, 화학적 변화는 원래 물질과는 성질이 다른 물질이 생성되는 변화이다.

㉠·㉡ 화학적 성질은 변하지 않고 형태만 바뀌는 물리적 변화이다.

㉢·㉣·㉤ 발효와 부식, 부패로 인한 화학적 변화이다.

CHAPTER 05 2021년 기출복원문제 정답 및 해설

01 언어논리력

01	02	03	04	05
②	④	②	①	④

01

정답 ②

'원님 덕에 나발 분다.'는 남 덕택에 분에 넘치는 대접을 받는 것을 뜻한다.

오답분석

① 뒤웅박 팔자다. : 일단 신세를 망치면 거기서 헤어 나오기가 어려움을 뜻한다.
③ 꿩 장수 후리듯 하다. : 남을 잘 이용하여 자기의 이익을 취하는 것을 뜻한다.
④ 우선 먹기는 곶감이 달다. : 앞일은 생각해 보지도 않고 당장 좋은 것만 취하는 경우를 뜻한다.

02

정답 ④

제시문에서는 중국발 위험이 커짐에 따라 수출 시장의 변화가 필요하고, 이를 위해 정부는 신흥국과의 꾸준한 협력을 추진해야 한다고 설명하고 있다. 따라서 제시문과 관련 있는 사자성어로는 '우공이 산을 옮긴다.'는 뜻으로, 어떤 일이든 끊임없이 노력하면 반드시 이루어짐을 이르는 말인 '우공이산(愚公移山)'이 가장 적절하다.

오답분석

① 안빈낙도(安貧樂道) : '가난을 편안히 여기고 도를 즐긴다.'는 뜻으로, 재화에 대한 욕심을 버리고 인생을 그저 평안히 즐기며 살아가는 태도를 이르는 말
② 호가호위(狐假虎威) : '여우가 호랑이의 위세를 빌려 호기를 부린다.'는 뜻으로, 남의 권세를 빌려 위세를 부리는 모습을 이르는 말
③ 각주구검(刻舟求劍) : '칼이 빠진 자리를 배에 새겨 찾는다.'는 뜻으로, 어리석고 미련해서 융통성이 없음을 이르는 말

03

정답 ②

먹고 난 뒤의 그릇을 씻어 정리하는 일을 뜻하는 단어는 '설거지'이다.

오답분석

① 왠지 : '왜 그런지 모르게. 또는 뚜렷한 이유도 없이'라는 의미로, 옳은 표기이다.
③ 드러나다 : '가려 있거나 보이지 않던 것이 보이게 됨'이라는 의미로, 옳은 표기이다.
④ ~로서 : 지위나 신분 또는 자격을 나타내는 격조사로, 옳은 표기이다.

04

정답 ①

- 남용(濫用) : 일정한 기준이나 한도를 넘어서 함부로 씀
- 절용(節用) : 아껴 씀

오답분석

② 과용(過用) : 정도에 지나치게 씀. 또는 그런 비용
③ 오용(誤用) : 잘못 사용함
④ 난용(亂用) : 정해진 용도의 범위를 벗어나 아무 데나 함부로 씀

05

정답 ④

제시된 단어는 속담과 관련 있다.

- 소 닭 보듯, 닭 소 보듯 : 서로 아무런 관심도 두지 않고 있는 사이임을 비유적으로 이르는 말
- 망둥이가 뛰면 꼴뚜기도 뛴다 : 남이 한다고 하니까 분별없이 덩달아 나섬을 비유적으로 이르는 말

02 이해력

01	02	03		
①	④	②		

01

정답 ①

인공관절 수술이 권장되는 나이는 제시되어 있으나, 인공관절의 수명이 얼마인지는 구체적으로 제시되어 있지 않으므로 답할 수 없다.

02

정답 ④

인간이 지구상에서 이용할 수 있는 생활공간은 제한되어 있기 때문에 인간이 이용할 수 있는 생활공간의 한계를 깨뜨리지 않는 범위 안에서만 인간의 생활공간을 확장시켜야 한다고 언급되어 있다.

03

정답 ②

제시문에서는 파레토 법칙의 개념과 적용된 사례를 설명한 후 파레토 법칙이 잘못 적용된 사례를 통해 함부로 다양한 사례에 적용하는 것이 잘못된 해석을 낳을 수 있음을 지적하고 있다. 따라서 글의 주제로 가장 적절한 것은 ②이다.

03 공간지각력

01	02	03		
④	①	④		

01

정답 ④

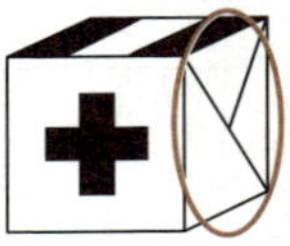

02

정답 ①

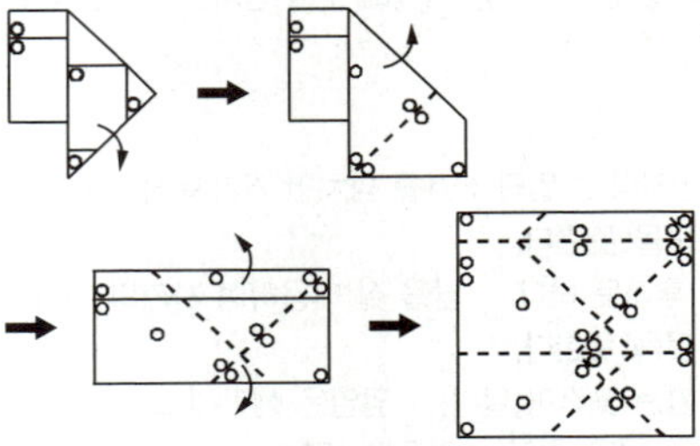

03

정답 ④

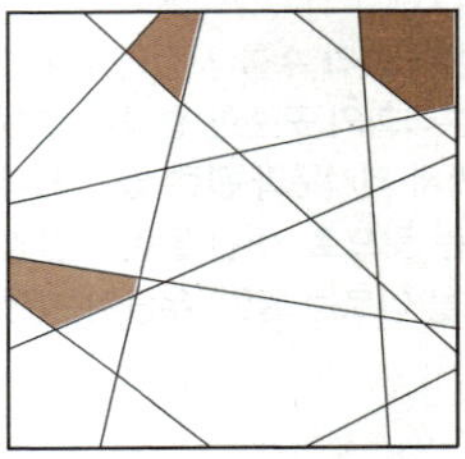

04 문제해결력

01	02	03	04	
①	②	④	①	

01

정답 ①

제시된 조건을 기호화하여 나타내면 다음과 같다.

- A → ~F & B
- C → ~D
- ~E → C
- B or E
- D

다섯 번째 조건에 의해 D가 참여하므로 두 번째 조건의 대우인 D → ~C에 의해 C는 참여하지 않고, 세 번째 조건의 대우인 ~C → E에 의해 E는 참여한다. E가 참여하므로 네 번째 조건에 의해 B는 참여하지 않는다. 또한 첫 번째 조건의 대우인 F or ~B → ~A에 의해 A는 참여하지 않는다. 그리고 F는 제시된 조건만으로는 반드시 참여하는지 알 수 없다.

따라서 체육대회에 반드시 참여하는 직원은 D와 E 2명이다.

02

정답 ②

B의 발언이 참이라면 C가 범인이고 F도 참이 된다. F는 C 또는 E가 범인이라고 했으므로 C가 범인이라면 E는 범인이 아니고, E의 발언 역시 참이 되어야 한다. 하지만 E의 발언이 참이라면 F가 범인이어야 하므로 모순이다. 따라서 B의 발언이 거짓이며, C 또는 E가 범인이라는 F 역시 범인임을 알 수 있다.

03

정답 ④

먼저 제시된 조건에 따라 선택할 수 없는 관광 코스를 제외할 수 있다.

- 4일 이상 관광하되 5일을 초과하면 안 되므로, 기간이 4일 미만인 B코스를 제외한다.
- 비용이 30만 원을 초과하고, 참여인원이 30명 초과인 C코스를 제외한다.

한편, D코스를 Y카드로 결제할 때의 비용은 10% 할인을 적용받아 332,000×0.9=298,800원으로 30만 원 미만이다.

따라서 A코스와 D코스 중 경유지가 더 많은 D코스를 선택하는 것이 적절하다.

04

정답 ①

조건을 만족하는 것은 B, C강당이고, 강당별로 지불해야 하는 총금액을 계산하면 다음과 같다.

- B강당
  - 1~3일 대관비(4시간) : 450,000×3×0.8=1,080,000원
  - 1~3일 냉난방비(4시간) : 30,000×4×3=360,000원
  - 4일 대관비(8시간) : 450,000×0.8=360,000원
  - 4일 냉난방비(8시간) : 200,000원(일 최대요금 지불)
  - 5일 대관비(9시간) : 600,000원
  - 5일 냉난방비(9시간) : 200,000원(일 최대요금 지불)
  - ∴ 총 2,800,000원
- C강당
  - 1~3일 대관비(4시간) : 500,000×3×0.75=1,125,000원
  - 1~3일 냉난방비(4시간) : 30,000×4×3=360,000원
  - 4일 대관비(8시간) : 500,000×0.75=375,000원
  - 4일 냉난방비(8시간) : 230,000원(일 최대요금 지불)
  - 5일 대관비(9시간) : 500,000원
  - 5일 냉난방비(9시간) : 230,000원(일 최대요금 지불)
  - ∴ 총 2,820,000원

따라서 세 번째 조건에 의해 사용할 강당은 B강당이며, 지불해야 하는 총금액은 2,800,000원이다.

05 관찰탐구력

01	02	03	04	05
②	②	④	④	②

01

정답 ②

오답분석

㉡ 자석의 극을 바꿀 경우, 발생하는 유도기전력의 방향이 바뀐다.

㉣ 감은 코일의 수가 많을수록 더 큰 유도기전력이 발생한다.

02

정답 ②

그래프에 제시된 운동은 8초와 12초에서 방향이 변화하였다.

03

정답 ④

달의 자전 주기와 공전 주기가 같기 때문에 달이 자전하면서 항상 같은 면만 지구를 향하고 있어 달의 위상이 변하여도 달 표면의 무늬는 변함이 없다.

04

정답 ④

오답분석

① 양이온은 전자를 잃어 (+)전하를 띤다.

② 음이온은 중성 원자가 전자를 얻어 (−)전하가 된다.

③ 양이온에는 수소 이온, 암모늄 이온, 구리 이온 등이 있다.

05

정답 ②

백혈구는 혈액을 구성하는 세포 중 하나로, 우리 몸속으로 들어온 세균을 잡아먹는 식균 작용을 하여 우리 몸을 방어해 주는 역할을 한다. 크기는 적혈구보다 크고, 모양은 일정하지 않다.

PART

1

인성검사

CHAPTER 01 인성검사 소개

개인이 업무를 수행하면서 능률적인 성과물을 만들기 위해서는 개인의 능력과 경험 그리고 회사에서의 교육 및 훈련 등이 필요하지만, 개인의 성격이나 성향 역시 중요하다. 여러 직무분석 연구에서 나온 결과들에 따르면, 직무에서의 성공과 관련된 특성들 중 최고 70% 이상이 능력보다는 성격과 관련이 있다고 한다. 따라서 최근 공공기관뿐만 아니라 대부분의 기업들은 인성검사의 비중을 높이고 있는 추세이다.

01 인성검사의 개요

1. 인성검사의 의의

인성검사는 1943년 미국 미네소타 대학교의 임상심리학자 Hathaway 박사와 정신과 의사 Mckinley 박사가 제작한 MMPI(Minnesota Multiphasic Personality Inventory)를 원형으로 한 다면적 인성검사를 말한다.

다면적이라 불리는 것은 여러 가지 정신적인 증상들을 동시에 측정할 수 있도록 고안되어 있기 때문이다. 풀이하자면, 개인이 가지고 있는 다면적인 성격을 많은 문항수의 질문을 통해 수치로 나타내는 것이다. 그렇다면 성격이란 무엇인가?

성격은 일반적으로 개인 내부에 있는 특징적인 행동과 생각을 결정해 주는 정신적·신체적 체제의 역동적 조직이라고 말할 수 있으며, 환경에 적응하게 하는 개인적인 여러 가지 특징과 행동양식의 잣대라고 정의할 수 있다.

다시 말하면, 성격이란 한 개인이 환경적 변화에 적응하는 특징적인 행동 및 사고유형이라고 할 수 있으며, 인성검사란 그 개인의 행동 및 사고유형을 서면을 통해 수치적·언어적으로 기술하거나 예언해 주는 도구라 할 수 있다.

신규채용 또는 평가에 활용하는 인성검사로 MMPI 원형을 그대로 사용하는 기업도 있지만, 대부분의 기업에서는 MMPI 원형을 기준으로 연구, 조사, 정보수집, 개정 등의 과정을 통해서 자체 개발한 유형을 사용하고 있다.

인성검사의 구성은 여러 가지 하위 척도로 구성되어 있는데, MMPI 다면적 인성검사의 척도를 살펴보면 기본 척도가 8개 문항으로 구성되어 있고, 2개의 임상 척도와 4개의 타당성 척도를 포함, 총 14개 척도로 구성되어 있으며, 캘리포니아 심리검사(CPI; California Psychological Inventory)의 경우는 48개 문항, 18개의 척도로 구성되어 있다.

2. 인성검사의 해석단계

해석단계는 첫 번째, 각 타당성 및 임상 척도에 대한 피검사자의 점수를 검토하는 방법으로 척도마다 피검사자의 점수가 정해진 범위에 속하는지 여부를 검토하게 된다.
두 번째, 척도별 연관성에 대한 분석으로 각 척도에서의 점수범위가 의미하는 것과 그것들이 나타낼 가설들을 종합하고, 어느 특정 척도의 점수를 근거로 하여 다른 척도들에 대한 예측을 시도하게 된다.
세 번째, 척도 간의 응집 또는 분산을 찾아보고 그에 따른 해석적 가설을 형성하는 과정으로 두 개 척도 간의 관계만을 가지고 해석하게 된다.
네 번째, 매우 낮은 임상 척도에 대한 검토로서, 일부 척도에서 낮은 점수가 특별히 의미 있는 경우가 있기 때문에 신중히 다뤄지게 된다.
다섯 번째, 타당성 및 임상 척도에 대한 형태적 분석으로서, 타당성 척도들과 임상 척도들 전체의 형태적 분석이다. 주로 척도들의 상승도와 기울기 및 굴곡을 해석해서 피검사자에 대한 종합적이고 총체적인 추론적 해석을 하게 된다.

PART 1

02 척도구성

1. MMPI 척도구성

(1) 타당성 척도

타당성 척도는 피검사자가 검사에 올바른 태도를 보였는지, 또 피검사자가 응답한 검사문항들의 결론이 신뢰할 수 있는 결론인가를 알아보는 라이스케일(허위척도)이라 할 수 있다. 타당성 4개 척도는 잘못된 검사태도를 탐지하게 할 뿐만 아니라, 임상 척도와 더불어 검사 이외의 행동에 대하여 유추할 수 있는 자료를 제공해 줌으로써, 의미있는 인성요인을 밝혀주기도 한다.

〈타당성 4개 척도구성〉

무응답 척도 (?)	무응답 척도는 피검사자가 응답하지 않은 문항과 '그렇다'와 '아니다'에 모두 답한 문항들의 총합이다. 척도점수의 크기는 다른 척도점수에 영향을 미치게 되므로, 빠뜨린 문항의 수를 최소로 줄이는 것이 중요하다.
허구 척도 (L)	L 척도는 피검사자가 자신을 좋은 인상으로 나타내 보이기 위해 하는 고의적이고 부정직하며 세련되지 못한 시도를 측정하는 허구 척도이다. L 척도의 문항들은 정직하지 못하거나 결점들을 고의적으로 감춰 자신을 좋게 보이려는 사람들의 장점마저도 부인하게 된다.
신뢰성 척도 (F)	F 척도는 검사문항에 빗나간 방식의 답변을 응답하는 경향을 평가하기 위한 척도로 정상적인 집단의 10% 이하가 응답한 내용을 기준으로 일반 대중의 생각이나 경험과 다른 정도를 측정한다.
교정 척도 (K)	K 척도는 분명한 정신적인 장애를 지니면서도 정상적인 프로파일을 보이는 사람들을 식별하기 위한 것이다. K 척도는 L 척도와 유사하게 거짓답안을 확인하지만 L 척도보다 더 미세하고 효과적으로 측정한다.

(2) 임상 척도

임상 척도는 검사의 주된 내용으로 비정상 행동의 종류를 측정하는 10가지 척도로 되어 있다. 임상 척도의 수치는 높은 것이 좋다고 해석하는 경우도 있지만, 개별 척도별로 해석을 참고하는 경우가 대부분이다.

건강염려증(Hs) Hypochondriasis	개인이 말하는 신체적 증상과 이러한 증상들이 다른 사람을 조정하는 데 사용되고 있지는 않은지 여부를 측정하는 척도로서, 측정내용은 신체의 기능에 대한 과도한 집착 및 이와 관련된 질환이나 비정상적인 상태에 대한 불안감 등이다.
우울증(D) Depression	개인의 비관 및 슬픔의 정도를 나타내는 기분상태의 척도로서, 자신에 대한 태도와 타인과의 관계에 대한 태도, 절망감, 희망의 상실, 무력감 등을 원인으로 나타나는 활동에 대한 흥미의 결여, 불면증과 같은 신체적 증상 및 과도한 민감성 등을 표현한다.
히스테리(Hy) Hysteria	현실에 직면한 어려움이나 갈등을 회피하는 방법인 부인기제를 사용하는 경향 정도를 진단하려는 것으로서 특정한 신체적 증상을 나타내는 문항들과 아무런 심리적·정서적 장애도 가지고 있지 않다고 주장하는 것을 나타내는 문항들의 두 가지 다른 유형으로 구성되어 있다.
반사회성(Pd) Psychopathic Deviate	가정이나 일반사회에 대한 불만, 자신 및 사회와의 격리, 권태 등을 주로 측정하는 것으로서 반사회적 성격, 비도덕적인 성격 경향 정도를 알아보기 위한 척도이다.
남성-여성특성(Mf) Masculinity-Femininity	직업에 관한 관심, 취미, 종교적 취향, 능동·수동성, 대인감수성 등의 내용을 담고 있으며, 흥미형태의 남성특성과 여성특성을 측정하고 진단하는 검사이다.
편집증(Pa) Paranoia	편집증을 평가하기 위한 것으로서 정신병적인 행동과 과대의심, 관계망상, 피해망상, 과대망상, 과민함, 비사교적 행동, 타인에 대한 불만감 같은 내용의 문항들로 구성되어 있다.
강박증(Pt) Psychasthenia	병적인 공포, 불안감, 과대근심, 강박관념, 자기 비판적 행동, 집중력 곤란, 죄책감 등을 검사하는 내용으로 구성되어 있으며, 주로 오랫동안 지속된 만성적인 불안을 측정한다.
정신분열증(Sc) Schizophrenia	정신적 혼란을 측정하는 척도로서 가장 많은 문항에 내포하고 있다. 이 척도는 별난 사고방식이나 행동양식을 지닌 사람을 판별하는 것으로서 사회적 고립, 가족관계의 문제, 성적 관심, 충동억제불능, 두려움, 불만족 등의 내용으로 구성되어 있다.
경조증(Ma) Hypomania	정신적 에너지를 측정하는 것으로서, 사고의 다양성과 과장성, 행동영역의 불안정성, 흥분성, 민감성 등을 나타낸다. 이 척도가 높으면 무엇인가를 하지 않고는 못 견디는 정력적인 사람이다.
내향성(Si) Social Introversion	피검사자의 내향성과 외향성을 측정하기 위한 척도로서, 개인의 사회적 접촉 회피, 대인관계의 기피, 비사회성 등의 인성요인을 측정한다. 이 척도의 내향성과 외향성은 어느 하나가 좋고 나쁨을 나타내는 것이 아니라, 피검사자가 어떤 성향의 사람인가를 알아내는 것이다.

2. CPI 척도구성

〈18 척도〉

지배성 척도 (Do)	강력하고 지배적이며, 리더십이 강하고 대인관계에서 주도권을 잡는 지배적인 사람을 변별하고자 하는 척도이다.
지위능력 척도 (Cs)	현재의 개인 자신의 지위를 측정하는 것이 아니라, 개인의 내부에 잠재되어 있어 어떤 지위에 도달하게끔 하는 자기 확신, 야심, 자신감 등을 평가하기 위한 척도이다.
사교성 척도 (Sy)	사교적이고 활달하며 참여기질이 좋은 사람과, 사회적으로 자신을 나타내기 싫어하고 참여기질이 좋지 않은 사람을 변별하고자 하는 척도이다.
사회적 태도 척도 (Sp)	사회생활에서의 안정감, 활력, 자발성, 자신감 등을 평가하기 위한 척도로서, 사교성과 밀접한 관계가 있다. 고득점자는 타인 앞에 나서기를 좋아하고, 타인의 방어기제를 공격하여 즐거움을 얻고자 하는 성격을 가지고 있다.
자기수용 척도 (Sa)	자신에 대한 믿음, 자신의 생각을 수용하는 자기확신감을 가지고 있는 사람을 변별하기 위한 척도이다.
행복감 척도 (Wb)	근본 목적은 행복감을 느끼는 사람과 그렇지 않은 사람을 변별해 내는 척도 검사이지만, 긍정적인 성격으로 가장하기 위해서 반응한 사람을 변별해 내는 타당성 척도로서의 목적도 가지고 있다.
책임감 척도 (Re)	법과 질서에 대해서 철저하고 양심적이며 책임감이 강해 신뢰할 수 있는 사람과 인생은 이성에 의해서 지배되어야 한다고 믿는 사람을 변별하기 위한 척도이다.
사회성 척도 (So)	사회생활에서 이탈된 행동이나 범죄의 가능성이 있는 사람을 변별하기 위한 척도로서 범죄자 유형의 사람은 정상인보다 매우 낮은 점수를 나타낸다.
자기통제 척도 (Sc)	자기통제의 유무, 충동, 자기중심에서 벗어날 수 있는 통제의 적절성, 규율과 규칙에 동의하는 정도를 측정하는 척도로서, 점수가 높은 사람은 지나치게 자신을 통제하려 하며, 낮은 사람은 자기 통제가 잘 안되므로 충동적이 된다.
관용성 척도 (To)	침묵을 지키고 어떤 사실에 대하여 성급하게 판단하기를 삼가고 다양한 관점을 수용하려는 사회적 신념과 태도를 재려는 척도이다.
좋은 인상 척도 (Gi)	타인이 자신에 대해 어떻게 반응하는가, 타인에게 좋은 인상을 주었는가에 흥미를 느끼는 사람을 변별하고, 자신을 긍정적으로 보이기 위해 솔직하지 못한 반응을 하는 사람을 찾아내기 위한 타당성 척도이다.
추종성 척도 (Cm)	사회에 대한 보수적인 태도와 생각을 측정하는 척도검사이다. 아무렇게나 적당히 반응한 피검사자를 찾아내는 타당성 척도로서의 목적도 있다.
순응을 위한 성취 척도 (Ac)	강한 성취욕구를 측정하기 위한 척도로서 학업성취에 관련된 동기요인과 성격요인을 측정하기 위해서 만들어졌다.
독립성을 통한 성취 척도 (Ai)	독립적인 사고, 창조력, 자기실현을 위한 성취능력의 정도를 측정하는 척도이다.
지적 능률 척도 (Ie)	지적 능률성을 측정하기 위한 척도이며, 지능과 의미 있는 상관관계를 가지고 있는 성격특성을 나타내는 항목을 제공한다.
심리적 예민성 척도 (Py)	동기, 내적 욕구, 타인의 경험에 공명하고 흥미를 느끼는 정도를 재는 척도이다.
유연성 척도 (Fx)	개인의 사고와 사회적 행동에 대한 유연성, 순응성 정도를 나타내는 척도이다.
여향성 척도 (Fe)	흥미의 남향성과 여향성을 측정하기 위한 척도이다.

03 인성검사 수검요령

인성검사는 특별한 수검요령이 없다. 다시 말하면 모범답안이 없고, 정답이 없다는 이야기이다. 국어문제처럼 말의 뜻을 풀이하는 것도 아니다. 굳이 수검요령을 말하자면, 진실하고 솔직한 내 생각을 답하는 것이라고 할 수 있다.

인성검사에서 가장 중요한 것은 첫째, 솔직한 답변이다. 지금까지 경험을 통해서 축적된 내 생각과 행동을 거짓 없이 솔직하게 기재하는 것이다. 예를 들어, "나는 타인의 물건을 훔치고 싶은 충동을 느껴 본 적이 있다."라는 질문에 피검사자들은 많은 생각을 하게 된다. 생각해 보라. 유년기에 또는 성인이 되어서도 타인의 물건을 훔치는 일을 저지른 적은 없더라도, 훔치고 싶은 충동은 누구나 조금이라도 다 느껴보았을 것이다. 그런데 간혹 이 질문에 고민을 하는 사람이 있다. 과연 이 질문에 "예"라고 대답하면 담당 검사관들이 나를 사회적으로 문제가 있는 사람으로 여기지는 않을까 하는 생각에 "아니요"라는 답을 기재하게 된다. 이런 솔직하지 않은 답변이 답변의 신뢰와 솔직함을 나타내는 타당성 척도에 좋지 않은 점수를 주게 된다. 둘째, 일관성 있는 답변이다. 인성검사의 수많은 질문 중에는 비슷한 내 용의 물음이 여러 개 숨어 있는 경우가 많이 있다. 그 질문들은 피검사자의 '솔직한 답변'과 '심리적인 상태'를 알아보기 위해 반복적으로 나오는 것이다. 가령 "나는 유년 시절 타인의 물건을 훔친 적이 있다."라는 질문에 "예"라고 대답했는데, "나는 유년 시절 타인의 물건을 훔쳐보고 싶은 충동을 느껴본 적이 있다."라는 질문에는 "아니요"라는 답을 기재한다면 어떻겠는가. 일관성 없이 '대충 기재하자'라는 식의 심리적 무성의성 답변이 되거나, 정신적으로 문제가 있는 사람으로 보일 수 있다.

인성검사는 많은 문항을 풀어야 하기 때문에 피검사자들은 지루함과 따분함을 느낄 수 있고 반복된 내용의 질문 때문에 인내심이 바닥날 수도 있다. 그럴수록 인내를 가지고 솔직하게 내 생각을 대답하는 것이 무엇보다 중요한 요령이 될 것이다.

04 인성검사 시 유의사항

(1) 충분한 휴식으로 불안을 없애고 정서적인 안정을 취한다. 심신이 안정되어야 자신의 마음을 표현할 수 있다.

(2) 생각나는 대로 솔직하게 응답한다. 자신을 너무 과대포장하지도, 너무 비하시키지도 마라. 답변을 꾸며서 하면 앞뒤가 맞지 않게끔 구성돼 있어 불리한 평가를 받게 되므로 솔직하게 답하도록 한다.

(3) 검사문항에 대해 지나치게 생각해서는 안 된다. 지나치게 몰두하면 엉뚱한 답변이 나올 수 있으므로 불필요한 생각은 삼간다.

(4) 인성검사는 대개 문항 수가 많기에 자칫 건너뛰는 경우가 있는데, 가능한 한 모든 문항에 답해야 한다. 응답하지 않은 문항이 많을 경우 평가자가 정확한 평가를 내리지 못해 불리한 평가를 내릴 수 있기 때문이다.

05 인성검사 유형

※ 인성검사는 정답이 따로 없는 유형의 검사이므로 결과지를 제공하지 않습니다.

유형 1

※ 다음 질문내용을 읽고 '예', '아니요' 중 본인에 해당하는 곳에 ○표 하시오. [1~30]

번호	질문	응답	
1	조심스러운 성격이라고 생각한다.	예	아니요
2	사물을 신중하게 생각하는 편이라고 생각한다.	예	아니요
3	동작이 기민한 편이다.	예	아니요
4	포기하지 않고 노력하는 것이 중요하다.	예	아니요
5	일주일의 계획을 만드는 것을 좋아한다.	예	아니요
6	노력의 여하보다 결과가 중요하다.	예	아니요
7	자기주장이 강하다.	예	아니요
8	장래의 일을 생각하면 불안해질 때가 있다.	예	아니요
9	소외감을 느낄 때가 있다.	예	아니요
10	훌쩍 여행을 떠나고 싶을 때가 자주 있다.	예	아니요
11	대인관계가 귀찮다고 느낄 때가 있다.	예	아니요
12	자신의 권리를 주장하는 편이다.	예	아니요
13	낙천가라고 생각한다.	예	아니요
14	싸움을 한 적이 없다.	예	아니요
15	자신의 의견을 상대에게 잘 주장하지 못한다.	예	아니요
16	좀처럼 결단하지 못하는 경우가 있다.	예	아니요
17	하나의 취미를 오래 지속하는 편이다.	예	아니요
18	한번 시작한 일은 끝을 맺는다.	예	아니요
19	행동으로 옮기기까지 시간이 걸린다.	예	아니요
20	다른 사람들이 하지 못하는 일을 하고 싶다.	예	아니요
21	해야 할 일은 신속하게 처리한다.	예	아니요
22	병이 아닌지 걱정이 들 때가 있다.	예	아니요
23	다른 사람의 충고를 기분 좋게 듣는 편이다.	예	아니요
24	다른 사람에게 의존적이 될 때가 많다.	예	아니요
25	타인에게 간섭받는 것은 싫다.	예	아니요
26	의식 과잉이라는 생각이 들 때가 있다.	예	아니요
27	수다를 좋아한다.	예	아니요
28	잘못된 일을 한 적이 한 번도 없다.	예	아니요
29	모르는 사람과 이야기하는 것은 용기가 필요하다.	예	아니요
30	끙끙거리며 생각할 때가 있다.	예	아니요

유형 2

※ 다음 질문내용을 읽고 A, B 중 본인에 해당하는 곳에 ○표 하시오. [1~15]

번호	질문	응답	
1	A 사람들 앞에서 잘 이야기하지 못한다. B 사람들 앞에서 이야기하는 것을 좋아한다.	A	B
2	A 엉뚱한 생각을 잘한다. B 비현실적인 것을 싫어한다.	A	B
3	A 친절한 사람이라는 말을 듣고 싶다. B 냉정한 사람이라는 말을 듣고 싶다.	A	B
4	A 예정에 얽매이는 것을 싫어한다. B 예정이 없는 상태를 싫어한다.	A	B
5	A 혼자 생각하는 것을 좋아한다. B 다른 사람과 이야기하는 것을 좋아한다.	A	B
6	A 정해진 절차에 따르는 것을 싫어한다. B 정해진 절차가 바뀌는 것을 싫어한다.	A	B
7	A 친절한 사람 밑에서 일하고 싶다. B 이성적인 사람 밑에서 일하고 싶다.	A	B
8	A 그때그때의 기분으로 행동하는 경우가 많다. B 미리 행동을 정해두는 경우가 많다.	A	B
9	A 다른 사람과 만났을 때 화제를 찾는 데 고생한다. B 다른 사람과 만났을 때 화제에 부족함이 없다.	A	B
10	A 학구적이라는 인상을 주고 싶다. B 실무적이라는 인상을 주고 싶다.	A	B
11	A 친구가 돈을 빌려달라고 하면 거절하지 못한다. B 본인에게 도움이 되지 않는 차금은 거절한다.	A	B
12	A 조직 안에서는 독자적으로 움직이는 타입이라고 생각한다. B 조직 안에서는 우등생 타입이라고 생각한다.	A	B
13	A 문장을 쓰는 것을 좋아한다. B 이야기하는 것을 좋아한다.	A	B
14	A 직감으로 판단한다. B 경험으로 판단한다.	A	B
15	A 다른 사람이 어떻게 생각하는지 신경 쓰인다. B 다른 사람이 어떻게 생각하든 신경 쓰지 않는다.	A	B

유형 3

※ 다음 질문내용을 읽고 '아니다', '대체로 아니다', '대체로 그렇다', '그렇다' 중 본인에 해당하는 곳에 O표 하시오. **[1~30]**

번호	질문	아니다	대체로 아니다	대체로 그렇다	그렇다
1	충동구매는 절대 하지 않는다.				
2	컨디션에 따라 기분이 잘 변한다.				
3	옷 입는 취향이 오랫동안 바뀌지 않고 그대로이다.				
4	남의 물건이 좋아 보인다.				
5	반성하는 일이 거의 없다.				
6	남의 말을 호의적으로 받아들인다.				
7	혼자 있을 때가 편안하다.				
8	모임을 할 때 주도적인 편이다.				
9	남의 말을 좋은 쪽으로 해석한다.				
10	남의 의견을 절대 참고하지 않는다.				
11	일을 시작할 때 계획을 세우는 편이다.				
12	부모님과 여행을 자주 간다.				
13	할 말이 있으면 꼭 해야 직성이 풀린다.				
14	사람을 상대하는 것을 좋아한다.				
15	컴퓨터로 일을 하는 것을 좋아한다.				
16	하루 종일 말하지 않고 지낼 수 있다.				
17	감정조절이 잘 안되는 편이다.				
18	평소 꼼꼼한 편이다.				
19	다시 태어나고 싶은 순간이 있다.				
20	운동을 하다가 다친 적이 있다.				
21	다른 사람의 말보다는 자신의 믿음을 믿는다.				
22	귀찮은 일이 있으면 먼저 해치운다.				
23	정리 정돈하는 것을 좋아한다.				
24	다른 사람의 대화에 끼고 싶다.				
25	카리스마가 있다는 말을 들어본 적이 있다.				
26	미래에 대한 고민이 많다.				
27	친구들의 성공 소식에 씁쓸한 적이 있다.				
28	내가 못하는 것이 있으면 참지 못한다.				
29	계획에 없는 일을 시키면 짜증이 난다.				
30	화가 나면 물건을 집어 던지는 버릇이 있다.				

유형 4

※ 다음 질문내용을 읽고 ①~⑥ 중 본인에 해당하는 것을 고르시오. [1~3]

01 최대리가 신약을 개발했는데 치명적이지는 않지만 유해한 부작용이 발견됐다. 그런데 최대리는 묵인하고 신약을 유통시켰다.

1-(1) 당신은 이 상황에 대해 얼마나 동의하는가?

① 0% ② 20% ③ 40% ④ 60% ⑤ 80% ⑥ 100%

1-(2) 자신이라도 그렇게 할 것인가?

① 0% ② 20% ③ 40% ④ 60% ⑤ 80% ⑥ 100%

02 같은 팀 최대리가 자신의 성과를 높이기 위해 중요한 업무를 상사에게 요구한다.

2-(1) 다른 팀원도 그 상황에 동의할 것 같은가?

① 0% ② 20% ③ 40% ④ 60% ⑤ 80% ⑥ 100%

2-(2) 자신이라도 그렇게 할 것인가?

① 0% ② 20% ③ 40% ④ 60% ⑤ 80% ⑥ 100%

03 최대리가 회계 보고서 작성 후 오류를 발견했지만 바로잡기엔 시간이 부족하여 그냥 제출했다.

3-(1) 다른 직원들도 그 상황에 동의할 것 같은가?

① 0% ② 20% ③ 40% ④ 60% ⑤ 80% ⑥ 100%

3-(2) 자신이라도 그렇게 할 것인가?

① 0% ② 20% ③ 40% ④ 60% ⑤ 80% ⑥ 100%

유형 5

※ 각 문항을 읽고 ①~⑥ 중 자신의 성향과 가까운 정도에 따라 ① 전혀 그렇지 않다, ② 그렇지 않다, ③ 조금 그렇지 않다, ④ 조금 그렇다, ⑤ 그렇다, ⑥ 매우 그렇다 중 하나를 선택하시오. 그리고 세 문항 중 자신의 성향과 가장 먼 것(멀다)과 가장 가까운 것(가깝다)을 하나씩 선택하시오. [1~4]

01

질문	답안 1						답안 2	
	①	②	③	④	⑤	⑥	멀다	가깝다
1. 사물을 신중하게 생각하는 편이라고 생각한다.	☐	☐	☐	☐	☐	☐	☐	☐
2. 포기하지 않고 노력하는 것이 중요하다.	☐	☐	☐	☐	☐	☐	☐	☐
3. 자신의 권리를 주장하는 편이다.	☐	☐	☐	☐	☐	☐	☐	☐

02

질문	답안 1						답안 2	
	①	②	③	④	⑤	⑥	멀다	가깝다
1. 노력의 여하보다 결과가 중요하다.	☐	☐	☐	☐	☐	☐	☐	☐
2. 자기주장이 강하다.	☐	☐	☐	☐	☐	☐	☐	☐
3. 어떠한 일이 있어도 출세하고 싶다.	☐	☐	☐	☐	☐	☐	☐	☐

03

질문	답안 1						답안 2	
	①	②	③	④	⑤	⑥	멀다	가깝다
1. 다른 사람의 일에 관심이 없다.	☐	☐	☐	☐	☐	☐	☐	☐
2. 때로는 후회할 때도 있다.	☐	☐	☐	☐	☐	☐	☐	☐
3. 진정으로 마음을 허락할 수 있는 사람은 없다.	☐	☐	☐	☐	☐	☐	☐	☐

04

질문	답안 1						답안 2	
	①	②	③	④	⑤	⑥	멀다	가깝다
1. 타인에게 간섭받는 것은 싫다.	☐	☐	☐	☐	☐	☐	☐	☐
2. 신경이 예민한 편이라고 생각한다.	☐	☐	☐	☐	☐	☐	☐	☐
3. 난관에 봉착해도 포기하지 않고 열심히 해본다.	☐	☐	☐	☐	☐	☐	☐	☐

유형 6

※ 다음 질문내용을 읽고 ① ~ ⑤ 중 본인에 해당하는 것을 고르시오(① 전혀 그렇지 않다, ② 그렇지 않다, ③ 보통이다, ④ 그렇다, ⑤ 매우 그렇다). 그리고 4개의 문장 중 자신과 가장 먼 것(멀다)과 가장 가까운 것(가깝다)을 하나씩 선택하시오. **[1~4]**

01

							멀다	가깝다
A.	야망이 있다.	①	②	③	④	⑤	☐	☐
B.	평소 사회 문제에 관심이 많다.	①	②	③	④	⑤	☐	☐
C.	친구들의 생일을 잘 잊는 편이다.	①	②	③	④	⑤	☐	☐
D.	누군가를 챙겨주는 것에 행복을 느낀다.	①	②	③	④	⑤	☐	☐

02

							멀다	가깝다
A.	지시하는 것보다 명령에 따르는 것이 편하다.	①	②	③	④	⑤	☐	☐
B.	옆에 사람이 있는 것이 싫다.	①	②	③	④	⑤	☐	☐
C.	친구들과 남의 이야기를 하는 것을 좋아한다.	①	②	③	④	⑤	☐	☐
D.	모두가 싫증을 내는 일에도 혼자서 열심히 한다.	①	②	③	④	⑤	☐	☐

03

							멀다	가깝다
A.	완성된 것보다 미완성인 것에 흥미가 있다.	①	②	③	④	⑤	☐	☐
B.	능력을 살릴 수 있는 일을 하고 싶다.	①	②	③	④	⑤	☐	☐
C.	내 분야에서는 최고가 되고 싶다.	①	②	③	④	⑤	☐	☐
D.	다른 사람의 충고를 잘 받아들이지 못한다.	①	②	③	④	⑤	☐	☐

04

							멀다	가깝다
A.	다소 산만한 편이라는 이야기를 자주 듣는다.	①	②	③	④	⑤	☐	☐
B.	주변에 호기심이 많고, 새로운 상황에 잘 적응한다.	①	②	③	④	⑤	☐	☐
C.	타인의 의견을 잘 듣는 편이다.	①	②	③	④	⑤	☐	☐
D.	단체 생활을 좋아하지는 않지만 적응하려고 노력한다.	①	②	③	④	⑤	☐	☐

CHAPTER 02 모의테스트

※ 인성검사 모의테스트는 질문 및 답변 유형을 연습하기 위한 것으로 실제 시험과 다를 수 있으며, 인성검사는 정답이 따로 없는 유형의 검사이므로 결과지를 제공하지 않습니다.

PART 1

01 제1회 인성검사 모의테스트

※ 다음 질문내용을 읽고, ①～⑤ 중 본인에 해당하는 것을 고르시오(① 전혀 그렇지 않다, ② 그렇지 않다, ③ 보통이다, ④ 그렇다, ⑤ 매우 그렇다). [1~200]

번호	질문	응답
1	결점을 지적받아도 아무렇지 않다.	① ② ③ ④ ⑤
2	피곤할 때도 명랑하게 행동한다.	① ② ③ ④ ⑤
3	실패했던 경험을 생각하면서 고민하는 편이다.	① ② ③ ④ ⑤
4	언제나 생기가 있다.	① ② ③ ④ ⑤
5	윗사람의 지적을 순수하게 받아들일 수 있다.	① ② ③ ④ ⑤
6	매일 목표가 있는 생활을 하고 있다.	① ② ③ ④ ⑤
7	열등감으로 자주 고민한다.	① ② ③ ④ ⑤
8	남에게 무시당하면 화가 난다.	① ② ③ ④ ⑤
9	무엇이든지 하면 된다고 생각하는 편이다.	① ② ③ ④ ⑤
10	자신의 존재를 과시하고 싶다.	① ② ③ ④ ⑤
11	사람을 많이 만나는 것을 좋아한다.	① ② ③ ④ ⑤
12	보고 들은 것을 문장으로 옮기는 것을 좋아한다.	① ② ③ ④ ⑤
13	특정한 사람과만 교제를 하는 편이다.	① ② ③ ④ ⑤
14	친구에게 먼저 말을 하는 편이다.	① ② ③ ④ ⑤
15	친구만 있으면 된다고 생각한다.	① ② ③ ④ ⑤
16	많은 사람 앞에서 말하는 것이 서툴다.	① ② ③ ④ ⑤
17	반 편성과 교실 이동을 싫어한다.	① ② ③ ④ ⑤
18	다과회 등에서 자주 책임을 맡는다.	① ② ③ ④ ⑤
19	새로운 환경에 쉽게 적응하지 못하는 편이다.	① ② ③ ④ ⑤
20	누구하고나 친하게 교제한다.	① ② ③ ④ ⑤

번호	질문	응답
21	충동구매는 절대 하지 않는다.	① ② ③ ④ ⑤
22	컨디션에 따라 기분이 잘 변한다.	① ② ③ ④ ⑤
23	옷 입는 취향이 오랫동안 바뀌지 않고 그대로이다.	① ② ③ ④ ⑤
24	남의 물건이 좋아 보인다.	① ② ③ ④ ⑤
25	광고를 보면 그 물건을 사고 싶다.	① ② ③ ④ ⑤
26	자신이 낙천주의자라고 생각한다.	① ② ③ ④ ⑤
27	에스컬레이터에서 걷지 않는다.	① ② ③ ④ ⑤
28	꾸물대는 것을 싫어한다.	① ② ③ ④ ⑤
29	고민이 생겨도 심각하게 생각하지 않는다.	① ② ③ ④ ⑤
30	반성하는 일이 거의 없다.	① ② ③ ④ ⑤
31	남의 말을 호의적으로 받아들인다.	① ② ③ ④ ⑤
32	혼자 있을 때가 편안하다.	① ② ③ ④ ⑤
33	친구에게 불만이 있다.	① ② ③ ④ ⑤
34	남의 말을 좋은 쪽으로 해석한다.	① ② ③ ④ ⑤
35	남의 의견을 절대 참고하지 않는다.	① ② ③ ④ ⑤
36	기분 나쁜 일은 금세 잊는 편이다.	① ② ③ ④ ⑤
37	선배와 쉽게 친해진다.	① ② ③ ④ ⑤
38	슬럼프에 빠지면 좀처럼 헤어나지 못한다.	① ② ③ ④ ⑤
39	자신의 소문에 관심을 기울인다.	① ② ③ ④ ⑤
40	주위 사람에게 인사하는 것이 귀찮다.	① ② ③ ④ ⑤
41	기호에 맞지 않으면 거절하는 편이다.	① ② ③ ④ ⑤
42	여간해서 흥분하지 않는 편이다.	① ② ③ ④ ⑤
43	옳다고 생각하면 밀고 나간다.	① ② ③ ④ ⑤
44	항상 무슨 일이든지 해야만 한다.	① ② ③ ④ ⑤
45	휴식시간에도 일하고 싶다.	① ② ③ ④ ⑤
46	걱정거리가 생기면 머릿속에서 떠나지 않는 편이다.	① ② ③ ④ ⑤
47	매일 힘든 일이 너무 많다.	① ② ③ ④ ⑤
48	시험 전에도 노는 계획을 세운다.	① ② ③ ④ ⑤
49	슬픈 일만 머릿속에 남는다.	① ② ③ ④ ⑤
50	사는 것이 힘들다고 느낀 적은 없다.	① ② ③ ④ ⑤

번호	질문	응답
51	처음 만난 사람과 이야기하는 것이 피곤하다.	① ② ③ ④ ⑤
52	비난을 받으면 신경이 쓰인다.	① ② ③ ④ ⑤
53	실패해도 또 다시 도전한다.	① ② ③ ④ ⑤
54	남에게 비판을 받으면 불쾌하다.	① ② ③ ④ ⑤
55	다른 사람의 지적을 순수하게 받아들일 수 있다.	① ② ③ ④ ⑤
56	자신의 프라이드가 높다고 생각한다.	① ② ③ ④ ⑤
57	자신의 입장을 잊어버릴 때가 있다.	① ② ③ ④ ⑤
58	남보다 쉽게 우위에 서는 편이다.	① ② ③ ④ ⑤
59	목적이 없으면 마음이 불안하다.	① ② ③ ④ ⑤
60	일을 할 때에 자신이 없다.	① ② ③ ④ ⑤
61	상대방이 말을 걸어오기를 기다리는 편이다.	① ② ③ ④ ⑤
62	친구 말을 듣는 편이다.	① ② ③ ④ ⑤
63	싸움으로 친구를 잃은 경우가 있다.	① ② ③ ④ ⑤
64	모르는 사람과 말하는 것은 귀찮다.	① ② ③ ④ ⑤
65	아는 사람이 많아지는 것이 즐겁다.	① ② ③ ④ ⑤
66	신호 대기 중에도 조바심이 난다.	① ② ③ ④ ⑤
67	매사에 심각하게 생각하는 것을 싫어한다.	① ② ③ ④ ⑤
68	자신이 경솔하다고 자주 느낀다.	① ② ③ ④ ⑤
69	상대방이 통화 중이어도 자꾸 전화를 건다.	① ② ③ ④ ⑤
70	충동적인 행동을 하지 않는 편이다.	① ② ③ ④ ⑤
71	칭찬도 나쁘게 받아들이는 편이다.	① ② ③ ④ ⑤
72	자신이 손해를 보고 있다고 생각한다.	① ② ③ ④ ⑤
73	어떤 상황에서나 만족할 수 있다.	① ② ③ ④ ⑤
74	무슨 일이든지 자신의 생각대로 하지 못한다.	① ② ③ ④ ⑤
75	부모님에게 불만을 느낀다.	① ② ③ ④ ⑤
76	놀라면 크게 당황하는 편이다.	① ② ③ ④ ⑤
77	주위의 평판이 좋다고 생각한다.	① ② ③ ④ ⑤
78	소문에 휘말려도 크게 신경쓰지 않는다.	① ② ③ ④ ⑤
79	긴급사태에도 당황하지 않고 행동할 수 있다.	① ② ③ ④ ⑤
80	윗사람과 이야기하는 것이 불편하다.	① ② ③ ④ ⑤

번호	질문	응답
81	정색하고 화내기 쉬운 화제를 올릴 때가 있다.	① ② ③ ④ ⑤
82	자신이 좋아하는 연예인을 남들이 욕해도 화가 나지 않는다.	① ② ③ ④ ⑤
83	남을 비판할 때가 있다.	① ② ③ ④ ⑤
84	주체할 수 없을 만큼 여유가 많은 것은 싫어한다.	① ② ③ ④ ⑤
85	의견이 어긋날 때는 한발 양보한다.	① ② ③ ④ ⑤
86	싫은 사람과도 협력할 수 있다.	① ② ③ ④ ⑤
87	사람은 너무 고통거리가 많다고 생각한다.	① ② ③ ④ ⑤
88	걱정거리가 있으면 잠을 잘 수가 없다.	① ② ③ ④ ⑤
89	즐거운 일보다는 괴로운 일이 더 많다.	① ② ③ ④ ⑤
90	싫은 사람이라도 인사를 한다.	① ② ③ ④ ⑤
91	사소한 일에도 신경을 많이 쓰는 편이다.	① ② ③ ④ ⑤
92	누가 나에게 말을 걸기 전에 내가 먼저 말을 걸지 않는다.	① ② ③ ④ ⑤
93	이따금 결심을 빨리 하지 못하기 때문에 손해 보는 경우가 있다.	① ② ③ ④ ⑤
94	사람들은 누구나 곤경에서 벗어나기 위해 거짓말을 할 수 있다.	① ② ③ ④ ⑤
95	어떤 일을 실패하면 두고두고 생각한다.	① ② ③ ④ ⑤
96	비교적 말이 없는 편이다.	① ② ③ ④ ⑤
97	기왕 일을 한다면 꼼꼼하게 하는 편이다.	① ② ③ ④ ⑤
98	지나치게 깔끔한 척을 하는 편에 속한다.	① ② ③ ④ ⑤
99	나를 기분 나쁘게 한 사람을 쉽게 잊지 못하는 편이다.	① ② ③ ④ ⑤
100	수줍음을 많이 타서 많은 사람 앞에 나서길 싫어한다.	① ② ③ ④ ⑤
101	혼자 지내는 시간이 즐겁다.	① ② ③ ④ ⑤
102	주위 사람이 잘 되는 것을 보면 상대적으로 내가 실패한 것 같다.	① ② ③ ④ ⑤
103	어떤 일을 시도하다가 잘 안되면 금방 포기한다.	① ② ③ ④ ⑤
104	이성 친구와 웃고 떠드는 것을 별로 좋아하지 않는다.	① ② ③ ④ ⑤
105	낯선 사람과 만나는 것을 꺼리는 편이다.	① ② ③ ④ ⑤
106	밤낮없이 같이 다닐만한 친구들이 거의 없다.	① ② ③ ④ ⑤
107	연예인이 되고 싶은 마음은 조금도 가지고 있지 않다.	① ② ③ ④ ⑤
108	여럿이 모여서 이야기하는 데 잘 끼어들지 못한다.	① ② ③ ④ ⑤
109	사람들은 이득이 된다면 옳지 않은 방법이라도 쓸 것이다.	① ② ③ ④ ⑤
110	사람들이 정직하게 행동하는 것은 다른 사람의 비난이 두렵기 때문이다.	① ② ③ ④ ⑤

번호	질문	응답
111	처음 보는 사람들과 쉽게 이야기하거나 친해지는 편이다.	① ② ③ ④ ⑤
112	모르는 사람들이 많이 모여 있는 곳에서도 활발하게 행동하는 편이다.	① ② ③ ④ ⑤
113	여기저기에 친구나 아는 사람들이 많이 있다.	① ② ③ ④ ⑤
114	모임에서 말을 많이 하고 적극적으로 행동한다.	① ② ③ ④ ⑤
115	슬프거나 기쁜 일이 생기면 부모나 친구에게 이야기하는 편이다.	① ② ③ ④ ⑤
116	활발하고 적극적이라는 말을 자주 듣는다.	① ② ③ ④ ⑤
117	시간이 걸리는 일이나 놀이에 싫증을 내고, 새로운 놀이나 활동을 원한다.	① ② ③ ④ ⑤
118	혼자 조용히 있거나 책을 읽는 것보다는 사람들과 어울리는 것을 좋아한다.	① ② ③ ④ ⑤
119	새로운 유행이 시작되면 다른 사람보다 먼저 시도해 보는 편이다.	① ② ③ ④ ⑤
120	기분을 잘 드러내기 때문에 남들이 본인의 기분을 금방 알게 된다.	① ② ③ ④ ⑤
121	비유적이고 상징적인 표현보다는 구체적이고 정확한 표현을 더 잘 이해한다.	① ② ③ ④ ⑤
122	주변 사람들의 외모나 다른 특징들을 자세히 기억한다.	① ② ③ ④ ⑤
123	꾸준하고 참을성이 있다는 말을 자주 듣는다.	① ② ③ ④ ⑤
124	공부할 때 세부적인 내용을 암기할 수 있다.	① ② ③ ④ ⑤
125	손으로 직접 만지거나 조작하는 것을 좋아한다.	① ② ③ ④ ⑤
126	상상 속에서 이야기를 잘 만들어 내는 편이다.	① ② ③ ④ ⑤
127	종종 물건을 잃어버리거나 어디에 두었는지 기억을 못하는 때가 있다.	① ② ③ ④ ⑤
128	창의력과 상상력이 풍부하다는 이야기를 자주 듣는다.	① ② ③ ④ ⑤
129	다른 사람들이 생각하지도 않는 엉뚱한 행동이나 생각을 할 때가 종종 있다.	① ② ③ ④ ⑤
130	이것저것 새로운 것에 관심이 많고 새로운 것을 배우고 싶어 한다.	① ② ③ ④ ⑤
131	'왜?'라는 질문을 자주 한다.	① ② ③ ④ ⑤
132	의지와 끈기가 강한 편이다.	① ② ③ ④ ⑤
133	궁금한 점이 있으면 꼬치꼬치 따져서 궁금증을 풀고 싶어 한다.	① ② ③ ④ ⑤
134	참을성이 있다는 말을 자주 듣는다.	① ② ③ ④ ⑤
135	남의 비난에도 잘 견딘다.	① ② ③ ④ ⑤
136	다른 사람의 감정에 민감하다.	① ② ③ ④ ⑤
137	자신의 잘못을 쉽게 인정하는 편이다.	① ② ③ ④ ⑤
138	싹싹하다는 소리를 잘 듣는다.	① ② ③ ④ ⑤
139	쉽게 양보를 하는 편이다.	① ② ③ ④ ⑤
140	음식을 선택할 때 쉽게 결정을 못 내릴 때가 많다.	① ② ③ ④ ⑤

번호	질문	응답
141	계획표를 세밀하게 짜 놓고 그 계획표에 따라 생활하는 것을 좋아한다.	① ② ③ ④ ⑤
142	대체로 할 일을 먼저 해 놓고 나서 노는 편이다.	① ② ③ ④ ⑤
143	시험보기 전에 미리 여유 있게 공부 계획표를 짜 놓는다.	① ② ③ ④ ⑤
144	마지막 순간에 쫓기면서 일하는 것을 싫어한다.	① ② ③ ④ ⑤
145	계획에 따라 규칙적인 생활을 하는 편이다.	① ② ③ ④ ⑤
146	자기 것을 잘 나누어주는 편이다.	① ② ③ ④ ⑤
147	자신의 소지품을 덜 챙기는 편이다.	① ② ③ ④ ⑤
148	신발이나 옷이 떨어져도 무관심한 편이다.	① ② ③ ④ ⑤
149	자기 것을 덜 주장하고, 덜 고집하는 편이다.	① ② ③ ④ ⑤
150	활동이 많으면서도 무난하고 점잖다는 말을 듣는 편이다.	① ② ③ ④ ⑤
151	몇 번이고 생각하고 검토한다.	① ② ③ ④ ⑤
152	여러 번 생각한 끝에 결정을 내린다.	① ② ③ ④ ⑤
153	어떤 일이든 따지려 든다.	① ② ③ ④ ⑤
154	일단 결정하면 행동으로 옮긴다.	① ② ③ ④ ⑤
155	앞에 나서기를 꺼린다.	① ② ③ ④ ⑤
156	규칙을 잘 지킨다.	① ② ③ ④ ⑤
157	나의 주장대로 행동한다.	① ② ③ ④ ⑤
158	지시나 충고를 받는 것이 싫다.	① ② ③ ④ ⑤
159	급진적인 변화를 좋아한다.	① ② ③ ④ ⑤
160	규칙은 반드시 지킬 필요가 없다.	① ② ③ ④ ⑤
161	혼자서 일하기를 좋아한다.	① ② ③ ④ ⑤
162	미래에 대해 별로 염려를 하지 않는다.	① ② ③ ④ ⑤
163	새로운 변화를 싫어한다.	① ② ③ ④ ⑤
164	조용한 분위기를 좋아한다.	① ② ③ ④ ⑤
165	도전적인 직업보다는 안정적인 직업이 좋다.	① ② ③ ④ ⑤
166	친구를 잘 바꾸지 않는다.	① ② ③ ④ ⑤
167	남의 명령을 듣기 싫어한다.	① ② ③ ④ ⑤
168	모든 일에 앞장서는 편이다.	① ② ③ ④ ⑤
169	다른 사람이 하는 일을 보면 답답하다.	① ② ③ ④ ⑤
170	남을 지배하는 사람이 되고 싶다.	① ② ③ ④ ⑤

번호	질문	응답
171	규칙적인 것이 싫다.	① ② ③ ④ ⑤
172	매사에 감동을 자주 받는다.	① ② ③ ④ ⑤
173	새로운 물건과 일에 대한 생각을 자주 한다.	① ② ③ ④ ⑤
174	창조적인 일을 하고 싶다.	① ② ③ ④ ⑤
175	나쁜 일은 오래 생각하지 않는다.	① ② ③ ④ ⑤
176	사람들의 이름을 잘 기억하는 편이다.	① ② ③ ④ ⑤
177	외딴 곳보다는 사람들이 북적거리는 곳에 살고 싶다.	① ② ③ ④ ⑤
178	제조업보다는 서비스업이 마음에 든다.	① ② ③ ④ ⑤
179	농사를 지으면서 자연과 더불어 살고 싶다.	① ② ③ ④ ⑤
180	예절 같은 것은 별로 신경 쓰지 않는다.	① ② ③ ④ ⑤
181	거칠고 반항적인 사람보다 예의바른 사람들과 어울리고 싶다.	① ② ③ ④ ⑤
182	대인관계에서 상황을 빨리 파악하는 편이다.	① ② ③ ④ ⑤
183	계산에 밝은 사람은 꺼려진다.	① ② ③ ④ ⑤
184	친구들과 노는 것보다 혼자 노는 것이 편하다.	① ② ③ ④ ⑤
185	교제범위가 넓은 편이라 사람을 만나는 데 많은 시간을 소비한다.	① ② ③ ④ ⑤
186	손재주는 비교적 있는 편이다.	① ② ③ ④ ⑤
187	기획과 섭외 중 기획을 더 잘할 수 있을 것 같다.	① ② ③ ④ ⑤
188	도서실 등에서 책을 정리하고 관리하는 일을 싫어하지 않는다.	① ② ③ ④ ⑤
189	선입견으로 판단하지 않고 이론적으로 판단하는 편이다.	① ② ③ ④ ⑤
190	예술제나 미술전 등에 관심이 많다.	① ② ③ ④ ⑤
191	행사의 사회나 방송 등 마이크를 사용하는 분야에 관심이 많다.	① ② ③ ④ ⑤
192	하루 종일 방에 틀어 박혀 연구하거나 몰두해야 하는 일은 싫다.	① ② ③ ④ ⑤
193	공상이나 상상을 많이 하는 편이다.	① ② ③ ④ ⑤
194	모르는 사람과도 마음이 맞으면 쉽게 마음을 터놓고 바로 친해진다.	① ② ③ ④ ⑤
195	물건을 만들거나 도구를 사용하는 일이 싫지는 않다.	① ② ③ ④ ⑤
196	새로운 아이디어를 생각해내는 일이 좋다.	① ② ③ ④ ⑤
197	회의에서 사회나 서기를 맡는다면 서기 쪽이 맞을 것 같다.	① ② ③ ④ ⑤
198	사건 뒤에 숨은 본질을 생각해 보기를 좋아한다.	① ② ③ ④ ⑤
199	색채감각이나 미적 센스가 풍부한 편이다.	① ② ③ ④ ⑤
200	다른 사람들의 눈길을 끌고 주목을 받는 것이 아무렇지도 않다.	① ② ③ ④ ⑤

02 제2회 인성검사

※ 다음 질문내용을 읽고, ① ~ ⑤ 중 본인에 해당하는 것을 고르시오(① 전혀 그렇지 않다, ② 그렇지 않다, ③ 보통이다, ④ 그렇다, ⑤ 매우 그렇다). [1~200]

번호	질문	응답
1	취미로 독서와 헬스 중 헬스를 하고 싶다.	① ② ③ ④ ⑤
2	보고 들은 것을 문장으로 옮기기를 좋아한다.	① ② ③ ④ ⑤
3	남에게 뭔가 가르쳐주는 일이 좋다.	① ② ③ ④ ⑤
4	많은 사람과 장시간 함께 있으면 피곤하다.	① ② ③ ④ ⑤
5	엉뚱한 일을 하기 좋아하고 발상도 개성적이다.	① ② ③ ④ ⑤
6	전표 계산 또는 장부 기입 같은 일을 싫증내지 않고 할 수 있다.	① ② ③ ④ ⑤
7	책이나 신문을 열심히 읽는 편이다.	① ② ③ ④ ⑤
8	신경이 예민한 편이며, 감수성도 풍부하다.	① ② ③ ④ ⑤
9	연회석에서 망설임 없이 노래를 부르거나 장기를 보이는 편이다.	① ② ③ ④ ⑤
10	즐거운 캠프를 위해 계획 세우기를 좋아한다.	① ② ③ ④ ⑤
11	데이터를 분류하거나 통계 내는 일을 싫어하지는 않는다.	① ② ③ ④ ⑤
12	드라마나 소설 속 등장인물의 생활과 사고방식에 흥미가 있다.	① ② ③ ④ ⑤
13	자신의 미적 표현력을 살리면 상당히 좋은 작품이 나올 것 같다.	① ② ③ ④ ⑤
14	화려한 것을 좋아하며 주위의 평판에 신경을 쓰는 편이다.	① ② ③ ④ ⑤
15	여럿이서 여행할 기회가 있다면 즐겁게 참가한다.	① ② ③ ④ ⑤
16	여행 소감 쓰기를 좋아한다.	① ② ③ ④ ⑤
17	상품 전시회에서 상품 설명을 한다면 잘할 수 있을 것 같다.	① ② ③ ④ ⑤
18	변화가 적고 손이 많이 가는 일도 꾸준히 하는 편이다.	① ② ③ ④ ⑤
19	신제품 홍보에 흥미가 있다.	① ② ③ ④ ⑤
20	열차 시간표 한 페이지 정도라면 정확하게 옮겨 쓸 자신이 있다.	① ② ③ ④ ⑤
21	자신의 장래에 대해 자주 생각한다.	① ② ③ ④ ⑤
22	혼자 있는 것에 익숙하다.	① ② ③ ④ ⑤
23	별 근심이 없다.	① ② ③ ④ ⑤
24	나의 환경에 아주 만족한다.	① ② ③ ④ ⑤
25	상품을 고를 때 디자인과 색에 신경을 많이 쓴다.	① ② ③ ④ ⑤
26	극단이나 엔터테인먼트에서 일해보고 싶다는 생각을 한 적이 있다.	① ② ③ ④ ⑤
27	외출할 때 날씨가 좋지 않아도 그다지 신경 쓰지 않는다.	① ② ③ ④ ⑤
28	손님을 불러들이는 호객행위도 마음만 먹으면 할 수 있을 것 같다.	① ② ③ ④ ⑤
29	신중하고 주의 깊은 편이다.	① ② ③ ④ ⑤
30	하루 종일 책상 앞에 앉아 있어도 지루해하지 않는 편이다.	① ② ③ ④ ⑤

번호	질문	응답
31	알기 쉽게 요점을 정리한 다음 남에게 잘 설명하는 편이다.	① ② ③ ④ ⑤
32	생물 시간보다는 미술 시간에 흥미가 있다.	① ② ③ ④ ⑤
33	남이 자신에게 상담을 해오는 경우가 많다.	① ② ③ ④ ⑤
34	친목회나 송년회 등의 총무 역할 담당하기를 좋아하는 편이다.	① ② ③ ④ ⑤
35	실패하든 성공하든 그 원인은 꼭 분석한다.	① ② ③ ④ ⑤
36	실내 장식품이나 액세서리 등에 관심이 많다.	① ② ③ ④ ⑤
37	남에게 보이기 좋아하고 지기 싫어하는 편이다.	① ② ③ ④ ⑤
38	대자연 속에서 마음대로 몸을 움직이는 일이 좋다.	① ② ③ ④ ⑤
39	파티나 모임에서 자연스럽게 돌아다니며 인사하는 성격이다.	① ② ③ ④ ⑤
40	무슨 일에 쉽게 빠져드는 편이며 주인의식도 강하다.	① ② ③ ④ ⑤
41	우리나라 분재를 파리에서 파는 방법 따위를 생각하기 좋아한다.	① ② ③ ④ ⑤
42	하루 종일 거리를 돌아다녀도 그다지 피로를 느끼지 않는다.	① ② ③ ④ ⑤
43	컴퓨터의 키보드 조작도 연습하면 잘할 수 있을 것 같다.	① ② ③ ④ ⑤
44	자동차나 모터보트 등의 운전에 흥미를 갖고 있다.	① ② ③ ④ ⑤
45	연예인의 인기비결을 곧잘 생각해 본다.	① ② ③ ④ ⑤
46	과자나 빵을 판매하는 일보다 만드는 일이 나에게 맞을 것 같다.	① ② ③ ④ ⑤
47	대체로 걱정하거나 고민하지 않는다.	① ② ③ ④ ⑤
48	비판적인 말을 들어도 쉽게 상처받지 않는다.	① ② ③ ④ ⑤
49	초등학교 선생님보다는 등대지기가 더 재미있을 것 같다.	① ② ③ ④ ⑤
50	남의 생일이나 명절에 선물을 사러 다니는 일은 귀찮다.	① ② ③ ④ ⑤
51	조심스러운 성격이라고 생각한다.	① ② ③ ④ ⑤
52	훌쩍 여행을 떠나고 싶을 때가 자주 있다.	① ② ③ ④ ⑤
53	사물을 신중하게 생각하는 편이라고 생각한다.	① ② ③ ④ ⑤
54	다른 사람들이 하지 못하는 일을 하고 싶다.	① ② ③ ④ ⑤
55	소외감을 느낄 때가 있다.	① ② ③ ④ ⑤
56	노력의 여하보다 결과가 중요하다.	① ② ③ ④ ⑤
57	다른 사람에게 의존적일 때가 많다.	① ② ③ ④ ⑤
58	타인에게 간섭받는 것은 싫다.	① ② ③ ④ ⑤
59	동작이 기민한 편이다.	① ② ③ ④ ⑤
60	다른 사람에게 항상 움직이고 있다는 말을 듣는다.	① ② ③ ④ ⑤

번호	질문	응답
61	해야 할 일은 신속하게 처리한다.	① ② ③ ④ ⑤
62	일주일의 계획을 만드는 것을 좋아한다.	① ② ③ ④ ⑤
63	잘하지 못하는 게임은 하지 않으려고 한다.	① ② ③ ④ ⑤
64	자기주장이 강하다.	① ② ③ ④ ⑤
65	자의식 과잉이라는 생각이 들 때가 있다.	① ② ③ ④ ⑤
66	포기하지 않고 노력하는 것이 중요하다.	① ② ③ ④ ⑤
67	어떠한 일이 있어도 출세하고 싶다.	① ② ③ ④ ⑤
68	대인관계가 귀찮다고 느낄 때가 있다.	① ② ③ ④ ⑤
69	수다를 좋아한다.	① ② ③ ④ ⑤
70	장래의 일을 생각하면 불안해질 때가 있다.	① ② ③ ④ ⑤
71	쉽게 침울해 한다.	① ② ③ ④ ⑤
72	한번 시작한 일은 끝을 맺는다.	① ② ③ ④ ⑤
73	막무가내라는 말을 들을 때가 많다.	① ② ③ ④ ⑤
74	자신의 권리를 주장하는 편이다.	① ② ③ ④ ⑤
75	쉽게 싫증을 내는 편이다.	① ② ③ ④ ⑤
76	하나의 취미를 오래 지속하는 편이다.	① ② ③ ④ ⑤
77	옆에 사람이 있으면 싫다.	① ② ③ ④ ⑤
78	자신의 의견을 상대에게 잘 주장하지 못한다.	① ② ③ ④ ⑤
79	토론에서 이길 자신이 있다.	① ② ③ ④ ⑤
80	좀처럼 결단하지 못하는 경우가 있다.	① ② ③ ④ ⑤
81	남과 친해지려면 용기가 필요하다.	① ② ③ ④ ⑤
82	활력이 있다.	① ② ③ ④ ⑤
83	다른 사람의 일에 관심이 없다.	① ② ③ ④ ⑤
84	통찰력이 있다고 생각한다.	① ② ③ ④ ⑤
85	다른 사람에게 위해를 가할 것 같은 기분이 든 때가 있다.	① ② ③ ④ ⑤
86	지루하면 마구 떠들고 싶어진다.	① ② ③ ④ ⑤
87	매사에 느긋하고 차분하게 매달린다.	① ② ③ ④ ⑤
88	친구들이 진지한 사람으로 생각하고 있다.	① ② ③ ④ ⑤
89	때로는 후회할 때도 있다.	① ② ③ ④ ⑤
90	친구들과 남의 이야기를 하는 것을 좋아한다.	① ② ③ ④ ⑤

번호	질문	응답
91	사소한 일로 우는 일이 많다.	① ② ③ ④ ⑤
92	내성적이라고 생각한다.	① ② ③ ④ ⑤
93	당황하면 갑자기 땀이 나서 신경 쓰일 때가 있다.	① ② ③ ④ ⑤
94	어떤 일이 있어도 의욕을 가지고 열심히 하는 편이다.	① ② ③ ④ ⑤
95	진정으로 마음을 허락할 수 있는 사람은 없다.	① ② ③ ④ ⑤
96	집에서 가만히 있으면 기분이 우울해진다.	① ② ③ ④ ⑤
97	굳이 말하자면 시원시원하다.	① ② ③ ④ ⑤
98	난관에 봉착해도 포기하지 않고 열심히 해본다.	① ② ③ ④ ⑤
99	기다리는 것에 짜증내는 편이다.	① ② ③ ④ ⑤
100	감정적으로 될 때가 많다.	① ② ③ ④ ⑤
101	눈을 뜨면 바로 일어난다.	① ② ③ ④ ⑤
102	친구들로부터 줏대 없는 사람이라는 말을 듣는다.	① ② ③ ④ ⑤
103	리더로서 인정을 받고 싶다.	① ② ③ ④ ⑤
104	누구나 권력자를 동경하고 있다고 생각한다.	① ② ③ ④ ⑤
105	다른 사람들에게 남을 배려하는 마음씨가 있다는 말을 듣는다.	① ② ③ ④ ⑤
106	인간관계가 폐쇄적이라는 말을 듣는다.	① ② ③ ④ ⑤
107	누구와도 편하게 이야기할 수 있다.	① ② ③ ④ ⑤
108	몸으로 부딪혀 도전하는 편이다.	① ② ③ ④ ⑤
109	가만히 있지 못할 정도로 침착하지 못할 때가 있다.	① ② ③ ④ ⑤
110	사물을 과장해서 말하지 않는 편이다.	① ② ③ ④ ⑤
111	그룹 내에서는 누군가의 주도하에 따라가는 경우가 많다.	① ② ③ ④ ⑤
112	굳이 말하자면 자의식 과잉이다.	① ② ③ ④ ⑤
113	무슨 일이든 자신을 가지고 행동한다.	① ② ③ ④ ⑤
114	여행을 가기 전에는 세세한 계획을 세운다.	① ② ③ ④ ⑤
115	다른 사람에게 자신이 소개되는 것을 좋아한다.	① ② ③ ④ ⑤
116	차분하다는 말을 듣는다.	① ② ③ ④ ⑤
117	몸을 움직이는 것을 좋아한다.	① ② ③ ④ ⑤
118	의견이 다른 사람과는 어울리지 않는다.	① ② ③ ④ ⑤
119	계획을 생각하기보다 빨리 실행하고 싶어 한다.	① ② ③ ④ ⑤
120	스포츠 선수가 되고 싶다고 생각한 적이 있다.	① ② ③ ④ ⑤

번호	질문	응답
121	융통성이 없는 편이다.	① ② ③ ④ ⑤
122	자신을 쓸모없는 인간이라고 생각할 때가 있다.	① ② ③ ④ ⑤
123	완성된 것보다 미완성인 것에 흥미가 있다.	① ② ③ ④ ⑤
124	작은 소리도 신경 쓰인다.	① ② ③ ④ ⑤
125	굳이 말하자면 장거리 주자에 어울린다고 생각한다.	① ② ③ ④ ⑤
126	모두가 싫증을 내는 일에도 혼자서 열심히 한다.	① ② ③ ④ ⑤
127	커다란 일을 해보고 싶다.	① ② ③ ④ ⑤
128	주위의 영향을 받기 쉽다.	① ② ③ ④ ⑤
129	잘하지 못하는 것이라도 자진해서 한다.	① ② ③ ④ ⑤
130	완고한 편이라고 생각한다.	① ② ③ ④ ⑤
131	타인의 일에는 별로 관여하고 싶지 않다고 생각한다.	① ② ③ ④ ⑤
132	휴일은 세부적인 예정을 세우고 보낸다.	① ② ③ ④ ⑤
133	번화한 곳에 외출하는 것을 좋아한다.	① ② ③ ④ ⑤
134	능력을 살릴 수 있는 일을 하고 싶다.	① ② ③ ④ ⑤
135	자주 깊은 생각에 잠긴다.	① ② ③ ④ ⑤
136	지인을 발견해도 만나고 싶지 않을 때가 많다.	① ② ③ ④ ⑤
137	자질구레한 걱정이 많다.	① ② ③ ④ ⑤
138	가만히 있지 못할 정도로 불안해질 때가 많다.	① ② ③ ④ ⑤
139	이유도 없이 화가 치밀 때가 있다.	① ② ③ ④ ⑤
140	이유도 없이 다른 사람과 부딪힐 때가 있다.	① ② ③ ④ ⑤
141	다른 사람보다 기가 세다.	① ② ③ ④ ⑤
142	친절한 사람 밑에서 일하고 싶다.	① ② ③ ④ ⑤
143	다른 사람이 나를 어떻게 생각하는지 궁금할 때가 많다.	① ② ③ ④ ⑤
144	직접 만나는 것보다 전화로 얘기하는 것이 편하다.	① ② ③ ④ ⑤
145	침울해지면서 아무 것도 손에 잡히지 않을 때가 있다.	① ② ③ ④ ⑤
146	이성적인 사람 밑에서 일하고 싶다.	① ② ③ ④ ⑤
147	다른 사람보다 쉽게 우쭐해진다.	① ② ③ ④ ⑤
148	시를 많이 읽는다.	① ② ③ ④ ⑤
149	성격이 밝다는 말을 듣는다.	① ② ③ ④ ⑤
150	실무적이라는 인상을 주고 싶다.	① ② ③ ④ ⑤

번호	질문	응답
151	어색해지면 입을 다무는 경우가 많다.	① ② ③ ④ ⑤
152	커피가 있어야 안심이 된다.	① ② ③ ④ ⑤
153	어린 시절로 돌아가고 싶을 때가 있다.	① ② ③ ④ ⑤
154	무모할 것 같은 일에 도전하고 싶다.	① ② ③ ④ ⑤
155	하루의 행동을 반성하는 경우가 많다.	① ② ③ ④ ⑤
156	학구적이라는 인상을 주고 싶다.	① ② ③ ④ ⑤
157	내가 아는 것을 남에게 알려주고 싶다.	① ② ③ ④ ⑤
158	굳이 말하자면 기가 센 편이다.	① ② ③ ④ ⑤
159	일의 보람보단 결과를 중요시한다.	① ② ③ ④ ⑤
160	격렬한 운동도 그다지 힘들어하지 않는다.	① ② ③ ④ ⑤
161	가능성보단 현실성에 눈을 돌린다.	① ② ③ ④ ⑤
162	부탁을 잘 거절하지 못한다.	① ② ③ ④ ⑤
163	앞으로의 일을 생각하지 않으면 진정이 되지 않는다.	① ② ③ ④ ⑤
164	상상이 되는 것을 선호한다.	① ② ③ ④ ⑤
165	빌려준 것을 받지 못하는 편이다.	① ② ③ ④ ⑤
166	인생에서 가장 중요한 것은 높은 목표를 갖는 것이다.	① ② ③ ④ ⑤
167	잠을 쉽게 자는 편이다.	① ② ③ ④ ⑤
168	다른 사람이 부럽다고 생각하지 않는다.	① ② ③ ④ ⑤
169	학문보다는 기술이다.	① ② ③ ④ ⑤
170	무슨 일이든 선수를 쳐야 이긴다고 생각한다.	① ② ③ ④ ⑤
171	SNS를 좋아하는 편이다.	① ② ③ ④ ⑤
172	뉴스를 자주 보는 편이다.	① ② ③ ④ ⑤
173	불우이웃을 돕는 편이다.	① ② ③ ④ ⑤
174	취미활동에 돈을 아끼지 않는다.	① ② ③ ④ ⑤
175	혼자서 밥을 먹어도 이상하지 않다.	① ② ③ ④ ⑤
176	기획하는 것보다 영업하는 것이 편하다.	① ② ③ ④ ⑤
177	나만의 특기를 가지고 있다.	① ② ③ ④ ⑤
178	토론자와 사회자 중에서 토론자가 더 어울린다.	① ② ③ ④ ⑤
179	아기자기한 것을 좋아한다.	① ② ③ ④ ⑤
180	통계가 맞지 않으면 신경이 쓰인다.	① ② ③ ④ ⑤

번호	질문	응답
181	100년 전의 풍습에 흥미가 있다.	① ② ③ ④ ⑤
182	신제품 개발보다 기존 상품을 개선하는 것을 선호한다.	① ② ③ ④ ⑤
183	손으로 쓴 글씨에 자신이 있다.	① ② ③ ④ ⑤
184	현재의 삶에 만족한다.	① ② ③ ④ ⑤
185	내 미래는 밝다고 생각한다.	① ② ③ ④ ⑤
186	과학보다는 철학에 관심이 있다.	① ② ③ ④ ⑤
187	원인을 알 수 없으면 반드시 찾아야 한다.	① ② ③ ④ ⑤
188	무언가에 흥미를 느끼는 데 오래 걸린다.	① ② ③ ④ ⑤
189	처음 보는 사람에게 물건을 잘 팔 수 있다.	① ② ③ ④ ⑤
190	언어가 안 통하는 나라에서 잘 생활할 수 있다.	① ② ③ ④ ⑤
191	시각보다는 청각에 민감한 편이다.	① ② ③ ④ ⑤
192	큰 건물이 작은 건물보다 좋다.	① ② ③ ④ ⑤
193	음식을 만드는 것이 물건을 전시하는 것보다 쉽다.	① ② ③ ④ ⑤
194	안 쓰는 물건을 잘 버리는 편이다.	① ② ③ ④ ⑤
195	사람의 인상착의나 이름을 잘 외운다.	① ② ③ ④ ⑤
196	지시를 받는 것보다 지시를 하는 것이 어울린다.	① ② ③ ④ ⑤
197	규칙적으로 먹고 잔다.	① ② ③ ④ ⑤
198	처음 겪는 상황에도 빠르게 대처할 수 있다.	① ② ③ ④ ⑤
199	내가 할 수 있는 것은 내가 한다.	① ② ③ ④ ⑤
200	처음 보는 사람과 얘기하는 것이 어렵지 않다.	① ② ③ ④ ⑤

PART

2

직무능력검사

CHAPTER 01 언어논리력

CHAPTER 02 이해력

CHAPTER 03 공간지각력

CHAPTER 04 문제해결력

CHAPTER 05 관찰탐구력

CHAPTER 01
언어논리력

합격 CHEAT KEY

출제유형

01 어휘력

어휘의 의미를 정확하게 알고 있는지 평가하는 유형으로, 밑줄 친 어휘와 같은 의미로 쓰인 어휘를 찾는 문제, 주어진 문장 속에서 사용이 적절하지 않은 어휘를 찾는 문제, 주어진 여러 단어의 뜻을 포괄하는 어휘를 찾는 문제 등이 출제되고 있다.

02 나열하기

문장과 문장 사이의 관계 및 글 전체의 흐름을 읽어낼 수 있는지 평가하는 유형으로, 논리적인 순서에 따라 주어진 글의 문장이나 문단을 나열하는 문제가 출제되고 있다.

03 빈칸추론

앞뒤 문맥과 글의 전체 흐름을 파악하여 주어진 글의 빈칸에 들어갈 적절한 문장을 고르는 문제가 출제되고 있다.

04 독해

주어진 글의 내용과 일치하거나 일치하지 않는 것 고르기, 주제 / 제목 찾기, 글을 통해 추론할 수 있는 것이나 없는 것 고르기 등 다양한 유형의 독해문제가 출제되고 있다.

학습전략

01 어휘력

- 어휘가 가진 다양한 의미를 정확하게 알고 있어야 한다.
- 다의어의 경우 문장 속에서 어떤 의미로 활용되는지 파악하는 것이 중요하므로 예문과 함께 학습하도록 한다.

02 나열하기

- 문장과 문장을 연결하는 접속어의 쓰임에 대해 정확히 알고 있어야 문제를 풀 수 있다.
- 문장 속에 나타나는 지시어는 해당 문장의 앞에 어떤 내용이 오는지에 대한 힌트가 되므로 이에 집중한다.

03 빈칸추론

- 제시문을 처음부터 끝까지 다 읽기보다는 빈칸의 앞뒤 문장만으로 그 사이에 들어갈 내용을 유추하는 연습을 해야 한다.
- 선택지를 읽으며 빈칸에 들어갈 답을 고른 후 해설과 비교한다. 확실하게 정답을 선택한 경우를 제외하고, 왜 틀렸는지 파악하고 놓친 부분을 반드시 체크하는 습관을 들인다.

04 독해

- 다양한 분야의 제시문을 위해 평소에 여러 분야의 도서나 신문의 기사 등을 읽어 둔다.
- 단기간의 공부로 성적을 올릴 수 없으므로 평소에 독서를 통해 꾸준히 연습해야 한다.
- 무작정 제시문을 읽고 문제를 풀기보다는, 문제와 선택지를 먼저 읽고 제시문에서 찾아야 할 내용이 무엇인지를 먼저 파악한 후 글을 읽는다면 시간을 절약할 수 있다.
- 먼저 선택지의 키워드를 체크한 후, 제시문과의 일치유무를 신속히 판단한다.
- 제시문 유형별 특징을 파악하고 이를 바탕으로 내용을 확인한다.

CHAPTER 01 언어논리력 핵심이론

01 어휘의 의미

1. 의미 관계

(1) 유의 관계

유의어는 두 개 이상의 어휘가 서로 소리는 다르나 의미가 비슷한 경우로, 유의 관계의 대부분은 개념적 의미의 동일성을 전제로 한다.

(2) 반의 관계

반의어는 둘 이상의 단어에서 의미가 서로 짝을 이루어 대립하는 경우로, 어휘의 의미가 서로 대립되는 단어를 말하며, 이러한 어휘들의 관계를 반의 관계라고 한다. 한 쌍의 단어가 반의어가 되려면 두 어휘 사이에 공통적인 의미 요소가 있으면서도 동시에 하나의 의미 요소만 달라야 한다.

(3) 상하 관계

상하 관계는 단어의 의미적 계층 구조에서 한쪽이 의미상 다른 쪽을 포함하거나 다른 쪽에 포섭되는 관계를 말한다. 상하 관계를 형성하는 단어들은 상위어일수록 일반적이고 포괄적인 의미를 지니며, 하위어일수록 개별적이고 한정적인 의미를 지니므로 하위어는 상위어를 의미적으로 함의하게 된다. 즉, 상위어가 가지고 있는 의미 특성을 하위어가 자동적으로 가지게 된다.

(4) 부분 관계

부분 관계는 한 단어가 다른 단어의 부분이 되는 관계를 말하며, 전체 – 부분 관계라고도 한다. 부분 관계에서 부분을 가리키는 단어를 부분어, 전체를 가리키는 단어를 전체어라고 한다. 예를 들면 '머리, 팔, 몸통, 다리'는 '몸'의 부분어이며, 이러한 부분어들에 의해 이루어진 '몸'은 전체어이다.

2. 다의어와 동음이의어

다의어(多義語)는 뜻이 여러 개인 낱말을 뜻하고, 동음이의어(同音異義語)는 소리는 같으나 뜻이 다른 낱말을 뜻한다. 중심의미(본래의 의미)와 주변의미(변형된 의미)로 나누어지면 다의어이고, 중심의미와 주변의미로 나누어지지 않고 전혀 다른 의미를 지니면 동음이의어라 한다.

02 알맞은 어휘

1. 나이와 관련된 어휘

충년(沖年) 지학(志學)	10세 안팎의 어린 나이 15세가 되어 학문에 뜻을 둠
약관(弱冠)	남자 나이 20세 스무 살 전후의 여자 나이는 묘령(妙齡), 묘년(妙年), 방년(芳年), 방령(芳齡) 등이라 칭함
이립(而立)	30세, 『논어』에서 공자가 서른 살에 자립했다고 한 데서 나온 말로 인생관이 섰다는 뜻
불혹(不惑)	40세, 세상의 유혹에 빠지지 않음을 뜻함
지천명(知天命)	50세, 하늘의 뜻을 깨달음
이순(耳順) 화갑(華甲) 진갑(進甲)	60세, 경륜이 쌓이고 사려와 판단이 성숙하여 남의 어떤 말도 거슬리지 않음 61세, 회갑(回甲), 환갑(還甲) 62세, 환갑의 이듬해
고희(古稀) 희수(喜壽)	70세, 두보의 시에서 유래. 마음대로 한다는 뜻의 종심(從心)이라고도 함 77세, '喜'자의 초서체가 '七十七'을 세로로 써놓은 것과 비슷한 데서 유래
산수(傘壽) 망구(望九) 미수(米壽)	80세, '傘'자를 풀면 '八十'이 되는 데서 유래 81세, 90세를 바라봄 88세, '米'자를 풀면 '八十八'이 되는 데서 유래
졸수(卒壽) 망백(望百) 백수(白壽)	90세, '卒'의 초서체가 '九十'이 되는 데서 유래 91세, 100세를 바라봄 99세, '百'에서 '一'을 빼면 '白'
상수(上壽) 다수(茶壽) 천수(天壽)	100세, 사람의 수명 중 최상의 수명 108세, '茶'를 풀면, '十'이 두 개라서 '二十'이고, 아래 '八十八'이니 합하면 108 120세, 병 없이 늙어서 죽음을 맞이하면 하늘이 내려 준 나이를 다 살았다는 뜻

2. 단위와 관련된 어휘

길이	자	한 치의 열 배로 약 30.3cm
	마장	5리나 10리가 못 되는 거리
	발	두 팔을 양옆으로 펴서 벌렸을 때 한쪽 손끝에서 다른 쪽 손끝까지의 길이
	길	여덟 자 또는 열 자로 약 2.4m 또는 3m. 사람 키 정도의 길이
	치	한 자의 10분의 1 또는 약 3.03cm
	칸	여섯 자로, 1.81818m
	뼘	엄지손가락과 다른 손가락을 완전히 펴서 벌렸을 때에 두 끝 사이의 거리
넓이	길이	논밭 넓이의 단위. 소 한 마리가 하루에 갈 만한 넓이로, 약 2,000평 정도
	단보	땅 넓이의 단위. 1단보는 남한에서는 300평으로 991.74m^2, 북한에서는 30평으로 99.174m^2
	마지기	논밭 넓이의 단위. 볍씨 한 말의 모 또는 씨앗을 심을 만한 넓이로, 논은 약 150～300평, 밭은 약 100평 정도
	되지기	논밭 넓이의 단위. 볍씨 한 되의 모 또는 씨앗을 심을 만한 넓이로 한 마지기의 10분의 1
	섬지기	논밭 넓이의 단위. 볍씨 한 섬의 모 또는 씨앗을 심을 만한 넓이로 한 마지기의 열 배이며 논은 약 2,000평, 밭은 약 1,000평
	간	건물의 칸살의 넓이를 잴 때 사용. 한 간은 보통 여섯 자 제곱의 넓이

부피	홉	곡식, 가루, 액체 따위의 부피를 잴 때 쓰는 단위. 한 되의 10분의 1로 약 180mL
	되	곡식, 가루, 액체 따위의 부피를 잴 때 쓰는 단위. 한 말의 10분의 1, 한 홉의 열 배로 약 1.8L
	말	곡식, 액체, 가루 따위의 부피를 잴 때 쓰는 단위. 한 되의 10배로 약 18L
	섬	곡식, 액체, 가루 따위의 부피를 잴 때 쓰는 단위. 한 말의 10배로 약 180L
	되들이	한 되를 담을 수 있는 분량
	줌	한 손에 쥘 만한 분량
	춤	가늘고 기름한 물건을 한 손으로 쥘 만한 분량
무게	냥	귀금속이나 한약재 따위의 무게를 잴 때 쓰는 단위. 귀금속의 무게를 잴 때는 한 돈의 열 배이고, 한약재의 무게를 잴 때는 한 근의 16분의 1로 37.5g
	돈	귀금속이나 한약재 따위의 무게를 잴 때 쓰는 단위. 한 냥의 10분의 1, 한 푼의 열 배로 3.75g
	푼	귀금속이나 한약재 따위의 무게를 잴 때 쓰는 단위. 한 돈의 10분의 1로, 약 0.375g
	냥쭝	한 냥쯤 되는 무게
	돈쭝	한 돈쯤 되는 무게
묶음	갓	굴비·비웃 따위 10마리, 또는 고비·고사리 따위 10모숨을 한 줄로 엮은 것
	강다리	쪼갠 장작을 묶어 세는 단위. 쪼갠 장작 100개비
	거리	오이나 가지 50개
	고리	소주를 사발에 담은 것을 묶어 세는 단위로, 한 고리는 소주 10사발
	꾸러미	꾸리어 싼 물건을 세는 단위. 달걀 10개를 묶어 세는 단위
	담불	곡식이나 나무를 높이 쌓아 놓은 무더기. 벼 100섬씩 묶어 세는 단위
	동	물건을 묶어 세는 단위. 먹 10정, 붓 10자루, 생강 10접, 피륙 50필, 백지 100권, 곶감 100접, 볏짚 100단, 조기 1,000마리, 비웃 2,000마리
	마투리	곡식의 양을 섬이나 가마로 잴 때, 한 섬이나 한 가마가 되지 못하고 남은 양
	모숨	길고 가느다란 물건의, 한 줌 안에 들어올 만한 분량
	뭇	짚, 장작, 채소 따위의 작은 묶음을 세는 단위, 볏단을 세는 단위. 생선 10마리, 미역 10장
	새	피륙의 날을 세는 단위. 한 새는 날실 여든 올
	쌈	바늘을 묶어 세는 단위. 한 쌈은 바늘 24개
	손	한 손에 잡을 만한 분량을 세는 단위. 고등어 따위의 생선 2마리
	우리	기와를 세는 단위. 한 우리는 기와 2,000장
	접	채소나 과일 따위를 묶어 세는 단위. 한 접은 100개
	제	한약의 분량을 나타내는 단위. 한 제는 탕약 20첩
	죽	옷, 그릇 따위의 열 벌을 묶어 이르는 말
	축	오징어를 묶어 세는 단위. 한 축은 오징어 20마리
	쾌	북어를 묶어 세는 단위. 한 쾌는 북어 20마리
	톳	김을 묶어 세는 단위. 한 톳은 김 100장
	필	명주 40자

3. 지칭과 관련된 어휘

구분		생존	사망
본인	아버지	가친(家親), 엄친(嚴親), 가군(家君)	선친(先親), 선군(先君), 망부(亡父)
	어머니	자친(慈親)	선비(先妣), 선자(先慈), 망모(亡母)
타인	아버지	춘부장(椿府丈)	선대인(先大人)
	어머니	자당(慈堂)	선대부인(先大夫人)

4. 절기와 관련된 어휘

봄	입춘	봄의 문턱에 들어섰다는 뜻으로, 봄의 시작을 알리는 절기 [2월 4일경]
	우수	봄비가 내리는 시기라는 뜻 [2월 18일경]
	경칩	개구리가 잠에서 깨어난다는 의미로, 본격적인 봄의 계절이라는 뜻 [3월 5일경]
	춘분	봄의 한가운데로, 낮이 길어지는 시기 [3월 21일경]
	청명	하늘이 맑고 높다는 뜻으로, 전형적인 봄 날씨가 시작되므로 농사 준비를 하는 시기 [4월 5일경]
	곡우	농사에 필요한 비가 내리는 시기라는 뜻 [4월 20일경]
여름	입하	여름의 문턱에 들어섰다는 뜻으로, 여름의 시작을 알리는 절기 [5월 5일경]
	소만	조금씩 차기 시작한다는 뜻으로, 곡식이나 과일의 열매가 생장하여 가득 차기 시작하는 절기 [5월 21일경]
	망종	수염이 있는 곡식, 즉 보리·수수 같은 곡식은 추수를 하고 논에 모를 심는 절기 [6월 6일경]
	하지	여름의 중간으로 낮이 제일 긴 날 [6월 21일경]
	소서	작은 더위가 시작되는 절기로 한여름에 들어선 절기 [7월 7~8일경]
	대서	큰 더위가 시작되는 절기로 가장 더운 여름철이란 뜻 [7월 24일경]
가을	입추	가을의 문턱에 들어섰다는 뜻으로, 가을의 시작을 알리는 절기 [8월 8~9일경]
	처서	더위가 식고 일교차가 커지면서 식물들이 성장을 멈추고 겨울 준비를 하는 절기 [8월 23일경]
	백로	흰 이슬이 내리는 시기로 기온은 내려가고 본격적인 가을이 시작되는 시기 [9월 8일경]
	추분	밤이 길어지는 시기이며 가을의 한가운데라는 뜻 [9월 23일경]
	한로	찬 이슬이 내린다는 뜻 [10월 8일경]
	상강	서리가 내린다는 뜻 [10월 23일경]
겨울	입동	겨울의 문턱에 들어섰다는 뜻으로, 겨울의 시작을 알리는 절기 [11월 8일경]
	소설	작은 눈이 내린다는 뜻으로, 눈이 내리고 얼음이 얼기 시작하는 절기 [11월 22~23일경]
	대설	큰 눈이 내리는 절기 [12월 8일경]
	동지	밤이 가장 긴 날로 겨울의 한가운데라는 뜻 [12월 22~23일경]
	소한	작은 추위라는 뜻으로, 본격적인 추위가 시작되는 절기 [1월 6~7일경]
	대한	큰 추위가 시작된다는 뜻으로, 한겨울 [1월 20일경]

5. 접속어

순접	앞의 내용을 순조롭게 받아 연결시켜 주는 역할 예 그리고, 그리하여, 그래서, 이와 같이, 그러므로 등
역접	앞의 내용과 상반된 내용을 이어 주는 역할 예 그러나, 그렇지만, 하지만, 그래도, 반면에 등
인과	앞뒤의 문장을 원인과 결과로, 또는 결과와 원인으로 연결시켜 주는 역할 예 그래서, 따라서, 그러므로, 왜냐하면 등
환언·요약	앞 문장을 바꾸어 말하거나 간추려 짧게 말하며 이어 주는 역할 예 즉, 요컨대, 바꾸어 말하면, 다시 말하면 등
대등·병렬	앞 내용과 뒤의 내용을 대등하게 이어 주는 역할 예 또는, 혹은, 및, 한편 등
전환	뒤의 내용이 앞의 내용과는 다른, 새로운 생각이나 사실을 서술하여 화제를 바꾸어 이어 주는 역할 예 그런데, 한편, 아무튼, 그러면 등
예시	앞 문장에 대한 구체적인 예를 들어 설명하며 이어 주는 역할 예 예컨대, 이를테면, 가령, 예를 들어 등

03 논리구조

논리구조에서는 주로 단락과 문장 간의 관계나 글 전체의 논리적 구조를 정확히 파악했는지를 묻는다. 글의 순서를 바르게 배열하는 유형이 출제되고 있다. 제시문의 전체적인 흐름을 바탕으로 각 문단의 특징, 단락 간의 역할 등을 논리적으로 구조화할 수 있는 능력을 길러야 한다.

(1) 문장의 관계와 원리

① 문장과 문장 간의 관계

㉠ 상세화 관계 : 주지 → 구체적 설명(비교, 대조, 유추, 분류, 분석, 인용, 예시, 비유, 부연, 상술 등)

㉡ 문제(제기)와 해결 관계 : 한 문장이 문제를 제기하고, 다른 문장이 그 해결책을 제시하는 관계(과제 제시 → 해결 방안, 문제 제기 → 해답 제시)

㉢ 선후 관계 : 한 문장이 먼저 발생한 내용을 담고, 다음 문장이 나중에 발생한 내용을 담고 있는 관계

㉣ 원인과 결과 관계 : 한 문장이 원인이 되고, 다른 문장이 그 결과가 되는 관계(원인 제시 → 결과 제시, 결과 제시 → 원인 제시)

㉤ 주장과 근거 관계 : 한 문장이 필자가 말하고자 하는 바(주지)가 되고, 다른 문장이 그 문장의 증거(근거)가 되는 관계(주장 제시 → 근거 제시, 의견 제안 → 의견 설명)

㉥ 전제와 결론 관계 : 앞 문장에서 조건이나 가정을 제시하고, 뒤 문장에서 이에 따른 결론을 제시하는 관계

② 문장의 연결 방식

㉠ 순접 : 원인과 결과, 부연 설명 등의 문장 연결에 쓰임

예 그래서, 그리고, 그러므로 등

㉡ 역접 : 앞글의 내용을 전면적 또는 부분적으로 부정

예 그러나, 그렇지만, 그래도, 하지만 등

㉢ 대등 · 병렬 : 앞뒤 문장의 대비와 반복에 의한 접속

예 및, 혹은, 또는, 이에 반하여 등

㉣ 보충 · 첨가 : 앞글의 내용을 보다 강조하거나 부족한 부분을 보충하기 위해 다른 말을 덧붙이는 문맥

예 단, 곧, 즉, 더욱이, 게다가, 왜냐하면 등

㉤ 화제 전환 : 앞글과는 다른 새로운 내용을 이야기하기 위한 문맥

예 그런데, 그러면, 다음에는, 이제, 각설하고 등

㉥ 비유 · 예시 : 앞글에 대해 비유적으로 다시 말하거나 구체적인 예를 보임

예 예를 들면, 예컨대, 마치 등

③ 원리 접근법

앞뒤 문장의 중심의미 파악	→	앞뒤 문장의 중심 내용이 어떤 관계인지 파악	→	문장 간의 접속어, 지시어의 의미와 기능	→	문장의 의미와 관계성 파악
각 문장의 의미를 어떤 관계로 연결해서 글을 전개하는지 파악해야 한다.		지문 안의 모든 문장은 서로 논리적 관계성이 있다.		접속어와 지시어를 음미하는 것은 독해의 길잡이 역할을 한다.		문단의 중심 내용을 알기 위한 기본 분석 과정이다.

04 논리적 이해

(1) 전제의 추론

전제의 추론은 원칙적으로 주어진 내용의 이면에 내포되어 있는 이미 옳다고 인정된 사실을 유추하는 유형이다.

① 먼저 주장이 무엇인지 명확하게 파악해야 한다.

② 주장이 성립하기 위해서 논리적으로 필요한 요건이 무엇인지 생각해 본다.

③ 선택지 중 주장과 논리적으로 인과 관계를 형성할 수 있는 조건을 찾아낸다.

(2) 결론의 추론

주어진 내용을 명확히 이해한 다음, 이를 근거로 이끌어 낼 수 있는 올바른 결론이나 관련 사항을 논리적인 관점에서 찾는 문제 유형이다. 이와 같은 문제는 평상시 비판적이고 논리적인 관점으로 글을 읽는 연습을 충분히 해 두어야 유리하다고 볼 수 있다.

(3) 주제의 추론

주제와 관련된 추론 문제는 적성검사에서 자주 출제되는 유형으로서 글의 표제, 부제, 주제, 주장, 의도를 파악하는 형태의 문제와 같은 유형이다. 이러한 유형의 문제는 주제를 글의 첫 문단이나 마지막 문단을 통해서 찾을 수 있으며, 그렇지 않으면 문단의 병렬·대등 관계를 파악하면 쉽게 찾을 수 있다. 여러 문단에서 공통된 주제를 추론할 때는 각각의 제시문을 먼저 요약한 뒤, 핵심 키워드를 찾은 다음 이를 토대로 주제문을 가려내어 하나의 주제를 유추하면 된다. 평소에 제시문을 읽고, 핵심 키워드를 찾아 문장을 구성하는 연습을 많이 해두어야 한다. 또한 겉으로 드러난 주제나 정보를 찾는 데 그치지 않고 글 속에 숨겨진 의도나 정보를 찾기 위해 꼼꼼히 관찰하는 태도가 필요하다.

CHAPTER 01 언어논리력 기출예상문제

정답 및 해설 p.002

01 어휘력

대표유형 1 유의어

다음 제시된 단어와 같거나 유사한 의미를 가진 것은?

모순

① 단초　② 관용
③ 당착　④ 임시

| 해설 |
• 모순 : 어떤 사실의 앞뒤, 또는 두 사실이 이치상 어긋나서 서로 맞지 않음을 이르는 말
• 당착 : 말이나 행동 따위의 앞뒤가 맞지 않음

오답분석
① 단초 : 실마리
② 관용 : 습관적으로 늘 씀. 또는 그렇게 쓰는 것
④ 임시 : 미리 정하지 아니하고 그때그때 필요에 따라 정한 것

정답 ③

※ 다음 제시된 단어와 같거나 유사한 의미를 가진 것을 고르시오. **[1~7]**

01

동의

① 검열　② 도전
③ 찬성　④ 반대

02

궁색하다

① 애매하다　② 매정하다
③ 인자하다　④ 옹색하다

03

수월하다

① 쉽다
② 차갑다
③ 묽다
④ 견디다

04

촉망

① 사려
② 기대
③ 환대
④ 부담

05

지도

① 목도
② 보도
③ 감독
④ 정독

06

교육

① 육영
② 유망
③ 교사
④ 학구

07

아량

① 양보
② 관용
③ 수행
④ 연구

대표유형 2 반의어

다음 제시된 단어와 반대되는 의미를 가진 것은?

풍만하다

① 납신하다
② 궁핍하다
③ 농단하다
④ 몽매하다

| 해설 | • 풍만(豊滿)하다 : 풍족하여 그득하다. 또는 몸에 살이 탐스럽게 많다.
• 궁핍(窮乏)하다 : 몹시 가난하다.

오답분석
① 납신하다 : 윗몸을 가볍고 빠르게 구부리다. 또는 입을 빠르고 경망스럽게 놀려 말하다.
③ 농단(壟斷)하다 : 이익이나 권리를 독차지하다.
④ 몽매(蒙昧)하다 : 어리석고 사리에 어둡다.

정답 ②

※ 다음 제시된 단어와 반대되는 의미를 가진 것을 고르시오. [8~13]

08

반제

① 원료
② 봉건
③ 가공
④ 차용

09

통합

① 변별
② 총괄
③ 통제
④ 분리

10

반항

① 거절 ② 치욕
③ 복종 ④ 심야

11

암시

① 산문 ② 명시
③ 성숙 ④ 결합

12

완비

① 불비 ② 우연
③ 필연 ④ 습득

13

산재

① 기밀 ② 비밀
③ 밀렵 ④ 밀집

대표유형 3 어휘

다음 제시된 의미를 가진 말로 가장 적절한 것은?

깊이 생각하여 이치를 깨달아 알아내다.

① 취득하다 ② 터득하다
③ 침해하다 ④ 출몰하다

| 해설 | 제시된 뜻을 가진 말은 ② '터득하다'이다.

오답분석

① 취득하다 : 자기 것으로 만들어 가지다.
③ 침해하다 : 침범하여 해를 끼치다(≒침손하다).
④ 출몰하다 : 어떤 현상이나 대상이 나타났다 사라졌다 하다.

정답 ②

※ 다음 제시된 의미를 가진 말로 가장 적절한 것을 고르시오. [14~20]

14

실속 없이 그럴듯하게 불리는 허울만 좋은 이름

① 명의 ② 명목
③ 명분 ④ 명색

15

의사가 여러 가지 방법으로 환자의 병이나 증상을 살핌

① 진찰 ② 시찰
③ 관찰 ④ 고찰

16

천연덕스럽고 구수하다.

① 유지하다 ② 구성지다
③ 간수하다 ④ 건사하다

17

짜거나 엮은 것이 성기고 거칠다.

① 살피다
② 망보다
③ 돌보다
④ 설피다

18

해가 거의 넘어갈 무렵

① 일출
② 해돋이
③ 해거름
④ 해찰

19

일을 끝마무리하다.

① 궂기다
② 아퀴짓다
③ 시르죽다
④ 가리 튼다

20

맨 처음으로 물건을 파는 일

① 마수걸이
② 대살
③ 잔입
④ 주접

대표유형 4 관계유추

다음 제시된 단어의 대응 관계로 볼 때, 빈칸에 들어갈 가장 적절한 단어는?

피아노 : 조율사 = 산삼 : (　　)

① 심마니　　② 조리사
③ 조련사　　④ 목사

| 해설 | '조율사'는 '피아노'의 음을 표준음에 맞추어 고르는 일을 직업으로 하는 사람이고, '심마니'는 '산삼'을 캐는 것을 직업으로 하는 사람이다.

오답분석
② 조리사 : 식품 위생법의 규정에 의한 소정의 면허를 가지고 음식점이나 집단 급식소 따위에서 음식을 만드는 일을 직업으로 하는 사람
③ 조련사 : 개, 돌고래, 코끼리 따위의 동물에게 재주를 가르치고 훈련하는 사람
④ 목사 : 교회에서 예배를 인도하고 교회나 교구의 관리 및 신자의 영적 생활을 지도하는 성직자

정답 ①

※ 다음 제시된 단어의 대응 관계로 볼 때, 빈칸에 들어갈 가장 적절한 단어를 고르시오. [21~22]

21

쓰다 : 지우다 = 달다 : (　　)

① 물다　　② 내리다
③ 늘리다　　④ 짜다

22

간섭 : 참견 = 갈구 : (　　)

① 개입　　② 경외
③ 관조　　④ 열망

대표유형 5 포괄하는 단어 찾기

다음 중 〈보기〉의 단어를 모두 포괄할 수 있는 단어는?

보기

문지르다 바꾸다 파다 갈다

① 문지르다 ② 바꾸다
③ 파다 ④ 갈다

| 해설 | 오답분석
① 할아버지는 벼루에 먹을 천천히 가는(문지르는) 시간이 제일 편안하다고 했다.
② 컴퓨터가 고장이 나 많은 부품을 갈아야(바꿔야) 했다.
③ 소는 묵묵하게 밭을 갈고(파고) 있을 따름이었다.

정답 ④

PART 2

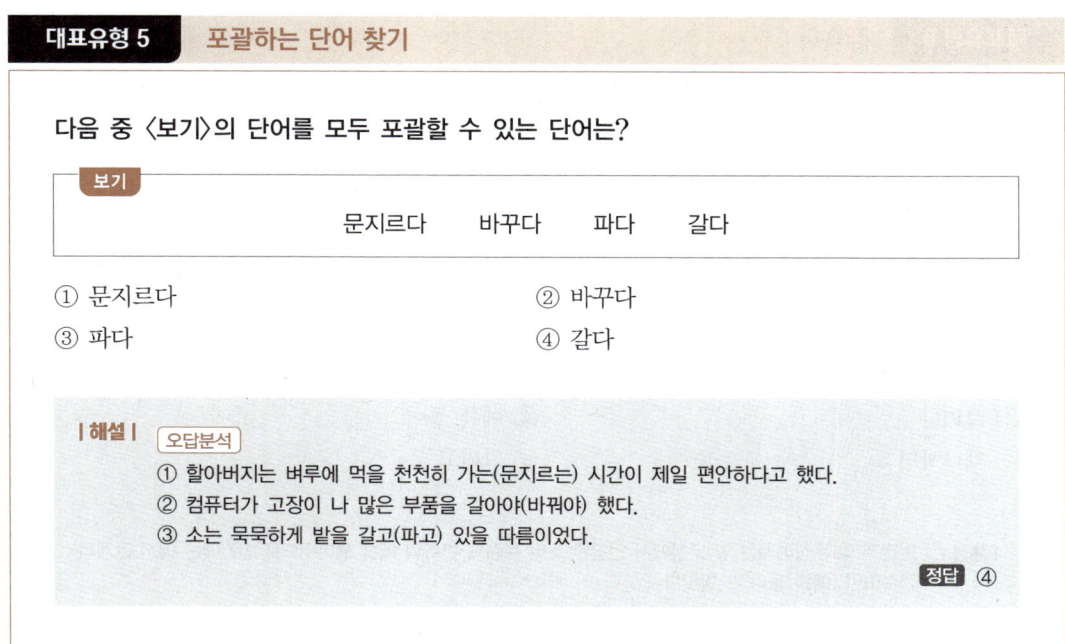

※ 다음 중 〈보기〉의 단어를 모두 포괄할 수 있는 단어를 고르시오. [23~24]

23

보기

퍼지다 꺾다 지나가다 돌다

① 퍼지다 ② 꺾다
③ 지나가다 ④ 돌다

24

보기

기억되다 떨어지다 남다 잔류하다

① 기억되다 ② 떨어지다
③ 남다 ④ 잔류하다

대표유형 6 접속어

다음 글의 빈칸에 들어갈 접속어로 가장 적절한 것은?

'매우 소중한 아이'를 의미하는 신조어 VIB(Very Important Baby)는 저출산 현상에 따라 부모가 자녀에게 물질적 지원을 아끼지 않는 경향이 뚜렷해지면서 등장했다. 자녀를 위해 돈을 아끼지 않는 부모가 늘어나면서 소비 트렌드도 이에 맞춰 변화했다. ___ 호텔 업계는 아이를 동반해 바캉스를 즐기러 오는 고객을 겨냥해 유모차를 대여해주거나 그림책 콘서트를 여는 등의 각종 서비스 패키지를 내놓았다.

① 그러나 ② 예를 들어
③ 왜냐하면 ④ 그리고

| 해설 | 빈칸 뒤의 문장에서는 앞 문장에서 언급한 소비 트렌드 변화의 예를 보여주므로 빈칸에는 예시 관계의 접속어인 '예를 들어'가 알맞다.

정답 ②

※ 다음 글의 빈칸에 들어갈 접속어로 가장 적절한 것을 고르시오. [25~26]

25

새 정책에 대한 설명이 충분하지 않아 국민들이 정책을 이해하는 데 큰 어려움을 겪었다. _____ 국민들이 새 정책에서 소외되는 문제가 발생하였다.

① 그러나 ② 하지만
③ 결국 ④ 왜냐하면

26

전 세계 바다의 수면 위에는 5조 개가 넘는 플라스틱 쓰레기가 떠다니고, 태평양에는 1조 8,000억 개의 플라스틱 쓰레기가 남한의 14배쯤 되는 거대한 쓰레기 섬을 이루었다. _________ 해저 10km에서 플라스틱 쓰레기가 발견되는 등, 수면 위뿐만 아니라 수면 아래도 문제가 되고 있다.

① 즉 ② 따라서
③ 게다가 ④ 예를 들어

02 나열하기

대표유형 1 문장나열

다음 제시된 문장을 논리적 순서대로 바르게 나열한 것은?

(가) 르네상스와 종교개혁을 거치면서 성립된 근대 계몽주의는 중세를 지배했던 신(神) 중심의 사고에서 벗어나 합리적 사유에 근거한 인간 해방을 추구하였다.

(나) 하지만 이 같은 문명의 이면에는 환경 파괴와 물질만능주의, 인간소외와 같은 근대화의 병폐가 숨어 있었다.

(다) 또한 계몽주의의 합리적 사고는 자연과학의 성립으로 이어졌으며, 우주와 자연에서 신비로운 요소를 걷어낸 과학 기술의 발전은 인류에게 그 어느 때보다 풍요로운 물질적 부를 가져왔다.

(라) 인간의 무지로부터 비롯된 자연에 대한 공포가 종교적 세계관을 낳았지만, 계몽주의는 이성과 합리성을 통해 이를 극복하였다.

① (가) – (다) – (나) – (라)
② (가) – (나) – (다) – (라)
③ (라) – (다) – (가) – (나)
④ (라) – (가) – (다) – (나)

| 해설 | 제시문은 종교 해방을 위해 나타난 계몽주의의 발현 배경과 계몽주의가 추구한 방향에 대해 설명하고 그 결과 나타난 긍정적 요소와 부정적 요소를 설명하는 글이다. 따라서 (라) 인간의 종교와 이를 극복하게 한 계몽주의 → (가) 계몽주의의 추구 방향 → (다) 계몽주의의 결과로 나타난 효과 → (나) 계몽주의의 결과로 나타난 역효과 순서로 연결되어야 한다.

정답 ④

PART 2

※ 다음 제시된 문장을 논리적 순서대로 바르게 나열한 것을 고르시오. [1~5]

01

(가) 심리학자 와이너는 부정적인 경험을 한 상황을 어떻게 해석하느냐에 따라 이러한 공포증이 생길 수도 있고 그렇지 않을 수도 있다고 한다.
(나) 일반적인 사람들도 공포증을 유발하는 대상을 접하면서 부정적인 경험을 할 수 있지만 공포증으로까지 이어지는 경우는 드물다.
(다) 부정적인 경험을 하더라도 상황을 가변적으로 해석하는 사람보다 고정적으로 해석하는 사람은 공포증이 생길 확률이 높다.
(라) '공포증'이란 특정 대상에 대한 과도한 두려움으로 그 대상을 계속해서 피하게 되는 증세를 말한다.

① (가) – (나) – (다) – (라)
② (나) – (라) – (가) – (다)
③ (다) – (나) – (라) – (가)
④ (라) – (나) – (가) – (다)

02

(가) 그렇기 때문에 남녀 고용 평등의 확대를 위해 채용 목표제를 강화할 필요가 있다.
(나) 우리나라 대졸 이상 여성의 고용 비율은 OECD 국가 중 최하위인데 이는 채용 과정에서 여성이 부당한 차별을 받는 경우가 많다는 것을 보여준다.
(다) 우리나라 남녀 전체의 평균 고용 비율 격차는 31.8%p로 남성에 비해 여성의 고용 비율이 현저히 낮다.
(라) 강화된 법규가 준수될 수 있도록 정부의 계도와 감독 기능을 강화해야 할 것이다.
(마) 고용 시 여성에게 일정 비율을 할애하는 것은 남성에 대한 역차별이라는 주장이 있기는 하지만 남녀 고용 평등이 어느 정도 실현될 때까지 여성에 대한 배려는 불가피하다.

① (다) – (가) – (마) – (나) – (라)
② (다) – (나) – (라) – (가) – (마)
③ (라) – (나) – (마) – (다) – (가)
④ (라) – (다) – (가) – (나) – (마)

03

(가) 닭 한 마리가 없어져서 뒷집 식구들이 모두 나서서 찾았다. 그런데 앞집 부엌에서 고기 삶는 냄새가 났다. 왜 우리 닭을 잡아먹었느냐고 따지자 주인은 아니라고 잡아뗐다. 부엌에서 나는 고기 냄새는 무어냐고 물었더니, 냄새가 날 리 없다고, 아마도 네가 오랫동안 고기 맛을 보지 못해서 환장했을 거라고 면박을 준다. 너희 집 두엄 더미에 버려진 닭 털은 어찌된 거냐고 들이대자 오리 발을 들고 나와 그것은 네 집 닭 털이 아니라 우리 집 오리털이라고 변명한다. 네 집 닭을 훔쳐 먹은 것이 아니라 우리 집 오리를 내가 잡은 것인데, 그게 무슨 죄가 되냐고 오히려 큰소리친다.

(나) 남의 닭을 훔쳐다 잡아먹고서 부인할 수는 있다. 그러나 뭐 뀐 놈이 성내는 것도 분수가 있지, 피해자를 가해자로 몰아 처벌하게 하는 데야 말문이 막힐 수밖에 없는 일이 아닌가. 적반하장도 유분수지, 도둑이 주인을 도둑으로 처벌해 달라고 고소하는 일은 별로 흔하지 않을 것이다.

(다) 뒷집 사람은 원님에게 불려 가게 되었다. 뒷집이 우리 닭을 훔쳐다 잡아먹었으니 처벌해 달라고 앞집 사람이 고소했던 것이다. 이번에는 증거물이 있었다. 바로 앞집 사람이 잡아먹고 남은 닭발이었는데, 그것을 뒷집 두엄 더미에 넣어 두었던 것이다. 뒷집 사람은 앞집에서는 증조부 때 이후로 닭을 기른 적이 없다고 항변했지만 그것을 입증해 줄 만한 사람은 없었다. 뒷집 사람은 어쩔 수 없이 앞집에 닭 한 마리 값을 물어 주었다.

(라) '닭 잡아먹고 오리 발 내민다.'는 속담이 있다. 제가 저지른 나쁜 일이 드러나게 되니 어떤 수단을 써서 남을 속이려 한다는 뜻이다. 남을 속임으로써 난감한 처지에서 벗어나고자 하는 약삭빠른 사람의 행위를 우리는 이렇게 비유해서 말하는 것이다.

① (라) – (가) – (나) – (다)
② (라) – (가) – (다) – (나)
③ (라) – (나) – (가) – (다)
④ (라) – (다) – (나) – (가)

04

(가) 그렇다면 어떻게 블록체인 기술은 시스템 해킹 및 변조를 막을 수 있을까? 그 답은 블록체인의 이름에 있다. 블록체인 방식으로 거래를 하기 위해서는 먼저 네트워크에 포함된 모든 사람들이 똑같은 데이터를 가진 블록을 가지고 있어야 한다. 새로운 거래가 생길 경우 네트워크에 포함된 모든 사람들은 블록을 서로 비교하여 현재의 정보에 변조가 없는지 확인하게 된다. 무결성이 확인되었다면 새로운 거래가 담긴 블록을 기존의 블록과 연결하여 서로 체인을 이루게 된다. 이후 다른 거래가 생길 때마다 동일한 방식으로 네트워크 구성원 간 데이터를 비교하고, 새로운 블록을 쌓는 방식으로 진행된다.

(나) 이처럼 블록체인 기술은 거래를 할 때, 중앙은행의 중계 없이 사용자 간 직접 거래하면서 해킹이나 변조에서 비교적 안전하고, 거래자의 개인정보도 보호할 수 있어 다양한 장점을 지닌 기술이다. 하지만 탈중앙화라는 특징으로 인해 범죄와 연관될 가능성이 높으며, 금융사고로 인한 손실을 복구하기도 어렵다. 또한 해싱으로 인해 개인정보를 보호할 수 있지만, 로그 등의 데이터 자체는 여전히 모든 이용자에게 공개되므로 지나친 투명성에 의한 단점도 생길 수 있다.

(다) 데이터의 집합체인 블록에는 정보들이 해싱(Hashing)되어 저장된다. 해싱은 다양한 길이를 가진 데이터를 고정된 길이를 가진 데이터로 매핑하는 것으로 블록에 저장되는 데이터는 16진수 숫자(1 ~ F)로 암호화된다. 해싱 이전의 데이터가 조금이라도 바뀔 경우, 해싱 이후의 데이터가 크게 변하는 특징이 있으므로 블록 간 데이터의 무결성을 비교할 때, 해시 데이터(Hash Data)를 비교하여 쉽게 판독할 수 있다. 또한 해시값을 기존의 데이터로 복구하는 것이 불가능하다는 특징이 있어 투명하면서 개인정보 또한 보호할 수 있다.

(라) 블록체인(Block Chain) 기술은 비트코인, 이더리움 등 암호화폐나, 대체 불가능 토큰(NFT; Non Fungible Token)의 핵심 기술이다. 블록체인이란 P2P(Peer to Peer) 네트워크를 통해서 관리되는 분산 데이터베이스로 거래 정보를 중앙 서버 한 곳에 저장하는 것이 아니라 블록체인 네트워크에 연결된 여러 컴퓨터에 저장 및 보관하는 기술로 시스템을 해킹하거나 변조하는 것을 사실상 불가능하게 만드는 탈중앙화 방식으로 정보를 기록하는 디지털 장부이다.

① (다) – (나) – (가) – (라)
② (다) – (라) – (가) – (나)
③ (라) – (가) – (나) – (다)
④ (라) – (가) – (다) – (나)

05

(가) 킬러 T세포는 혈액이나 림프액을 타고 몸속 곳곳을 순찰하는 일을 담당하는 림프 세포의 일종이다. 킬러 T세포는 감염된 세포를 직접 공격하는데, 세포 하나하나를 점검하여 바이러스에 감염된 세포를 찾아낸다. 이 과정에서 바이러스에 감염된 세포가 킬러 T세포에게 발각이 되면 죽게 된다. 그렇다면 킬러 T세포는 어떤 방법으로 바이러스에 감염된 세포를 파괴할까?

(나) 지금도 우리 몸의 이곳저곳에서는 비정상적인 세포분열이나 바이러스 감염이 계속되고 있다. 하지만 우리 몸에 있는 킬러 T세포가 병든 세포를 찾아내 파괴하는 메커니즘이 정상적으로 작동하고 있는 한 건강한 상태를 유지할 수 있다. 이렇듯 면역 시스템은 우리 몸을 지켜주는 수호신이다. 또한 우리 몸이 유기적으로 잘 짜인 구조임을 보여주는 좋은 예라고 할 수 있다.

(다) 그 다음 킬러 T세포가 활동한다. 킬러 T세포는 자기 표면에 있는 TCR(T세포 수용체)을 통해 세포의 밖으로 나온 MHC와 펩티드 조각이 결합해 이루어진 구조를 인식함으로써 바이러스 감염 여부를 판단한다. 만약 MHC와 결합된 펩티드가 바이러스 단백질의 것이라면 T세포는 활성화되면서 세포를 공격하는 단백질을 감염된 세포 속으로 보낸다. 이렇게 T세포의 공격을 받은 세포는 곧 죽게 되며 그 안의 바이러스 역시 죽음을 맞이하게 된다.

(라) 우리 몸은 자연적 치유의 기능을 가지고 있다. 자연적 치유는 우리 몸에 바이러스(항원)가 침투하더라도 외부의 도움 없이 이겨낼 수 있는 면역 시스템을 가지고 있다는 것을 의미한다. 그런데 이러한 면역 시스템에 관여하는 세포 중에서 매우 중요한 역할을 하는 세포가 있다. 그것은 바로 바이러스에 감염된 세포를 직접 찾아내 제거하는 킬러 T세포(Killer T Cells)이다.

(마) 면역 시스템에서 먼저 활동을 시작하는 것은 세포 표면에 있는 MHC(주요 조직 적합성 유전자 복합체)이다. MHC는 꽃게 집게발 모양의 단백질 분자로 세포 안에 있는 단백질 조각을 세포 표면으로 끌고 나오는 역할을 한다. 본래 세포 속에는 자기 단백질이 대부분이지만, 바이러스에 감염되면 원래 없던 바이러스 단백질이 세포 안에 만들어진다. 이렇게 만들어진 자기 단백질과 바이러스 단백질은 단백질 분해효소에 의해 펩티드 조각으로 분해되어 세포 속을 떠돌아다니다가 MHC와 결합해 세포 표면으로 배달되는 것이다.

① (가) – (나) – (마) – (라) – (다)
② (가) – (다) – (마) – (나) – (라)
③ (라) – (가) – (마) – (다) – (나)
④ (라) – (나) – (가) – (다) – (마)

대표유형 2 문단나열

다음 제시된 글을 읽고, 이어질 문단을 논리적 순서대로 바르게 나열한 것은?

우리가 익숙하게 먹는 음식인 피자는 이탈리아에서 시작된 음식으로, 고대 로마에서도 이와 비슷한 음식을 먹었다는 기록은 있지만 현대적 의미에서의 피자의 시작은 19세기 말에 이탈리아에서 등장했다고 볼 수 있다.

(가) 그러나 나폴리식 피자는 재료의 풍족하지 못함을 철저한 인증 제도의 도입으로 메꿈으로써 그 영향력을 발휘하고 있는데, 나폴리식 피자의 인증을 받기 위해서는 밀가루부터 피자를 굽는 과정까지 철저한 검증을 받아야 한다.

(나) 피자의 본토인 이탈리아나 피자가 유명한 미국 등에서 피자가 간편하고 저렴한 음식으로 인식되고 있는 것에 비해, 한국에서 피자는 저렴한 음식이라고는 볼 수 없는데, 이는 피자의 도입과 확산의 과정과 무관하다고 하기는 어려울 것이다.

(다) 이탈리아의 피자는 남부의 나폴리식 피자와 중북부의 로마식 피자로 나뉘는데, 이탈리아의 남부는 예전부터 중북부에 비해 가난한 지역이었기 때문에 로마식 피자에 비해 나폴리식 피자의 토핑은 풍족하지 못한 편이다.

(라) 한국의 경우 피자가 본격적으로 자리 잡기 시작한 것은 1960년대부터로, 한국에서 이탈리아 음식을 최초로 전문적으로 팔기 시작한 '라 칸티나'의 등장과 함께였다. 이후 피자는 호텔을 중심으로 퍼져나가게 되었다.

① (라) – (나) – (다) – (가)
② (라) – (나) – (가) – (다)
③ (다) – (라) – (가) – (나)
④ (다) – (가) – (라) – (나)

| 해설 | 제시문은 크게 '피자의 시작과 본토 – 한국의 피자 도입과 확산'으로 나눌 수 있다. 이탈리아에서 나타난 현대적 의미의 피자의 시작을 논하는 것으로 글이 시작되었으므로, 그 후에는 이탈리아의 피자 상황을 나타내는 (다)와 나폴리식 피자의 인증 제도를 설명하는 (가)가 차례대로 오는 것이 타당하며, 한국의 '경우' 라고 쓰여 있는 것을 보아 그 뒤에는 (라)가, 이어서 (나)가 오는 것이 타당하다.

정답 ④

※ 다음 제시된 글을 읽고, 이어질 문단을 논리적 순서대로 바르게 나열한 것을 고르시오. [6~8]

06

녹조(綠藻)란 강이나 호수에 조류가 과도하게 성장하여 물의 색이 짙은 녹색으로 변하는 현상을 말한다.

(가) 이는 물고기들의 호흡에 지장을 주고, 결국 죽은 물고기들이 악취를 유발하여 사람들에게 피해를 주게 된다.
(나) 이처럼 유해 요소를 배출하는 녹조는 최근 계절에 관계없이 발생하며 다양한 환경 문제를 일으키고 있다.
(다) 그러나 조류의 양이 너무 많아지면 녹조 현상이 나타나고, 이 현상이 심화되면 각종 유해 요소가 배출된다.
(라) 번식한 녹조는 수중으로 햇빛이 닿거나 산소가 녹아드는 것을 막아 물속의 산소량을 감소시킨다.
(마) 녹조의 원인이 되는 조류는 식물 플랑크톤으로, 수생태계에서 1차 생산자의 역할을 하는 수생태계에 꼭 필요한 존재이다.

① (다) – (라) – (마) – (가) – (나)
② (다) – (마) – (라) – (나) – (가)
③ (마) – (라) – (나) – (가) – (다)
④ (마) – (다) – (나) – (라) – (가)

07

과거에는 종종 언어의 표현과 기능 면에서 은유가 연구되었지만, 사실 은유는 말의 본질적 상태 중 하나이다.

(가) '토대'와 '상부 구조'는 마르크스주의의 기본 개념들이다. 자크 데리다(Jacques Derrida)가 보여 주었듯이, 심지어 철학에도 은유가 스며들어 있는데 단지 인식하지 못할 뿐이다.
(나) 어떤 이들은 기술과학 언어에는 은유가 없어야 한다고 역설하지만, 은유적 표현들은 언어 그 자체에 깊이 뿌리박고 있다.
(다) 언어는 한 종류의 현실에서 또 다른 현실로 이동함으로써 그 효력을 발휘하며, 따라서 본질적으로 은유적이다.
(라) 예컨대 우리는 조직에 대해 생각할 때 습관적으로 위니 아랫니 하며 공간적으로 생각하게 된다. 이처럼 우리는 이론을 마치 건물인 양 생각하는 경향이 있어서 토대나 상부 구조 등으로 이론을 설명하기도 한다.

① (가) – (라) – (다) – (나)
② (나) – (가) – (라) – (다)
③ (다) – (가) – (나) – (라)
④ (다) – (나) – (라) – (가)

08

오늘날과 달리 과거에는 마을에서 일어난 일들을 '원님'이 조사하고 그에 따라서 자의적으로 판단하여 형벌을 내렸다. 현대에서 법에 의하지 않고 재판행위자의 입장에서 이루어진다고 생각되는 재판을 비판하는 '원님재판'이라는 용어의 원류이다.

(가) 죄형법정주의는 앞서 말한 '원님재판'을 법적으로 일컫는 죄형전단주의와 대립되는데, 범죄와 형벌을 미리 규정하여야 한다는 것으로서, 서구에서 권력자의 가혹하고 자의적인 법 해석에 따른 반발로 등장한 것이다.

(나) 앞서 살펴본 죄형법정주의가 정립되면서 파생원칙 또한 등장하였는데, 관습형법금지의 원칙, 명확성의 원칙, 유추해석금지의 원칙, 소급효금지의 원칙, 적정성의 원칙 등이 있다. 이러한 파생원칙들은 모두 죄와 형벌은 미리 설정된 법에 근거하여 정확하게 내려져야 한다는 죄형법정주의의 원칙과 연관하여 쉽게 이해될 수 있다.

(다) 그러나 현대에서 '원님재판'은 이루어질 수 없다. 형사법의 영역에 논의를 한정하여 보자면, 형사법을 전반적으로 지배하고 있는 대원칙은 형법 제1조에 규정되어있는 소위 '죄형법정주의'이다.

(라) 그 반발은 프랑스 혁명의 결과물인 '인간 및 시민의 권리선언' 제8조에서 '누구든지 범죄 이전에 제정・공포되고 또한 적법하게 적용된 법률에 의하지 아니하고는 처벌되지 아니한다.'라고 하여 실질화되었다.

① (가) – (다) – (라) – (나)
② (다) – (가) – (나) – (라)
③ (다) – (가) – (라) – (나)
④ (다) – (라) – (가) – (나)

03 추론하기

대표유형 1 빈칸추론

다음 글의 빈칸에 들어갈 내용으로 적절한 것은?

> 힐링(Healing)은 사회적 압박과 스트레스 등으로 손상된 몸과 마음을 치유하는 방법을 포괄적으로 일컫는 말이다. 우리보다 먼저 힐링이 정착된 서구에서는 질병 치유의 대체 요법 또는 영적 · 심리적 치료 요법 등을 지칭하고 있다. 국내에서도 최근 힐링과 관련된 갖가지 상품이 유행하고 있다. 간단한 인터넷 검색을 통해 수천 가지의 상품을 확인할 수 있을 정도다. 종교적 명상, 자연 요법, 운동 요법 등 다양한 형태의 힐링 상품이 존재한다. 심지어 고가의 힐링 여행이나 힐링 주택 등의 상품도 나오고 있다. 그러나 ______________________ 우선 명상이나 기도 등을 통해 내면에 눈뜨고, 필라테스나 요가를 통해 육체적 건강을 회복하여 자신감을 얻는 것부터 출발할 수 있다.

① 힐링이 먼저 정착된 서구의 힐링 상품들을 참고해야 할 것이다.
② 많은 돈을 들이지 않고서도 쉽게 할 수 있는 일부터 찾는 것이 좋을 것이다.
③ 이러한 상품들의 값이 터무니없이 비싸다고 느껴지지는 않을 것이다.
④ 자신을 진정으로 사랑하는 법을 알아야 할 것이다.

| 해설 | 빈칸의 전후 문장을 통해 내용을 파악해야 한다. 우선 '그러나'를 통해 빈칸에는 앞의 내용에 상반되는 내용이 오는 것임을 알 수 있다. 따라서 수천 가지의 힐링 상품이나, 고가의 상품들을 참고하는 것과는 상반된 내용을 찾으면 된다. 또한 빈칸 뒤의 내용이 주위에서 쉽게 할 수 있는 힐링 방법을 통해 자신감을 얻는 것부터 출발해야 한다는 내용이므로, 빈칸에는 많은 돈을 들이지 않고도 쉽게 할 수 있는 일부터 찾아야 한다는 내용이 담긴 문장인 ②가 오는 것이 적절하다.

정답 ②

※ 다음 글의 빈칸에 들어갈 내용으로 가장 적절한 것을 고르시오. [1~2]

01

어느 시대든 사람들은 원인이 무엇인지 알고 있다고 믿었다. 사람들은 그런 앎을 어디서 얻는가? 원인을 안다고 믿는 사람들의 믿음은 어디서 생기는 것일까?
새로운 것, 체험되지 않은 것, 낯선 것은 원인이 될 수 없다. 알려지지 않은 것에서는 위험, 불안정, 걱정, 공포감이 뒤따르기 때문이다. 우리 마음의 불안한 상태를 없애고자 한다면, 우리는 알려지지 않은 것을 알려진 것으로 환원해야 한다. 이러한 환원은 우리의 마음을 편하게 해주고 안심시키며 만족을 느끼게 한다. 이 때문에 우리는 이미 알려진 것, 체험된 것, 기억에 각인된 것을 원인으로 설정하게 된다. '왜?'라는 물음의 답으로 나온 것은 그것이 진짜 원인이기 때문에 우리에게 떠오른 것이 아니다. 그것이 우리에게 떠오른 것은 그것이 우리를 안정시켜주고 성가신 것을 없애주며 무겁고 불편한 마음을 가볍게 해주기 때문이다. 따라서 원인을 찾으려는 우리의 본능은 위험, 불안정, 걱정, 공포감 등에 의해 촉발되고 자극받는다.
우리는 '설명이 없는 것보다 설명이 있는 것이 언제나 더 낫다.'고 믿는다. 우리는 특별한 유형의 원인만을 써서 설명을 만들어 낸다. ______________________________
그래서 특정 유형의 설명만이 점점 더 우세해지고, 그러한 설명들이 하나의 체계로 모아져 결국 그런 설명이 우리의 사고방식을 지배하게 된다. 기업인은 즉시 이윤을 생각하고, 기독교인은 즉시 원죄를 생각하며 소녀는 즉시 사랑을 생각한다.

① 이것은 우리의 호기심과 모험심을 자극한다.
② 이것은 인과관계에 대한 우리의 지식을 확장시킨다.
③ 이것은 우리가 왜 불안한 심리 상태에 있는지를 설명해 준다.
④ 이것은 낯설고 체험하지 않았다는 느낌을 가장 빠르고 쉽게 제거해 버린다.

02

얼음의 녹는점이 0℃라는 사실은 누구나 알고 있는 보편적인 상식이다. 그런데 얼음이 녹아내리는 과정은 어떠할까? 아마도 대부분의 사람들은 주위의 온도가 0℃보다 높아야 얼음이 녹기 시작하며 물이 될 때까지 지속적으로 녹아내린다고 생각할 것이다. 하지만 실제로 얼음이 녹는 과정의 양상은 이러한 생각과는 조금 다르다.

약 150년 전, 영국의 과학자 마이클 패러데이(Michael Faraday)는 0℃ 이하의 온도에서 얼음의 표면에 액체와 비슷한 얇은 층이 존재한다는 것을 처음 밝혀냈다. 이후 얼음이 미끄러지고 빙하가 움직이는 데 이 층이 중요한 역할을 한다는 사실과, 0℃에서는 이 층의 두께가 약 45nm까지 두꺼워지는 것이 밝혀졌다. 하지만 최근까지도 이 층이 몇 ℃에서 생기는지, 온도에 따라 두께가 어떻게 달라지는지에 대해서는 알 수 없었다.

그런데 2016년 12월 독일의 막스플랑크 고분자연구소 엘렌 바쿠스 그룹 리더팀이 이 문제에 대한 중요한 연구결과를 발표하였다. 연구팀은 단결정 얼음의 표면에서 분자들의 상호작용을 관찰하기 위해, 고체일 때보다 액체일 때 물 분자의 수소결합이 약하다는 점을 이용해 얼음 표면에 적외선을 쏜 뒤 온도에 따라 어떻게 달라지는지를 분석하였다.

그 결과 연구팀은 −38℃에서 이미 얼음 표면의 분자 층 하나가 준 액체로 변해 있는 것을 발견했다. 온도를 더 높이자 −16℃에서 두 번째 분자 층이 준 액체로 변했다. 우리가 흔히 생각하는 것과는 달리 영하의 온도에서 이미 얼음의 표면은 녹아내리기 시작하며 그것이 지속적으로 녹는 것이 아니라 ____________________

① 특정 온도에 도달할 때마다 한 층씩 녹아내린다는 것이다.

② −38℃와 −16℃, 그리고 0℃에서 각각 녹는다는 것이다.

③ −38℃와 −16℃ 사이에서만 지속적으로 녹지 않는다는 것이다.

④ 준 액체 상태로 유지된다는 것이다.

PART 2

※ 다음 글의 (가) ~ (다)에 들어갈 문장을 〈보기〉에서 골라 바르게 짝지은 것을 고르시오. [3~5]

03

후각이 주는 인상은 시각이나 청각과는 전혀 다르게 말로 기술할 수도 없고 추상화할 수도 없다. 직감적인 공감 혹은 반감은 상당 부분 후각의 영역과 연관되어 있다. 예를 들어 후각은 동일한 지역에서 살아가는 두 인종들 사이의 관계에 종종 의미 있는 결과를 초래하는데, 지적인 사고나 의지로는 거의 이를 통제할 수 없다. 20세기 초반까지도 단지 몸에서 냄새가 난다는 이유만으로 흑인들이 북미의 상류 사회로부터 거절당했던 사실은 그러한 사례이다. 오늘날에 와서는 사회 발전을 위해 지식인과 노동자 사이의 인간적인 접촉이 필요하다는 주장이 자주 제기된다. 지식인들 또한 이 두 계층 간의 화해가 윤리적 차원에서 반드시 필요하다고 인정하지만, 이 화해는 후각이 주는 인상들을 극복하지 못해서 결국 수포로 돌아가고 만다. 지식인들은 '노동의 신성한 땀' 냄새 때문에 노동자들과의 직접적 접촉을 견디지 못했다. ＿＿(가)＿＿
일반적으로 문화가 발전하면서 시각이나 후각과 같은 우리의 감각은 근거리에 한정된다. 우리는 근시안이 될 뿐만 아니라 근감각(近感覺)이 된다. ＿＿(나)＿＿ 특히 후각의 경우가 그러하다. 더 이상 우리는 원시 종족만큼 객관적으로 냄새를 인지할 수 없지만, 후각이 주는 인상들에 대해서는 주관적으로 더욱 더 강렬히 반응하게 된다. 특별히 예민한 코를 가진 사람은 바로 이 같은 강렬함 때문에 확실히 즐거움보다는 불쾌함을 훨씬 더 많이 체험한다.
우리가 감각이 주는 인상에 더 강렬하게 반응하게 되면서, 현대인들이 서로 배척하여 결국 고립되는 현상은 다음과 같은 방식으로 설명될 수 있다. 우리는 어떤 냄새를 맡게 되면 그것이 주는 인상이나 그것을 발산하는 객체를 우리 안으로 깊숙이, 곧 우리의 중심으로 끌어들인다. ＿＿(다)＿＿ 타인은 기체의 형식을 통해 가장 감각적이면서 내면적인 존재로 우리에게 들어온다. 그리고 후각이 주는 인상에 대한 예민함이 점차 증가함에 따라서 이들 인상에 대한 선호의 차이가 생겨날 수밖에 없다.

보기

㉠ 누군가의 몸에서 나는 냄새를 맡는다는 것은 그를 가장 내밀하게 인지하는 것이다.
㉡ 사회문제는 윤리적인 문제일 뿐만 아니라 코의 문제, 후각의 문제이기도 한 것이다.
㉢ 그런데 감각기관을 통한 인지능력의 예민함은 저하되지만, 그것이 제공하는 쾌와 불쾌의 주관적인 느낌은 더 강해진다.

	(가)	(나)	(다)
①	㉠	㉡	㉢
②	㉠	㉢	㉡
③	㉡	㉠	㉢
④	㉡	㉢	㉠

04

____(가)____ 다시 말해서 현상학적 측면에서 볼 때 철학도 지식의 내용이 존재하는 어떤 것이라는 점에서는 과학적 지식의 구조와 다를 바가 없다. 존재하는 것과 그 존재하는 무엇으로 의식되는 것과의 사이에는 근본적인 구별이 선다. 백두산의 금덩어리는 누가 그것을 의식하든 말든 그대로 있고, 화성에서 일어나는 여러 가지 물리적 현상도 누가 의식하든 말든 그대로 존재한다. 존재와 의식과의 위와 같은 관계를 우리는 존재차원과 의미차원이란 말로 구별할 수 있을 것이다. 여기서 차원이란 말을 붙인 까닭은 의식 이전의 백두산과 의식 이후의 백두산은 순전히 관점의 문제, 즉 백두산을 생각할 수 있는 차원의 문제이기 때문이다.
현상학적 사고를 존재차원에서 이루어지는 것이라고 말할 수 있다면 분석철학에서 주장하는 사고는 의미차원에서 이루어진다. 바꿔 말하자면 현상학적 측면에서 볼 때 철학은 아무래도 어떤 존재를 인식하는 데 그 근본적인 기능이 있다고 보아야 하는 데 반해서, 분석철학의 측면에서 볼 때 철학은 존재와는 아무런 직접적인 관계가 없이 존재에 대한 이야기, 서술을 대상으로 한다. 구체적으로 말해서 철학은 그것이 서술할 존재의 대상을 갖고 있지 않고, 오직 어떤 존재를 서술한 언어만을 갖고 있다. 그러나 철학이 언어를 사고의 대상으로 삼는다고 말하지만, 철학은 언어학과 다르다.
____(나)____ 그래서 언어학은 한 언어의 기원이라든지, 한 언어가 왜 그러한 특정한 기호, 발음 혹은 문법을 갖게 되었는가, 또는 그것들이 각기 어떻게 체계화되는가 등을 알려고 한다. 이에 반해서 분석철학은 언어를 대상으로 하되, 그 언어의 구체적인 면에는 근본적인 관심을 두지 않고 그와 같은 구체적인 언어가 가진 의미를 밝히고자 한다. 여기서 철학의 기능은 한 언어가 가진 개념을 해명하고 이해하는 데 있다. 바꿔 말해서, 철학의 기능은 언어가 서술하는 어떤 존재를 인식하는 데 있지 않고, 그와는 관계없이 한 언어가 무엇인가를 서술하는 경우, 무엇인가의 느낌을 표현하는 경우 또는 그 밖의 경우에 그 언어가 정확히 어떻게 의미가 있는가를 이해하는 데 있다.
____(다)____ 개념은 어떤 존재하는 대상을 표상(表象)하는 경우도 많으므로 존재와 그것을 의미하는 개념과는 언뜻 보아서 어떤 인과적 관계가 있는 듯하다.

보기

㉠ 과학에서 말하는 현상과 현상학에서 말하는 현상은 다른 내용을 가지고 있지만, 그러나 그것들은 다같이 어떤 존재, 즉 우주 안에서 일어나는 사건을 가리킨다.
㉡ 언어학은 과학의 한 분야로서 그 연구의 대상을 하나의 구체적 사물로 취급한다.
㉢ 따라서 분석철학자들은 흔히 말하기를, 철학은 개념의 분석에 지나지 않는다는 주장을 하게 되는 것이다.

	(가)	(나)	(다)
①	㉠	㉡	㉢
②	㉠	㉢	㉡
③	㉡	㉠	㉢
④	㉡	㉢	㉠

05

해프닝(Happening)이란 장르는 글자 그대로 지금 여기에서 일어나고 있는 것을 보여 준다. 이것은 즉흥적으로 이루어지며, 말보다는 시각적이고 청각적인 소재들을 중요한 표현의 도구로 삼는다. 공연은 폐쇄된 극장이 아니라 화랑이나 길거리, 공원, 시장, 부엌 등과 같은 일상적인 공간에서 이루어지기 때문에 이동성이 뛰어나다. 또한, 논리적으로 연결되지 않는 사건과 행동들이 파편적으로 이어져 있어 기이하고 추상적이기도 하다. 대화는 생략되거나 아예 없으며, 때로 불쑥불쑥 튀어나오는 말도 특별한 의미를 지니지 않는 경우가 많다. ___(가)___ 이러한 해프닝의 발상은 미술의 콜라주, 영화의 몽타주와 비슷하고, 삶의 부조리를 드러내는 현대 연극, 랩과 같은 대중음악과도 통한다. 우리의 삶 자체가 일회적이고, 일관된 논리에 의해 통제되지 않는다는 사실이야말로 해프닝과 삶 자체의 밀접한 관계를 보여주는 것이 아닐까. 이렇듯 다양한 예술 사이의 벽을 무너뜨리는 해프닝은 기존 예술에서의 관객의 역할까지도 변화시켰다. ___(나)___ 공연은 정해진 어느 한 곳이 아니라 이곳저곳에서 혹은 동시 다발적으로 이루어지기도 하며, 관객들은 볼거리를 따라 옮겨 다니면서 각기 다른 관점을 지닌 장면들을 보기도 한다. 이는 관객들을 공연에 참여하게 하려는 의도라고 할 수 있다. 그렇게 함으로써 해프닝은 삶과 예술이 분리되지 않게 하고, 궁극적으로는 일상적 삶에 개입하는 의식(儀式)이 되고자 한다. 나아가 예술 시장에서 상징적 재화로 소수 사람들 사이에서 거래되는 것을 거부한다. 또 해프닝은 박물관에 완성된 작품으로 전시되고 보존되는 기존 예술의 관습에도 저항한다. 이와 같은 예술적 현상은 단순한 운동이 아니라 예술가들의 정신적 모험의 실천이라고 할 수 있다. ___(다)___ 그럼에도 불구하고 현대 사회에서 안락한 감정에 마비되어 있는 우리들을 휘저어 놓으면서 삶과 예술의 관계를 새롭게 모색하는 이러한 예술적 모험은 좀 더 다양한 모습으로 예술의 지평을 넓혀갈 것이다.

보기

㉠ 이를 통해 해프닝은 우리 삶의 고통이나 희망 등을 논리적인 말로는 더 이상 전달할 수 없다는 것을 내세운다.
㉡ 인습적인 사회 제도에 순응하는 것을 비판하고 고정된 예술의 개념을 변혁하려고 했던 해프닝은 우연적 사건, 개인의 자의식 등을 강조해서 뭐가 뭔지 알 수 없는 것이라는 비판을 듣기도 했다.
㉢ 행위자들은 관객에게 봉사하는 것이 아니라 고함을 지르거나 물을 끼얹으면서 관객들을 자극하고 희롱하기도 한다.

	(가)	(나)	(다)
①	㉠	㉡	㉢
②	㉠	㉢	㉡
③	㉡	㉢	㉠
④	㉢	㉠	㉡

대표유형 2 주제 찾기

다음 글의 중심 내용으로 가장 적절한 것은?

> 동물들의 행동을 잘 살펴보면 동물들도 우리가 사용하는 말 못지않은 의사소통 수단을 가지고 있는 듯이 보인다. 즉, 동물들도 여러 가지 소리를 내거나 몸짓을 함으로써 자신들의 감정과 기분을 나타낼 뿐 아니라 경우에 따라서는 인간과 다를 바 없이 의사를 교환하고 있는 듯하다. 그러나 그것은 단지 겉모습의 유사성에 지나지 않을 뿐이고 사람의 말과 동물의 소리에는 아주 근본적인 차이가 존재한다는 점을 잊어서는 안 된다. 동물들이 사용하는 소리는 단지 배고픔이나 고통 같은 생물학적인 조건에 대한 반응이거나, 두려움이나 분노 같은 본능적인 감정들을 표현하기 위한 것에 지나지 않는다.

① 모든 동물이 다 말을 하는 것은 아니지만, 원숭이와 같이 지능이 높은 동물은 말을 할 수 있다.
② 동물들은 인간이 알아듣지 못하는 방식으로 대화할 뿐 서로 대화를 나누고 정보를 교환하며 인간과 같이 의사소통을 한다.
③ 사육사의 지속적인 훈련을 받는다면 동물들은 인간의 소리를 똑같은 목소리로 정확하게 따라할 수 있다.
④ 동물들이 내는 소리가 때때로 의사소통의 수단으로 이용된다고 해서 그것을 대화나 토론이나 회의와 같은 언어활동이라고 할 수는 없다.

| 해설 | 글쓴이는 동물들이 사용하는 소리는 단지 생물학적인 조건에 대한 반응 또는 본능적인 감정 표현의 수단일 뿐, 사람의 말과 동물의 소리에 근본적인 차이가 존재한다고 말한다. 즉, 동물들이 나름대로 가지고 있는 본능적인 의사소통능력은 인간의 것과 다르다는 것이다. 따라서 글쓴이의 주장으로 소리를 내는 동물의 행위는 대화나 토론·회의 같이 서로 의미를 주고받는 인간의 언어활동으로 볼 수 없다는 ④가 가장 적절하다.

정답 ④

PART 2

06 다음 글의 주제로 가장 적절한 것은?

> 이제 2023년 6월부터 민법과 행정 분야에서 나이를 따질 때 기존 계산하는 방식에 따라 1~2살까지 차이가 났던 우리나라 특유의 나이 계산법이 국제적으로 통용되는 '만 나이'로 일원화된다. 이는 태어난 해를 0살로 보고 정확하게 1년이 지날 때마다 한 살씩 더하는 방식을 말한다.
> 이에 대해 여론은 대체적으로 긍정적이나, 다만 일각에서는 모두에게 익숙한 관습을 벗어나 새로운 방식에 적응해야 한다는 점을 우려하고 있다. 특히 지금 받고 있는 행정서비스에 급격한 변화가 일어나 혹시라도 손해를 보거나 미리 따져봐야 할 부분이 있는 건 아닌지, 또 다른 혼선이 야기되는 건 아닌지 하는 것들이 이에 해당한다.
> 이처럼 국회가 법적 나이 규정을 만 나이로 정비한 이유는 한국의 나이 기준이 우리가 관습적으로 쓰는 '세는 나이'와 민법 등에서 법적으로 규정한 '만 나이', 일부 법령이 적용하고 있는 '연 나이' 등 세 가지로 되어있기 때문에 한 사람의 나이가 계산 방식에 따라 최대 2살이 달라져 이러한 '나이 불일치'로 각종 행정서비스 이용과 계약체결 과정에서 혼선과 법적 다툼이 발생했기 때문이다.
> 더군다나 법적 나이를 규정한 민법에서조차 표현상으로 만 나이와 일반 나이가 혼재되어 있어 문구를 통일해야 한다는 지적이 나왔다. 표현상 '만 OO세'로 돼 있지 않아도 기본적으로 만 나이로 보는 게 관례이지만 법적 분쟁 발생 시 이는 해석의 여지를 줄 수 있기 때문이다. 다른 법에서 특별히 나이의 기준을 따로 두지 않았다면 민법의 나이 규정을 따르도록 되어 있는데 실상은 민법도 명확하지 않았던 것이다.
> 정부는 내년부터 개정된 법이 시행되면 우선 그동안 문제로 지적됐던 법적·사회적 분쟁이 크게 줄어들 것으로 기대하고 있지만 국민 전체가 일상적으로 체감하는 변화는 크지 않을 것으로 보고 있다. 이번 법 개정의 취지 자체가 나이 계산법 혼용에 따른 분쟁을 해소하는 데 맞춰져 있고, 오랜 세월 확립된 나이에 대한 사회적 인식이 법 개정으로 단번에 바뀔 수 있는 건 아니기 때문이다.
> 또한 여야와 정부는 연 나이를 채택해 또래 집단과 동일한 기준을 적용하는 것이 오히려 혼선을 막을 수 있고 법 집행의 효율성이 담보된다고 합의한 병역법, 청소년보호법, 민방위기본법 등 52개 법령에 대해서는 연 나이 규정 필요성이 크다면 굳이 만 나이 적용을 하지 않겠다고 밝혔다.

① 연 나이 계산법 유지의 필요성
② 우리나라 나이 계산법의 문제점
③ 기존 나이 계산법 개정의 필요성
④ 나이 계산법 혼용에 따른 분쟁 해소 방안

※ 다음 글의 제목으로 가장 적절한 것을 고르시오. [7~8]

07

높은 유류세는 자동차를 사용함으로써 발생하는 다음과 같은 문제들을 줄이는 교정적 역할을 수행한다. 첫째, 유류세는 사람들의 대중교통수단 이용을 유도하고, 자가용 사용을 억제함으로써 교통 혼잡을 줄여 준다. 둘째, 교통사고 발생 시 대형 차량이나 승합차가 중소형 차량에 비해 보다 치명적인 피해를 줄 가능성이 높다. 이와 관련해서 유류세는 유류를 많이 소비하는 대형 차량을 운행하는 사람에게 보다 높은 비용을 치르게 함으로써 교통사고 위험에 대한 간접적인 비용을 징수하는 효과를 가진다. 셋째, 유류세는 유류 소비를 억제함으로써 대기오염을 줄이는 데 기여한다.

① 유류세의 용도
② 높은 유류세의 정당성
③ 유류세의 지속적 인상
④ 에너지 소비 절약

08

구비문학에서는 기록문학과 같은 의미의 단일한 작품 또는 원본이라는 개념이 성립하기 어렵다. 윤선도의 '어부사시사'와 채만식의 『태평천하』는 엄밀하게 검증된 텍스트를 놓고 이것이 바로 그 작품이라 할 수 있지만, '오누이 장사 힘내기' 전설이라든가 '진주 낭군'과 같은 민요는 서로 조금씩 다른 구연물이 다 그 나름의 개별적 작품이면서 동일 작품의 변이형으로 인정되기도 하는 것이다. 이야기꾼은 그의 개인적 취향이나 형편에 따라 설화의 어떤 내용을 좀 더 실감 나게 손질하여 구연할 수 있으며, 때로는 그 일부를 생략 혹은 변경할 수 있다. 모내기할 때 부르는 '모노래'는 전승적 가사를 많이 이용하지만, 선창자의 재간과 그때그때의 분위기에 따라 새로운 노래 토막을 끼워 넣거나 일부를 즉흥적으로 개작 또는 창작하는 일도 흔하다.

① 구비문학의 현장성
② 구비문학의 유동성
③ 구비문학의 전승성
④ 구비문학의 구연성

대표유형 3 내용일치

다음 글의 내용으로 적절하지 않은 것은?

> 사람에게서는 인슐린이라는 호르몬이 나온다. 이 호르몬은 당뇨병에 걸리지 않게 하는 호르몬이다. 따라서 이 호르몬이 제대로 생기지 않는 사람은 당뇨병에 걸리게 된다. 이런 사람에게는 인슐린을 주사하여 당뇨병을 치료할 수 있다. 문제는 인슐린을 구하기가 어렵다는 것이다. 돼지의 인슐린을 뽑아서 이용하기도 했지만, 한 마리 돼지로부터 얻을 수 있는 인슐린이 너무 적어서 인슐린은 아주 값이 비싼 약일 수밖에 없다.
> 사람에게는 인슐린을 만들도록 하는 DNA가 있다. 이 DNA를 찾아 잘라낸다. 그리고 이 DNA를 대장균의 DNA에 연결한다. 그러면 대장균은 인슐린을 만들어 낸다.

① 인슐린을 만드는 DNA를 가공할 수 있다.

② 대장균의 DNA와 인간의 DNA가 결합할 수 있다.

③ 돼지의 인슐린이 인간의 인슐린을 대체할 수 있다.

④ 인슐린은 당뇨병을 예방할 수 있게 해 주는 약이다.

| 해설 | 당뇨병에 걸린 사람에게 인슐린을 주사하여 당뇨병을 치료할 수 있으나, 인슐린이 당뇨병을 예방하는 약은 아니다.

정답 ④

※ 다음 글의 내용으로 가장 적절한 것을 고르시오. [9~10]

09

포화지방산에서 나타나는 탄소 결합 형태는 연결된 탄소끼리 모두 단일 결합하는 모습을 띤다. 이때 각각의 탄소에는 수소가 두 개씩 결합한다. 이 결합 형태는 지방산 분자의 모양을 일자형으로 만들어 이웃하는 지방산 분자들이 조밀하게 연결될 수 있으므로, 분자 간 인력이 높아 지방산 분자들이 단단하게 뭉치게 된다. 이 인력을 느슨하게 만들려면 많은 열에너지가 필요하다. 따라서 이 지방산을 함유한 지방은 녹는점이 높아 상온에서 고체로 존재하게 된다. 그리고 이 지방산 분자에는 탄소 사슬에 수소가 충분히 결합되어, 수소가 분자 내에 포화되어 있으므로 포화지방산이라 부르며, 이것이 들어 있는 지방을 포화지방이라고 한다. 포화지방은 체내의 장기 주변에 쌓여 장기를 보호하고 체내에 저장되어 있다가 에너지로 전환되어 몸에 열량을 내는 데 이용된다. 그러나 이 지방이 저밀도 단백질과 결합하면, 콜레스테롤이 혈관 내부에 쌓여 혈액의 흐름을 방해하고 혈관 내부의 압력을 높여 심혈관계 질병을 유발하는 것으로 알려져 있다.

① 포화지방산에서 나타나는 탄소 결합은 각각의 탄소에 수소가 두 개씩 결합하므로 다중 결합한다고 할 수 있다.
② 탄소에 수소가 두 개씩 결합하는 형태는 열에너지가 많아서 지방산 분자들이 단단하게 뭉치게 된다.
③ 분자 간 인력을 느슨하게 하면 지방산 분자들의 연결이 조밀해진다.
④ 포화지방은 포화지방산이 들어 있는 지방을 가리킨다.

10

우리 속담에도 '울다가도 웃을 일이다.'라는 말이 있듯이 슬픔의 아름다움과 해학의 아름다움이 함께 존재한다면 이것은 우리네의 곡절 많은 역사 속에서 밴 미덕의 하나라고 할 만하다. 울다가도 웃을 일이라는 말은 물론 어처구니가 없을 때 하는 말이기도 하지만 애수가 아름다울 수 있고 또 익살이 세련되어 아름다울 수 있다면 그 사회의 서정과 조형미에 나타나는 표현에도 의당 이러한 것이 반영되어 있어야 한다.

이러한 고요의 아름다움과 슬픔의 아름다움이 조형 작품 위에 옮겨질 수 있다면 이것은 바로 예술에서 말하는 적조미의 세계이며 익살의 아름다움이 조형 위에 구현된다면 물론 이것은 해학미의 세계일 것이다.

① 익살은 우리 민족만이 지닌 특성이다.
② 익살은 풍속화에서 가장 잘 표현된다.
③ 익살이 조형 위에 구현된다면 적조미다.
④ 익살은 우리 민족의 삶의 정서를 반영한다.

※ 다음 글의 내용으로 적절하지 않은 것을 고르시오. [11~13]

11

> 마이클 포터(Michael Porter)는 특정 산업의 경쟁 강도, 수익성 및 매력도가 산업의 구조적 특성에 의하여 영향을 받으며, 이는 5가지 힘에 의하여 결정된다고 보았다. 마이클 포터가 제시한 5가지 힘에는 기존 경쟁자, 구매자, 공급자, 신규참가자, 대체품의 힘이 있으며, 이 중에서 가장 강한 힘이 경쟁전략을 책정하는 결정 요소가 된다. 이러한 5가지 힘의 분석을 통해 조직이 속한 시장이 이익을 낼 수 있는 시장인지 아닌지를 판단하는데, 이것을 산업의 매력도 측정이라 부른다.
> 먼저 기존 경쟁자 간의 경쟁은 해당 산업의 경쟁이 얼마나 치열한지를 보여준다. 통상적으로 같은 산업에 종사하는 기업이 많을수록 경쟁이 치열할 수밖에 없다. 따라서 특허 등이 필요한 독과점 형태의 산업은 매력적이지만, 누구나 할 수 있는 완전경쟁시장 형태의 산업은 매력이 떨어지게 된다.
> 한편, 대형마트가 물건을 대량으로 구매하면서 공급 가격을 내리라고 한다면 제조업체는 이를 거절할 수 있을까? 최근 대형마트 등의 유통업체들이 제조업체에 상당한 가격 협상력을 갖게 되면서 구매자의 힘이 업계의 힘보다 강해지고 있다. 이처럼 구매량과 비중이 클수록, 제품 차별성이 낮을수록, 구매자가 가격에 민감할수록 구매자의 힘은 커지게 된다. 산업의 매력도는 이러한 구매자의 힘이 셀수록 떨어지고, 반대로 구매자의 힘이 약할수록 높아진다.
> 공급자가 소수 기업에 의해 지배되는 경우, 즉 독과점에 해당하는 경우나 공급자가 공급하는 상품이 업계에서 중요한 부품인 경우 공급자의 힘이 강해져 산업의 매력도는 떨어지게 된다. 반대로 공급자가 다수 기업에 의해 지배되는 경우, 즉 완전경쟁에 해당하는 경우나 공급자가 공급하는 상품이 업계에서 그다지 중요하지 않은 부품인 경우에는 공급자의 힘이 적어지고 산업의 매력도는 올라가게 된다.
> 현재의 산업에 신규참가자가 진입할 가능성이 높으면 그 산업의 매력도는 떨어진다. 신규 진입의 정도는 해당 업계의 진입 장벽이 얼마나 높은가에 따라 결정된다. 예를 들어 반도체나 조선업 등은 대규모의 투자가 필요하므로 신규 진입이 쉽지 않다. 진입 장벽이 높을수록 산업의 매력도는 높아지며, 반대로 진입 장벽이 낮을수록 산업의 매력도는 떨어지게 된다.
> 마이클 포터가 제시한 5가지 힘 중 가장 무서운 것은 대체품의 힘이다. 현재의 상품보다 가격이나 성능에 있어 훨씬 뛰어난 대체품이 나올 경우 해당 산업이 사라져버릴 수도 있기 때문이다. 따라서 대체품의 위협이 낮을수록 산업의 매력도는 높아진다.

① 기존 경쟁자의 힘이 커지면 산업 매력도가 높아진다.
② 구매자의 힘이 약하면 산업 매력도가 높아진다.
③ 공급자의 힘이 커지면 산업 매력도가 높아진다.
④ 신규참가자의 힘이 커지면 산업 매력도가 낮아진다.

12

인간 사유의 결정적이고도 독창적인 비약은 시각적인 표시의 코드 체계의 발명에 의해서 이루어졌다. 시각적인 표시의 코드 체계에 의해 인간은 정확한 말을 결정하여 텍스트를 마련하고, 또 이해할 수 있게 된 것이다. 이것이 바로 진정한 의미에서의 '쓰기(Writing)'이다.
이러한 '쓰기'에 의해 코드화된 시각적인 표시는 말을 사로잡게 되고, 그 결과 그때까지 소리 속에서 발전해 온 정밀하고 복잡한 구조나 지시 체계의 특수한 복잡성이 그대로 시각적으로 기록될 수 있게 되고, 나아가서는 그러한 시각적인 기록으로 인해 그보다 훨씬 정교한 구조나 지시 체계가 산출될 수 있게 된다. 그러한 정교함은 구술적인 발화가 지니는 잠재력으로는 도저히 이룩할 수 없는 정도의 것이다. 이렇듯 '쓰기'는 인간의 모든 기술적 발명 속에서도 가장 영향력이 큰 것이었으며, 지금도 그러하다. 쓰기는 말하기에 단순히 첨가된 것이 아니다. 왜냐하면 쓰기는 말하기를 구술－청각의 세계에서 새로운 감각의 세계, 즉 시각의 세계로 이동시킴으로써 말하기와 사고를 함께 변화시키기 때문이다.

① 인간은 시각적 코드 체계를 사용함으로써 말하기를 한층 정교한 구조로 만들었다.
② 인간은 쓰기를 통해서 정확한 말을 사용한 텍스트의 생산과 소통이 가능하게 되었다.
③ 인간은 쓰기를 통해 지시 체계의 복잡성을 기록함으로써 말하기와 사고의 변화를 일으킨다.
④ 인간이 쓰기를 발명하기 전에는 정밀하고 복잡한 구조나 지시 체계가 형성되어 있지 않았다.

13

경제학자인 사이먼 뉴컴이 소개한 화폐와 실물 교환의 관계식인 '교환방정식'을 경제학자인 어빙 피셔가 발전시켜 재소개한 것이 바로 '화폐수량설'이다. 사이먼 뉴컴의 교환방정식은 'MV＝PQ'로 나타나는데, M(Money)은 화폐의 공급, V(Velocity)는 화폐유통속도, P(Price)는 상품 및 서비스의 가격, Q(Quantity)는 상품 및 서비스의 수량이다. 즉, 화폐 공급과 화폐유통속도의 곱은 상품의 가격과 거래된 상품 수의 곱과 같다는 항등식이다.
어빙 피셔는 이러한 교환방정식을 인플레이션율과 화폐공급의 증가율 간 관계를 나타내는 이론인 화폐수량설로 재탄생시켰다. 이 중 기본 모형이 되는 피셔의 거래모형에 따르면 교환방정식은 'MV＝PT'로 나타나는데, M은 명목화폐수량, V는 화폐유통속도, P는 상품 및 서비스의 평균가격, T(Trade)는 거래를 나타낸다. 다만 거래의 수를 측정하기 어렵기 때문에 최근에는 총거래 수인 T를 총생산량인 Y로 대체하여 소득모형인 'MV＝PY'로 사용되고 있다.

① 사이먼 뉴컴의 교환방정식 'MV＝PQ'에서 Q는 상품 및 서비스의 수량을 의미한다.
② 어빙 피셔의 화폐수량설은 최근 총거래 수를 총생산량으로 대체하여 사용되고 있다.
③ 교환방정식 'MV＝PT'는 화폐수량설의 기본 모형이 된다.
④ 어빙 피셔의 교환방정식 'MV＝PT'의 V는 교환방정식 'MV＝PY'에서 Y와 함께 대체되어 사용되고 있다.

대표유형 4 비판 · 반박하기

다음 글의 주장에 대한 반박으로 가장 적절한 것은?

> 고대 그리스 시대의 사람들은 신에 의해 우주가 운행된다고 믿는 결정론적 세계관 속에서 신에 대한 두려움이나 신이 야기한다고 생각되는 자연재해나 천체 현상 등에 대한 두려움을 떨치지 못했다. 에피쿠로스는 당대의 사람들이 이러한 잘못된 믿음에서 벗어나도록 하는 것이 중요하다고 보았고, 이를 위해 인간이 행복에 이를 수 있도록 자연학을 바탕으로 자신의 사상을 전개하였다.
> 에피쿠로스는 신의 존재는 인정하나 신의 존재 방식이 인간이 생각하는 것과는 다르다고 보고, 신은 우주들 사이의 중간 세계에 살며 인간사에 개입하지 않는다는 이신론적(理神論的) 관점을 주장한다. 그는 불사의 존재인 신이 최고로 행복한 상태이며, 다른 어떤 것에게도 고통을 주지 않고, 모든 고통은 물론 분노와 호의와 같은 것으로부터 자유롭다고 말한다. 따라서 에피쿠로스는 인간의 세계가 신에 의해 결정되지 않으며, 인간의 행복도 자율적 존재인 인간 자신에 의해 완성된다고 본다.
> 한편 에피쿠로스는 인간의 영혼도 육체와 마찬가지로 미세한 입자로 구성된다고 본다. 영혼은 육체와 함께 생겨나고 육체와 상호작용하며 육체가 상처를 입으면 영혼도 고통을 받는다. 더 나아가 육체가 소멸하면 영혼도 함께 소멸하게 되어 인간은 사후(死後)에 신의 심판을 받지 않으므로, 살아있는 동안 인간은 사후에 심판이 있다고 생각하여 두려워 할 필요가 없게 된다. 이러한 생각은 인간으로 하여금 죽음에 대한 모든 두려움에서 벗어나게 하는 근거가 된다.

① 인간은 신을 믿지 않기 때문에 두려움도 느끼지 않는다.
② 신이 만든 인간의 육체와 영혼은 서로 분리될 수 없으므로 사후세계는 인간의 허상에 불과하다.
③ 신은 인간 세계에 개입하지 않으므로 신의 섭리에 따라 인간의 삶을 이해하려 해서는 안 된다.
④ 인간이 아픔 때문에 죽음에 대해 두려움을 느낀다면, 사후에 대한 두려움을 떨쳐버리는 것만으로 두려움은 해소될 수 없다.

| 해설 | 에피쿠로스의 주장에 따르면 신은 인간사에 개입하지 않으며, 육체와 영혼은 함께 소멸되므로 사후에 신의 심판도 받지 않는다. 그러므로 인간은 사후의 심판을 두려워할 필요가 없고, 이로 인해 죽음에 대한 모든 두려움에서 벗어날 수 있다고 주장한다. 따라서 비판으로 가장 적절한 것은 ④이다.

정답 ④

14 다음 글에서 도킨스의 논리에 대한 필자의 문제 제기로 가장 적절한 것은?

도킨스는 인간의 모든 행동이 유전자의 자기 보존 본능에 따라 일어난다고 주장했다. 사실 도킨스는 플라톤에서 쇼펜하우어에 이르기까지 통용되던 철학적 생각을 유전자라는 과학적 발견을 이용하여 반복하고 있을 뿐이다. 이에 따르면 인간 개체는 유전자라는 진정한 주체의 매체에 지나지 않게 된다. 그런데 이 같은 도킨스의 논리에 근거하면 우리 인간은 이제 자신의 몸과 관련된 모든 행동에 대해 면죄부를 받게 된다. 모든 것이 이미 유전자가 가진 이기적 욕망에서 나왔다고 볼 수 있기 때문이다. 그래서 도킨스의 생각에는 살아가고 있는 구체적 생명체를 경시하게 되는 논리가 잠재되어 있다.

① 고대의 철학은 현대의 과학과 양립할 수 있는가?
② 유전자의 자기 보존 본능이 초래하게 되는 결과는 무엇인가?
③ 인간을 포함한 생명체는 진정한 주체가 될 수 없는가?
④ 생명 경시 풍조의 근원이 되는 사상은 무엇인가?

PART 2

15 다음 〈보기〉의 입장에서 제시문을 비판하는 내용으로 가장 적절한 것은?

로봇의 발달로 일자리가 줄어들 것이라는 사람들의 불안이 커지면서 최근 로봇세(Robot稅) 도입에 대한 논의가 활발하다. 로봇세는 로봇을 사용해 이익을 얻는 기업이나 개인에 부과하는 세금이다. 로봇으로 인해 일자리를 잃은 사람들을 지원하거나 사회 안전망을 구축하기 위해 예산을 마련하자는 것이 로봇세 도입의 목적이다. 이처럼 로봇의 사용으로 일자리가 감소할 것이라는 이유로 로봇세의 필요성이 제기되었지만, 역사적으로 볼 때 새로운 기술로 인해 전체 일자리는 줄지 않았다. 산업혁명을 거치면서 새로운 기술에 대한 걱정은 늘 존재했지만, 산업 전반에서 일자리는 오히려 증가해 왔다는 점이 이를 뒷받침한다. 따라서 로봇의 사용으로 일자리가 줄어들 가능성은 낮다.
우리는 로봇 덕분에 어렵고 위험한 일이나 반복적인 일로부터 벗어나고 있다. 로봇 사용의 증가 추세에서 알 수 있듯이 로봇 기술이 인간의 삶을 편하게 만들어 주는 것은 틀림이 없다. 로봇세의 도입으로 이러한 편안한 삶이 지연되지 않기를 바란다.

보기

로봇 기술의 발전에 따라 로봇의 생산 능력이 비약적으로 향상되고 있다. 이는 로봇 하나당 대체할 수 있는 인간 노동자의 수도 지속적으로 증가함을 의미한다. 로봇 사용이 사회 전반에 빠르게 확산되는 현실을 고려할 때, 로봇 사용으로 인한 일자리 대체 규모가 기하급수적으로 커질 것이다.

① 산업 혁명의 경우와 같이 로봇의 생산성 증가는 인간의 새로운 일자리를 만드는 데 기여할 것이다.
② 로봇세를 도입해 기업이 로봇의 생산성 향상에 기여하도록 해야 인간의 일자리 감소를 막을 수 있다.
③ 로봇 사용으로 밀려날 수 있는 인간 노동자의 생산 능력을 향상시킬 수 있는 제도적 지원 방안을 마련해야 한다.
④ 로봇의 생산 능력에 대한 고려 없이 과거 사례만으로 일자리가 감소하지 않을 것이라고 보는 것은 성급한 판단이다.

대표유형 5 추론하기

다음 글을 읽고 추론한 내용으로 적절하지 않은 것은?

> 미세먼지가 피부의 염증 반응을 악화시키고, 재생을 둔화시키는 등 피부의 적이라는 연구 결과가 지속적으로 발표되고 있다. 최근 어떤 연구 결과에 따르면 초미세먼지 농도가 짙은 지역에 거주하는 사람은 공기가 가장 깨끗한 지역에 사는 사람보다 잡티나 주름이 생길 확률이 높았고, 고령일수록 그 확률은 증가했다.
>
> 그렇다면 미세먼지 차단 화장품은 효과가 있을까? 정답은 '제대로 된 제품을 고른다면 어느 정도 효과가 있다.'이다. 그러나 식품의약품안전처에서 발표한 내용에 따르면 미세먼지에 효과가 있다고 광고하는 제품 중 절반 이상이 효과가 없는 것으로 드러났다. 무엇보다 미세먼지 차단지수가 표준화되어 있지 않고, 각 나라와 회사별로 다른 지수를 제안하고 있어서 이를 검증하고 표준화시키는 데는 좀 더 시간이 걸릴 것으로 보고 있다.
>
> 피부를 미세먼지로부터 보호하는 방법은 애초에 건강한 피부를 유지하는 것이다. 미세먼지가 가장 많이 침투하는 부위를 살펴보면 피부가 얇거나 자주 갈라지는 눈 근처, 코 옆, 입술 등이다. 평소 세안을 깨끗이 하고, 보습제와 자외선 차단제를 잘 바르는 생활습관만으로도 피부를 보호할 수 있다. 특히, 메이크업을 즐겨하는 사람들은 색조 제품의 특성상 노폐물이 더 잘 붙을 수밖에 없으므로 주의해야 한다.
>
> 다음으로 체내 면역력을 높이는 것이다. 미세먼지는 체내의 면역체계를 약하게 만들어서 비염, 편도선염, 폐질환, 피부염 등의 원인이 된다. 이를 막기 위해서는 건강한 음식과 꾸준한 운동으로 체내의 면역력을 높여 효과적으로 미세먼지를 방어해야 한다.

① 나이가 많은 사람일수록 미세먼지에 취약하다.

② 국가별로 표준화된 미세먼지 차단지수를 발표했지만, 세계적으로 표준화하는 데는 시간이 걸릴 것이다.

③ 미세먼지는 피부가 약한 부위일수록 침투하기 쉽다.

④ 메이크업을 즐겨하는 사람은 그렇지 않은 사람보다 미세먼지에 더 많이 노출되어 있다.

| 해설 | 두 번째 문단에서 국가·회사별로 표준화된 미세먼지 차단지수가 없다고 설명하고 있다.

오답분석

① 초미세먼지 농도가 짙은 지역의 거주하는 사람 중 고령일수록 피부에 문제가 생길 확률이 증가했다.

③ 미세먼지가 가장 많이 침투하는 부위는 피부가 얇거나 자주 갈라지는 눈 근처, 코 옆, 입술 등이다.

④ 메이크업을 즐겨하는 사람들은 색조 제품의 특성상 노폐물이 더 잘 붙을 수밖에 없으므로 주의해야 한다.

정답 ②

16 다음 글에서 사용한 설명 방법에 해당하는 것을 〈보기〉에서 모두 고르면?

> 사물인터넷(Internet of Things)은 단어의 뜻 그대로 '사물들(Things)'이 '서로 연결된(Internet)' 것 혹은 '사물들로 구성된 인터넷'을 말한다. 기존의 인터넷이 컴퓨터나 무선 인터넷이 가능했던 휴대전화들이 서로 연결되어 구성되었던 것과는 달리, 사물인터넷은 책상, 자동차, 나무, 애완견 등 세상에 존재하는 모든 사물들이 연결되어 구성된 인터넷이라 할 수 있다. 사물인터넷은 연결되는 대상에 있어서 책상이나 자동차처럼 단순히 유형의 사물에만 국한되지 않으며, 교실, 커피숍, 버스 정류장 등 공간은 물론 상점의 결제 프로세스 등 무형의 사물까지도 그 대상에 포함한다.
> 사물인터넷의 표면적인 정의는 사물, 사람, 장소, 프로세스 등 유/무형의 사물들이 연결된 것을 의미하지만, 본질에서는 이러한 사물들이 연결되어 진일보한 새로운 서비스를 제공하는 것을 의미한다. 즉, 두 가지 이상의 사물들이 연결됨으로써 개별적인 사물들이 제공하지 못했던 새로운 기능을 제공하는 것이다.
> 가령 침대와 실내등이 연결되었다고 가정해보자. 지금까지는 침대에서 일어나서 실내등을 켜거나 꺼야했지만, 사물인터넷 시대에는 침대가 사람이 자고 있는지를 스스로 인지한 후 자동으로 실내등이 켜지거나 꺼지도록 할 수 있게 된다. 마치 사물들끼리 서로 대화를 함으로써 사람들을 위한 편리한 기능을 수행하게 되는 것이다.
> 이처럼 편리한 기능들을 수행하기 위해서는 침대나 실내등과 같은 현실 세계에 존재하는 유형의 사물들을 인터넷이라는 가상의 공간에 존재하는 것으로 만들어줘야 한다. 그리고 스마트폰이나 인터넷상의 어딘가에 '사람이 잠들면 실내등을 끈다.'거나 혹은 '사람이 깨어나면 실내등을 켠다.'와 같은 설정을 미리 해놓으면 새로운 사물인터넷 서비스를 이용할 수 있게 된다.

보기

㉠ 인용 ㉡ 구분 ㉢ 예시 ㉣ 역설 ㉤ 대조

① ㉠, ㉣
② ㉡, ㉢
③ ㉢, ㉤
④ ㉠, ㉣, ㉤

PART 2

17 **다음 글을 참고할 때, 사회변동에 가장 큰 영향력을 발휘할 수 있는 매체는?**

> 현재의 수신자가 미래의 발신자가 될 수 있는지 여부는 사회변동의 밑바탕이다. 사회혁명은 수신자였던 피지배 계층이 발신자로 전면에 나서는 순간 발발한다. 사회혁명을 거치면 과거의 발신자와 수신자의 위치가 바뀐다. 부르주아 혁명을 거치면서 발신을 독점했던 왕과 성직자는 독점적 지위를 더 이상 유지하지 못하게 되었다. 과거의 수신자였던 부르주아는 혁명을 통해 새로운 발신자로 등장했다. 이처럼 발신과 수신의 관계가 뒤바뀔 가능성이 남아 있느냐의 여부는 사회변동의 가능성과 밀접한 관련을 맺고 있다. 그래서 지배하는 계급은 지배받는 사람들이 발신자가 될 수 있는 가능성을 최대한 차단한다. 발신과 수신 구조의 고착화는 지배를 연장할 수 있는 매우 중요한 수단이다. 지배를 영속화하려면 수신의 충실도를 높이되, 수신 과정에서 학습 효과가 발휘되는 장치를 차단하면 된다.
>
> 레이먼드 윌리엄스는 그러한 사례를 읽고 쓰는 능력의 보급에 개입된 정치학에서 찾는다. 산업혁명 초기의 영국에서 교육 조직이 개편될 때, 지배 계층은 노동자 계층에게 읽는 능력은 가르쳐주되 쓰는 능력은 가르쳐주지 않으려 했다. 노동자 계층이 글을 읽을 줄 알게 되면 새로운 지시사항을 보다 쉽게 이해할 수 있고, 성서를 읽음으로써 도덕적 계발의 효과까지 얻을 수 있다. 노동자 계층이 읽는 능력을 획득하면, 수신의 충실도가 높아지는 것이다. 그러나 노동자 계층이 쓸 수 있는 능력을 획득하게 되면 정치적 지배에 균열이 생길 수 있다. 지배 계층의 입장에서 노동자들이 반드시 글을 쓸 줄 알아야 할 필요는 없었다. 일반적으로 노동자 계층이 학습을 하거나 명령을 할 일은 없었기 때문이다. 기껏해야 이따금씩 공적인 목적으로 사인을 하는 일 정도가 전부였을 것이다.
>
> 텔레비전은 읽고 쓰는 능력의 불균등한 배치와 보급을 통해 노렸던 정치적 효과를 완성한 미디어이다. 대중미디어란 민주적이지 않다는 뜻이다. 텔레비전만큼 발신과 수신의 비대칭성을 당연하게 여기는 미디어가 또 있는가? 수백만 명이 텔레비전을 시청할 수 있지만, 텔레비전에 출연하는 사람은 소수에 국한된다. 텔레비전은 발신과 수신의 비대칭을 영구화하면서, 동시에 수신의 반복을 통한 학습 효과조차 차단한 미디어이다.

① 책　　② 신문
③ 라디오　　④ SNS

※ 다음 글을 읽고 추론한 내용으로 가장 적절한 것을 고르시오. [18~19]

18

한 연구원이 어떤 실험을 계획하고 참가자들에게 이렇게 설명했다.
"여러분은 지금부터 둘씩 조를 지어 함께 일을 하게 됩니다. 여러분의 파트너는 다른 작업장에서 여러분과 똑같은 일을, 똑같은 노력을 기울여 할 것입니다. 이번 실험에 대한 보수는 조당 5만 원입니다."
실험 참가자들이 작업을 마치자 연구원은 참가자들을 세 부류로 나누어 각각 2만 원, 2만 5천 원, 3만 원의 보수를 차등 지급하면서, 그들이 다른 작업장에서 파트너가 받은 액수를 제외한 나머지 보수를 받은 것으로 믿게 하였다.
그 후 연구원은 실험 참가자들에게 몇 가지 설문을 했다. '보수를 받고 난 후에 어떤 기분이 들었는지, 나누어 받은 돈이 공정하다고 생각하는지'를 묻는 것이었다. 연구원은 설문을 하기 전에 3만 원을 받은 참가자가 가장 행복할 것이라고 예상했다. 그런데 결과는 예상과 달랐다. 3만 원을 받은 사람은 2만 5천 원을 받은 사람보다 덜 행복해 했다. 자신이 과도하게 보상을 받아 부담을 느꼈기 때문이다. 2만 원을 받은 사람도 덜 행복해 한 것은 마찬가지였다. 받아야 할 만큼 충분히 받지 못했다고 생각했기 때문이다.

① 인간은 타인과 협력할 때 더 행복해 한다.
② 인간은 공평한 대우를 받을 때 더 행복해 한다.
③ 인간은 남보다 능력을 더 인정받을 때 더 행복해 한다.
④ 인간은 자신이 설정한 목표를 달성했을 때 가장 행복해 한다.

PART 2

19

> 바닷 속에 서식했던 척추동물의 조상형 동물들은 체와 같은 구조를 이용하여 물 속의 미생물을 걸러 먹었다. 이들은 몸집이 아주 작아서 물 속에 녹아 있는 산소가 몸 깊숙한 곳까지 자유로이 넘나들 수 있었기 때문에 별도의 호흡계가 필요하지 않았다. 그런데 몸집이 커지면서 먹이를 거르던 체와 같은 구조가 호흡 기능까지 갖게 되어 마침내 아가미 형태로 변형되었다. 즉, 소화계의 일부가 호흡 기능을 담당하게 된 것이다. 그 후 호흡계의 일부가 변형되어 허파로 발달하고, 그 허파는 위장으로 이어지는 식도 아래쪽으로 뻗어 나갔다. 한편, 공기가 드나드는 통로는 콧구멍에서 입천장을 뚫고 들어가 입과 아가미 사이에 자리 잡게 되었다. 이러한 진화 과정을 보여 주는 것이 폐어(肺魚) 단계의 호흡계 구조이다.
>
> 이후 진화 과정이 거듭되면서 호흡계와 소화계가 접하는 지점이 콧구멍 바로 아래로부터 목 깊숙한 곳으로 이동하였다. 그 결과 머리와 목구멍의 구조가 변형되지 않는 범위 내에서 호흡계와 소화계가 점차 분리되었다. 즉, 처음에는 길게 이어져 있던 호흡계와 소화계의 겹친 부위가 점차 짧아졌고, 마침내 하나의 교차점으로만 남게 된 것이다. 이것이 인간을 포함한 고등 척추동물에서 볼 수 있는 호흡계의 기본 구조이다. 따라서 음식물로 인한 인간의 질식 현상은 척추동물 조상형 단계를 지나 자리 잡게 된 허파의 위치 – 당시에는 최선의 선택이었을 – 때문에 생겨난 진화의 결과라 할 수 있다.

① 지금의 척추동물과는 달리 조상형 동물들은 산소를 필요로 하지 않았다.
② 조상형 동물은 몸집이 커지면서 호흡기능의 중요성이 줄어드는 대신 소화기능이 중요해졌다.
③ 폐어 단계의 호흡계 구조에서 갖고 있던 아가미는 척추동물의 허파로 진화하였다.
④ 진화는 순간순간에 필요한 대응일 뿐 최상의 결과를 내는 과정이 아니다.

20 다음 글을 읽고 추론한 내용으로 적절하지 않은 것은?

> '정보 파놉티콘(Panopticon)'은 사람에 대한 직접적 통제와 규율에 정보 수집이 합쳐진 것이다. 정보 파놉티콘에서의 '정보'는 벤담의 파놉티콘에서의 시선(視線)을 대신하여 규율과 통제의 메커니즘으로 작동한다. 작업장에서 노동자들을 통제하고 이들에게 규율을 강제한 메커니즘은 시선에서 정보로 진화했다. 19세기에는 사진 기술을 이용하여 범죄자 프로파일링을 했는데, 이 기술이 20세기의 폐쇄회로 텔레비전이나 비디오카메라와 결합한 통계학으로 이어진 것도 그러한 맥락에서 이해할 수 있다. 더 극단적인 예를 들자면, 미국은 발목에 채우는 전자기기를 이용하여 죄수를 자신의 집안과 같은 제한된 공간에 가두어 감시하면서 교화하는 프로그램을 운용하고 있다. 이 경우 개인의 집이 교도소로 변하고, 국가가 관장하던 감시가 기업이 판매하는 전자기기로 대체됨으로써 전자기술이 파놉티콘에서의 간수의 시선을 대신한다.
>
> 컴퓨터나 전자기기를 통해 얻은 정보가 간수의 시선을 대체했지만, 벤담의 파놉티콘에 갇힌 죄수가 자신이 감시를 당하는지 아닌지를 모르듯이, 정보 파놉티콘에 노출된 사람들 또한 자신의 행동이 국가나 직장의 상관에게 열람될지를 확신할 수 없다. "그들이 감시당하는지 모를 때에도 우리가 그들을 감시하고 있다고 생각하도록 한다."라고 한 관료가 논평했는데, 이는 파놉티콘과 전자 감시의 유사성을 뚜렷하게 보여준다.
>
> 전자 감시는 파놉티콘의 감시 능력을 전 사회로 확장했다. 무엇보다 시선에는 한계가 있지만 컴퓨터를 통한 정보 수집은 국가적이고 전 지구적이기 때문이다. "컴퓨터화된 정보 시스템이 작은 지역 단위에서만 효과적으로 작동했을 파놉티콘을 근대 국가에 의한 일상적인 대규모 검열로 바꾸었는가."라고 한 정보사회학자 롭 클링은, 시선의 국소성과 정보의 보편성 사이의 차이를 염두에 두고 있었다. 철학자 들뢰즈는 이러한 인식을 한 단계 더 높은 차원으로 일반화하여, 지금 우리가 살고 있는 사회는 푸코의 규율 사회를 벗어난 새로운 통제 사회라고 주장했다. 그에 의하면 규율 사회는 증기 기관과 공장이 지배하고 요란한 구호에 의해 통제되는 사회이지만, 통제 사회는 컴퓨터와 기업이 지배하고 숫자와 코드에 의해 통제되는 사회이다.

① 정보 파놉티콘은 범죄자만 감시 대상에 해당하는 것이 아니다.
② 정보 파놉티콘이 종국에는 감시 체계 자체를 소멸시킬 것이다.
③ 정보 파놉티콘은 교정 시설의 체계를 효율적으로 바꿀 수 있다.
④ 정보 파놉티콘이 발달할수록 개인의 사생활은 보장될 수 없을 것이다.

대표유형 6 장문독해

※ 다음 글을 읽고 이어지는 질문에 답하시오. [1~2]

> 지오펜싱(Geofencing)이란 지리적(Geographic)과 울타리(Fencing)의 합성어로, GPS를 활용한 범위 기반의 가상 울타리 기반 응용 서비스를 말한다. 쉽게 말해 지오펜싱은 GPS 울타리를 설정하여 울타리 내의 사용자 출입 현황을 알려주는 서비스이다. 위치 추적의 핵심이 대상의 위치 파악이라면, 지오펜싱은 범위 및 구역을 중요시한다. 즉, 대상의 위치보다 대상이 범위 내에 존재하는지의 여부가 핵심이다.
> 현재 지오펜싱은 여러 산업 분야에서 다양하게 활용되고 있으며, 특히 마케팅 측면에서의 활용이 두드러진다. 이전에는 블루투스 기반의 비콘(Beacon) 기술을 활용했으나, 최근에는 지오펜싱 기반의 서비스가 ㉠ 빈번히 활용되고 있다. 블루투스를 사용하는 근거리 무선통신 기술인 비콘은 단말기가 내보내는 신호 범위 내의 사용자에게 메시지를 전송하거나 모바일 결제 등을 가능하게 해준다. 즉, 비콘은 별도의 단말기를 필요로 하며, 설치 지점으로부터 최대 100m 거리 내에서만 사용이 가능하다. 그러나 지오펜싱은 별도의 단말기가 필요하지 않으며, 비콘에 비해 넓어진 도달 범위로 인해 비교적 거리 제한 없이 활용할 수 있다.

01 다음 중 지오펜싱의 활용 사례로 적절하지 않은 것은?

① 회사는 사무실 주위 지역을 설정하여 근로자의 출퇴근을 자동으로 확인한다.
② 매장 200m 내에 위치한 고객의 스마트폰 앱으로 할인 쿠폰을 전송한다.
③ 비행 금지 구역으로 지정된 공항 시설 구역에 드론이 접근할 경우 경고음이 울린다.
④ 매장의 최대 100m 반경 내에 있는 고객은 스마트폰을 통해 음료를 주문·결제할 수 있다.

| 해설 | 매장의 최대 100m 반경 내에서 모바일 결제가 가능한 시스템은 지오펜싱이 아닌 비콘의 활용 사례에 해당한다. 지오펜싱의 경우 비콘보다 더 넓은 범위에서도 사용이 가능하며, 결제 서비스의 가능 여부는 제시문을 통해 알 수 없다.

정답 ④

02 다음 중 밑줄 친 ㉠과 바꾸어 쓸 수 없는 것은?

① 자주　　② 흔히
③ 때때로　　④ 누누이

| 해설 | • 빈번히 : 번거로울 정도로 도수(度數)가 잦게
• 때때로 : 경우에 따라서 가끔

오답분석
① 자주 : 같은 일을 잇따라 잦게
② 흔히 : 보통보다 더 자주 있거나 일어나서 쉽게 접할 수 있게
④ 누누이 : 여러 번 자꾸

정답 ③

※ 다음 글을 읽고 이어지는 질문에 답하시오. [21~23]

휴대전화를 새 것으로 바꾸기 위해 대리점에 간 소비자가 있다. 대리점에 가면서 휴대전화 가격으로 30만 원을 예상했다. 그런데 마음에 드는 것을 선택하니 가격이 25만 원이라고 하였다. 소비자는 흔쾌히 구입을 결정했다. 그러면서 뜻밖의 이익이 생겼음에 좋아했다. 처음 예상했던 휴대전화기의 가격과 실제 지불한 금액의 차이, 즉 5만 원의 이익을 얻었다고 보았기 때문이다. 경제학에서는 이것을 '소비자 잉여(消費者剩餘)'라고 부른다. 어떤 상품에 대해 소비자가 최대한 지불해도 좋다고 생각하는 가격에서 실제로 지불한 가격을 뺀 차액이 소비자 잉여인 셈이다. 결국 같은 가격으로 상품을 구입하면 할수록 소비자 잉여는 커질 수밖에 없다.
휴대전화를 구입하고 나니, 대리점 직원은 휴대전화의 요금제를 바꾸라고 권유했다. 현재 이용하고 있는 휴대전화 서비스보다 기본요금이 조금 더 비싼 대신 분당 이용료가 싼 요금제로 바꾸는 것이 더 이익이라는 설명도 덧붙였다. 소비자는 지금까지 휴대전화의 요금이 기본요금과 분당 이용료로 나누어져 있는 것을 당연하게 생각해 왔다. 그런데 곰곰이 생각해 보니, 이건 정말 특이한 가격 체계였다. 동네 중국집에서는 입장료를 따로 내지 않고, 먹은 자장면 값만 지불하면 된다. 주유소를 이용할 때도 가입비를 별도로 내는 일 없이 주유한 기름 값만 지불하면 된다. 다른 제품이나 서비스는 보통 한 번만 값을 지불하면 되는데, 왜 휴대전화 요금은 기본요금과 분당 이용료의 이원 체제로 이루어져 있는 것일까?
휴대전화 회사는 기본요금과 분당 이용료의 ㉠ <u>이원 체제 전략</u>, 즉 '이부가격제(二部價格制)'를 채택하고 있다. 이부가격제는 소비자가 어떤 상품을 사려고 할 때, 우선적으로 그 권리에 상응하는 가치를 값으로 지불하고, 실제 상품을 구입할 때 그 사용량에 비례하여 또 값을 지불해야 하는 체제를 말한다. 이부가격제를 적용하면 휴대전화 회사는 소비자의 통화량과 관계없이 기본 이윤을 확보할 수 있다.
이부가격제를 적용하는 또 다른 예로 놀이공원을 들 수 있다. 이전에는 놀이공원에 갈 때 저렴한 입장료를 지불했고, 놀이기구를 이용할 때마다 표를 구입했다. 그렇기 때문에 놀이기구를 골라서 이용하여 사용료를 절약할 수 있었고, 구경만 하고 사용료를 지불하지 않는 것도 가능했다.
그러나 요즘의 놀이공원은 입장료를 이전보다 엄청나게 비싸게 하고 놀이기구의 사용료를 상대적으로 낮게 했다. 게다가 '빅3'니 '빅5'니 하는 묶음표를 만들어 놀이 기구 이용자로 하여금 가격의 부담이 적은 것처럼 느끼게 만들었다. 결국 놀이 공원의 가격 전략은 사용료를 낮추고 입장료를 높게 받는 이부가격제로 굳어지고 있는 것이다.
여기서 놀이공원의 입장료는 (㉡)에 해당한다. 그리고 입장료를 내고 들어간 사람들이 놀이기구를 이용할 때마다 내는 요금은 상품의 가격에 해당하는 부분이다. 우리가 모르는 가운데 기업의 이윤 극대화를 위한 모색은 계속되고 있다.

21 윗글을 읽고 추론한 내용으로 가장 적절한 것은?

① 놀이 공원의 '빅3'나 '빅5' 등의 묶음표는 이용자를 위한 가격제이다.
② 이부가격제는 이윤 극대화를 위해 기업이 채택할 수 있는 가격 제도이다.
③ 소비자 잉여의 크기는 구입한 상품에 대한 소비자의 만족감과 반비례한다.
④ 휴대전화 요금제는 기본요금과 분당 이용료가 비쌀수록 소비자에게 유리하다.

PART 2

22 ㉠의 사례로 볼 수 있는 것은?

① ○○ 상점에서는 개업 기념으로 하루 동안 모든 물건을 30% 할인해 준다.
② ○○ 통닭집은 쿠폰 10장을 모으면 통닭 한 마리를 더 주는 판매 전략을 세웠다.
③ ○○ 주식회사는 판매량을 1.5배 이상 올린 직원에게 월 급여의 10%에 해당하는 상여금을 지급한다.
④ ○○ 카메라 주식회사는 자사에서 생산한 즉석 사진기를 싸게 팔고, 즉석 필름을 비싸게 팔아 이익을 남기는 판매 전략을 펴고 있다.

23 ㉡에 들어갈 말로 알맞은 것은?

① 상품을 살 수 있는 최소한의 요금
② 상품을 살 수 있는 최대한의 요금
③ 다른 사람보다 더 좋은 상품을 살 수 있는 가격
④ 상품을 살 수 있는 권리를 얻기 위해 지불해야 하는 금액

※ 다음 글을 읽고 이어지는 질문에 답하시오. [24~25]

딸기에는 비타민 C가 귤의 1.6배, 레몬의 2배, 키위의 2.6배, 사과의 10배 정도 함유되어 있어 딸기 5~6개를 먹으면 하루에 필요한 비타민 C를 전부 섭취할 수 있다. 비타민 C는 신진대사 활성화에 도움을 줘 원기를 회복하고 체력을 증진시키며, 멜라닌 색소가 축적되는 것을 막아 기미, 주근깨를 예방해준다. 멜라닌 색소가 많을수록 피부색이 검어지므로 미백 효과도 있는 셈이다. 또한 비타민 C는 피부 저항력을 높여줘 알레르기성 피부나 홍조가 짙은 피부에도 좋다. 비타민 C가 내는 신맛은 식욕 증진 효과와 스트레스 해소 효과가 있다.
한편, 딸기에 비타민 C만큼 풍부하게 함유된 성분이 항산화 물질인데, 이는 암세포 증식을 억제하는 동시에 콜레스테롤 수치를 낮춰주는 기능을 한다. 그래서 심혈관계 질환, 동맥경화 등의 예방에 좋고 눈의 피로를 덜어주며 시각 기능을 개선해주는 효과도 있다.
딸기는 식물성 섬유질 함량도 높은 과일이다. 섬유질 성분은 콜레스테롤을 낮추고, 혈액을 깨끗하게 만들어 준다. 그뿐만 아니라 소화 기능을 촉진하고 장운동을 활발히 해 변비를 예방한다. 딸기 속 철분은 빈혈 예방 효과가 있어 혈색이 좋아지게 한다. 더불어 모공을 축소시켜 피부 탄력도 증진시킨다. 딸기와 같은 붉은 과일에는 라이코펜이라는 성분이 들어 있는데, 이 성분은 면역력을 높이고 혈관을 튼튼하게 해 노화 방지 효과를 낸다. 이처럼 건강에 무척 좋지만 당도가 높으므로 하루에 5~10개 정도만 먹는 것이 적당하다. 물론 달달한 맛에 비해 칼로리는 100g당 27kcal로 높지 않아 다이어트 식품으로 선호도가 높다.

24 **윗글의 제목으로 가장 적절한 것은?**

① 딸기 속 비타민 C를 찾아라
② 비타민 C의 신맛의 비밀
③ 제철 과일, 딸기 맛있게 먹는 법
④ 다양한 효능을 가진 딸기

25 **윗글을 마케팅에 이용할 때, 마케팅 대상으로 적절하지 않은 사람은?**

① 잦은 야외 활동으로 주근깨가 걱정인 사람
② 스트레스로 입맛이 사라진 사람
③ 콜레스테롤 수치 조절이 필요한 사람
④ 당뇨병으로 혈당 조절을 해야 하는 사람

CHAPTER 02

이해력

합격 CHEAT KEY

출제유형

01 상황판단

바람직한 사회 생활을 영위하기 위한 직업인으로서의 태도 및 자세를 평가하는 유형으로, 일련의 상황을 제시하고 이에 따른 적절한 것 혹은 적절하지 않은 것을 찾는 문제가 출제된다.

02 조직생활

조직 내 단체 생활을 하며 동료 · 상사와의 관계에서 어떻게 행동할 것인지 묻는 문제가 출제되고 있다.

03 갈등관리

직장 생활을 하며 업무적 마찰이나 갈등을 어떻게 해결할 것인지를 묻는 문제가 출제되고 있다.

학습전략

01 상황판단

- 제시된 상황을 빠르고 정확하게 이해해야 문제를 풀 수 있다.

02 조직생활

- 타인의 입장에서 문제 상황을 바라보고 판단할 수 있어야 한다.

03 갈등관리

- 조직 내 갈등은 부정적인 효과뿐 아니라 긍정적인 효과 또한 창출할 수 있다는 것을 이해해야 한다.

CHAPTER 02 이해력 기출예상문제

정답 및 해설 p.009

대표유형 1 상황판단

다음 〈조건〉을 보고 판단했을 때 적절한 행동은?

조건

- 평소 A사원은 B사원과 업무를 함께 진행한다.
- A사원은 술을 잘 마시지 못한다.
- B사원은 술을 잘 마신다.
- 연말 회식자리에서 B사원이 A사원에게 업무 이야기를 하며 술을 권한다.

① A사원은 B사원에게 원래 술을 못 마신다고 말하며 술을 거절한다.

② A사원은 다른 팀원들에게 도움을 요청하여 B사원을 다른 곳으로 가게 한다.

③ A사원은 B사원이 주는 술을 몰래 버린다.

④ A사원은 B사원을 피해 다른 곳으로 은근슬쩍 자리를 옮긴다.

| 해설 | 다른 사람에 의해 본인에게 불편한 상황이 생기면 솔직하게 자신의 상황을 말하고 거절하는 것이 적절한 행동이라고 할 수 있다.

정답 ①

※ 다음 〈조건〉을 보고 판단했을 때 적절한 행동을 고르시오. [1~5]

01

조건

- 부서원들끼리 점심식사를 마치고 A사원의 카드로 우선 한꺼번에 계산을 하게 되었다.
- 다른 부서원들은 정확히 A사원에게 점심값을 전달했다.
- 평소 껄끄러웠던 선임 B대리는 실제 금액보다 적은 금액을 A사원에게 주었다.

① 큰 금액은 아니므로 개의치 않는다.

② 즉시 그 자리에서 B대리에게 금액이 틀리다고 말한다.

③ 다음에 다시 본인이 점심식사 가격을 계산하게 될 때 가벼운 농담조로 B대리에게 이 사실을 말한다.

④ B대리가 계산할 때 B가 덜 낸 만큼 본인도 덜 낸다.

02

조건

- A대리는 매년 K국가로 해외출장 시 같은 호텔을 이용한다.
- 어느 날 묵고 있던 호텔에서 우수고객이라며 고가의 레저 이용권을 별다른 제안 없이 제공하려 한다.

① 레저 이용권을 사용한 후 회사에 알린다.
② 개인적으로 받는 것이기 때문에 다른 절차 없이 본인이 사용한다.
③ 즉시 거절하고 앞으로도 제공하지 말 것을 통보한다.
④ 부서장 또는 담당부서와 통화한 후 지침을 따른다.

03

조건

- S부서에는 M팀과 K팀이 있다.
- 두 팀의 직원은 2년간 근무한 후 번갈아가며 M팀과 K팀을 순환하고 있다.
- A대리가 K팀에 온 지 1년 6개월이 되어갈 시점에 사적인 이유로 M팀의 팀장과 K팀의 팀장 사이에 심각한 불화가 생겨 팀원들은 눈치를 보며 생활하는 중이다.

① A대리는 현재 K팀 소속인 만큼 K팀 팀장의 의견에 맞장구 쳐 준다.
② 상황에 따라 K팀 팀장과 M팀 팀장의 의견에 번갈아가며 맞장구 쳐 준다.
③ 사적인 일로 벌어진 상황인만큼 신경 쓰지 않는다.
④ 팀원들과 대화 시 상대 팀장의 험담은 절대 하지 않는다.

04

조건

- S팀 A사원은 돼지고기를 싫어한다.
- A사원은 팀 회식에 참여하고 싶다.
- S팀의 팀장은 이번 팀 회식을 삼겹살집에서 하자고 한다.

① 팀 회식에 참석하고 삼겹살집에서 다른 메뉴를 시킨다.
② 팀 회식에 참여하지 않는다.
③ 팀 회식에 참석하여 삼겹살을 억지로 먹는다.
④ 삼겹살집에 가지 않겠다고 반항을 한다.

05

조건

- 사원은 자기계발을 위해 퇴근 후 대학원을 다니고 있다.
- 오늘은 대학원에서 기말고사가 있는 날이다.
- 오늘 오후에 팀장이 예정에 없던 사유로 팀 전체 야근을 지시한다.

① 팀장에게 양해를 구하고 대학원을 간다.
② 본인에게 할당된 업무량을 확인하고 먼저 기말고사를 본 뒤 복귀하여 밤을 새서라도 할당된 업무량을 채운다.
③ 기말고사를 포기한다.
④ 친한 팀원에게 본인의 역할까지 담당해줄 것을 부탁한다.

대표유형 2 조직생활

다음 중 직장생활에서 인간관계를 잘하는 방법에 대한 설명으로 적절하지 않은 것은?

① 상사나 동료의 의견에 일단 수긍을 하는 자세를 보인다.
② 업무능력보다는 인간관계가 더 중요하다는 점을 명심한다.
③ 적극적인 마인드를 가지고 업무에 임하고 자신을 강하게 어필할 수 있도록 한다.
④ 상대방에게 호감을 줄 수 있도록 항상 웃는 얼굴로 대한다.

| 해설 | 직장생활은 일이기 때문에 업무능력이 더 중요하다. 업무능력이 떨어지면 인간관계를 잘하는 것은 큰 의미가 없다. 직장생활에서 업무능력이 좋으면, 인간관계에서도 큰 영향을 미친다.

정답 ②

06 **다음 법칙을 읽고 리더(Leader)의 입장에서 이해한 내용으로 가장 적절한 것은?**

> 존 맥스웰(John Maxwell)의 저서 『121가지 리더십 불변의 법칙』 중 첫 번째 법칙으로 '뚜껑의 법칙'을 살펴볼 수 있다. 뚜껑의 법칙이란 용기(容器)를 키우려면 뚜껑의 크기도 그에 맞게 키워야만 용기로서의 역할을 제대로 할 수 있으며, 그렇지 않으면 병목 현상이 생겨 제 역할을 할 수 없다는 것이다.

① 리더는 자신에 적합한 인재를 등용할 수 있어야 한다.
② 참된 리더는 부하직원에게 기회를 줄 수 있어야 한다.
③ 리더는 부하직원의 실수도 포용할 수 있어야 한다.
④ 크고 작은 조직의 성과는 리더의 역량에 달려 있다.

07 **다음 중 훌륭한 팀워크를 유지하기 위한 기본요소로 적절하지 않은 것은?**

① 팀원 간 공동의 목표의식과 강한 도전의식을 가진다.
② 팀원 간에 상호신뢰하고 존중한다.
③ 서로 협력하면서 각자의 역할에 책임을 다한다.
④ 팀원 개인의 능력이 최대한 발휘되는 것이 핵심이다.

08 다음 중 대인관계능력에 대한 설명으로 적절하지 않은 것은?

① 인간관계를 형성할 때 가장 중요한 요소는 무엇을 말하느냐, 어떻게 행동하느냐이다.

② 대인관계를 형성하는 출발점은 자신의 내면이다.

③ 조직구성원들에게 도움을 줄 수 있는 능력이다.

④ 고객의 요구를 충족시켜줄 수 있는 능력이다.

09 새로운 과제를 추진하기 위한 팀워크 활성화 방안에 대한 토의에서 적절하지 않은 발언을 한 사람은?

> A대리 : 서로에 대한 활발한 피드백은 팀워크 개선에 큰 도움이 될 거야.
> B주임 : 세부사항에 대한 의사결정을 할 때에도 적극적인 참여가 필요해.
> C사원 : 업무수행 과정에 있어서도 다른 구성원의 적극적인 동참이 필요해요.
> D대리 : 내부에서 갈등이 발생한 경우에는 소모적인 논쟁을 피하기 위해 당사자에게 해결을 맡기는 것이 좋아.
> E사원 : 불필요한 절차를 최소화하여 팀워크를 활성화할 수 있는 환경을 조성하여야 합니다.

① A대리

② B주임

③ C사원

④ D대리

10 최근 회사 생활을 하면서 대인관계에 어려움을 겪고 있는 A사원은 같은 팀 B대리에게 조언을 구하고자 면담을 신청하였다. 다음 중 B대리가 A사원에게 해 줄 조언으로 적절하지 않은 것은?

> A사원 : 지난달 팀 프로젝트를 진행하면서 같은 팀원인 C사원이 업무적으로 힘들어하는 것 같아서 C사원의 업무를 조금 도와줬습니다. 그 뒤로 타 부서 직원인 D사원의 업무 협조 요청도 거절하지 못해 함께 업무를 진행했습니다. 그러다 보니 막상 제 업무는 제시간에 끝내지 못했고, 결국에는 늘 야근을 해야만 했습니다. 앞으로는 제 업무에만 전념하기로 다짐하면서 지난주부터는 다른 직원들의 부탁을 모두 거절하였습니다. 그랬더니 동료들로부터 제가 냉정하고 업무에 비협조적이라는 이야기를 들었습니다. 이번 달에는 정말 제가 당장 처리해야 할 업무가 많아 도움을 줄 수 없는 상황입니다. 동료들의 부탁을 어떻게 거절해야 동료들이 저를 이해해줄까요?
> B대리 : ______________________________

① 도움이 필요한 상대 동료의 상황을 충분히 이해하고 있음을 드러내야 합니다.

② 현재 도움을 줄 수 없는 A사원의 상황이나 이유를 분명하게 설명해야 합니다.

③ 도움을 주지 못해 아쉬운 마음을 함께 표현해야 합니다.

④ 상대 동료가 미련을 갖지 않도록 단번에 거절해야 합니다.

대표유형 3 갈등관리

다음 중 조직에서 갈등을 증폭시키는 행위로 적절하지 않은 것은?

① 팀원 간에 서로 상대보다 더 높은 인사고과를 얻기 위해 경쟁한다.
② 팀의 공동목표 달성보다는 본인의 승진이 더 중요하다고 생각한다.
③ 다른 팀원이 중요한 프로젝트를 맡은 경우에 그 프로젝트에 대해 자신이 알고 있는 노하우를 알려주지 않는다.
④ 갈등이 발견되면 바로 갈등 문제를 즉각적으로 다루려고 한다.

| 해설 | 갈등을 발견하고도 즉각적으로 다루지 않는다면 나중에는 팀 성공을 저해하는 장애물이 될 것이다. 그러나 갈등이 존재한다는 사실을 인정하고 해결을 위한 조치를 취한다면, 갈등을 해결하기 위한 하나의 기회로 전환할 수 있다.

정답 ④

11 **다음은 G교육청 사보에 실린 '조직의 분쟁 해결을 위한 여섯 단계'를 설명하는 기사내용이다. 오늘 아침 회의시간에 회사 성과급 기준과 관련하여 팀원 간의 갈등이 있었는데, 기사를 읽고 고려할 수 있는 갈등 해결 방안으로 적절하지 않은 것은?**

〈조직의 분쟁 해결을 위한 여섯 단계〉

1. 문제가 무엇이며, 분쟁의 원인이 무엇인지 명확히 정의하기
2. 공동의 목표 수립하기
3. 공동의 목표를 달성하는 방법에 대해 토론하기
4. 공동의 목표를 수립하는 과정에서 발생할 장애물 탐색하기
5. 분쟁을 해결하는 최선의 방법에 대해 협의하기
6. 합의된 해결 방안을 확인하고 책임 분할하기

① 성과급 기준에 대해 내가 원하는 점과 다른 사람이 원하는 점을 모두 생각해봐야지.
② 합의된 성과급 기준에서 발생할 수 있는 문제점들도 생각해봐야겠다.
③ 모두가 만족할 만한 해결 방안을 확인했으니, 팀장인 내가 책임감을 가지고 실행해야지.
④ 성과급 기준과 관련하여 팀원들과 갈등이 있었는데 원인을 찾아봐야겠다.

PART 2

12 다음 중 갈등에 대한 설명으로 가장 적절한 것은?

① 의사소통의 폭을 줄이면서, 서로 접촉하는 것을 꺼리게 된다.

② 갈등이 없으면 항상 의욕이 상승하고, 조직성과가 높아진다.

③ 승리하기보다는 문제를 해결하는 것을 중시한다.

④ 목표달성을 위해 노력하는 팀은 갈등이 없다.

13 다음은 갈등해결을 위한 6단계 프로세스이다. 3단계에 해당하는 대화의 예로 가장 적절한 것은?

1단계 사전 준비하기	⇨	**2단계** 긍정적인 분위기에서 대화 시작하기	⇨	**3단계** 상대방의 입장 파악하기
				⇩
6단계 최종적으로 해결책 선택 및 실행하기	⇦	**5단계** 해결책 평가하기	⇦	**4단계** 상대방의 입장에서 해결책 생각해보기

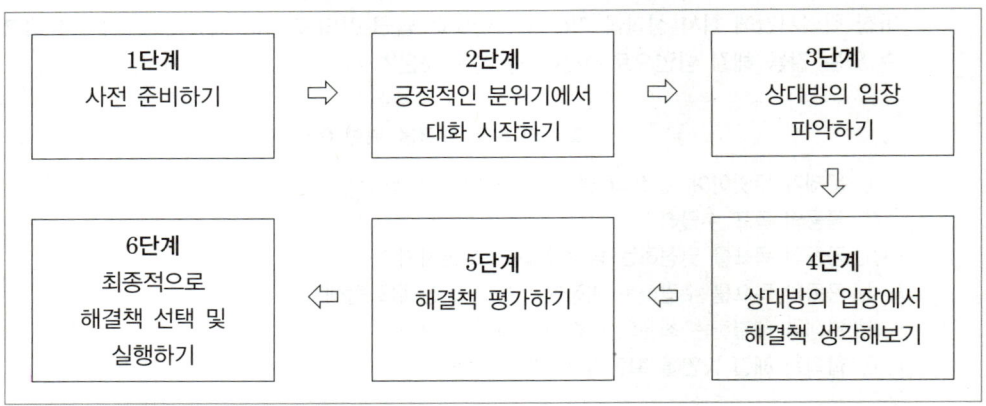

① 그럼 A씨의 생각대로 진행해 보시죠.

② 제 생각은 이런데, A씨의 생각은 어떠신지 말씀해 주시겠어요?

③ 저도 좋아요. 그것으로 결정해요.

④ 저는 모두가 만족하는 해결책을 찾고 싶어요.

14 **다음 중 갈등을 해소하기 위한 방법으로 옳지 않은 행동을 모두 고른 것은?**

> ㉠ A는 H와 사업 방향을 두고 갈등이 생기자 자신의 의견을 명확하게 말하였다.
> ㉡ A는 C와 의견을 나누다 갈등이 생기자 그냥 넘어가면 안 되겠다 싶어 이 문제에 대해 논쟁을 하였다.
> ㉢ A는 B와의 어려운 문제로 갈등이 생기자 논쟁을 만들고 싶지 않아 회피하였다.
> ㉣ F와 G가 이번 신상품 개발을 두고 갈등이 생긴 것을 본 A는 F와 G 한쪽 편을 들지 않고 중립을 유지하였다.

① ㉠, ㉡　　② ㉡, ㉢
③ ㉢, ㉣　　④ ㉠, ㉢

15 **다음 중 고객불만 처리 프로세스가 바르게 제시된 것은?**

① 경청 → 공감표시 → 사과 → 해결약속 → 신속처리 → 처리확인 → 피드백
② 공감표시 → 사과 → 경청 → 해결약속 → 신속처리 → 피드백 → 처리확인
③ 경청 → 공감표시 → 사과 → 해결약속 → 신속처리 → 피드백 → 처리확인
④ 공감표시 → 사과 → 경청 → 해결약속 → 신속처리 → 처리확인 → 피드백

CHAPTER 03

공간지각력

합격 CHEAT KEY

출제유형

01 평면도형

종이를 접어 구멍을 뚫은 후 다시 펼쳤을 때의 모습을 찾는 펀칭 문제와, 일정 규칙에 따른 도형의 변화를 보고 빈칸에 들어갈 도형을 찾는 패턴 찾기 문제, 전개도를 접었을 때 나올 수 없는 도형을 찾는 전개도 문제가 출제되고 있다.

02 입체도형

단면도를 보고 입체도형을 찾는 단면도 문제, 모양이 다른 하나를 찾는 투상도 문제, 블록을 결합했을 때 모습 또는 빈칸에 들어갈 블록을 찾는 블록결합 문제, 블록의 개수를 찾는 문제가 출제되고 있다.

학습전략

01 평면도형

- 공부를 하다가 잘 이해가 되지 않는 경우에는 머릿속으로 상상하는 것에 그치지 말고 실제로 종이를 접어 구멍을 뚫어 보거나 잘라 보는 것이 좋다.

02 입체도형

- 여러 시점에서 바라본 도형의 모습을 연상하며, 보이지 않는 부분까지도 유추할 수 있는 능력을 키워야 한다.
- 입체도형은 큰 덩어리보다 작고 세밀한 부분에서 답이 나올 확률이 높다. 따라서 눈대중으로 훑어보아서는 안 되며, 작은 부분까지 꼼꼼하게 체크하면서 답을 찾아야 한다.

CHAPTER 03 공간지각력 핵심이론

01 평면도형

1. 펀칭

주어진 종이를 조건에 맞게 접은 후 구멍을 뚫고 펼쳤을 때 나타나는 모양을 고르는 유형이 출제된다.

- 펀칭 유형은 종이에 구멍을 낸 후 다시 종이를 펼쳐가며 구멍의 위치와 모양을 추적하는 방법으로 해결할 수 있다.
- 종이를 펼쳤을 때 구멍의 개수와 위치를 판별하는 것이 핵심이다. 이를 위해서는 '대칭'에 대한 이해가 필요하다. 구멍은 종이를 접은 선을 기준으로 대칭되어 나타난다는 것에 유의한다.
  - 개수 : 면에 구멍을 뚫으면 종이를 펼쳤을 때 구멍이 2개 나타나고, 접은 선 위에 구멍을 뚫으면 종이를 펼쳤을 때 구멍이 1개 나타난다.
  - 위치 : 종이를 접는 방향을 주의 깊게 살펴야 한다. 종이를 왼쪽에서 오른쪽으로 접은 경우, 구멍의 위치는 오른쪽에서 왼쪽으로 표시하며 단계를 거슬러 올라간다.

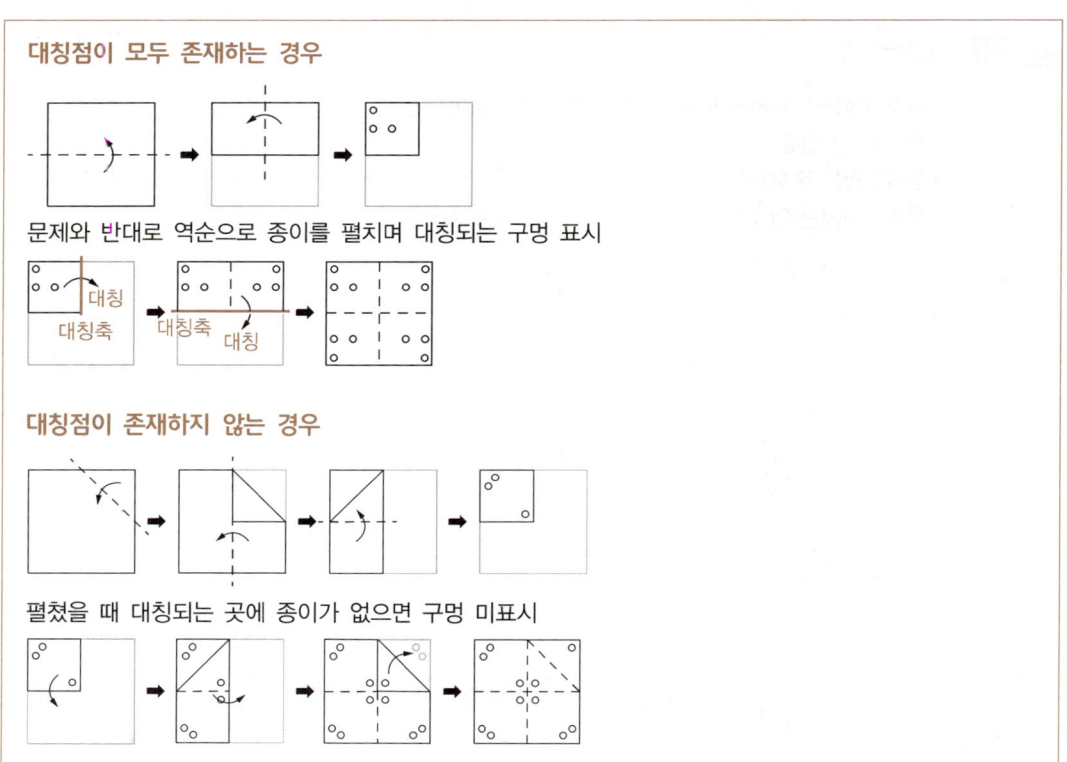

대칭점이 모두 존재하는 경우

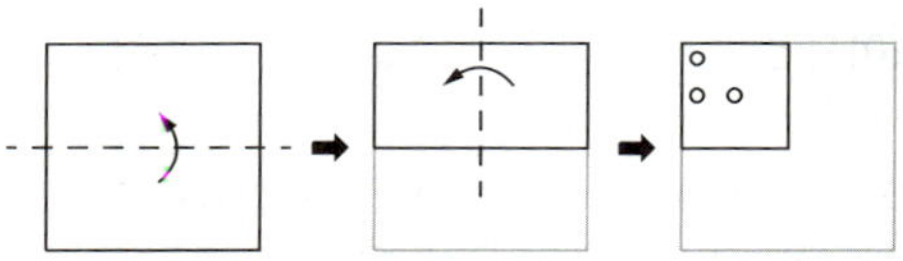

문제와 반대로 역순으로 종이를 펼치며 대칭되는 구멍 표시

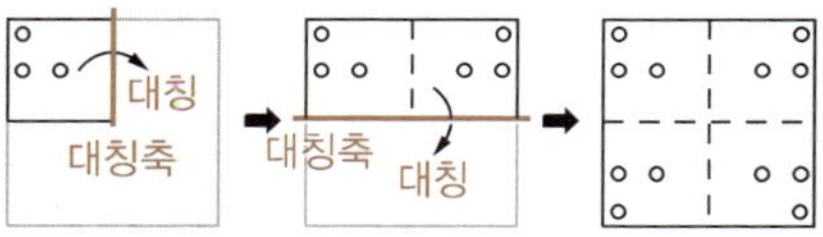

대칭점이 존재하지 않는 경우

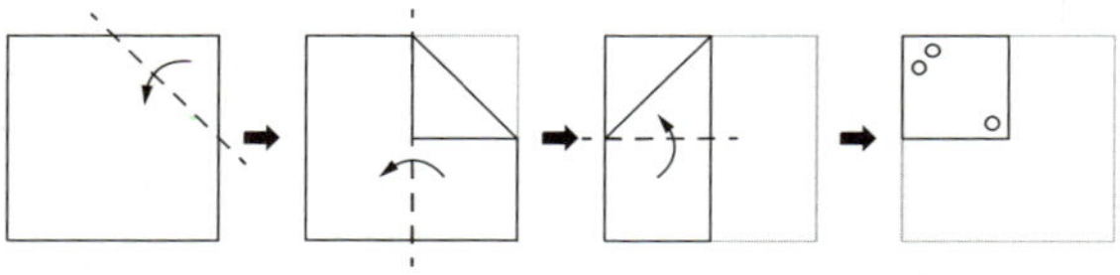

펼쳤을 때 대칭되는 곳에 종이가 없으면 구멍 미표시

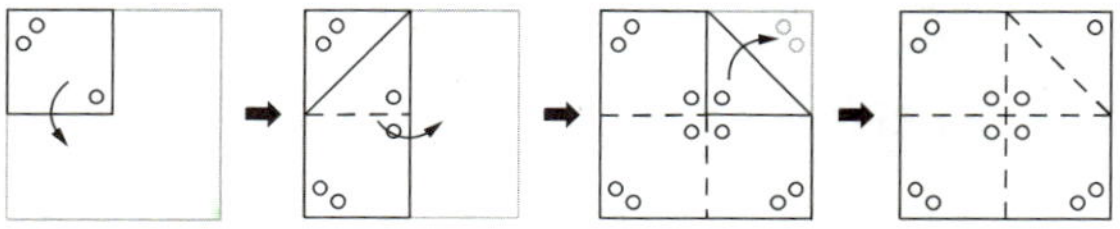

2. 도형추리

(1) 180° 회전한 도형은 좌우와 상하가 모두 대칭이 된 모양이 된다.

예

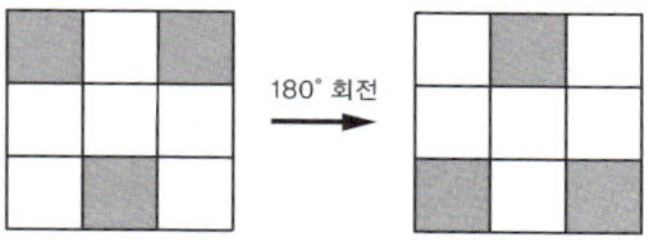

(2) 시계 방향으로 90° 회전한 도형은 시계 반대 방향으로 270° 회전한 도형과 같다.

예

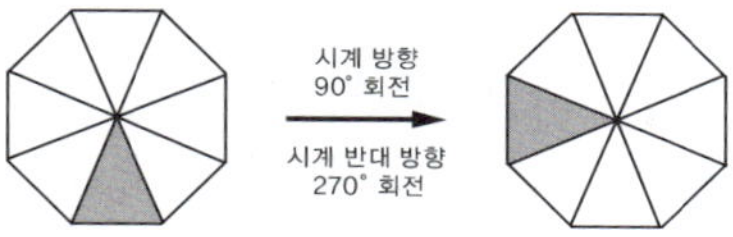

(3) 좌우 반전 → 좌우 반전, 상하 반전 → 상하 반전은 같은 도형이 된다.

예

(4) 도형을 거울에 비친 모습은 방향에 따라 좌우 또는 상하로 대칭된 모습이 나타난다.

예

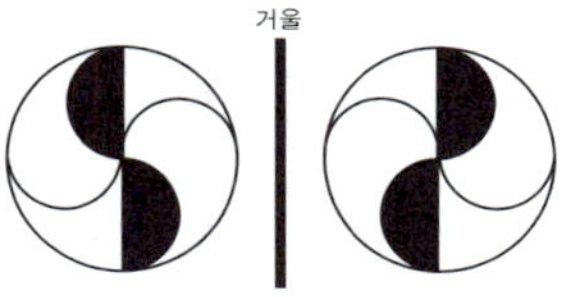

PART 2

02 입체도형

1. 전개도

제시된 전개도를 이용하여 만들 수 있는 입체도형을 찾는 문제와 제시된 입체도형의 전개도로 알맞은 것을 고르는 유형이 출제된다.

- 전개도상에서는 떨어져 있지만 입체도형으로 만들었을 때 서로 연결되는 면을 주의 깊게 살핀다.
- 마주보는 면과 인접하는 면을 구분하여 학습한다.
- 평면이었던 전개도가 입체도형이 되면서 면의 그림이 회전되는 모양을 확인한다.
- 많이 출제되는 전개도는 미리 마주보는 면과 인접하는 면, 만나는 꼭짓점을 학습한다.
  - ①~⑥은 접었을 때 마주보는 면을 의미한다. 즉, 두 수의 합이 7이 되는 면끼리 마주 보는 면이다. 또한 각 전개도에서 ①에 위치하는 면이 같다고 할 때, 전개도마다 면이 어떻게 배열되는지도 나타낸다.
  - 1~8은 접었을 때 만나는 점을 의미한다. 즉, 접었을 때 같은 숫자가 적힌 점끼리 만난다.

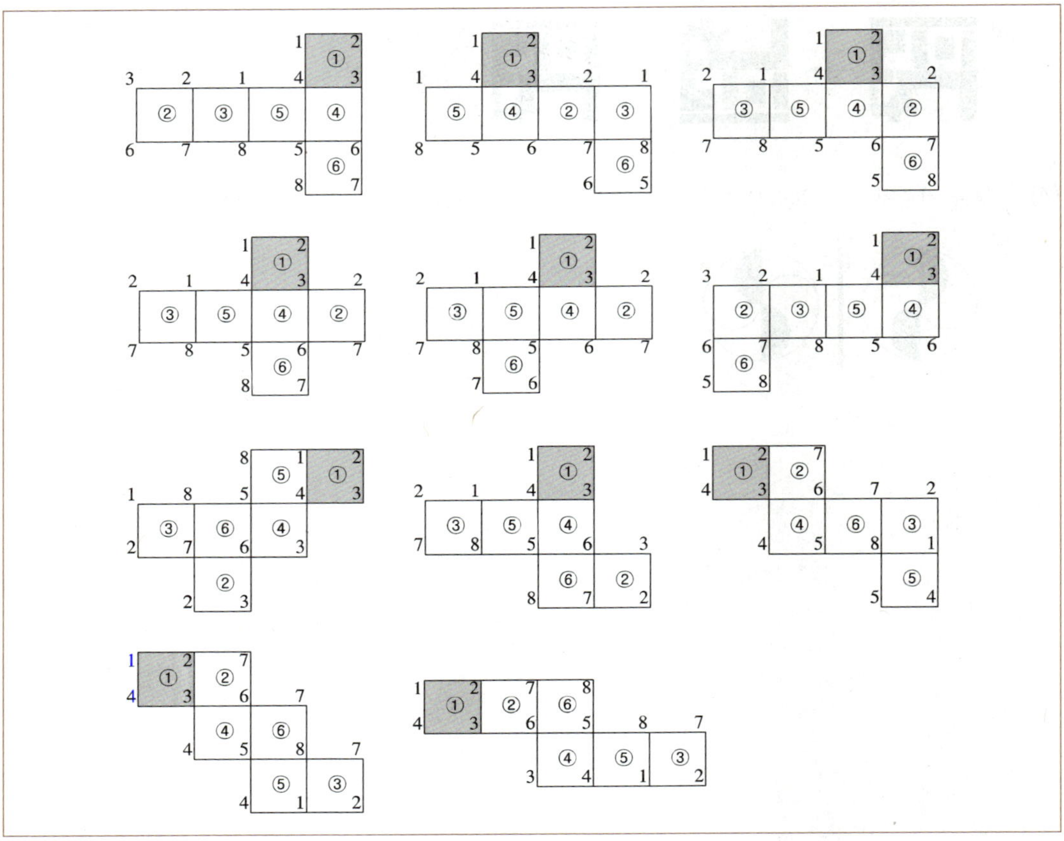

2. 단면도

입체도형을 세 방향에서 봤을 때 나타나는 단면과 일치하는 것을 고르는 유형이 출제된다.

- 제시된 세 단면이 입체도형을 어느 방향에서 바라본 단면인지 파악한다.
- 보기에 제시된 입체도형에서 서로 다른 부분을 표시한다.
- 입체도형에 표시된 부분을 기준으로 제시된 단면과 일치하지 않는 입체도형을 지워나간다.

3. 투상도

여러 방향으로 회전된 입체도형 중에 일치하지 않는 것을 고르는 유형이 출제된다.

- 주로 밖으로 나와 있는 모양이나 안으로 들어가 있는 모양이 반대로 되어 있거나 입체도형을 회전하였을 때 모양이 왼쪽, 오른쪽이 반대로 되어 있는 경우가 많으므로 이 부분을 중점으로 확인한다.

4. 블록결합

직육면체로 쌓아진 블록을 세 개의 블록으로 분리했을 때 제시되지 않은 하나의 블록을 고르는 유형이 출제된다.

- 쉽게 파악되지 않는 블록의 경우 블록을 한 층씩 나누어 생각한다.
- 블록은 다양한 방향과 각도로 회전하여 결합할 수 있으므로 결합되는 여러 가지 경우의 수를 판단한다.

직육면체의 입체도형을 세 개의 블록으로 분리했을 때, 들어갈 블록의 모양으로 옳은 것을 고르는 유형

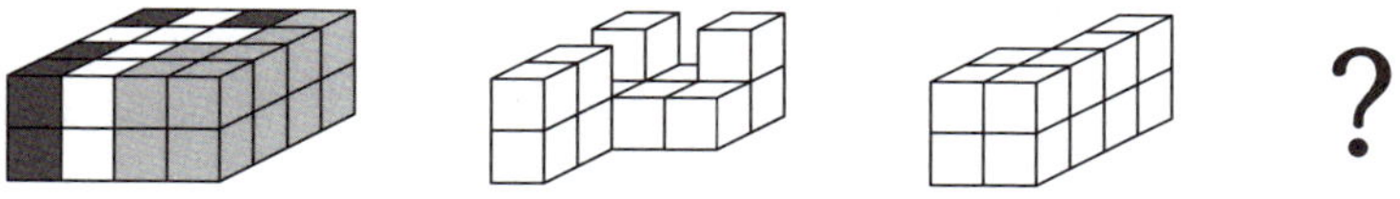

〈전체〉 〈A〉 〈B〉 〈C〉

- 개별 블록과 완성된 입체도형을 비교하여 공통된 부분을 찾는다.
- 완성된 입체도형에서 각각의 블록에 해당되는 부분을 소거한다. 전체 블록은 16개의 정육면체가 2단으로 쌓인 것으로, 〈A〉와 〈B〉를 제하면 윗단은 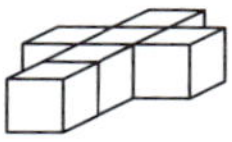이 되고, 아랫단은 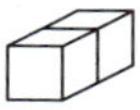이 되어 〈C〉에는 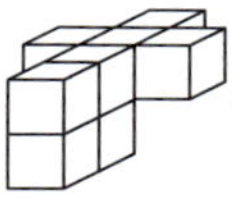이 들어가야 함을 알 수 있다.

CHAPTER 03 공간지각력 기출예상문제

정답 및 해설 p.011

01 평면도형

대표유형 1 편칭

다음 그림과 같이 화살표 방향으로 종이를 접은 후, 펀치로 구멍을 뚫어 다시 펼쳤을 때의 그림으로 옳은 것은?

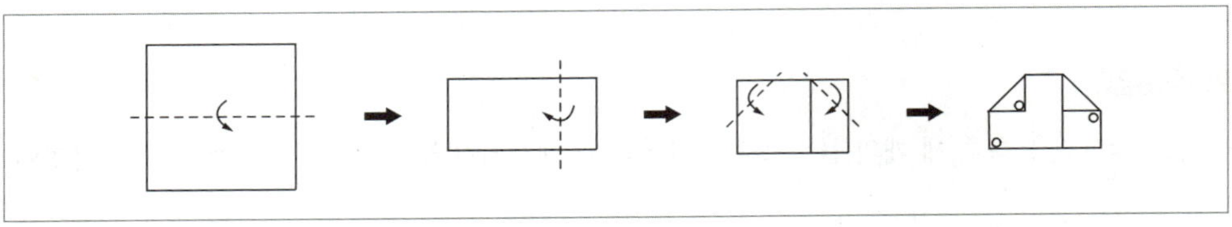

① 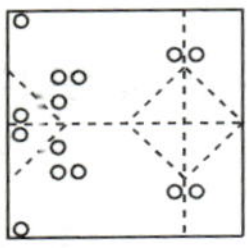

② 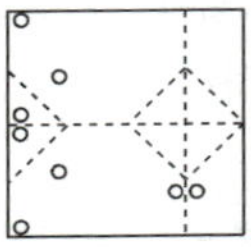

③ 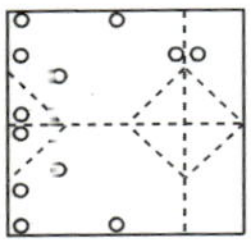

④ 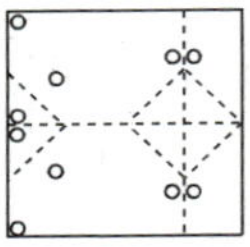

| 해설 |

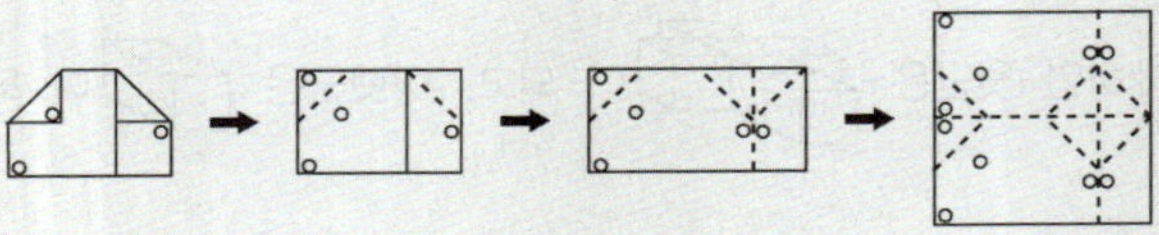

정답 ④

※ 다음 그림과 같이 화살표 방향으로 종이를 접은 후, 펀치로 구멍을 뚫어 다시 펼쳤을 때의 그림으로 옳은 것을 고르시오. [1~4]

01

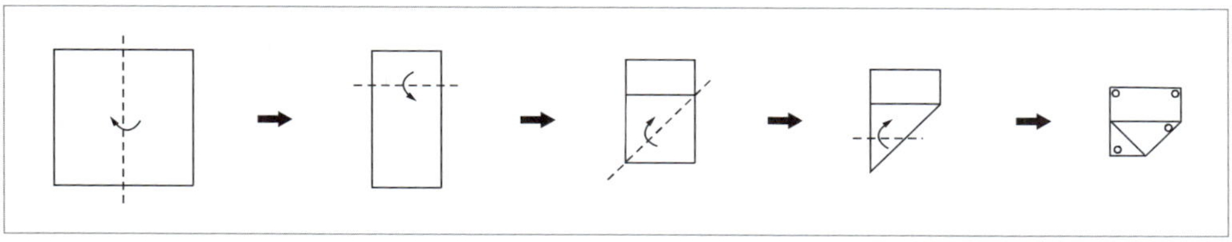

①

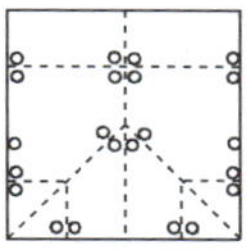

②

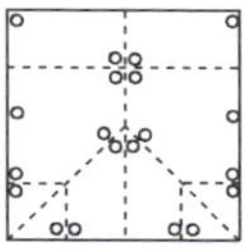

③

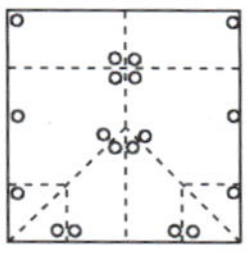

④

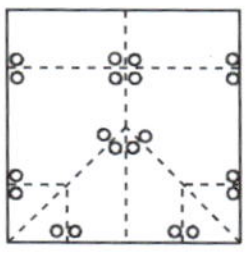

02

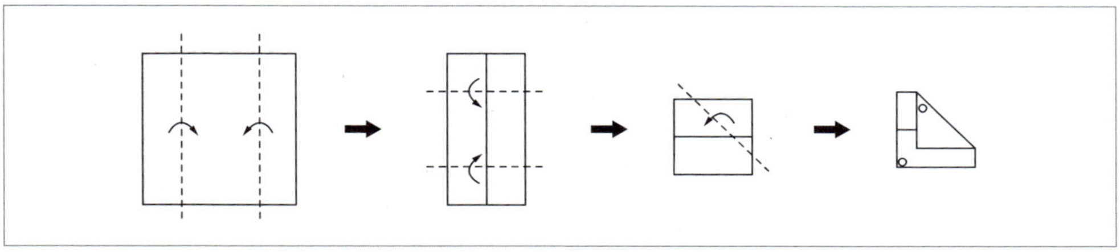

①

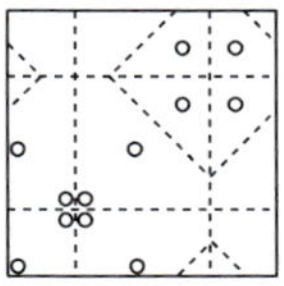

②

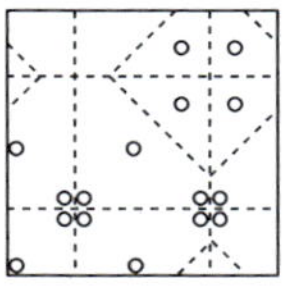

③

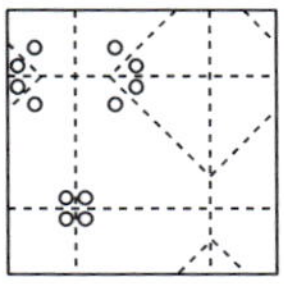

④

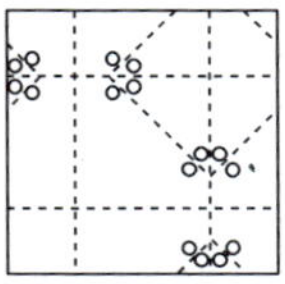

03

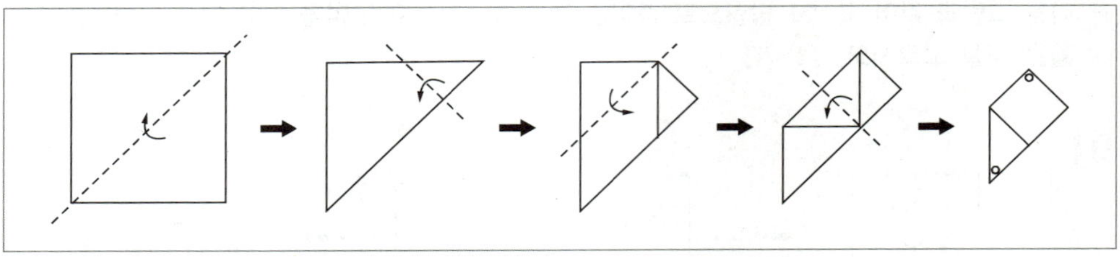

① 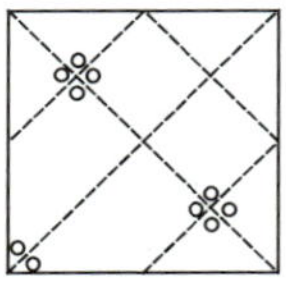

② 

③ 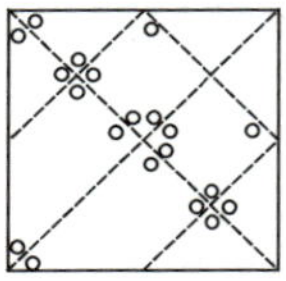

④ 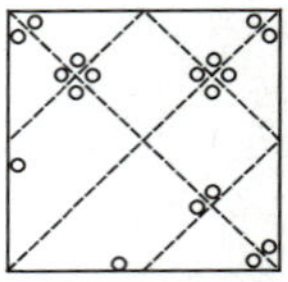

04

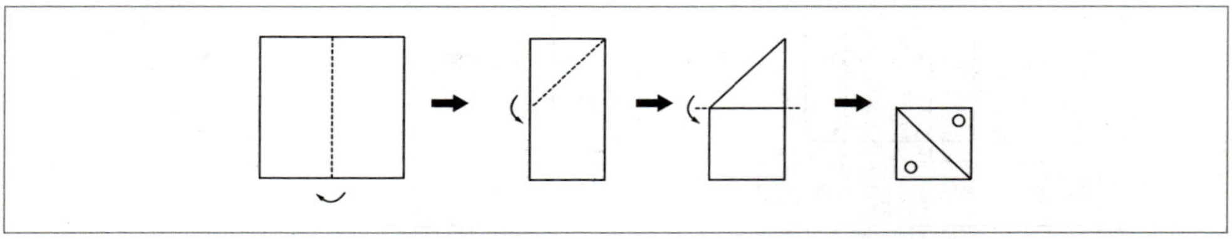

① 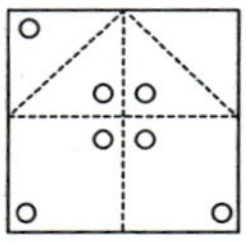

② 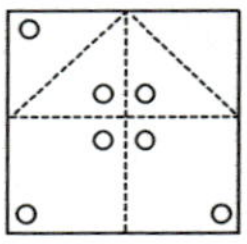

③ 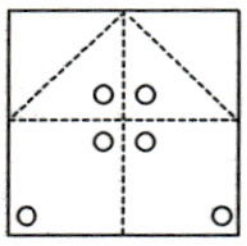

④ 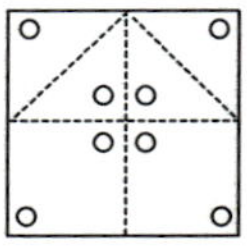

※ 다음과 같은 정사각형의 종이를 화살표 방향으로 접고 〈보기〉의 좌표가 가리키는 위치에 구멍을 뚫었다. 다시 펼쳤을 때 뚫린 구멍의 위치를 좌표로 나타낸 것으로 옳은 것을 고르시오(단, 좌표가 그려진 사각형의 크기와 종이의 크기는 일치하며, 종이가 접힐 때 종이의 위치는 바뀌지 않는다). [5~6]

〈좌표〉

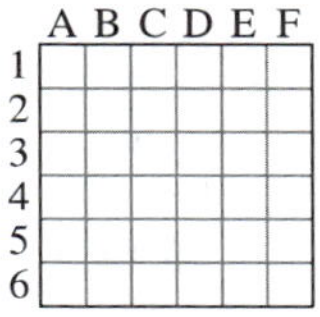

05

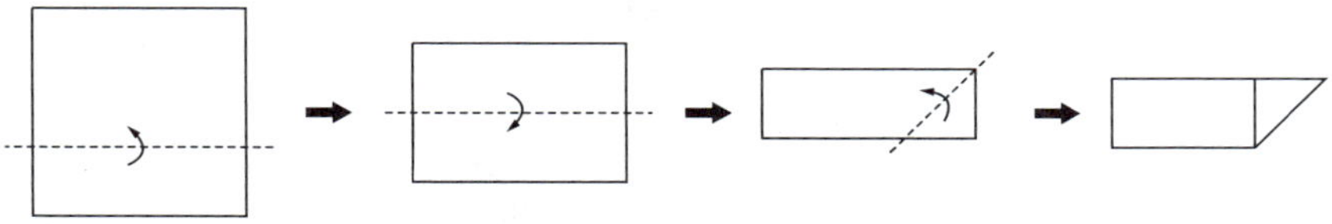

보기

E3

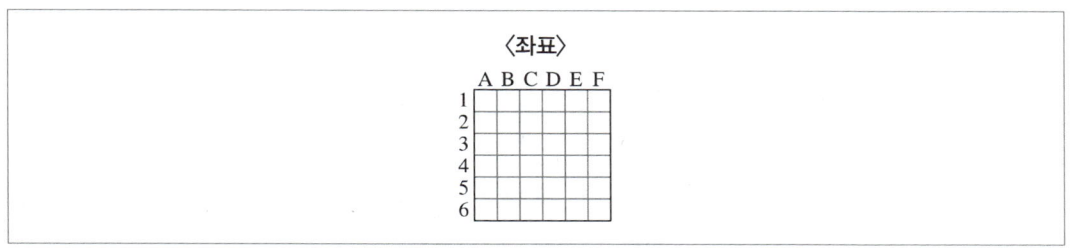

① D2, E3, E4, E6, F1, F5
② E2, E3, E6, F1, F3, F5
③ E1, E3, E6, F1, F4, F5
④ E2, E3, E6, F1, F4, F5

06

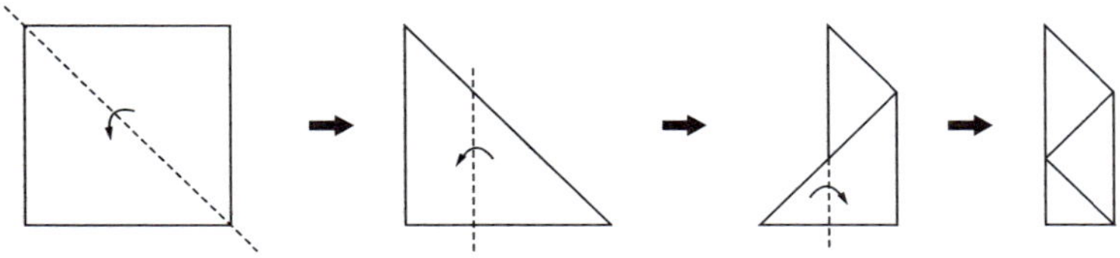

보기

A6

① A6, D6, E6, F1, F4, F5
② A6, B6, E6, F1, F4, F5
③ A6, D5, E6, F1, F4, F5
④ A6, D6, E1, E4, E6, E5

대표유형 2 패턴찾기

다음 도형은 일정한 규칙을 가지고 변화한다. 다음 중 ?에 들어갈 도형으로 옳은 것은?

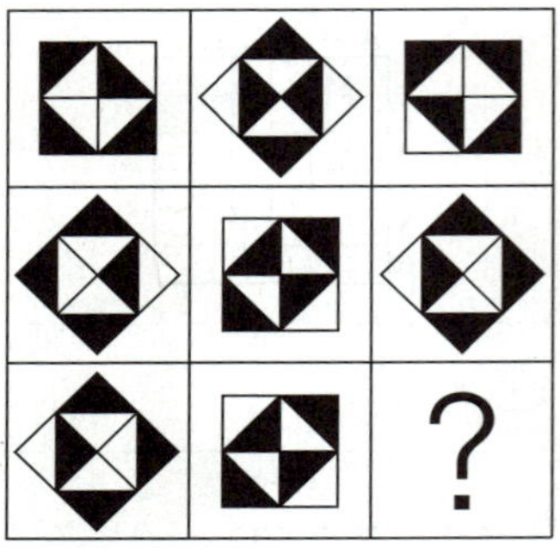

①
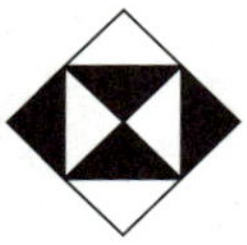

②
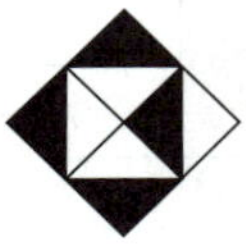

③

④

| 해설 | 규칙은 세로 방향으로 적용된다.
첫 번째 도형을 시계 방향으로 45° 회전한 것이 두 번째 도형이고, 이를 180° 회전한 것이 세 번째 도형이다.

정답 ②

※ 다음 도형 또는 도형 내부의 기호들은 일정한 규칙을 가지고 변화한다. 다음 중 ?에 들어갈 도형으로 옳은 것을 고르시오. [7~10]

07

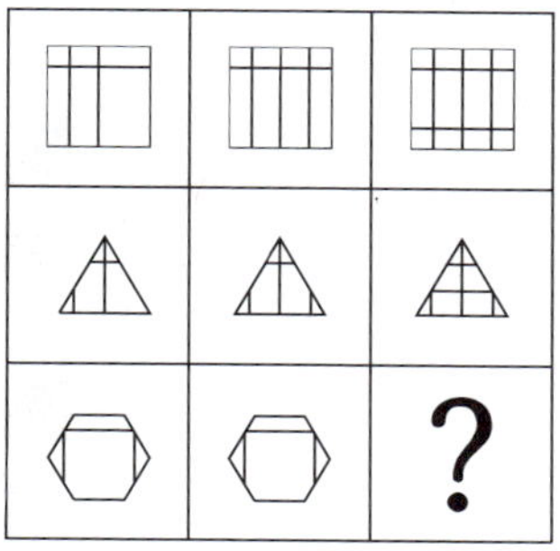

① 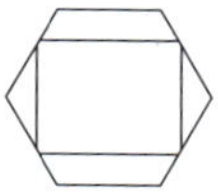

② 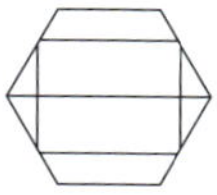

③ 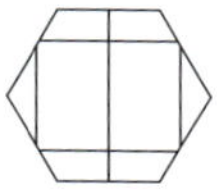

④ 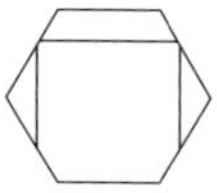

08

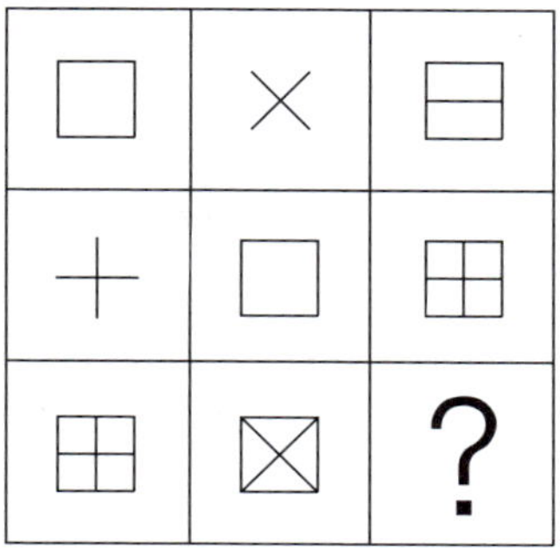

① 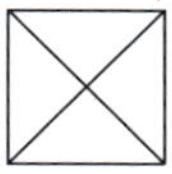

② 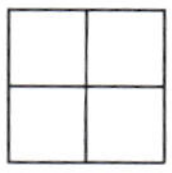

③ 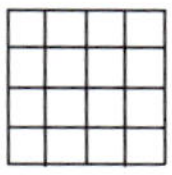

④ 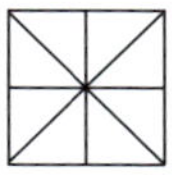

09

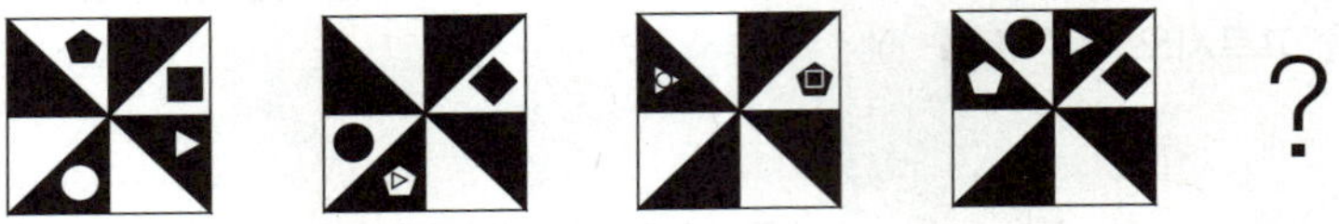

① 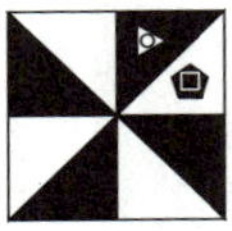

② 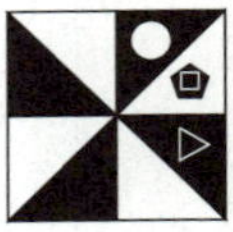

③ 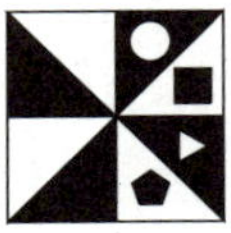

④ 

10

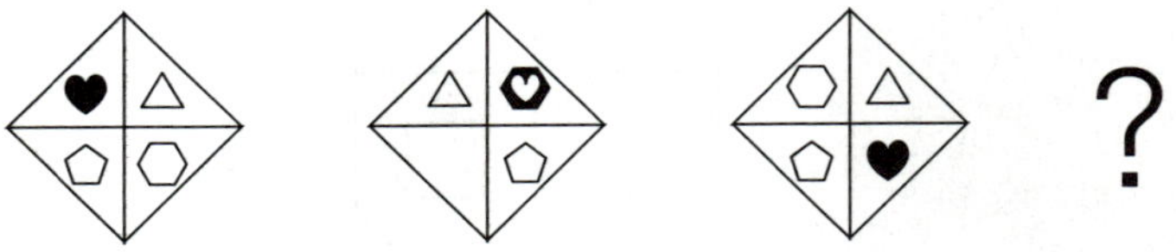

① 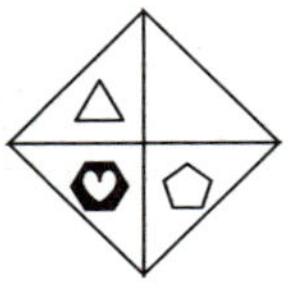

② 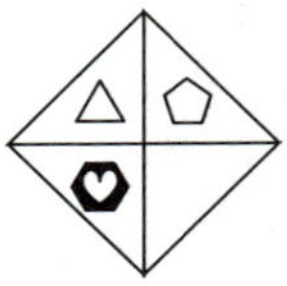

③ 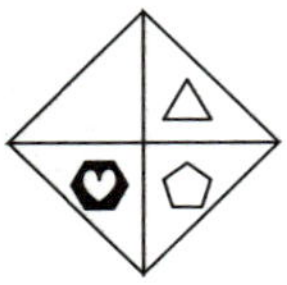

④ 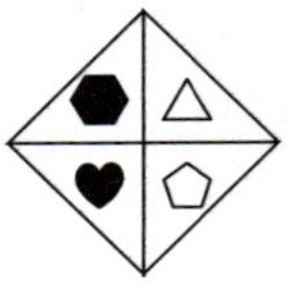

02 입체도형

대표유형 1 전개도

주어진 전개도로 입체도형을 만들었을 때, 만들어질 수 없는 것은?

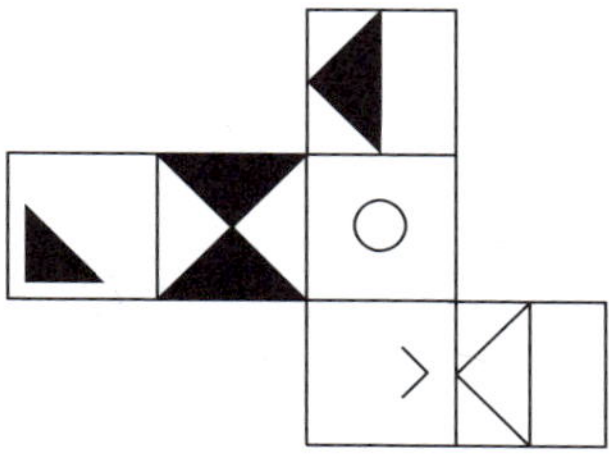

① 

② 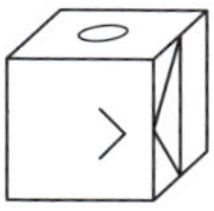

③ 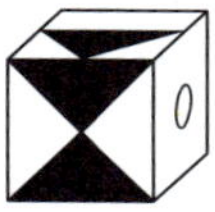

④ 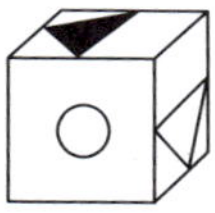

| 해설 |

정답 ①

※ 다음 중 제시된 전개도로 입체도형을 만들었을 때, 만들어질 수 없는 것을 고르시오. **[1~2]**

01

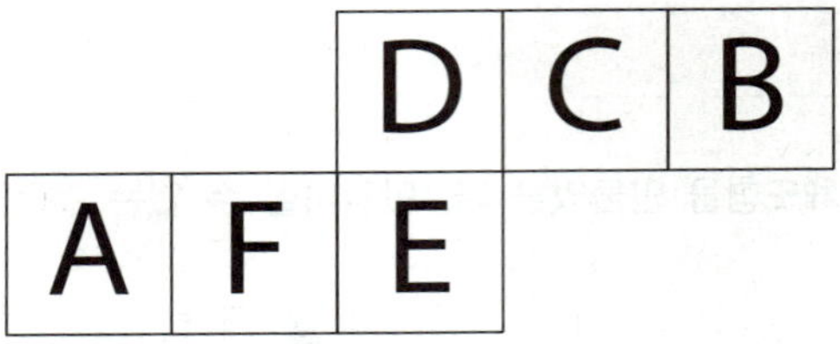

①

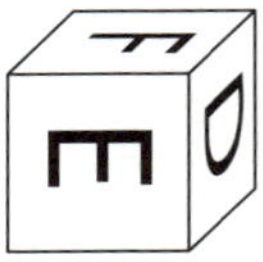

②

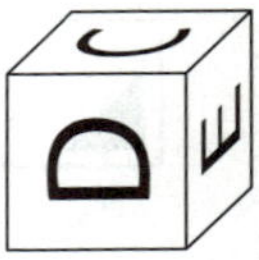

③

④

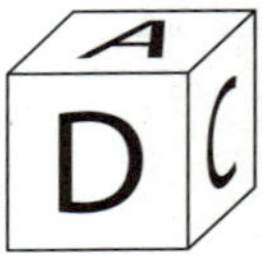

02

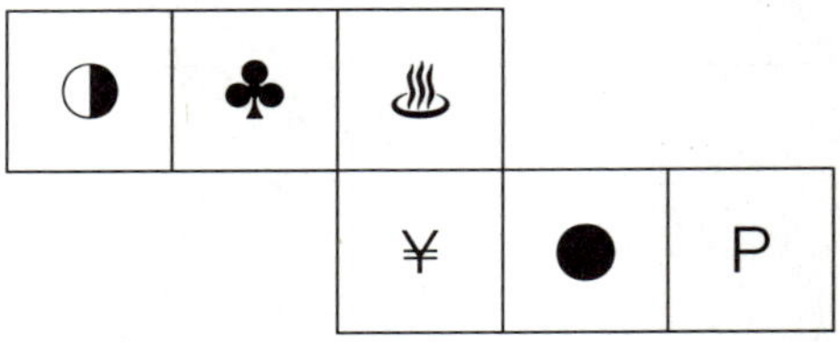

①

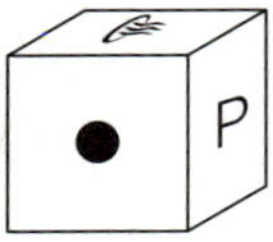

②

③

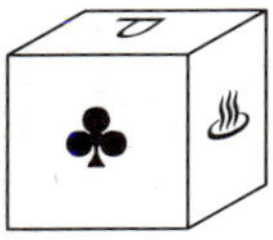

④

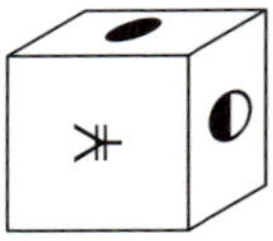

※ 다음 중 제시된 전개도를 접었을 때 나타나는 입체도형으로 옳은 것을 고르시오. [3~4]

03

① 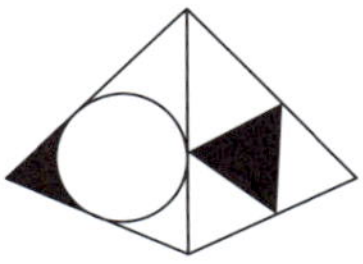

② 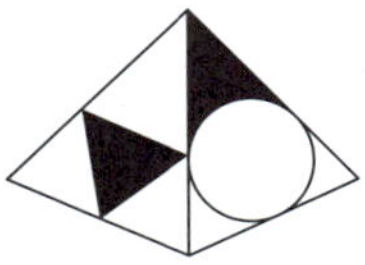

③ 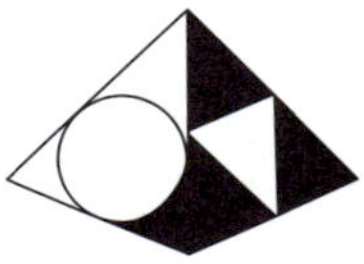

④ 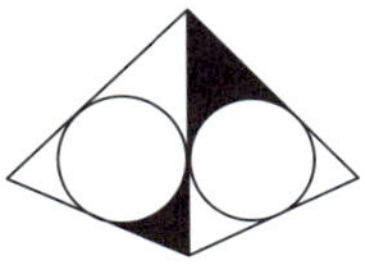

04

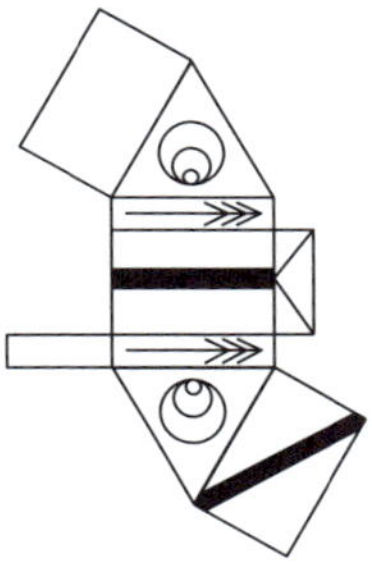

① 

② 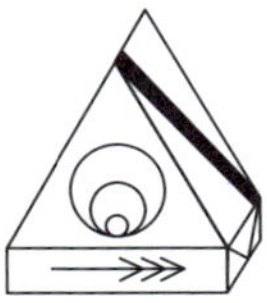

③ 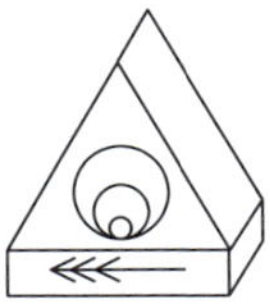

④ 

05 다음 중 입체도형을 만들었을 때, 다른 도형이 나오는 것은?

①

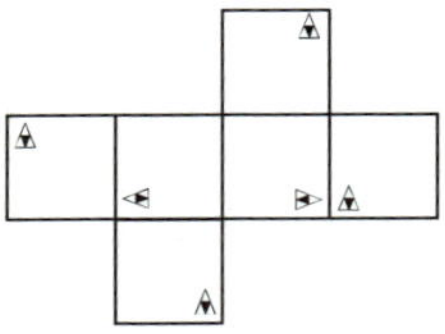

②

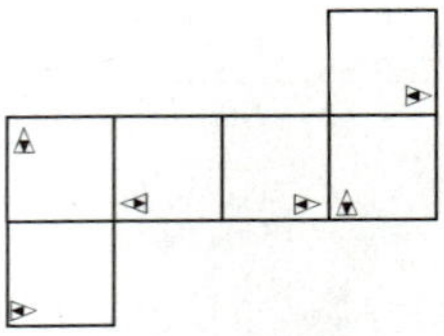

③

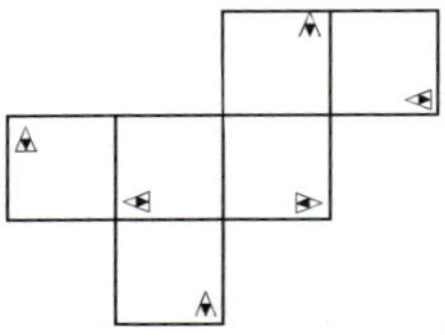

④

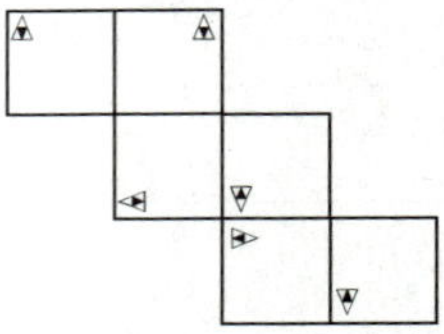

대표유형 2 단면도

다음 제시된 단면과 일치하는 입체도형은?

A　　　　B　　　　C

① 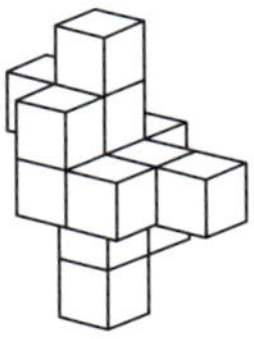

② 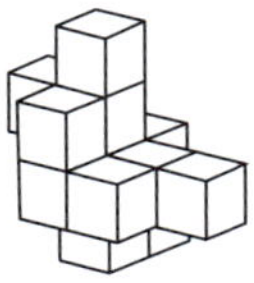

③ 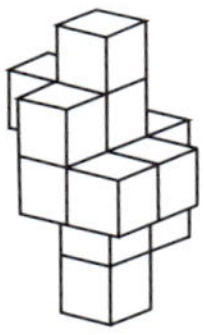

④ 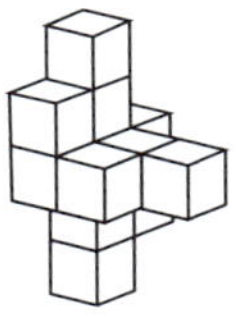

| 해설 |

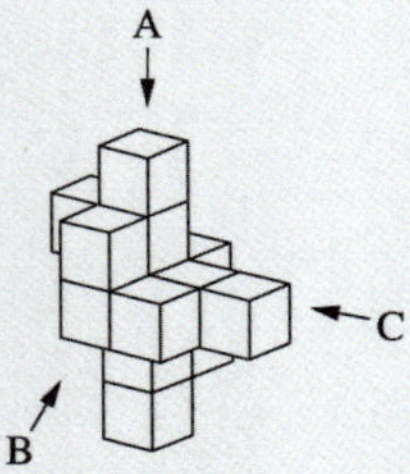

정답 ①

※ 다음 제시된 단면과 일치하는 입체도형을 고르시오. [6~10]

06

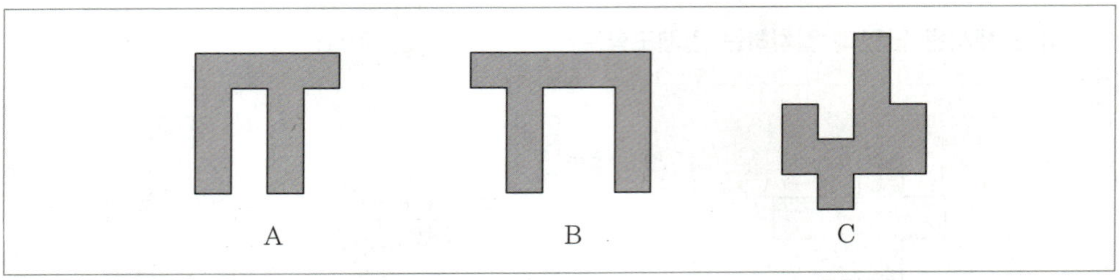

①

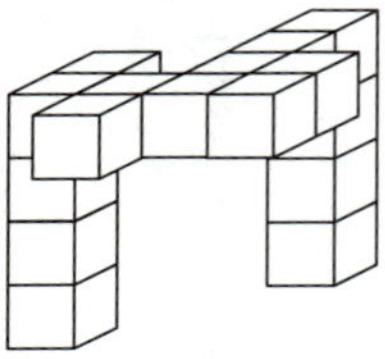

②

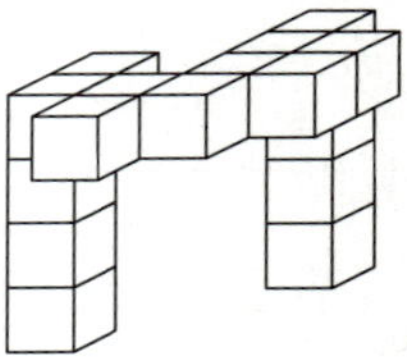

③

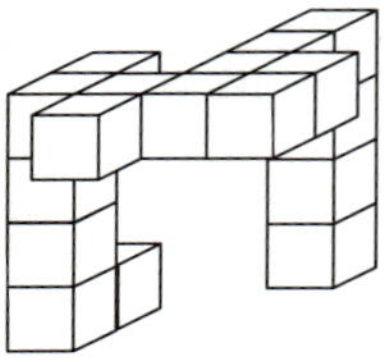

④

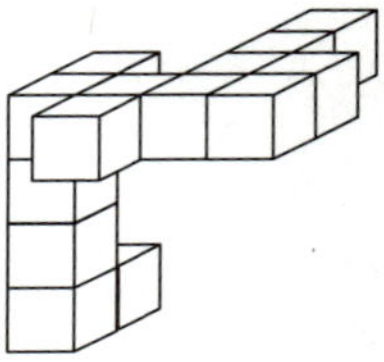

07

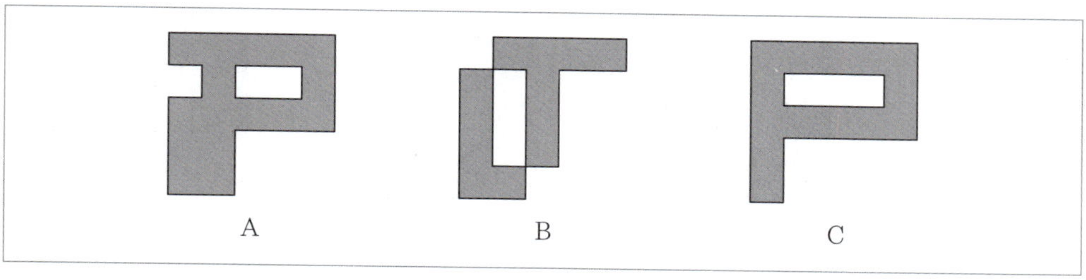

①
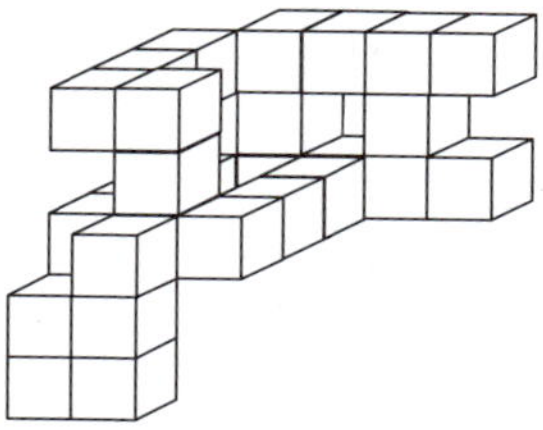

②
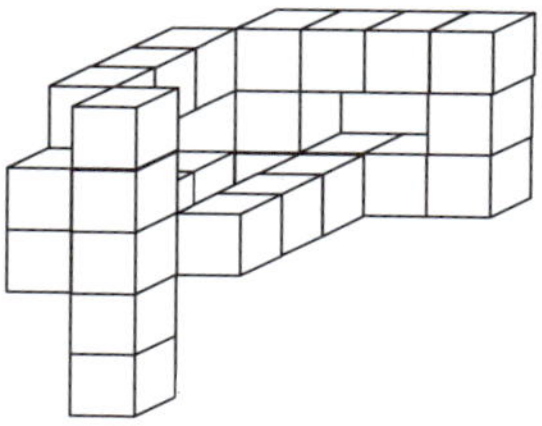

③
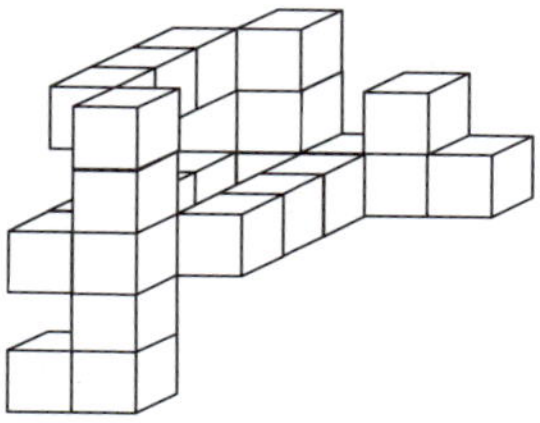

④
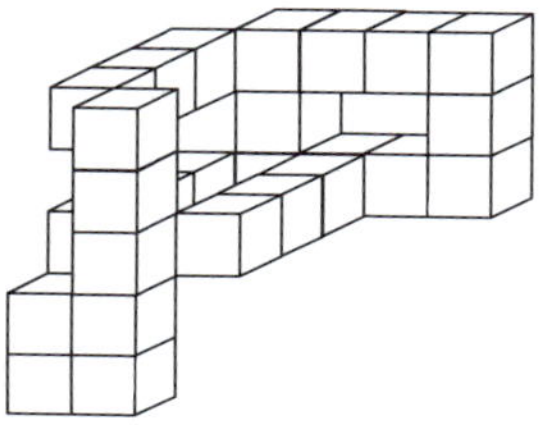

08

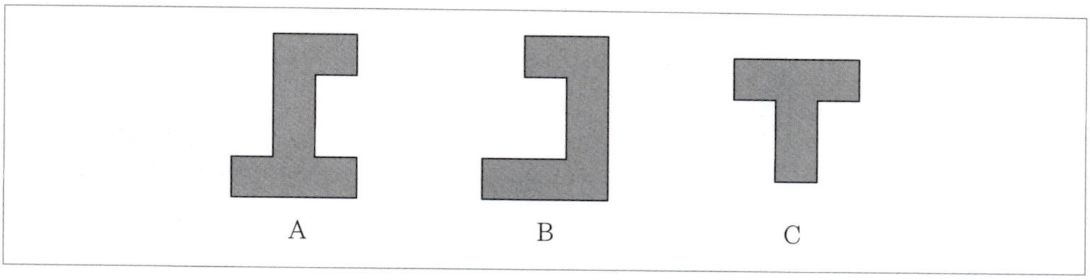

①
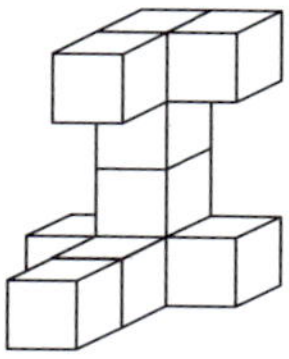

②
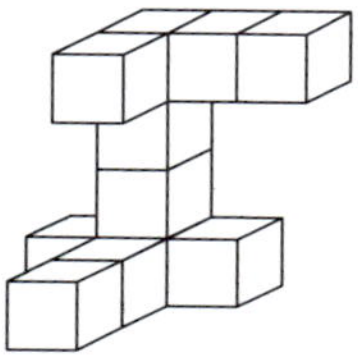

③
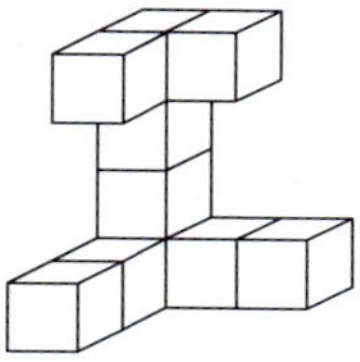

④
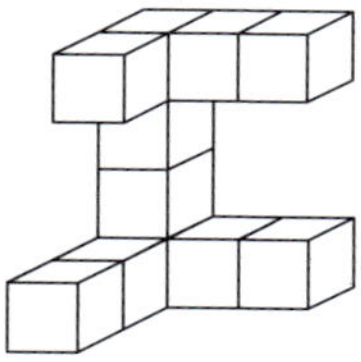

09

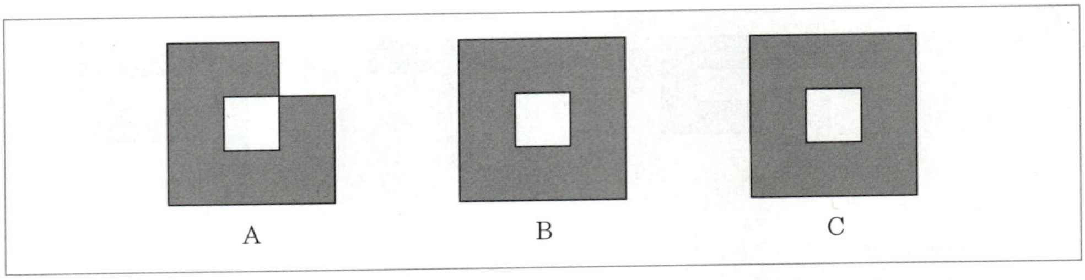

①
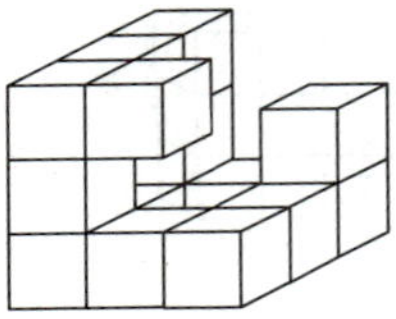

②
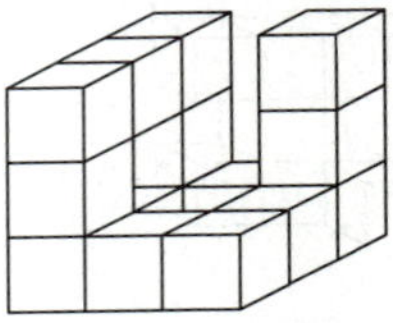

③
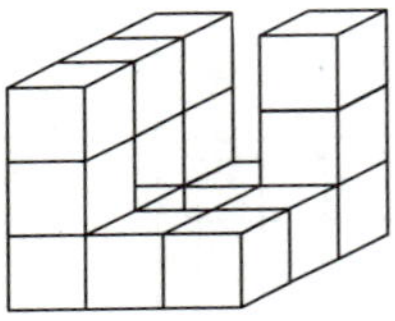

④
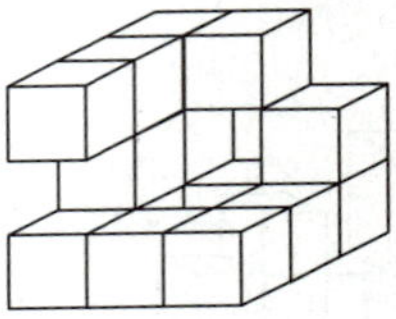

10

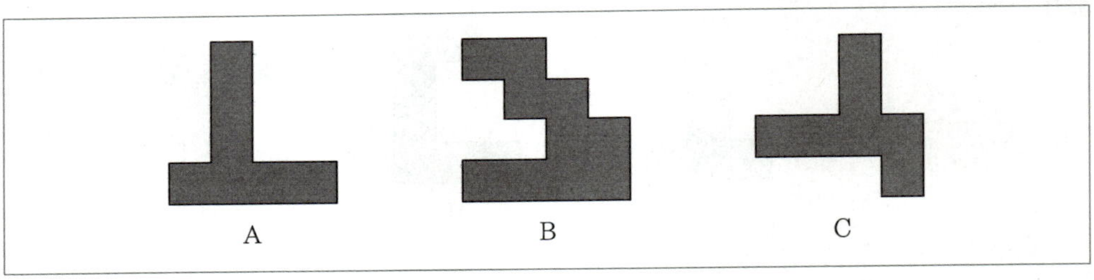

①
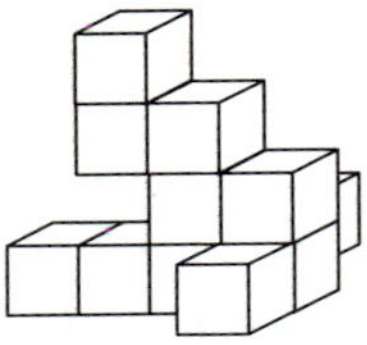

②
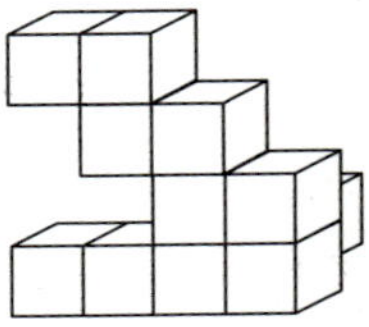

③
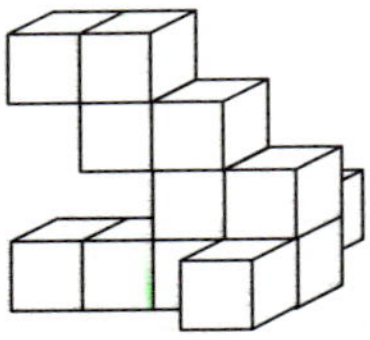

④
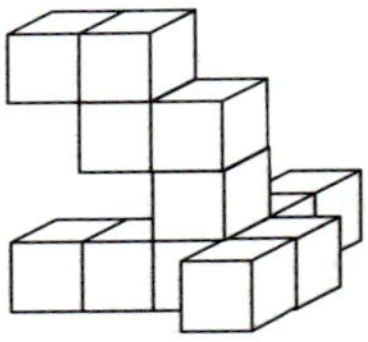

대표유형 3 투상도

다음 제시된 입체도형 중 나머지와 다른 하나는?

①

②

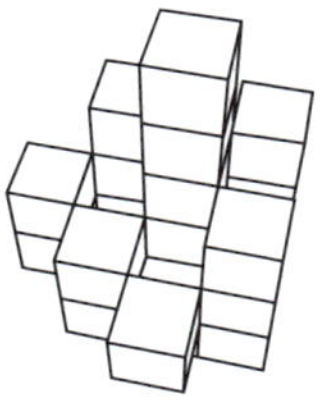

③

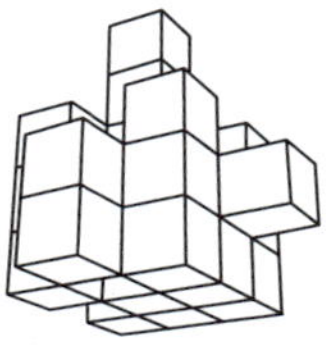

④

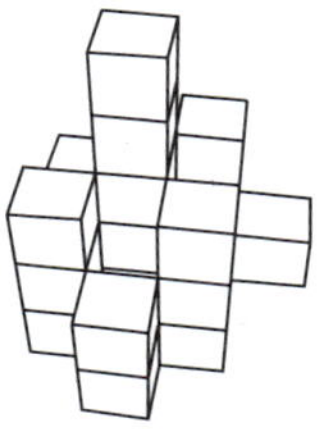

| 해설 |

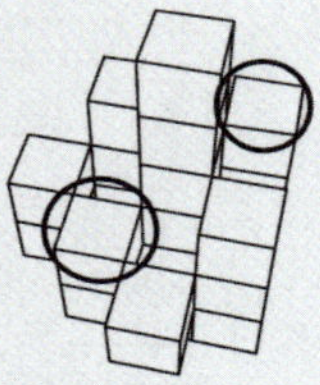

정답 ②

※ 다음 제시된 입체도형 중 나머지와 다른 하나를 고르시오. [11~15]

11

①

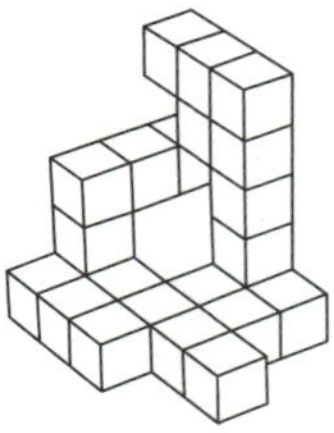

②

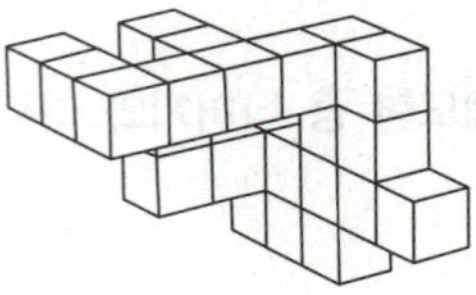

③

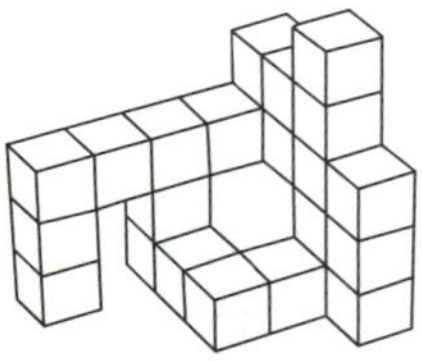

④

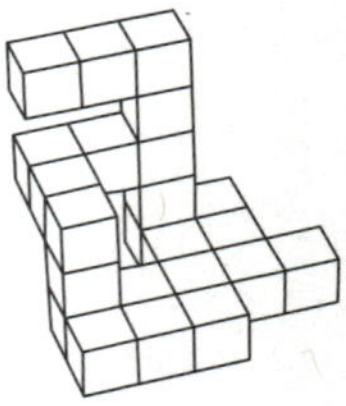

12

①

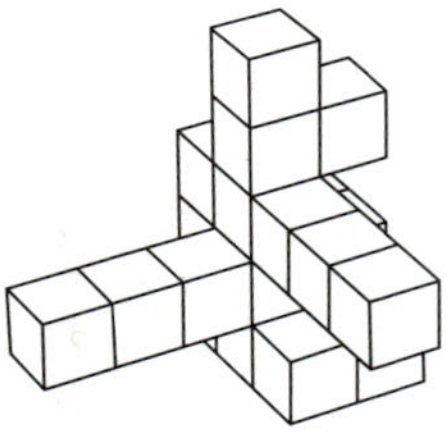

②

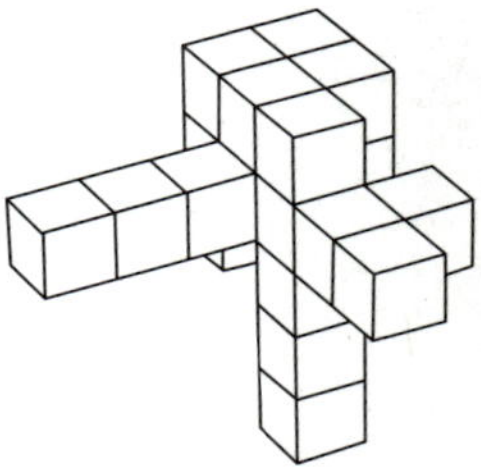

③

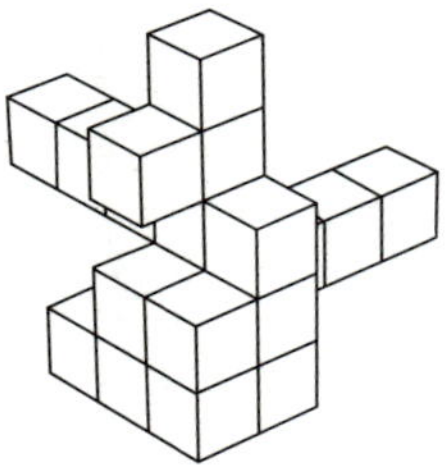

④

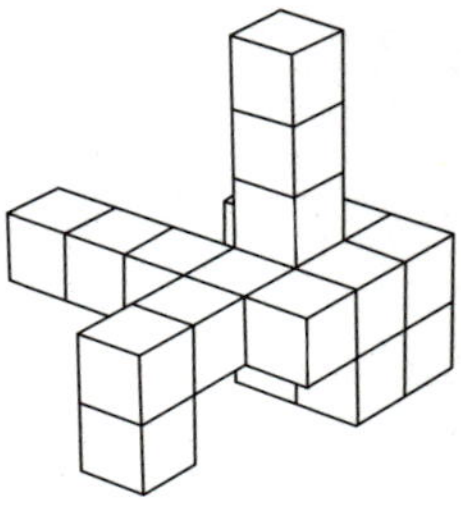

13 ①

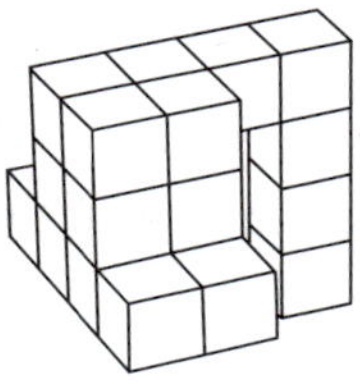

②

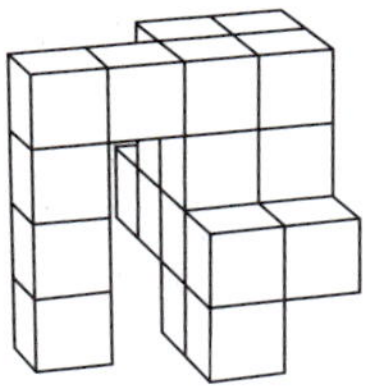

③

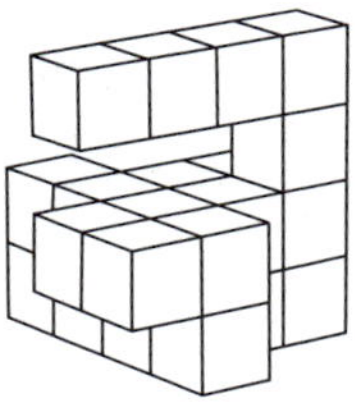

④

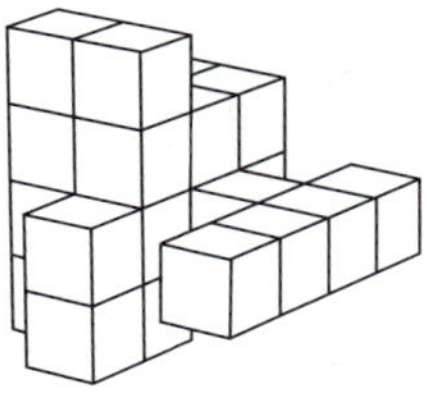

PART 2

14 ①

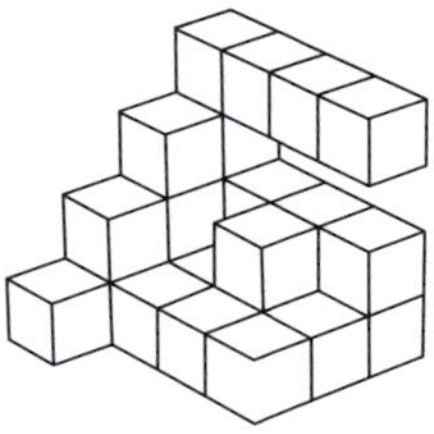

②

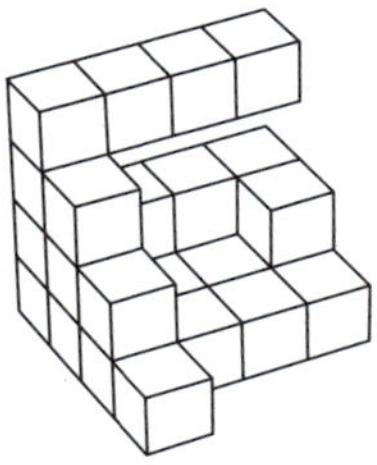

③

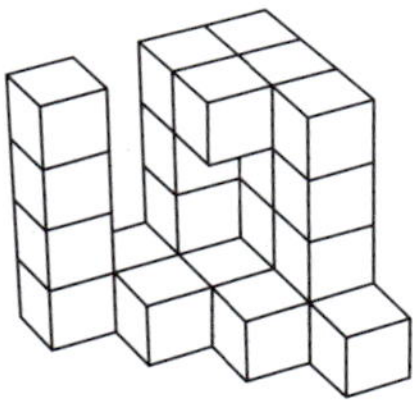

④

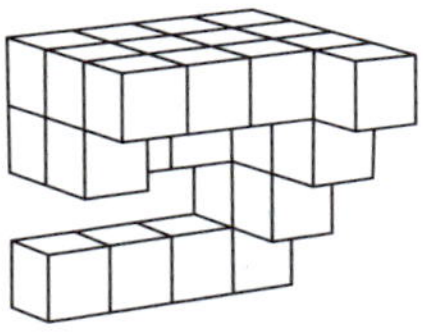

15 ①

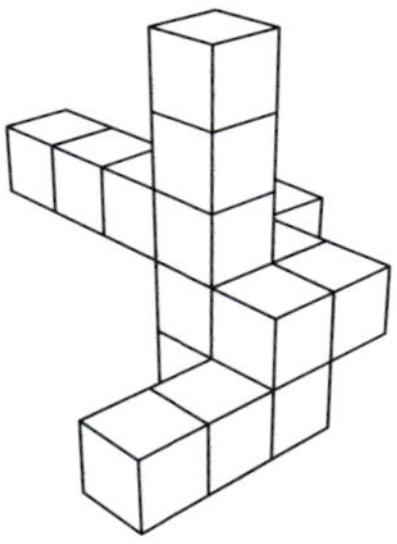

②

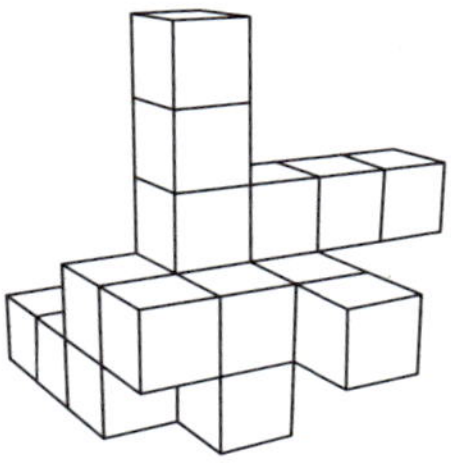

③

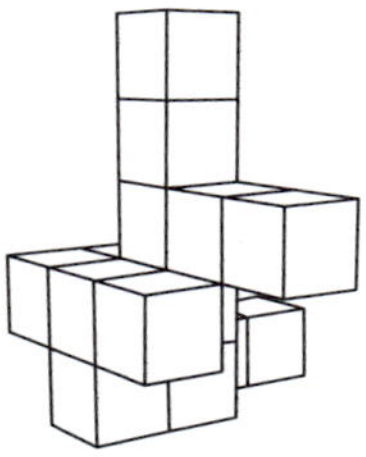

④

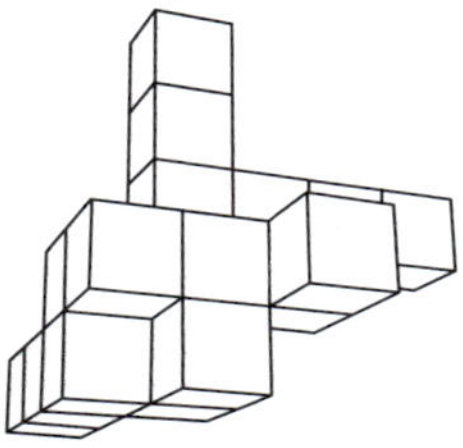

대표유형 4 블록결합

01 왼쪽의 직육면체 모양의 입체도형은 두 번째, 세 번째 입체도형과 ?를 조합하여 만들 수 있다. ?에 들어갈 도형으로 옳은 것은?

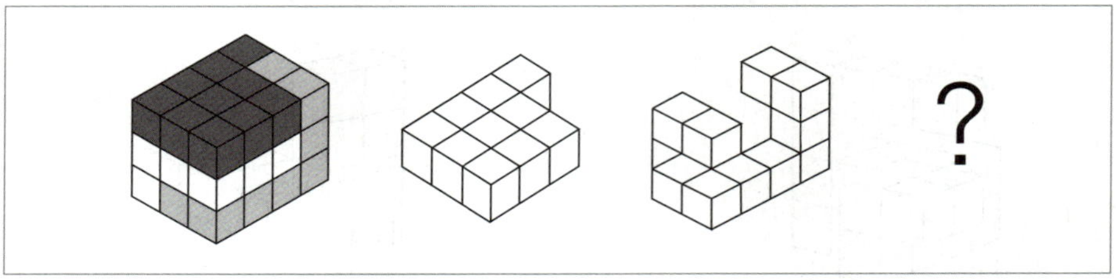

①

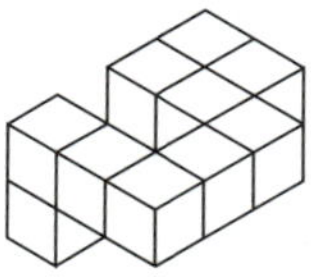

②

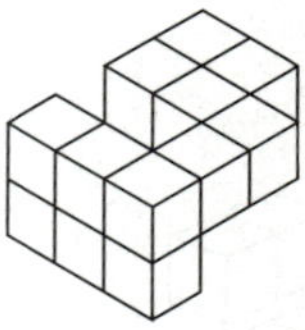

③

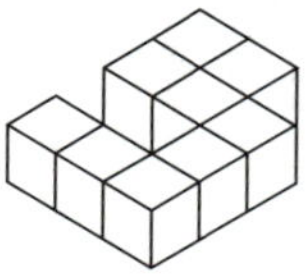

④

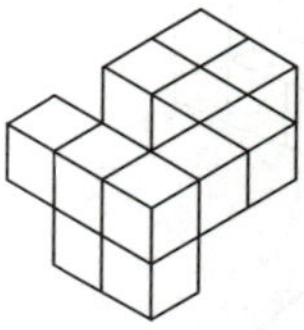

| 해설 |

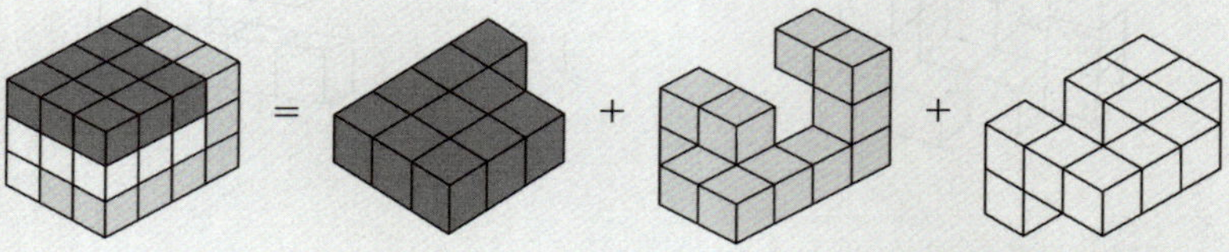

정답 ①

02 왼쪽의 두 입체도형을 합치면 오른쪽의 3×3×3 정육면체가 완성된다. ?에 들어갈 도형을 회전한 모양으로 옳은 것은?

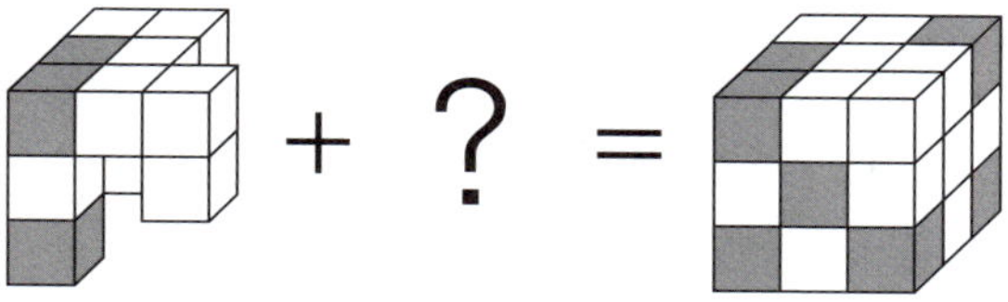

①

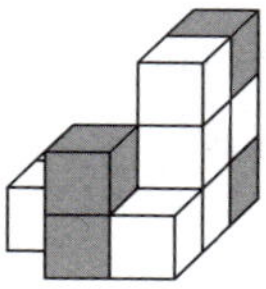

②

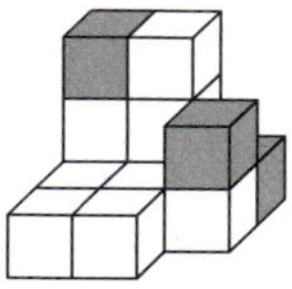

③

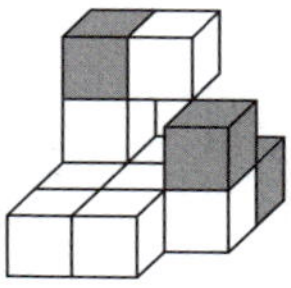

④

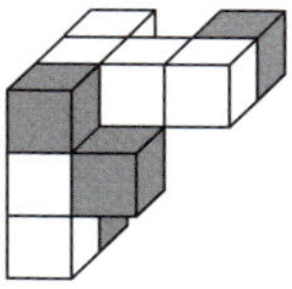

| 해설 |

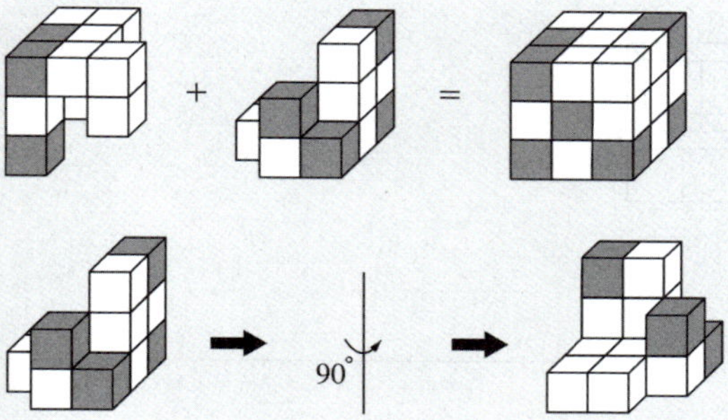

정답 ②

03 다음 두 블록을 합쳤을 때, 나올 수 있는 형태는?

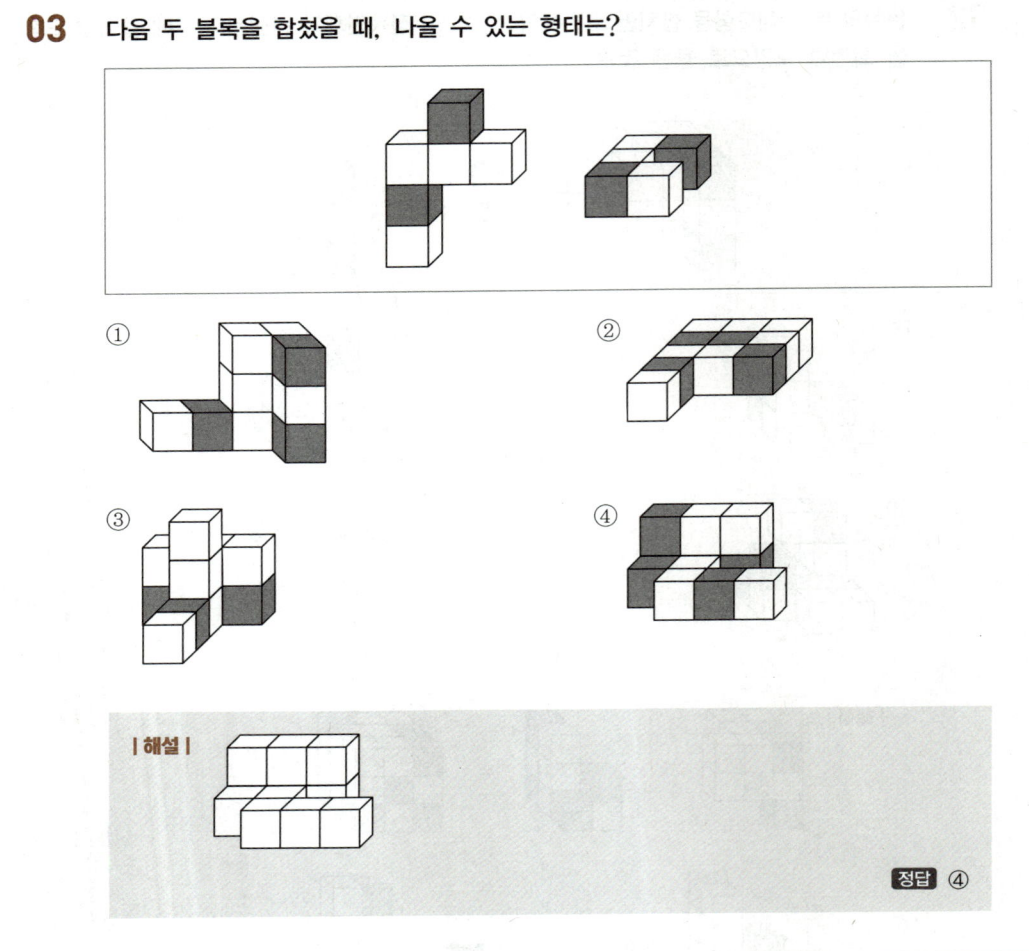

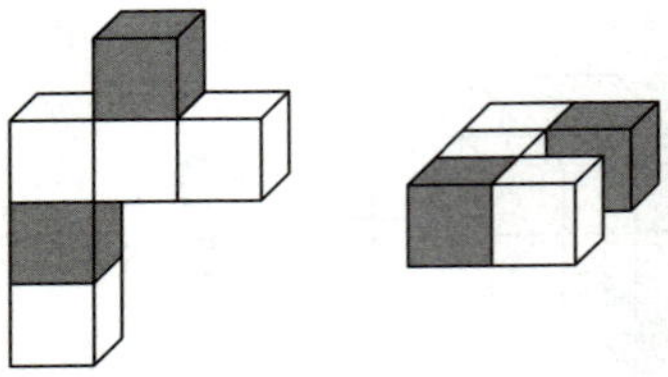

①

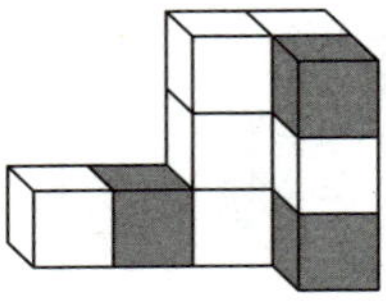

②

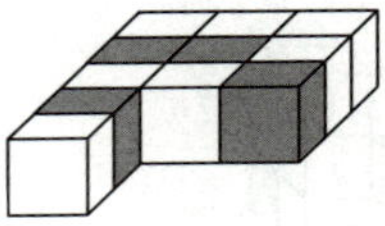

③

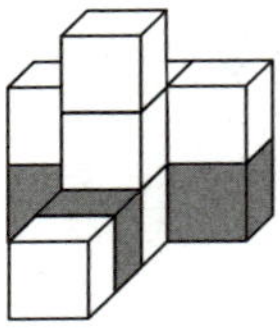

④

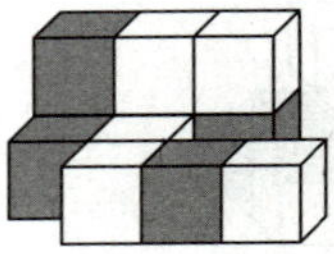

| 해설 |

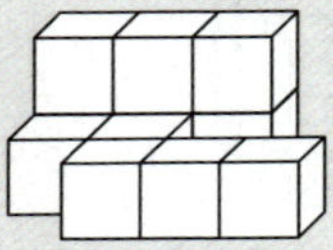

정답 ④

16

왼쪽의 직육면체 모양의 입체도형은 두 번째, 세 번째 입체도형과 ?를 조합하여 만들 수 있다. 다음 중 ?에 들어갈 도형으로 옳은 것은?

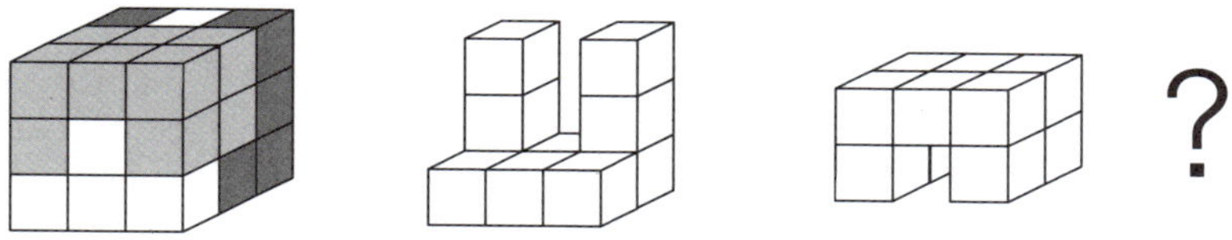

①

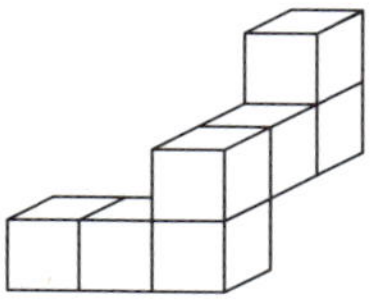

②

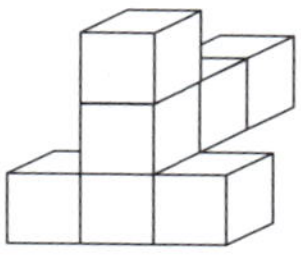

③

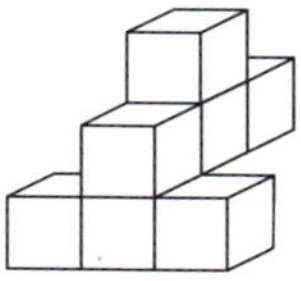

④

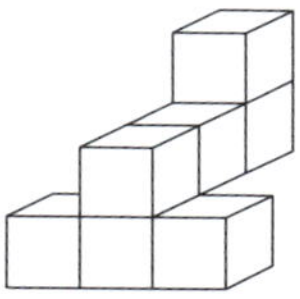

17

왼쪽의 두 입체도형을 합치면 오른쪽의 $3\times3\times3$ 정육면체가 완성된다. ?에 들어갈 도형을 회전한 모양으로 옳은 것은?

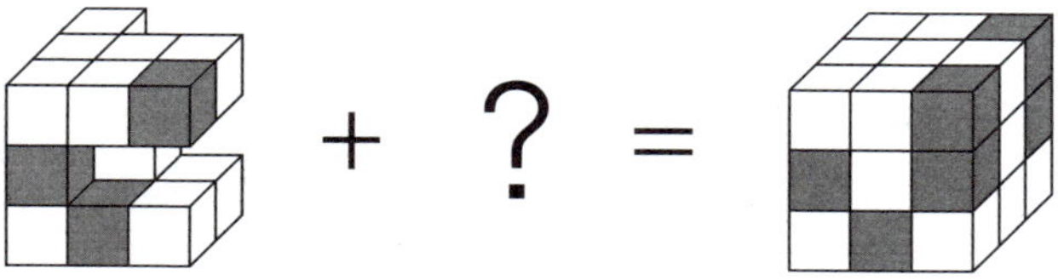

①

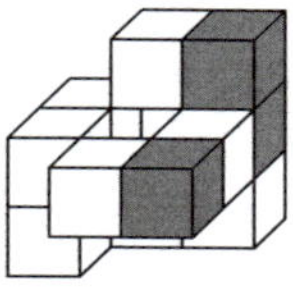

②

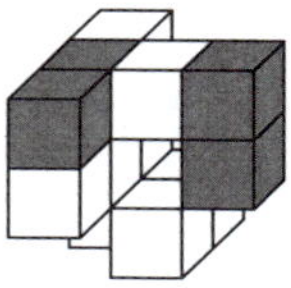

③

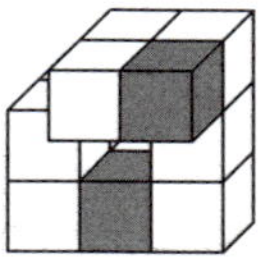

④

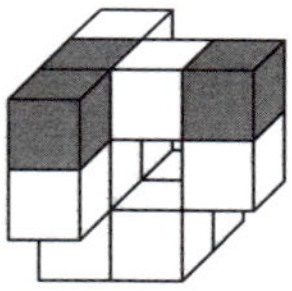

18 다음 두 블록을 합쳤을 때, 나올 수 있는 형태는?

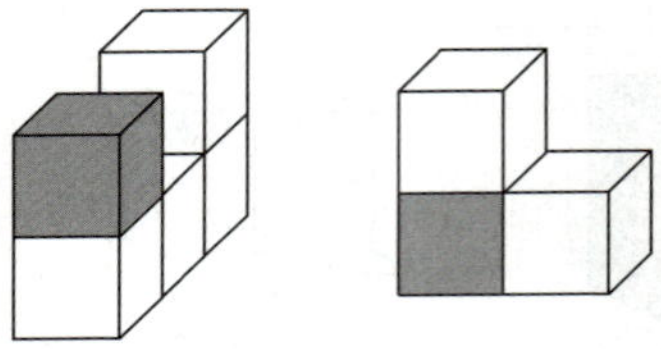

① 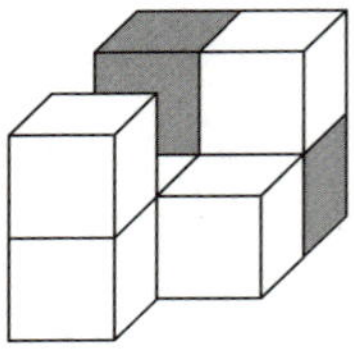

② 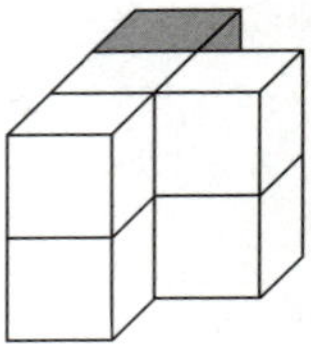

③ 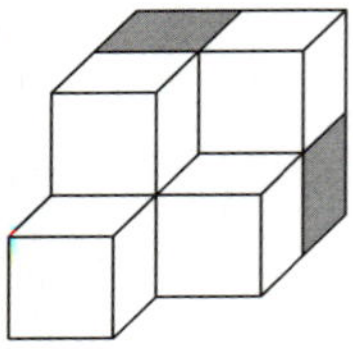

④ 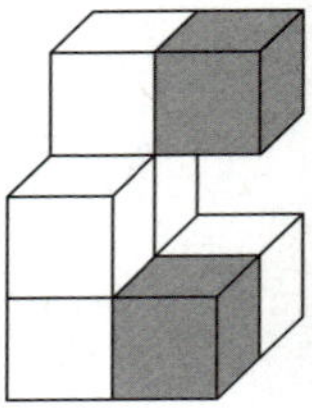

19 다음 세 블록을 합쳤을 때, 나올 수 있는 형태는?

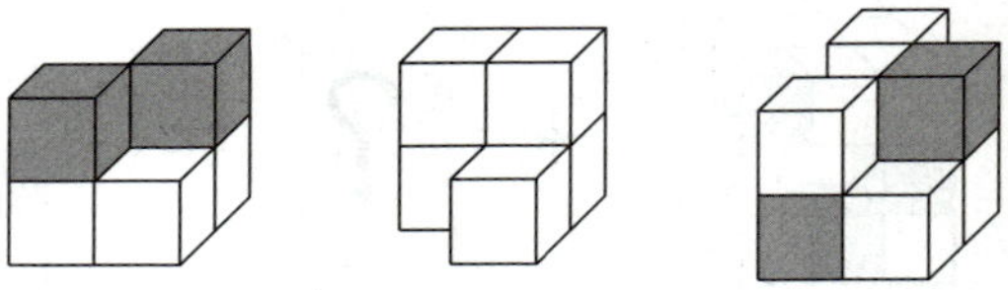

① 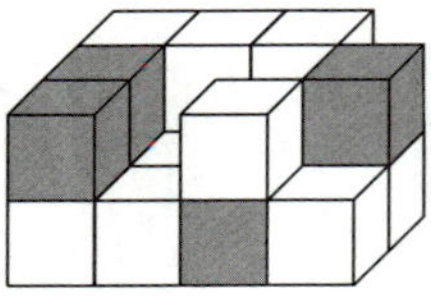

② 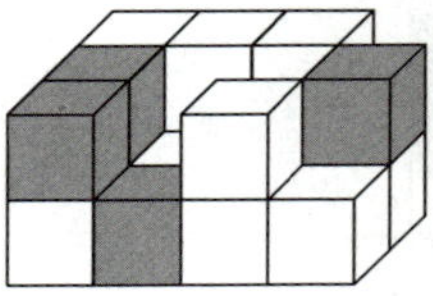

③ 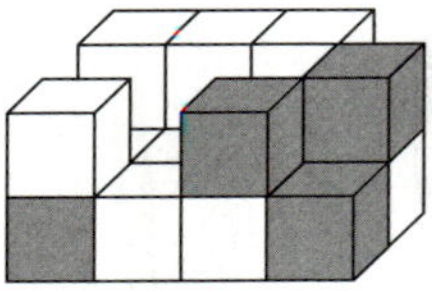

④ 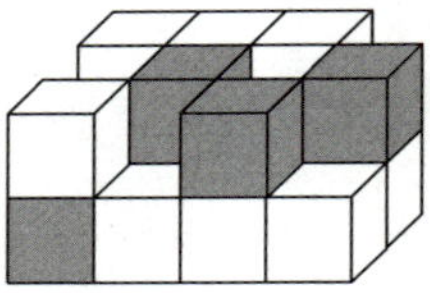

20 다음 두 블록을 합쳤을 때, 나올 수 없는 형태는?

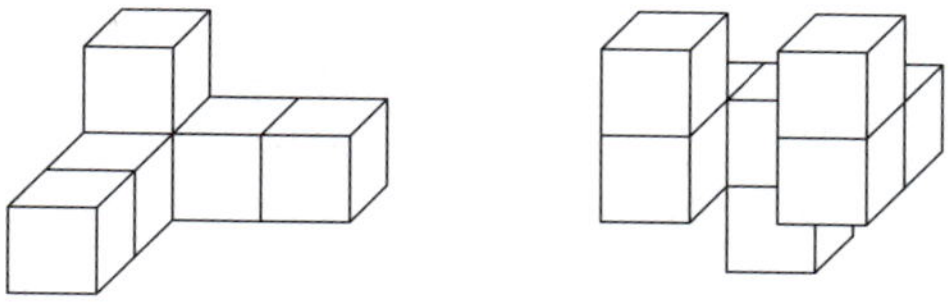

①

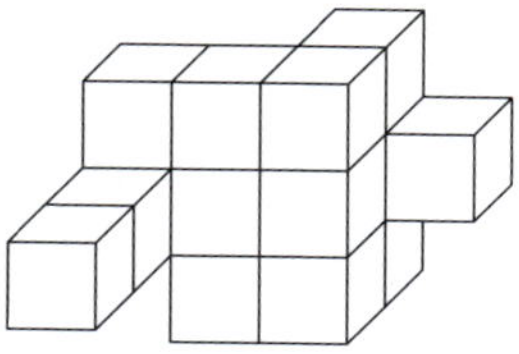

②

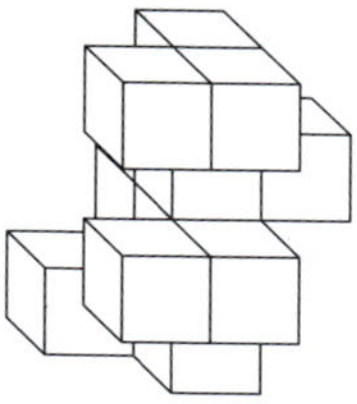

③

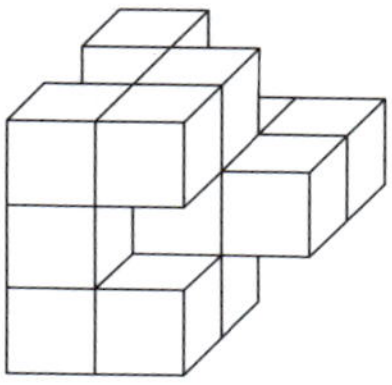

④

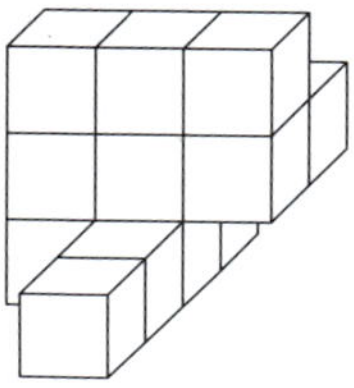

CHAPTER 04

문제해결력

합격 CHEAT KEY

출제유형

01 수추리

대부분의 기관 필기시험에서 흔히 볼 수 있는 수열추리 유형이다. 나열된 수열을 보고 규칙을 찾아서 빈칸에 들어갈 알맞은 숫자를 고르는 유형으로, 기본적인 수열뿐 아니라 복잡한 형태의 종잡을 수 없는 규칙도 나오는데다가 제한시간도 매우 짧다.

02 언어추리

3 ~ 4개의 주어진 명제나 조건으로부터 결론을 도출하거나, 이를 바탕으로 옳거나 옳지 않은 보기를 고르는 문제가 출제되고 있다.

학습전략

01 수추리

- 눈으로만 규칙을 찾고자 할 경우 변화된 값을 모두 외우기 어려우므로 나열된 수의 변화된 값을 적어두면 규칙을 발견하기 용이하다.
- 규칙이 발견되지 않는 경우에는 홀수 항과 짝수 항을 분리해서 파악하거나 군수열을 생각해 본다.

02 언어추리

- 세 개 이상의 비교대상이 등장하며, '~보다', '가장' 등의 표현에 유의해 풀어야 한다.
- '어떤'과 '모든'이 나오는 명제는 벤다이어그램을 활용한다.
- 주어진 규칙과 조건을 파악한 후 이를 도식화(표, 기호 등으로 정리)하여 문제에 접근한다.
- 〈조건〉에 사용된 조사의 의미와 제한사항 등을 제대로 이해해야 정답을 찾을 수 있으므로 문제와 제시된 문장을 꼼꼼히 읽는 습관을 기른다.

CHAPTER 04 문제해결력 핵심이론

01 수추리

(1) 등차수열 : 앞의 항에 일정한 수를 더해 이루어지는 수열

예 1 3 5 7 9 11 13 15

(+2 +2 +2 +2 +2 +2 +2)

(2) 등비수열 : 앞의 항에 일정한 수를 곱해 이루어지는 수열

예 1 2 4 8 16 32 64 128

(×2 ×2 ×2 ×2 ×2 ×2 ×2)

(3) 계차수열 : 앞의 항과의 차가 일정하게 증가하는 수열

예 1 2 4 7 11 16 22 29

(+1 +2 +3 +4 +5 +6 +7)

(+1 +1 +1 +1 +1 +1)

(4) 피보나치 수열 : 앞의 두 항의 합이 그 다음 항의 수가 되는 수열

$a_n = a_{n-1} + a_{n-2}$ $(n \geq 3,\ a_n = 1,\ a_2 = 1)$

예 1 1 2 3 5 8 13 21

(2 = 1+1, 3 = 1+2, 5 = 2+3, 8 = 3+5, 13 = 5+8, 21 = 8+13)

(5) 건너뛰기 수열 : 두 개 이상의 수열이 일정한 간격을 두고 번갈아가며 나타나는 수열

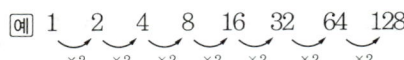

예 1 1 3 7 5 13 7 19

- 홀수 항 : 1 3 5 7 (+2 +2 +2)
- 짝수 항 : 1 7 13 19 (+6 +6 +6)

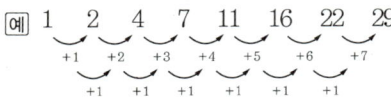

(6) 군수열 : 일정한 규칙성으로 몇 항씩 묶어 나눈 수열

예
- 1 1 2 1 2 3 1 2 3 4

  ⇒ 1 1 2 | 1 2 3 | 1 2 3 4

  (1+1=2, 1+2=3, 1+2+3=4)
- 1 3 4 6 5 11 2 6 8 9 3 12

  ⇒ 1 3 4 | 6 5 11 | 2 6 8 | 9 3 12

  (1+3=4, 6+5=11, 2+6=8, 9+3=12)
- 1 3 3 2 4 8 5 6 30 7 2 14

  ⇒ 1 3 3 | 2 4 8 | 5 6 30 | 7 2 14

  (1×3=3, 2×4=8, 5×6=30, 7×2=14)

02 언어추리

1. 연역 추론

이미 알고 있는 판단(전제)을 근거로 새로운 판단(결론)을 유도하는 추론이다. 연역 추론은 진리일 가능성을 따지는 귀납 추론과는 달리, 명제 간의 관계와 논리적 타당성을 따진다. 즉 연역 추론은 전제들로부터 절대적인 필연성을 가진 결론을 이끌어내는 추론이다.

(1) 직접 추론

한 개의 전제로부터 중간적 매개 없이 새로운 결론을 이끌어내는 추론이며, 대우 명제가 그 대표적인 예이다.

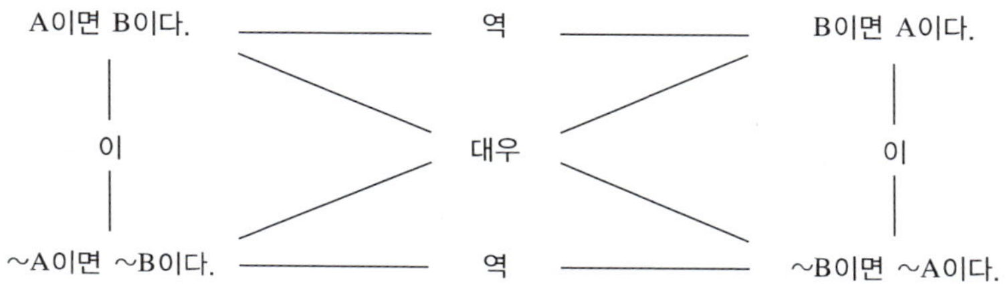

• 한국인은 모두 황인종이다.	(전제)
• 그러므로 황인종이 아닌 사람이 모두 한국인은 아니다.	(결론 1)
• 그러므로 황인종 중에는 한국인이 아닌 사람도 있다.	(결론 2)

(2) 간접 추론

둘 이상의 전제로부터 새로운 결론을 이끌어내는 추론이다. 삼단논법이 가장 대표적인 예이다.

① **정언 삼단논법** : 세 개의 정언명제로 구성된 간접추론 방식이다. 세 개의 명제 가운데 두 개의 명제는 전제이고, 나머지 한 개의 명제는 결론이다. 세 명제의 주어와 술어는 세 개의 서로 다른 개념을 표현한다.

② **가언 삼단논법** : 가언명제로 이루어진 삼단논법을 말한다. 가언명제란 두 개의 정언명제가 '만일 ~이라면'이라는 접속사에 의해 결합된 복합명제이다. 여기서 '만일'에 의해 이끌리는 명제를 전건이라고 하고, 그 뒤의 명제를 후건이라고 한다. 가언 삼단논법의 종류로는 혼합가언 삼단논법과 순수가언 삼단논법이 있다.

㉠ **혼합가언 삼단논법** : 대전제만 가언명제로 구성된 삼단논법이다. 긍정식과 부정식 두 가지가 있으며, 긍정식은 'A면 B이다. A이다. 그러므로 B이다.'이고, 부정식은 'A면 B이다. B가 아니다. 그러므로 A가 아니다.'이다.

> • 만약 A라면 B이다.
> • B가 아니다.
> • 그러므로 A가 아니다.

㉡ 순수가언 삼단논법 : 대전제와 소전제 및 결론까지 모두 가언명제들로 구성된 삼단논법이다.

- 만약 A라면 B이다.
- 만약 B라면 C이다.
- 그러므로 만약 A라면 C이다.

③ 선언 삼단논법 : '~이거나 ~이다.'의 형식으로 표현되며 전제 속에 선언 명제를 포함하고 있는 삼단논법이다.

- 내일은 비가 오거나 눈이 온다(A 또는 B이다).
- 내일은 비가 오지 않는다(A가 아니다).
- 그러므로 내일은 눈이 온다(그러므로 B이다).

④ 딜레마 논법 : 대전제는 두 개의 가언명제로, 소전제는 하나의 선언명제로 이루어진 삼단논법으로, 양도추론이라고도 한다.

- 만일 네가 거짓말을 하면, 신이 미워할 것이다. (대전제)
- 만일 네가 거짓말을 하지 않으면, 사람들이 미워할 것이다. (대전제)
- 너는 거짓말을 하거나, 거짓말을 하지 않을 것이다. (소전제)
- 그러므로 너는 미움을 받게 될 것이다. (결론)

2. 귀납 추론

특수한 또는 개별적인 사실로부터 일반적인 결론을 이끌어 내는 추론을 말한다. 귀납 추론은 구체적 사실들을 기반으로 하여 결론을 이끌어 내기 때문에 필연성을 따지기보다는 개연성과 유관성, 표본성 등을 중시하게 된다. 여기서 개연성이란, 관찰된 어떤 사실이 같은 조건하에서 앞으로도 관찰될 수 있는가 하는 가능성을 말하고, 유관성은 추론에 사용된 자료가 관찰하려는 사실과 관련되어야 하는 것을 일컬으며, 표본성은 추론을 위한 자료의 표본 추출이 공정하게 이루어져야 하는 것을 가리킨다. 이러한 귀납 추론은 일상생활 속에서 많이 사용하고, 우리가 알고 있는 과학적 사실도 이와 같은 방법으로 밝혀졌다.

그러나 전제들이 참이어도 결론이 항상 참인 것은 아니다. 단 하나의 예외로 인하여 결론이 거짓이 될 수 있다.

- 성냥불은 뜨겁다.
- 연탄불도 뜨겁다.
- 그러므로 모든 불은 뜨겁다.

위 예문에서 '성냥불이나 연탄불이 뜨거우므로 모든 불은 뜨겁다.'라는 결론이 나왔는데, 반딧불은 뜨겁지 않으므로 '모든 불이 뜨겁다.'라는 결론은 거짓이 된다.

(1) 완전 귀납 추론

관찰하고자 하는 집합의 전체를 다 검증함으로써 대상의 공통 특질을 밝혀내는 방법이다. 이는 예외 없는 진실을 발견할 수 있다는 장점은 있으나, 집합의 규모가 크고 속성의 변화가 다양할 경우에는 적용하기 어려운 단점이 있다.

예 1부터 10까지의 수를 다 더하여 그 합이 55임을 밝혀내는 방법

(2) 통계적 귀납 추론

통계적 귀납 추론은 관찰하고자 하는 집합의 일부에서 발견한 몇 가지 사실을 열거함으로써 그 공통점을 결론으로 이끌어 내려는 방식을 가리킨다. 관찰하려는 집합의 규모가 클 때 그 일부를 표본으로 추출하여 조사하는 방식이 이에 해당하며, 표본 추출의 기준이 얼마나 적합하고 공정한가에 따라 그 결과에 대한 신뢰도가 달라진다는 단점이 있다.

예 여론조사에서 일부의 국민에 대한 설문 내용을 바탕으로, 이를 전체 국민의 여론으로 제시하는 것

(3) 인과적 귀납 추론

관찰하고자 하는 집합의 일부 원소들이 지닌 인과 관계를 인식하여 그 원인이나 결과를 이끌어 내려는 방식을 말한다.

① **일치법** : 공통적인 현상을 지닌 몇 가지 사실 중에서 각기 지닌 요소 중 어느 한 가지만 일치한다면 이 요소가 공통 현상의 원인이라고 판단

예 마을 잔칫집에서 돼지고기를 먹은 사람들이 집단 식중독을 일으켰다. 따라서 식중독의 원인은 상한 돼지고기가 아닌가 생각한다.

② **차이법** : 어떤 현상이 나타나는 경우와 나타나지 않은 경우를 놓고 보았을 때, 각 경우의 여러 조건 중 단 하나만이 차이를 보인다면 그 차이를 보이는 조건이 원인이 된다고 판단

예 현수와 승재는 둘 다 지능이나 학습 시간, 학습 환경 등이 비슷한데 공부하는 태도에는 약간의 차이가 있다. 따라서 두 사람이 성적이 차이를 보이는 것은 학습 태도의 차이 때문으로 생각된다.

③ **일치 · 차이 병용법** : 몇 개의 공통 현상이 나타나는 경우와 몇 개의 그렇지 않은 경우를 놓고 일치법과 차이법을 병용하여 적용함으로써 그 원인을 판단

예 학업 능력 정도가 비슷한 두 아동 집단에 대해 처음에는 같은 분량의 과제를 부여하고 나중에는 각기 다른 분량의 과제를 부여한 결과, 많이 부여한 집단의 성적이 훨씬 높게 나타났다. 이로 보아, 과제를 많이 부여하는 것이 적게 부여하는 것보다 학생의 학업 성적 향상에 도움이 된다고 판단할 수 있다.

④ **공변법** : 관찰하는 어떤 사실의 변화에 따라 현상의 변화가 일어날 때 그 변화의 원인이 무엇인지 판단

예 담배를 피우는 양이 각기 다른 사람들의 집단을 조사한 결과, 담배를 많이 피울수록 폐암에 걸릴 확률이 높다는 사실이 발견되었다.

⑤ **잉여법** : 앞의 몇 가지 현상이 뒤의 몇 가지 현상의 원인이며, 선행 현상의 일부분이 후행 현상의 일부분이라면, 선행 현상의 나머지 부분이 후행 현상의 나머지 부분의 원인임을 판단

예 어젯밤 일어난 사건의 혐의자는 정은이와 규민이 두 사람인데, 정은이는 알리바이가 성립되어 혐의 사실이 없는 것으로 밝혀졌다. 따라서 그 사건의 범인은 규민이일 가능성이 높다.

3. 유비 추론

두 개의 대상 사이에 일련의 속성이 동일하다는 사실에 근거하여 그것들의 나머지 속성도 동일하리라는 결론을 이끌어내는 추론, 즉 이미 알고 있는 것에서 다른 유사한 점을 찾아내는 추론을 말한다. 그렇기 때문에 유비 추론은 잣대(기준)가 되는 사물이나 현상이 있어야 한다. 유비 추론은 가설을 세우는 데 유용하다. 이미 알고 있는 사례로부터 아직 알지 못하는 것을 생각해 봄으로써 쉽게 가설을 세울 수 있다. 이때 유의할 점은 이미 알고 있는 사례와 이제 알고자 하는 사례가 매우 유사하다는 확신과 증거가 있어야 한다. 그렇지 않은 상태에서 유비 추론에 의해 결론을 이끌어 내면, 그것은 개연성이 거의 없고 잘못된 결론이 될 수도 있다.

- 지구에는 공기, 물, 흙, 햇빛이 있다(A는 a, b, c, d의 속성을 가지고 있다).
- 화성에는 공기, 물, 흙, 햇빛이 있다(B는 a, b, c, d의 속성을 가지고 있다).
- 지구에 생물이 살고 있다(A는 e의 속성을 가지고 있다).
- 그러므로 화성에도 생물이 살고 있을 것이다(그러므로 B도 e의 속성을 가지고 있을 것이다).

CHAPTER 04 문제해결력 기출예상문제

정답 및 해설 p.018

01 수추리

대표유형 수열

※ 일정한 규칙으로 수를 나열할 때, 빈칸에 들어갈 알맞은 수를 고르시오. [1~2]

01

−15 ( ) −26 −30 −33

① −21
② −22
③ −23
④ −24

| 해설 | 앞의 항에 −6, −5, −4, −3, −2, −1, …을 하는 수열이다.
따라서 ( )=−26+5=−21이다.

정답 ①

02

2 3 ( ) 8 27 17 10 9 13

① 1
② 2
③ 3
④ 4

| 해설 | $\underline{A\ B\ C} \rightarrow A+B\div3=C$
$\underline{2\ 3\ (\ \ )} \rightarrow 2+3\div3=(\ \ )$
따라서 ( )=2+3÷3=2+1=3이다.

정답 ③

※ 일정한 규칙으로 수를 나열할 때, 빈칸에 들어갈 알맞은 수를 고르시오. [1~20]

01

3　−10　−4　−7　10　−1　(　)　8

① 4　② 8
③ −12　④ −18

02

2　4　7　21　42　(　)　135

① 44　② 45
③ 84　④ 96

03

2　5　14　41　122　(　)

① 364　② 365
③ 366　④ 367

04

<u>6　4　4</u>　<u>21　5　32</u>　<u>19　(　)　10</u>

① 12　② 14
③ 16　④ 18

05

<u>2　1　3　6</u>　<u>4　5　2　11</u>　<u>5　6　2　(　)</u>

① 10　② 11
③ 12　④ 13

06

10 8 16 13 39 35 ( )

① 90
② 100
③ 120
④ 140

07

88 132 176 264 352 528 ( )

① 649
② 704
③ 715
④ 722

08

1 4 13 40 121 ( ) 1,093

① 351
② 363
③ 364
④ 370

09

1 3 7 15 31 ( ) 127

① 42
② 48
③ 56
④ 63

10

2 3 7 16 32 57 ( )

① 88
② 90
③ 93
④ 95

11

−3　−1　−5　3　−13　(　)

① 12　② −15
③ 19　④ −21

12

1　2　3　5　8　13　(　)

① 15　② 17
③ 19　④ 21

13

12.3　15　7.5　10.2　(　)　7.8　3.9

① 4.2　② 5.1
③ 6.3　④ 7.2

14

1　5　5　9　(　)　21

① 10　② 11
③ 13　④ 15

15

(　)　3　6　18　108　1,944

① 0　② 1
③ 2　④ 3

16

2　3.99　5.97　7.94　(　　)　11.85　13.79　15.72　17.64　19.55

① 9.92　② 9.91
③ 9.9　④ 9.89

17

$\frac{1}{2}$　$\frac{2}{3}$　$\frac{3}{4}$　$\frac{1}{2}$　1　$\frac{1}{3}$　$\frac{5}{4}$　$\frac{1}{6}$　(　)

① $\frac{9}{2}$　② $\frac{7}{2}$
③ $\frac{5}{2}$　④ $\frac{3}{2}$

18

1 8 3　2 (　) 4　3 16 5

① 9　② 10
③ 12　④ 13

19

22 4 6　19 7 3　8 (　) 2

① 5　② 7
③ 9　④ 10

20

5 0 1　5 3 (　)　6 2 36

① 15　② 45
③ 75　④ 125

02 언어추리

대표유형 언어추론

01 제시된 명제가 모두 참일 때, 다음 중 빈칸에 들어갈 명제로 가장 적절한 것은?

> • 비가 오지 않으면 개구리가 울지 않는다.
> • 비가 오지 않으면 제비가 낮게 날지 않는다.
> • ______________________________

① 비가 오면 제비가 낮게 난다.
② 제비가 낮게 나는 어떤 날은 비가 온다.
③ 개구리가 울지 않으면 제비가 낮게 날지 않는다.
④ 제비가 낮게 나는 날에는 개구리가 울지 않는다.

| 해설 | '비가 온다.'를 A, '개구리가 운다.'를 B, '제비가 낮게 난다.'를 C라고 한다면 첫 번째 명제는 '~A → ~B', 두 번째 명제는 '~A → ~C'이다. 이 때 두 번째 명제의 대우 명제는 'C → A', 즉 '제비가 낮게 날면 비가 온다.'로 ②와 동치가 되는 명제이다.

정답 ②

02 **최근 한 동물연구소에서 기존의 동물 분류 체계를 대체할 새로운 분류군과 분류의 기준을 마련하여 발표하였다. 다음을 토대로 판단할 때, 반드시 거짓인 진술은?**

> 1. 이 분류 체계는 다음과 같은 세 가지 분류의 기준을 적용한다.
> (가) 날 수 있는 동물인가, 그렇지 않은가?(날 수 있는가는 정상적인 능력을 갖춘 성체를 기준으로 한다)
> (나) 벌레를 먹고 사는가, 그렇지 않은가?
> (다) 장(腸) 안에 프리모넬라가 서식하는가?(이 경우 '프리모'라 부른다) 아니면 세콘데렐라가 서식하는가?(이 경우 '세콘도'라 부른다) 둘 중 어느 것도 서식하지 않는가?(이 경우 '눌로'라고 부른다) 혹은 둘 다 서식하는가?(이 경우 '옴니오'라고 부른다)
> 2. 벌레를 먹고 사는 동물의 장 안에 세콘데렐라는 도저히 살 수가 없다.
> 3. 날 수 있는 동물은 예외 없이 벌레를 먹고 산다. 그러나 그 역은 성립하지 않는다.
> 4. 벌레를 먹지 않는 동물 가운데 눌로에 속하는 것은 없다.

① 날 수 있는 동물 가운데는 세콘도가 없다.
② 동고비새는 날 수 있는 동물이므로 옴니오에 속한다.
③ 벌쥐가 만일 날 수 있는 동물이라면 그것은 프리모이다.
④ 플라나리아는 날지 못하고 벌레를 먹지도 않으므로 세콘도이다.

| 해설 | 먼저 3과 2에 의해 '날 수 있는 동물은 예외 없이 벌레를 먹고 산다. 벌레를 먹고 사는 동물의 장 안에는 세콘데렐라는 도저히 살 수가 없다'는 것으로부터 '날 수 있는 동물은 장 안에 세콘데렐라가 없다.'는 명제를 쉽게 얻을 수 있다.
그러므로 ②의 동고비새 역시 세콘도가 없다. 1의 (다)를 보면 옴니오는 프리모와 세콘도가 둘 다 서식하는 것이므로 ②는 명백하게 거짓이다.

오답분석

① 3과 2에 의해 명백한 참이다.
③ 2와 3에 의해 벌쥐는 그것은 프리모이거나 눌로에 속하므로 반드시 거짓이라고 할 수 없다.
④ 플라나리아는 벌레를 먹지 않으므로 눌로가 아니다. 그러므로 프리모, 세콘도, 옴니오 중에 하나가 될 수 있다. 역시 반드시 거짓은 아니다.

정답 ②

PART 2

※ 제시된 명제가 모두 참일 때, 다음 중 빈칸에 들어갈 명제로 가장 적절한 것을 고르시오. [1~2]

01

- 자차가 없으면 대중교통을 이용한다.
- ____________________
- 자차가 없으면 출퇴근 비용을 줄일 수 있다.

① 자차가 있으면 출퇴근 비용이 줄어든다.
② 대중교통을 이용하려면 자차가 있어야 한다.
③ 대중교통을 이용하면 출퇴근 비용이 줄어든다.
④ 출퇴근 비용을 줄이려면 자차가 있어야 한다.

02

- 술을 많이 마시면 간에 무리가 간다.
- ____________________
- 스트레스를 많이 받으면 술을 많이 마신다.

그러므로 운동을 꾸준히 하지 않으면 간에 무리가 간다.

① 운동을 꾸준히 하지 않아도 술을 끊을 수 있다.
② 간이 건강하다면 술을 마실 수 있다.
③ 술을 마시지 않는다는 것은 스트레스를 주지 않는다는 것이다.
④ 스트레스를 많이 받지 않는다는 것은 운동을 꾸준히 했다는 것이다.

03 A ~ D 4명은 S아파트 10층에 살고 있다. 다음 〈조건〉을 고려하였을 때, 항상 거짓인 것은?

조건

- 아파트 10층의 구조는 다음과 같다.

계단	1001호	1002호	1003호	1004호	엘리베이터

- A는 엘리베이터보다 계단이 더 가까운 곳에 살고 있다.
- C와 D는 계단보다 엘리베이터에 더 가까운 곳에 살고 있다.
- D는 A 바로 옆에 살고 있다.

① A보다 계단이 가까운 곳에 살고 있는 사람은 B이다.
② B가 살고 있는 곳에서 엘리베이터 쪽으로는 2명이 살고 있다.
③ 본인이 살고 있는 곳과 가장 가까운 이동 수단을 이용한다면 C는 엘리베이터를 이용할 것이다.
④ D는 1003호에 살고 있다.

04 어느 도시에 있는 병원의 공휴일 진료 현황은 다음과 같다. 공휴일에 진료하는 병원의 수는?

- 만약 B병원이 진료를 하지 않으면, A병원은 진료를 한다.
- 만약 B병원이 진료를 하면, D병원은 진료를 하지 않는다.
- 만약 A병원이 진료를 하면, C병원은 진료를 하지 않는다.
- 만약 C병원이 진료를 하지 않으면, E병원이 진료를 한다.
- E병원은 공휴일에 진료를 하지 않는다.

① 1곳 ② 2곳
③ 3곳 ④ 4곳

※ 제시된 명제가 모두 참일 때, 다음 중 반드시 참인 것을 고르시오. [5~7]

05

- 철수의 성적은 영희보다 낮고, 수연이보다 높다.
- 영희의 성적은 90점이고, 수연이의 성적은 85점이다.
- 수연이와 윤수의 성적은 같다.

① 철수의 성적은 윤수보다 낮다.
② 철수의 성적은 90점 이상이다.
③ 철수의 성적은 85점 이하이다.
④ 철수의 성적은 86점 이상 89점 이하이다.

06

- 클래식을 좋아하는 사람은 고전을 좋아한다.
- 사진을 좋아하는 사람은 운동을 좋아한다.
- 고전을 좋아하지 않는 사람은 운동을 좋아하지 않는다.

① 클래식을 좋아하지 않는 사람은 운동을 좋아한다.
② 고전을 좋아하는 사람은 운동을 좋아하지 않는다.
③ 운동을 좋아하는 사람은 클래식을 좋아하지 않는다.
④ 사진을 좋아하는 사람은 고전을 좋아한다.

07

- 사탕을 좋아하는 사람은 밥을 좋아한다.
- 초밥을 좋아하는 사람은 짬뽕을 좋아한다.
- 밥을 좋아하지 않는 사람은 짬뽕을 좋아하지 않는다.

① 사탕을 좋아하지 않는 사람은 짬뽕을 좋아한다.
② 밥을 좋아하는 사람은 짬뽕을 좋아하지 않는다.
③ 짬뽕을 좋아하는 사람은 사탕을 좋아하지 않는다.
④ 초밥을 좋아하는 사람은 밥을 좋아한다.

PART 2

08 **A～C 세 사람 중 한 사람은 수녀이고, 한 사람은 왕이고, 한 사람은 농민이다. 수녀는 언제나 참을, 왕은 언제나 거짓을, 농민은 참을 말하기도 하고 거짓을 말하기도 한다. 세 사람이 다음과 같은 대화를 할 때, A, B, C는 각각 누구인가?**

- A : 나는 농민이다.
- B : A의 말은 진실이다.
- C : 나는 농민이 아니다.

	A	B	C
①	농민	왕	수녀
②	농민	수녀	왕
③	수녀	왕	농민
④	왕	농민	수녀

※ A사의 건물은 5층이며, 각 층에는 화분이 놓여 있다. 이어지는 질문에 답하시오. [9~10]

- 1층에는 2층보다 많은 화분이 놓여 있다.
- 3층에는 4층보다 적은 화분이 놓여 있다.
- 3층에는 2층보다 적은 화분이 놓여 있다.
- 5층에는 4층보다 적은 화분이 놓여 있지만 화분이 가장 적은 것은 아니다.

09 다음 중 반드시 참인 것은?

① 3층의 화분 수가 가장 적다.
② 2층과 5층의 화분 수는 같다.
③ 2층의 화분 수는 4층의 화분 수보다 적다.
④ 4층의 화분 수는 2층의 화분 수보다 많다.

10 2층의 화분 수가 4층의 화분 수보다 많다고 할 때, 다음 중 참이 아닌 것은?

① 1층의 화분 수가 가장 많다.
② 2층의 화분 수가 두 번째로 많다.
③ 5층의 화분 수는 3층의 화분 수보다 많다.
④ 4층의 화분 수가 S회사 건물 내 모든 화분의 평균 개수이다.

CHAPTER 05

관찰탐구력

합격 CHEAT KEY

| 출제유형 |

과학추리

힘과 운동, 일과 에너지 등 물리·화학·생활과학 문제가 출제된다. 내용을 깊이 학습해야 풀 수 있는 문제는 출제되지 않지만, 범위가 넓은 편이다.

학습전략

과학추리

- 과학 관련 기초 지식을 정리해야 한다.
- 문제를 풀면서 모르는 부분은 추가로 정리를 하는 것이 좋다.

CHAPTER 05 관찰탐구력 핵심이론

1. 힘

(1) 여러 가지 힘

① 힘 : 물체의 모양이나 운동 상태를 변화시키는 원인이 되는 것

② 탄성력 : 탄성체가 변형되었을 때 원래의 상태로 되돌아가려는 힘

㉠ 탄성체 : 용수철, 고무줄, 강철판 등

㉡ 방향 : 변형된 방향과 반대로 작용한다.

③ 마찰력 : 두 물체의 접촉면 사이에서 물체의 운동을 방해하는 힘

㉠ 방향 : 물체의 운동 방향과 반대

㉡ 크기 : 접촉면이 거칠수록, 누르는 힘이 클수록 커진다(접촉면의 넓이와는 무관).

④ 자기력 : 자석과 자석, 자석과 금속 사이에 작용하는 힘

⑤ 전기력 : 전기를 띤 물체 사이에 작용하는 힘

⑥ 중력 : 지구와 지구상의 물체 사이에 작용하는 힘

㉠ 방향 : 지구 중심 방향

㉡ 크기 : 물체의 질량에 비례

(2) 힘의 작용과 크기

① 힘의 작용

㉠ 접촉하여 작용하는 힘 : 탄성력, 마찰력, 사람의 힘

㉡ 떨어져서 작용하는 힘 : 자기력, 중력, 전기력

㉢ 쌍으로 작용하는 힘 : 물체에 힘이 작용하면 반드시 반대 방향으로 반작용의 힘이 작용한다.

② 힘의 크기

㉠ 크기 측정 : 용수철의 늘어나는 길이는 힘의 크기에 비례하므로 이를 이용하여 힘의 크기를 측정

㉡ 힘의 단위 : N, kgf(1kgf=9.8N)

〈힘의 화살표〉

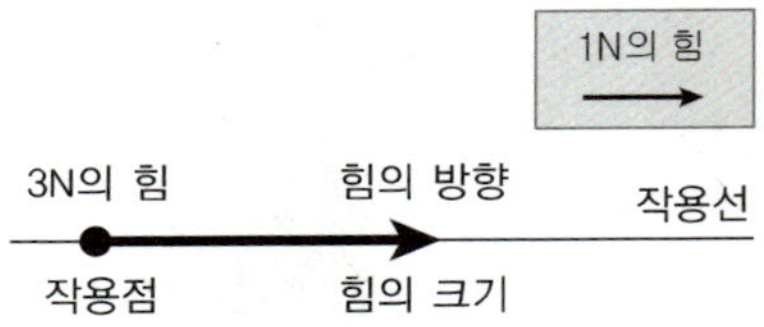

(3) 힘의 합성과 평형

① 힘의 합성 : 두 개 이상의 힘이 작용하여 나타나는 효과를 하나의 힘으로 표현

㉠ 방향이 같은 두 힘의 합력 : $F=F_1+F_2$

㉡ 방향이 반대인 두 힘의 합력 : $F=F_1-F_2(F_1>F_2)$

㉢ 나란하지 않은 두 힘의 합력 : 평행사변형법

② 힘의 평형 : 한 물체에 여러 힘이 동시에 작용하여도 움직이지 않을 때이며, 합력은 0이다.

㉠ 두 힘의 평형 조건 : 크기가 같고 방향이 반대이며, 같은 작용선상에 있어야 한다.

㉡ 평형의 예 : 실에 매달린 추, 물체를 당겨도 움직이지 않을 때

2. 힘과 운동의 관계

(1) 물체의 운동

① 물체의 위치 변화

㉠ 위치 표시 : 기준점에서 방향과 거리로 표시

㉡ (이동 거리)=(나중 위치)−(처음 위치)

② 속력 : 단위 시간 동안 이동한 거리

㉠ $(\text{속력})=\dfrac{(\text{이동거리})}{(\text{걸린시간})}=\dfrac{(\text{나중위치})-(\text{처음위치})}{(\text{걸린시간})}$

㉡ 단위 : m/s, km/h 등

(2) 여러 가지 운동

① 속력이 변하지 않는 운동 : 등속(직선)운동

② 속력이 일정하게 변하는 운동 : 낙하 운동

$(\text{속력})=\dfrac{(\text{처음 속력})+(\text{나중 속력})}{2}$

③ 방향만 변하는 운동 : 등속 원운동

④ 속력과 방향이 모두 변하는 운동 : 진자의 운동, 포물선 운동

(3) 힘과 운동의 관계

① 힘과 속력의 변화

㉠ 힘이 가해지면 물체의 속력이 변한다.

㉡ 힘이 클수록, 물체의 질량이 작을수록 속력의 변화가 크다.

② 힘과 운동 방향의 변화

㉠ 힘이 가해지면 힘의 방향과 운동 방향에 따라 방향이 변할 수도 있고 속력만 변할 수도 있다.

㉡ 힘이 클수록, 물체의 질량이 작을수록 물체의 운동 방향 변화가 크다.

③ 뉴턴의 운동 법칙

㉠ 운동의 제1법칙(관성의 법칙) : 물체는 외부로부터 힘이 작용하지 않는 한 현재의 운동상태를 계속 유지하려 한다.

㉡ 운동의 제2법칙(가속도의 법칙) : 속력의 변화는 힘의 크기(F)에 비례하고 질량(m)에 반비례한다.

〈운동의 제2법칙〉

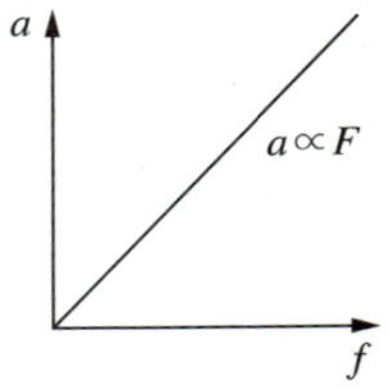

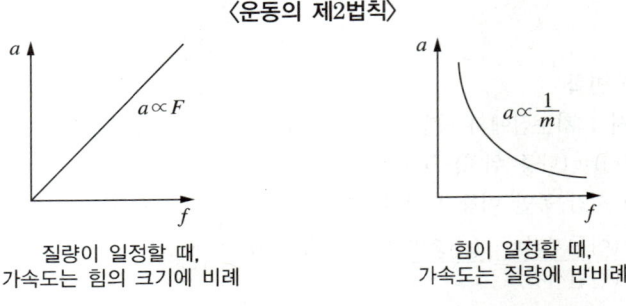

질량이 일정할 때,
가속도는 힘의 크기에 비례

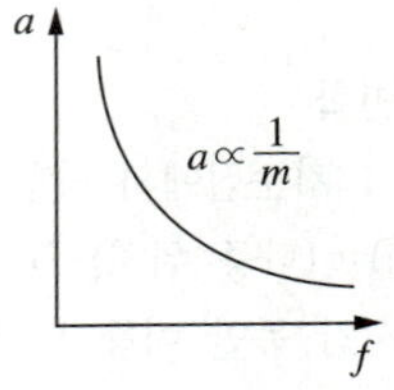

힘이 일정할 때,
가속도는 질량에 반비례

㉢ 운동의 제3법칙(작용·반작용의 법칙) : 한 물체가 다른 물체에 힘을 가할 때, 힘을 받는 물체도 상대 물체에 같은 크기의 힘이 반대 방향으로 작용한다.

3. 일과 에너지

(1) 일

① 일의 크기와 단위

㉠ 일의 크기 : 힘의 크기(F)와 물체가 이동한 거리(S)의 곱으로 나타낸다.

$W = F \times S$

㉡ 단위 : 1N의 힘으로 물체를 1m만큼 이동시킨 경우의 크기를 1J이라 한다.

1J = 1N × 1m

② 들어 올리는 힘과 미는 힘

㉠ 물체를 들어 올리는 일 : 물체의 무게만큼 힘이 필요하다.

[드는 일(중력에 대한 일)] = (물체의 무게) × (높이)

㉡ 물체를 수평면상에서 밀거나 끄는 일 : 마찰력만큼의 힘이 필요하다.

[미는 일(마찰력에 대한 일)] = (마찰력) × (거리)

㉢ 무게와 질량

- 무게 : 지구가 잡아당기는 중력의 크기
- 무게의 단위 : 힘의 단위(N)와 같다.
- 무게는 질량에 비례한다.

(2) 일의 원리

① **도르래를 사용할 때**

㉠ 고정 도르래 : 도르래축이 벽에 고정되어 있다.

- 힘과 일의 이득이 없고, 방향만 바꾼다.
- (힘)=[물체의 무게($F=w$)]
- [물체의 이동 거리(h)]=[줄을 잡아당긴 거리(s)]
- (힘이 한 일)=(도르래가 물체에 한 일)

㉡ 움직 도르래 : 힘에는 이득이 있으나 일에는 이득이 없다.

- 힘의 이득 : 물체 무게의 절반$\left(F=\dfrac{w}{2}\right)$
- (물체의 이동 거리)=(줄을 잡아당긴 거리)$\times\dfrac{1}{2}$

② **지레를 사용할 때** : 힘의 이득은 있으나, 일에는 이득이 없다.

㉠ 원리 : 그림에서 물체의 무게를 W, 누르는 힘을 F라 하면 식은 다음과 같다.

$W\times b=F\times a$

㉡ 거리 관계

[물체가 움직인 거리(h)]<[사람이 지레를 움직인 거리(s)]

〈지레의 원리〉

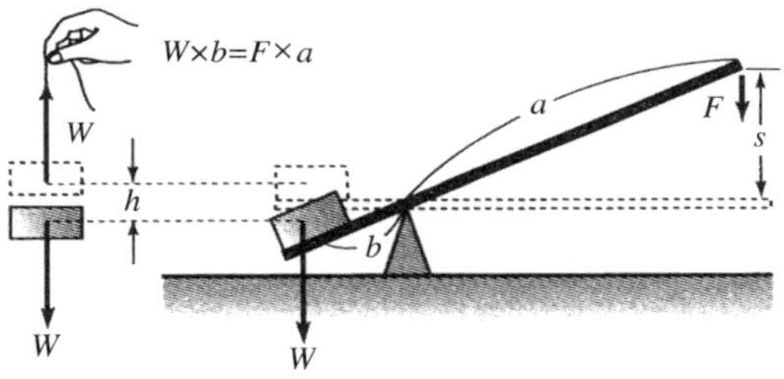

③ **축바퀴를 사용할 때**

㉠ 축바퀴의 원리 : 지레의 원리를 응용한 도구

㉡ 줄을 당기는 힘

$F=\dfrac{w\times r}{R}$ [r=(반지름), R=(지름)]

㉢ (물체가 움직인 거리)<(당긴 줄의 길이)

㉣ 일의 이득 : 일의 이득은 없다.

④ **빗면을 이용할 때**

㉠ 힘의 이득 : 빗면의 경사가 완만할수록 힘의 이득이 커진다.

(힘)=(물체의 무게)$\times\dfrac{\text{(수직높이)}}{\text{(빗면의 길이)}}\left(F=w\times\dfrac{h}{s}\right)$

㉡ 일의 이득 : 일의 이득은 없다.

㉢ 빗면을 이용한 도구 : 나사, 쐐기, 볼트와 너트

⑤ **일의 원리** : 도르래나 지레, 빗면 등의 도구를 사용하여도 일의 이득이 없지만, 작은 힘으로 물체를 이동시킬 수 있다.

(3) 역학적 에너지

① **위치 에너지** : 어떤 높이에 있는 물체가 가지는 에너지

㉠ (위치 에너지)=(질량)×(중력 가속도)×(높이) → $mgh=9.8mh$

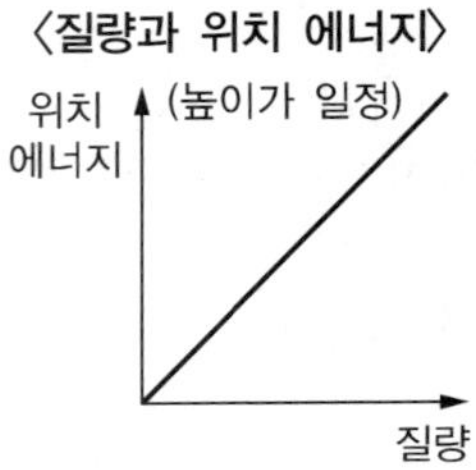

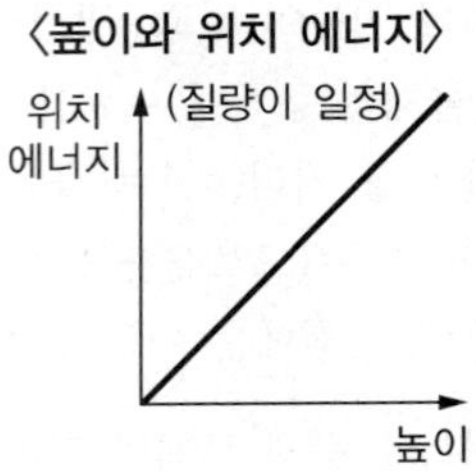

㉡ 위치 에너지와 일

- 물체를 끌어올릴 때 : 물체를 끌어올리면서 한 일은 위치 에너지로 전환된다.
- 물체가 낙하할 때 : 물체의 위치 에너지는 지면에 대하여 한 일로 전환된다.

㉢ 위치 에너지의 기준면

- 기준면에 따라 위치 에너지의 크기가 다르다.
- 기준면은 편리하게 정할 수 있으나, 보통 지면을 기준으로 한다.
- 기준면에서의 위치 에너지는 0이다.

② **운동 에너지** : 운동하고 있는 물체가 갖는 에너지(단위 : J)

㉠ 운동 에너지의 크기 : 물체의 질량과 (속력)^{2}에 비례한다.

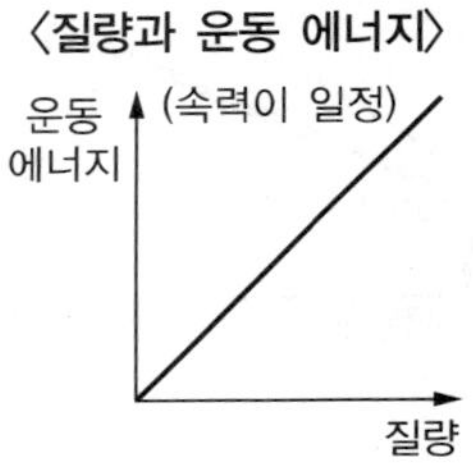

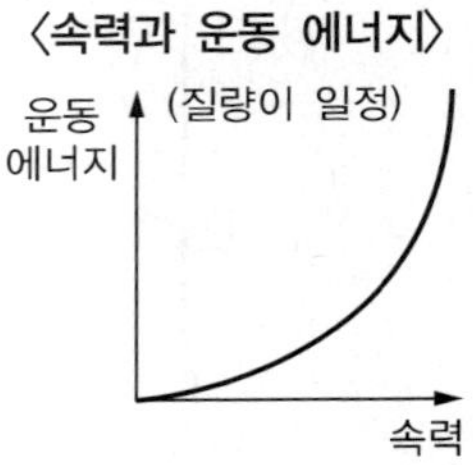

㉡ (운동 에너지)$=\frac{1}{2}$×(질량)×(속력)^2 → $\frac{1}{2}mv^2$

③ **역학적 에너지**

㉠ 역학적

에너지의 전환 : 높이가 변하는 모든 운동에서는 위치 에너지와 운동 에너지가 서로 전환된다.

- 높이가 낮아지면 : 위치 에너지 → 운동 에너지
- 높이가 높아지면 : 운동 에너지 → 위치 에너지

㉡ 역학적 에너지의 보존

- 운동하는 물체의 역학적 에너지
  - 물체가 올라갈 때 : (감소한 운동 에너지)=(증가한 위치 에너지)
  - 물체가 내려갈 때 : (감소한 위치 에너지)=(증가한 운동 에너지)

- 역학적
  에너지의 보존 법칙 : 물체가 운동하고 있는 동안 마찰이 없다면 역학적 에너지는 일정하게 보존된다[(위치 에너지)+(운동 에너지)=(일정)].
- 낙하하는 물체의 역학적 에너지 보존
  - (감소한 위치 에너지)$=9.8mh_1-9.8mh_2$
  - (증가한 운동 에너지)$=\frac{1}{2}mv_2^2-\frac{1}{2}mv_1^2$

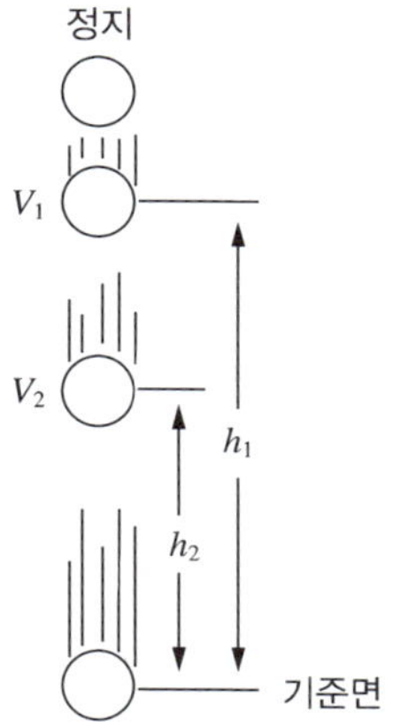

4. 전압 · 전류 · 저항

(1) 전류의 방향과 세기

① 전류의 방향 : (+)극 → (−)극

② 전자의 이동 방향 : (−)극 → (+)극

③ 전류의 세기(A) : 1초 동안에 도선에 흐르는 전하의 양

④ [전하량(C)]=[전류의 세기(A)]×[시간(s)]

(2) 전압과 전류의 관계

① 전류의 세기는 전압에 비례한다.

② 전기 저항(R) : 전류의 흐름을 방해하는 정도

③ 옴의 법칙 : 전류의 세기(A)는 전압(V)에 비례하고, 전기 저항(R)에 반비례한다.

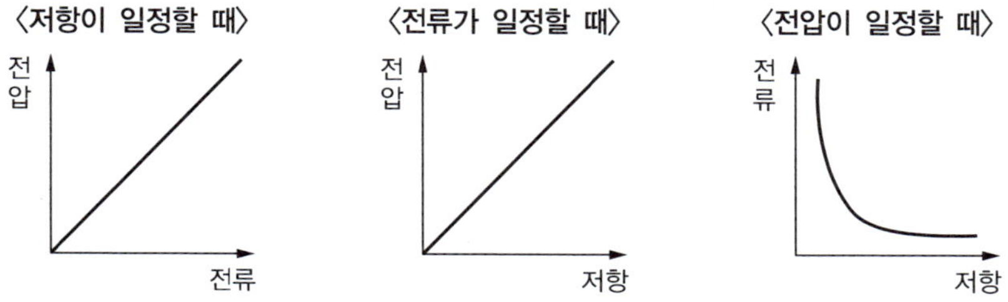

(3) 저항의 연결

① **직렬 연결** : 저항을 한 줄로 연결

㉠ 전류 : $I = I_1 = I_2$

㉡ 각 저항의 전합 : $V_1 : V_2 = R_1 : R_2$

㉢ 전체 전압 : $V = V_1 + V_2$

㉣ 전체 저항 : $R = R_1 + R_2$

② **병렬 연결** : 저항의 양끝을 묶어서 연결

㉠ 전체 전류 : $I = I_1 + I_2$

㉡ 전체 전압 : $V = V_1 = V_2$

㉢ 전체 저항 : $\frac{1}{R} = \frac{1}{R_1} + \frac{1}{R_2}$

③ **혼합 연결** : 직렬 연결과 병렬 연결을 혼합

④ $V = IR$

CHAPTER 05 관찰탐구력 기출예상문제

정답 및 해설 p.021

PART 2

대표유형 과학추리

다음 중 우리 몸에 에너지를 공급하는 영양소로 옳지 않은 것은?

① 단백질
② 탄수화물
③ 무기질
④ 지방

| 해설 | 우리 몸에 에너지를 공급하는 필수 3대 영양소는 단백질, 지방, 탄수화물이다.
무기질은 신체에서 뼈와 치아를 구성하고, 신경 자극 전달 · 근육 수축 · 삼투압 및 산염기 평형 조절 등 생리 기능을 유지하는 데 필수적인 영양소이다.

정답 ③

01 다음에서 설명하는 행성은?

- 내행성이며 두꺼운 이산화탄소 대기를 가지고 있다.
- 초저녁 서쪽 하늘이나 새벽 동쪽 하늘에서 볼 수 있다.

① 금성
② 목성
③ 토성
④ 천왕성

02 다음 중 정보를 재생할 때 레이저 빛을 이용하는 것은?

① CD
② 건전지
③ 마이크
④ 자기 테이프

03 고체인 물체를 가열할 때 다음 온도 – 시간 그래프에서 녹는점과 끓는점의 구간을 바르게 짝지은 것은?

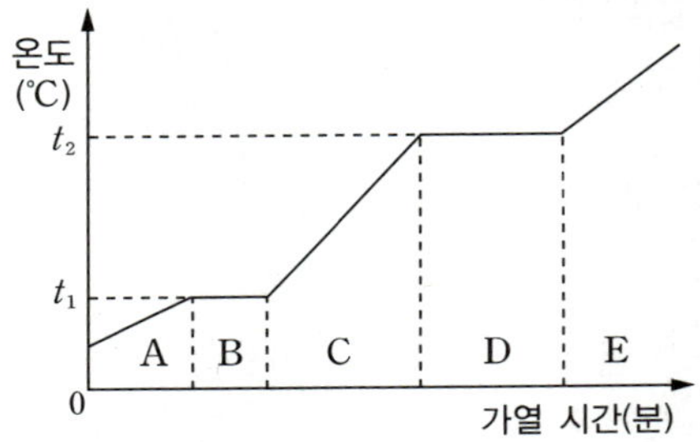

	녹는점	끓는점
①	A	D
②	B	D
③	D	B
④	C	A

04 다음에서 설명하는 물질은?

- 세포막을 구성하는 물질 중 하나이다.
- 이 물질을 구성하는 기본 단위는 아미노산이다.

① 녹말
② 단백질
③ 비타민
④ 무기 염류

05 수평면 위에 놓인 물체에 수평 방향으로 8N의 힘을 가하였을 때, 가속도의 크기가 $2m/s^2$이었다. 이 물체의 질량은?(단, 마찰과 공기 저항은 무시한다)

① 1kg
② 2kg
③ 4kg
④ 8kg

06 오늘날 사용되는 주기율표에서 원소들의 배열 순서를 결정하는 것은?

① 원자 번호
② 원자량
③ 질량수
④ 중성자 수

07 자연계에 존재하는 기본 힘 중에서 크기가 가장 큰 것은?

① 중력
② 전자기력
③ 강력(강한 상호 작용)
④ 약력(약한 상호 작용)

08 다음 액체 혼합물 분리 실험에서 이용한 물질의 특성은?

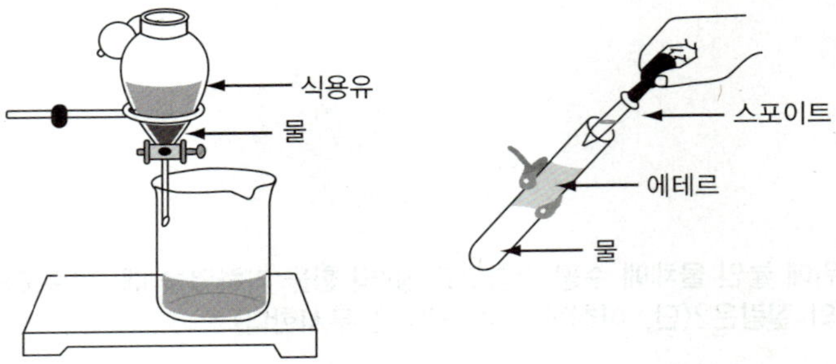

① 밀도　　② 온도
③ 용해도　　④ 농도

09 다음 화학 반응식에 대한 설명으로 옳지 않은 것은?

$$CuO + H_2 \rightarrow Cu + H_2O$$

① 산화구리는 산소를 잃어 환원되었다.
② 물은 산소를 얻어 산화되었다.
③ 산화와 환원은 동시에 일어난다.
④ 화학 반응식의 원소 개수는 3개이다.

10 다음 중 화학 반응 속도에 영향을 미치는 요인이 아닌 것은?

① 반응 물질의 농도
② 반응 물질의 색
③ 반응 온도
④ 촉매 사용 유무

11 벽에 용수철을 매달고 손으로 잡아당겨 보았다. 4N의 힘으로 용수철을 당겼을 때, 5cm만큼 늘어났다고 한다. 용수철이 8cm가 늘어났다고 한다면 용수철에 가해진 힘의 크기는?

① 1.6N
② 3.2N
③ 4.8N
④ 6.4N

12 그림과 같이 수평면 위에 정지해 있는 1kg의 물체에 수평 방향으로 4N과 8N의 힘이 서로 반대 방향으로 작용한다면, 이 물체의 가속도 크기는?(단, 모든 마찰과 저항은 무시한다)

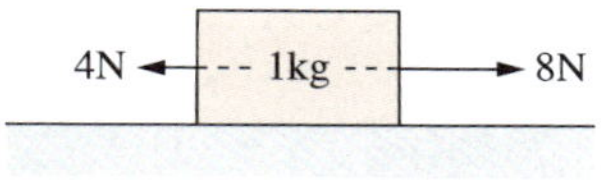

① $4m/s^2$
② $5m/s^2$
③ $6m/s^2$
④ $7m/s^2$

13 다음 중 작용·반작용과 관련 있는 것으로 옳은 것을 <보기>에서 모두 고르면?

보기

㉠ 두 사람이 얼음판 위에서 서로 밀면, 함께 밀려난다.
㉡ 배가 나무에서 떨어졌다.
㉢ 로켓이 연료를 뒤로 분사하면, 로켓은 앞으로 날아간다.
㉣ 버스가 갑자기 출발하면, 승객들은 뒤로 넘어진다.

① ㉠, ㉢
② ㉠, ㉡
③ ㉡, ㉢
④ ㉡, ㉣

시대에듀

M E M O

PART 3

최종점검 모의고사

제1회 최종점검 모의고사

모바일 OMR 답안채점 / 성적분석 서비스

☑ 응시시간 : 50분 ☑ 문항 수 : 45문항

정답 및 해설 p.024

01 다음 중 밑줄 친 어휘의 표기가 옳은 것은?

① 조금 바쁘기야 하지만서도 당신이 부탁하는 일이라면 무조건 돕겠어요.
② 그는 수년간의 경험과 노하우로 해당 분야에서 길앞잡이 역할을 하고 있다.
③ 선수가 그라운드 안으로 쏜살로 뛰어 들어갔다.
④ 원숭이가 무리를 지어 인간처럼 사회를 이루며 살아가는 모습이 신기롭다.

02 다음 중 맞춤법에 어긋나는 것은?

① 오랜만 ② 반짇고리
③ 고랭지 ④ 세침떼기

03 다음 글의 빈칸에 들어갈 내용으로 가장 적절한 것은?

> 1979년 경찰관 출신이자 샌프란시스코 시의원이었던 댄 화이트는 시장과 시의원을 살해했다는 이유로 1급 살인죄로 기소되었다. 화이트의 변호인은 피고인이 스낵을 비롯해 컵케이크, 캔디 등을 과다 섭취해서 당분 과다로 뇌의 화학적 균형이 무너져 정신에 장애가 왔다고 주장하면서 책임 경감을 요구하였다. 재판부는 변호인의 주장을 인정하여 계획 살인죄보다 약한 일반 살인죄를 적용하여 7년 8개월의 금고형을 선고했다. 이 항변은 당시 미국에서 인기 있던 스낵의 이름을 따 '트윙키 항변'이라 불렸고 사건의 사회성이나 의외의 소송 전개 때문에 큰 화제가 되었다.
> 이를 계기로 1982년 슈엔달러는 교정시설에 수용된 소년범 276명을 대상으로 섭식과 반사회 행동의 상관관계에 대해 실험을 하였다. 기존의 식단에서 각설탕을 꿀로 바꾸어 보고, 설탕이 들어간 음료수에서 천연 과일 주스를 주는 등으로 변화를 주었다. 이처럼 정제한 당의 섭취를 원천적으로 차단한 결과 시설 내 폭행, 절도, 규율 위반, 패싸움 등이 실험 전에 비해 무려 45%나 감소했다는 것을 알게 되었다. 따라서 이 실험을 통해 ________________

① 과다한 영양 섭취가 범죄 발생에 영향을 미친다는 것을 알 수 있다.
② 과다한 정제당 섭취는 반사회적 행동을 유발할 수 있다는 것을 알 수 있다.
③ 가공 식품의 섭취가 일반적으로 폭력 행위를 증가시킨다는 것을 알 수 있다.
④ 정제당 첨가물로 인한 범죄 행위는 그 책임이 경감되어야 한다는 것을 알 수 있다.

04 **G교육청에 근무하는 사원 A씨는 최근 자신의 상사인 B대리 때문에 스트레스를 받고 있다. A씨가 공들여 작성한 기획서를 제출하면 B대리가 중간에서 매번 퇴짜를 놓기 때문이다. 이와 동시에 A씨는 자신에 대한 B대리의 감정이 좋지 않은 것 같아 마음이 더 불편하다. A씨가 직장 동료인 C씨에게 이러한 어려움을 토로했을 때, 다음 중 C씨가 A씨에게 해줄 수 있는 조언으로 적절하지 않은 것은?**

① 무엇보다 관계 갈등의 원인을 찾는 것이 중요해.

② B대리님의 입장을 충분히 고려해볼 필요가 있어.

③ B대리님과 마음을 열고 대화해보는 것은 어때?

④ B대리님과 누가 옳고 그른지 확실히 논쟁해볼 필요가 있어.

05 **다음 제시된 글을 읽고, 이어질 문단을 논리적 순서대로 바르게 나열한 것은?**

먼저 고전학파에서는 시장에서 임금이나 물가 등의 가격 변수가 완전히 탄력적으로 작용하기 때문에 경기적 실업을 자연스럽게 해소될 수 있는 일시적 현상으로 본다.

(가) 이렇게 실질임금이 상승하게 되면 경기적 실업으로 인해 실업 상태에 있던 노동자들은 노동 시장에서 일자리를 적극적으로 찾으려고 하고, 이로 인해 노동의 초과공급이 발생하게 된다. 그래서 노동자들은 노동 시장에서 경쟁하게 되고 이러한 경쟁으로 인해 명목임금은 탄력적으로 하락하게 된다. 명목임금의 하락은 실질임금의 하락으로 이어지게 되고 실질임금은 경기가 침체되기 이전과 동일한 수준으로 돌아간다.

(나) 이들에 의하면 노동자들이 받는 화폐의 액수를 의미하는 명목임금이 변하지 않은 상태에서 경기 침체로 인해 물가가 하락하게 되면 명목임금을 물가로 나눈 값, 즉 임금의 실제 가치를 의미하는 실질임금은 상승하게 된다. 예를 들어 물가가 10% 정도 하락하게 되면 명목임금으로 구매할 수 있는 재화의 양이 10% 정도 늘어날 수 있고, 이는 물가가 하락하기 전보다 실질임금이 10% 정도 상승했다는 의미이다.

(다) 결국 기업에서는 명목임금이 하락한 만큼 노동의 수요량을 늘릴 수 있게 되므로 노동의 초과공급은 사라지고 실업이 자연스럽게 해소된다. 따라서 고전학파에서는 인위적 개입을 통해 경기적 실업을 감소시키려는 정부의 역할에 반대한다.

① (가) – (나) – (다)　　② (가) – (다) – (라)

③ (나) – (가) – (다)　　④ (다) – (나) – (가)

06 **다음 글의 빈칸에 들어갈 내용으로 가장 적절한 것은?**

> 소독이란 물체의 표면 및 그 내부에 있는 병원균을 죽여 전파력 또는 감염력을 없애는 것이다. 이때, 소독의 가장 안전한 형태로는 멸균이 있다. 멸균이란 대상으로 하는 물체의 표면 또는 그 내부에 분포하는 모든 세균을 완전히 죽여 무균의 상태로 만드는 조작으로, 살아있는 세포뿐만 아니라 포자, 박테리아, 바이러스 등을 완전히 파괴하거나 제거하는 것이다.
>
> 물리적 멸균법은 열, 햇빛, 자외선, 초단파 따위를 이용하여 균을 죽여 없애는 방법이다. 열(Heat)에 의한 멸균에는 건열 방식과 습열 방식이 있는데, 건열 방식은 소각과 건식오븐을 사용하여 멸균하는 방식이다. 건열 방식이 활용되는 예로는 미생물 실험실에서 사용하는 많은 종류의 기구를 물 없이 멸균하는 것이 있다. 이는 습열 방식을 활용했을 때 유리를 포함하는 기구가 파손되거나 금속 재질로 이루어진 기구가 습기에 의해 부식할 가능성을 보완한 방법이다. 그러나 건열 멸균법은 습열 방식에 비해 멸균 속도가 느리고 효율이 떨어지며, 열에 약한 플라스틱이나 고무제품은 대상물의 변성이 이루어져 사용할 수 없다. 예를 들어 많은 세균의 내생포자는 습열 멸균 온도 조건(121℃)에서는 5분 이내에 사멸되나, 건열 멸균법을 활용할 경우 이보다 더 높은 온도(160℃)에서도 약 2시간 정도가 지나야 사멸되는 양상을 나타낸다. 반면, 습열 방식은 바이러스, 세균, 진균 등의 미생물들을 손쉽게 사멸시킨다. 습열은 효소 및 구조단백질 등의 필수 단백질의 변성을 유발하고, 핵산을 분해하며 세포막을 파괴하여 미생물을 사멸시킨다. 끓는 물에 약 10분간 노출하면 대개의 영양세포나 진핵포자를 충분히 죽일 수 있으나, 100℃의 끓는 물에서는 세균의 내생포자를 사멸시키지는 못한다. 따라서 물을 끓여서 하는 열처리는 ____________________ 멸균을 시키기 위해서는 100℃가 넘는 온도(일반적으로 121℃)에서 압력(약 1.1kg/cm^2)을 가해 주는 고압증기멸균기를 이용한다. 고압증기멸균기는 물을 끓여 증기를 발생시키고 발생한 증기와 압력에 의해 멸균을 시키는 장치이다. 고압증기멸균기 내부가 적정 온도와 압력(121℃, 약 1.1kg/cm^2)에 이를 때까지 뜨거운 포화 증기를 계속 유입시킨다. 해당 온도에서 포화 증기는 15분 이내에 모든 영양세포와 내생포자를 사멸시킨다. 고압증기멸균기에 의해 사멸되는 미생물은 고압에 의해서라기보다는 고압하에서 수증기가 얻을 수 있는 높은 온도에 의해 사멸되는 것이다.

① 더 많은 세균을 사멸시킬 수 있다.
② 멸균 과정에서 더 많은 비용이 소요된다.
③ 멸균 과정에서 더 많은 시간이 소요된다.
④ 소독을 시킬 수는 있으나, 멸균을 시킬 수는 없다.

07 다음 글에서 〈보기〉의 문장 ㉠ ~ ㉢이 들어갈 위치를 바르게 짝지은 것은?

창은 채광이나 환기를 위해서, 문은 사람들의 출입을 위해서 건물 벽에 설치한 개폐가 가능한 시설이다. 일반적으로 현대적인 건축물에서 창과 문은 각각의 기능이 명확하고 크기와 형태가 달라 구별이 쉽다. 그러나 ___(가)___ 그리하여 창과 문을 합쳐서 창호(窓戶)라고 부른다. 이것은 창호가 창과 문의 기능과 미를 공유하고 있다는 것을 의미한다. 그런데 창과 문을 굳이 구별한다면 머름이라는 건축 구성요소를 통해 가능하다. 머름은 창 아래 설치된 낮은 창턱으로, 팔을 얹고 기대어 앉기에 편안한 높이로 하였다.

공간의 가변성을 특징으로 하는 한옥에서 창호는 핵심적인 역할을 한다. 여러 짝으로 된 큰 창호가 한쪽 벽면 전체를 대체하기도 하는데, 이때 외부에 면한 창호뿐만 아니라 방과 방 사이에 있는 창호를 열면 별개의 공간이 합쳐지면서 새롭게 넓은 공간을 형성하게 된다. 창호의 개폐에 의해 안과 밖의 공간이 연결되거나 분리되고 실내공간의 구획이 변화되기도 하는 것이다. 이처럼 ___(나)___

한편, 한옥에서 창호는 건축의 심미성이 잘 드러나는 독특한 요소이다. 창호가 열려있을 때 바깥에 나무나 꽃과 같은 자연물이 있을 경우 방 안에서 창호와 일정 거리 떨어져 밖을 내다보면 창호를 감싸는 바깥둘레 안으로 한 폭의 풍경화를 감상하게 된다. 방 안의 사람이 방 밖의 자연과 완전한 소통을 하여 인공의 미가 아닌 자연의 미를 직접 받아들임으로써 한옥의 실내공간은 자연과 하나 된 심미적인 공간으로 탈바꿈한다. 열린 창호가 안과 밖, 사람과 자연 사이의 경계를 없앤 것이다.

창호가 닫혀 있을 때에는 창살 문양과 창호지가 중요한 심미적 기능을 한다. 한옥에서 창호지는 방쪽의 창살에 바른다. 방 밖에서 보았을 때 대칭적으로 배열된 여러 창살들이 서로 어울려 만들어내는 창살 문양은 단정한 선의미를 창출한다. 창살로 구현된 다양한 문양에 따라 집의 표정을 읽을 수 있고 집주인의 품격도 알 수 있다. 방 안에서 보았을 때 창호지에 어리는 햇빛은 이른 아침에 청회색을 띠고, 대낮의 햇빛이 들어올 때는 뽀얀 우윳빛, 하루 일과가 끝날 때쯤이면 석양의 붉은색으로 변한다. 또한, ___(다)___ 방 안에서 바깥의 바람과 새의 소리를 들을 수 있고, 화창한 날과 흐린 날의 정서와 분위기를 느낄 수 있다. 창호는 이와 같이 사람과 자연간의 지속적인 소통을 가능케 함으로써 양자가 서로 조화롭게 어울리도록 한다.

보기

㉠ 창호는 한옥의 공간구성에서 빠트릴 수 없는 중요한 위치를 차지한다.
㉡ 창호지가 얇기 때문에 창호가 닫혀 있더라도 외부와 소통이 가능하다.
㉢ 한국 전통 건축, 곧 한옥에서 창과 문은 그 크기와 형태가 비슷해서 구별하지 않는 경우가 많다.

	(가)	(나)	(다)
①	㉠	㉡	㉢
②	㉡	㉢	㉠
③	㉡	㉠	㉢
④	㉢	㉠	㉡

PART 3

08 다음과 같이 포물선 운동을 하고 있는 공에서 운동에너지가 가장 큰 곳은 어디인가?(단, 공기 저항은 무시한다)

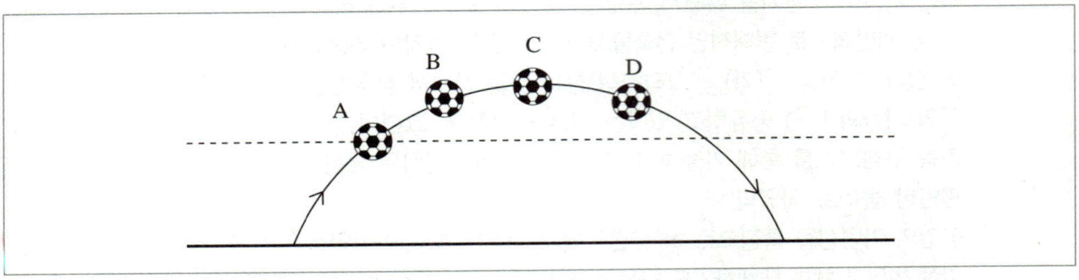

① A　　② B
③ C　　④ D

09 다음 글을 읽고 추론한 내용으로 적절하지 않은 것은?

> 퐁피두 미술관의 5층 전시장에서 특히 인기가 많은 작가는 마르셀 뒤샹이다. 뒤샹의 '레디메이드' 작품들은 한데 모여 바닥의 하얀 지지대 위에 놓여 있다. 그중 가장 눈에 익숙한 것은 둥근 나무의자 위에 자전거 바퀴가 거꾸로 얹힌 「자전거 바퀴」라는 작품일 것이다. 이 작품은 뒤샹의 대표작인 남자 소변기 「샘」과 함께 현대미술사에 단골 메뉴로 소개되곤 한다.
> 위의 사례처럼 이미 만들어진 기성제품, 즉 레디메이드를 예술가가 선택해서 '이것도 예술이다.'라고 선언한다면 우리는 그것을 예술로 인정할 수 있을까? 역사는 뒤샹에게 손을 들어줬고 그가 선택했던 의자나 자전거 바퀴, 옷걸이, 삽, 심지어 테이트 모던에 있는 남자 소변기까지 각종 일상의 오브제들이 20세기 최고의 작품으로 추앙받으면서 미술관에 고이 모셔져 있다. 손으로 잘 만드는 수공예 기술의 예술 시대를 넘어서 예술가가 무엇인가를 선택하는 정신적인 행위와 작업이 예술의 본질이라고 믿었던 뒤샹적 발상의 승리였다.
> 또한 20세기 중반의 스타 작가였던 잭슨 폴록의 작품도 눈길을 끈다. 기존의 그림 그리는 방식에 싫증을 냈던 폴록은 캔버스를 바닥에 눕히고 물감을 떨어뜨리거나 뿌려서 전에 보지 못했던 새로운 형상을 이룩했다. 물감을 사용하는 새로운 방식을 터득한 그는 '액션 페인팅'이라는 새로운 장르를 개척했다. 그림의 결과보다 그림을 그리는 행위를 더욱 중요시했다는 점에서 뒤샹의 발상과도 연관된다. 미리 계획하고 구성한 것이 아니라 즉흥적이면서도 매우 빠른 속도로 제작하는 그의 작업방식 또한 완전히 새로운 것이었다.

① 퐁피두 미술관은 현대 미술사에 관심 있는 사람이 방문할 것이다.
② 퐁피두 미술관을 찾는 사람들의 목적은 다양할 것이다.
③ 퐁피두 미술관은 전통적인 예술작품들만 선호할 것이다.
④ 퐁피두 미술관은 파격적인 예술작품들을 배척하지 않을 것이다.

※ 다음 글을 읽고 이어지는 질문에 답하시오. [10~11]

(가) 사실 19세기 중엽은 전화 발명으로 무르익은 시기였고, 전화 발명에 많은 사람이 도전했다고 볼 수 있다. 한 개인이 전화를 발명했다기보다 여러 사람이 전화 탄생에 기여했다는 이야기로 이어질 수 있다. 하지만 결국 최초의 공식 특허를 받은 사람은 벨이며, 벨이 만들어낸 전화 시스템은 지금도 세계 통신망에 단단히 뿌리를 내리고 있다.

(나) 그러나 벨의 특허와 관련된 수많은 소송은 무치의 죽음, 벨의 특허권 만료와 함께 종료되었다. 그레이와 벨의 특허 소송에서도 벨은 모두 무혐의 처분을 받았고, 1887년 재판에서 전화의 최초 발명자는 벨이라는 판결이 났다. 그레이가 전화의 가능성을 처음 인지한 것은 사실이지만, 전화를 완성하기 위한 후속 조치를 취하지 않았다는 것이었다.

(다) 하지만 벨이 특허를 받은 이후 누가 먼저 전화를 발명했는지에 대해 치열한 소송전이 이어졌다. 여기에는 그레이를 비롯하여 안토니오 무치 등 많은 사람이 관련돼 있었다. 특히 무치는 1871년 전화에 대한 임시특허를 신청하였지만, 돈이 없어 정식 특허로 신청하지 못했다. 2002년 미국 하원 의회에서는 무치가 10달러의 돈만 있었다면 벨에게 특허가 부여되지 않았을 것이라며 무치의 업적을 인정하기도 했다.

(라) 알렉산더 그레이엄 벨은 전화를 처음 발명한 사람으로 알려져 있다. 1876년 2월 14일 벨은 설계도와 설명서를 바탕으로 전화에 대한 특허를 신청했고, 같은 날 그레이도 전화에 대한 특허 신청서를 제출했다. 1876년 3월 7일 미국 특허청은 벨에게 전화에 대한 특허를 부여했다.

10 다음 중 (가) ~ (라) 문단을 논리적 순서대로 바르게 연결한 것은?

① (가) – (다) – (라) – (나)
② (라) – (가) – (다) – (나)
③ (라) – (나) – (가) – (다)
④ (라) – (다) – (나) – (가)

11 다음 중 글의 내용과 일치하는 것은?

① 법적으로 전화를 처음으로 발명한 사람은 벨이다.
② 그레이는 벨보다 먼저 특허 신청서를 제출했다.
③ 무치는 1871년 전화에 대한 정식 특허를 신청하였다.
④ 현재 세계 통신망에는 그레이의 전화 시스템이 사용되고 있다.

※ 다음 글을 읽고 이어지는 질문에 답하시오. [12~13]

지구 궤도를 도는 인공위성은 지구 중력의 변화, 태양에서 오는 작은 미립자와의 충돌 등으로 궤도도 변하고 자세도 변한다. 힘이 작용하여 운동 방향과 상태가 변하는 것이다. 뉴턴은 이를 작용 반작용 법칙으로 설명하였다.

한 물체가 다른 물체에 힘을 작용하면 그 힘을 작용한 물체에도 크기가 같고 방향은 반대인 힘이 동시에 작용한다는 것이 작용 반작용 법칙이다. 예를 들어, 바퀴가 달린 의자에 앉아 벽을 손으로 밀면 의자가 뒤로 밀리는데, 사람이 벽을 미는 작용과 동시에 벽도 사람을 미는 반작용이 있기 때문이다. 이 법칙은 물체가 정지하고 있을 때나 운동하고 있을 때 모두 성립하며, 두 물체가 접촉하여 힘을 줄 때뿐만 아니라 서로 떨어져 힘이 작용할 때에도 항상 성립한다.

인공위성의 상태가 변하면 본연의 임무를 달성하기 위해 궤도와 자세를 바로잡아야 한다. 지구표면을 관측하는 위성은 탐사 장비를 지구 쪽을 향하도록 자세를 고쳐야 하고, 인공위성에 전력을 제공하는 태양 전지를 태양 방향으로 끊임없이 조절해야 한다. 이때 위성의 궤도와 자세를 조절하는 방법도 모두 작용 반작용을 이용한다.

먼저 가장 간단한 방법은 로켓 엔진과 같은 추력기를 외부에 달아 이용하는 것이다. 추력기는 질량이 있는 물질인 연료를 뿜어내며 발생하는 작용과 반작용을 이용하여 위성을 움직인다. 위성에는 궤도를 수정하기 위한 주 추력기 이외에 ㉠ <u>소형의 추력기</u>가 각기 다른 세 방향(x, y, z축)으로 여러 개 설치되어 있는데, 이를 이용해 자세를 수정하는 것이다. 문제는 10년이 넘게 사용할 위성에 자세 제어용 추력기가 사용할 연료를 충분히 실을 수 없다는 것이다.

최근에는 ㉡ <u>반작용 휠</u>을 이용한 방법도 사용되고 있다. 위성에는 추력기처럼 세 방향으로 설치된 세 개의 반작용 휠이 있어 회전수를 조절하면 위성의 자세를 원하는 방향으로 맞출 수 있다. 위성 내부에 부착된 반작용 휠은 전기 모터에 휠을 달고, 돌리는 속도를 높여주거나 낮춰주어서 위성을 회전시켜 자세를 바꾼다. 일반적으로 물체가 한 방향으로 돌 때 그 반대 방향으로 똑같은 힘이 발생한다. 반작용 휠이 돌면 위성에는 반대 방향으로 도는 힘이 발생하는데, 이 힘을 이용하는 것이다. 다만 궤도 수정과 같은 위성의 위치 변경은 할 수 없다.

하지만 반작용 휠은 자세 제어용 추력기를 이용하는 것보다 훨씬 유리하다. 추력기를 이용하면 연료가 있어야 하고, 그만큼 쏘아 올려야 할 위성의 무게도 증가한다. 반작용 휠을 이용할 때 필요한 것은 전기이며 태양 전지를 이용해 얼마든지 얻을 수 있다. 원리는 유사하지만 보다 경제적인 방식이 인공위성에서 사용되고 있다.

12 윗글의 내용으로 적절하지 않은 것은?

① 정지하고 있는 물체에도 작용이 존재한다.
② 반작용은 위성이 지구와 인접해 있어야 나타난다.
③ 중력의 변화는 위성의 자세나 궤도를 변하게 한다.
④ 위성의 추력기는 방출되는 물질의 반작용을 이용한다.

13 윗글의 밑줄 친 ㉠과 ㉡에 대한 설명으로 적절하지 않은 것은?

① ㉠은 위성의 외부에, ㉡은 내부에 설치된다.
② ㉠과 달리 ㉡은 물체의 회전 운동을 이용하고 있다.
③ ㉡과 달리 ㉠은 x, y, z축의 세 방향으로 설치되어 있다.
④ ㉡과 달리 ㉠을 작동하면 위성 전체의 질량이 변화한다.

14 다음 글의 제목으로 가장 적절한 것은?

> 감시용으로만 사용되는 CCTV가 최근에 개발된 신기술과 융합되면서 그 용도가 점차 확대되고 있다. 대표적인 것이 인공지능(AI)과의 융합이다. CCTV가 지능을 가지게 되면 단순 행동 감지에서 벗어나 객체를 추적해 행위를 판단할 수 있게 된다. 단순히 사람의 눈을 대신하던 CCTV가 사람의 두뇌를 대신하는 형태로 진화하고 있는 셈이다.
> 인공지능을 장착한 CCTV는 범죄현장에서 이상 행동을 하는 사람을 선별하고, 범인을 추적하거나 도주 방향을 예측해 통합관제센터로 통보할 수 있다. 또 수상한 사람의 행동 패턴에 따라 지속적인 추적이나 감시를 수행하고, 차량번호 및 사람 얼굴 등을 인식해 관련 정보를 분석해 제공할 수 있다. 한국전자통신연구원(ETRI)에서는 CCTV 등의 영상 데이터를 활용해 특정 인물이 어떤 행동을 할지를 사전에 예측하는 영상분석 기술을 연구 중인 것으로 알려져 있다. 인공지능 CCTV는 범인 추적뿐만 아니라 자연재해를 예측하는 데 사용할 수도 있다. 장마철이나 국지성 집중호우 때 홍수로 범람하는 하천의 수위를 감지하는 것은 물론 산이나 도로 등의 붕괴 예측 등 다양한 분야에 적용될 수 있기 때문이다.

① 범죄를 예측하는 CCTV
② AI와 융합한 CCTV의 진화
③ CCTV와 AI의 현재와 미래
④ 당신을 관찰한다, CCTV의 폐해

15 다음 중 제시된 전개도를 접었을 때 나타나는 입체도형으로 옳은 것은?

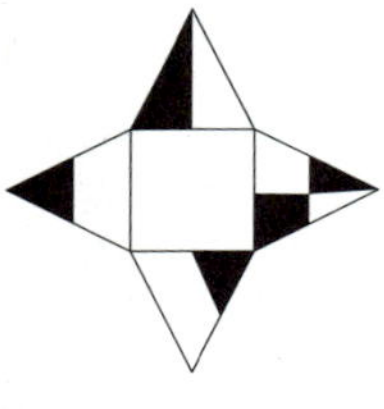

①
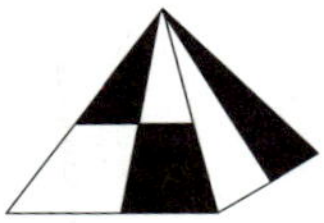

②
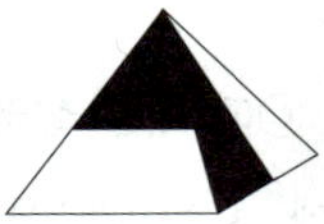

③
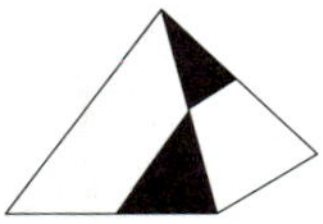

④
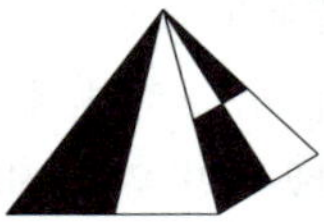

16 다음은 향의 연소 반응을 이용하여 반응 속도를 알아보기 위한 실험이다. 이 실험에 대한 설명으로 옳은 것을 〈보기〉에서 모두 고르면?

불씨만 남은 향을 산소가 채워진 삼각 플라스크에 넣었더니 향이 환하게 타올랐다.

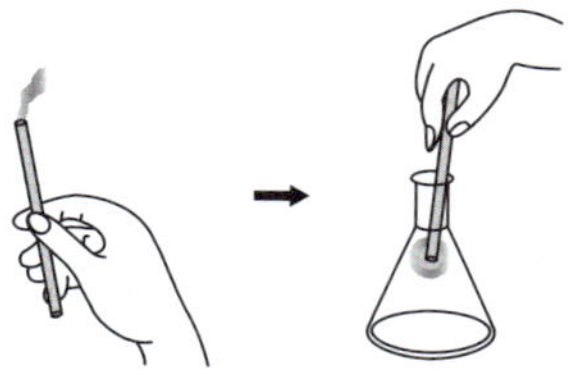

보기
㉠ 산소는 촉매로 작용했다.
㉡ 향이 환하게 타오른 것은 반응 속도가 빨라졌기 때문이다.
㉢ 겨울철보다 여름철에 음식이 더 빨리 상하는 현상을 설명할 수 있다.

① ㉠
② ㉡
③ ㉠, ㉢
④ ㉡, ㉢

17 다음에서 설명하는 염기의 종류는?

- 무색의 자극성 기체로 공기보다 가볍다.
- 물에 잘 녹으며 이온화하여 약한 염기성을 나타낸다.
- 합성 비료의 재료로 사용된다.
- 염화수소(HCl)와 만나면 염화암모늄(NH4Cl)을 만든다.

① 수산화나트륨
② 수산화칼륨
③ 암모니아
④ 수산화칼슘

18 수평한 직선 도로 위에서 10m/s의 속력으로 달리는 자동차의 운전자가 브레이크를 밟아 제동이 걸리기 시작한 후 10m를 가서 정지하였다. 자동차의 질량이 1,000kg일 때, 자동차와 도로 사이의 마찰력의 크기는?(단, 제동이 걸리는 동안 자동차의 가속도는 일정하다)

① 6,000N
② 5,500N
③ 5,000N
④ 4,000N

19 다음은 2019년부터 2023년까지 시행된 A국가고시 현황에 대한 자료이다. 이를 참고하여 작성한 그래프로 적절하지 않은 것은?

〈A국가고시 현황〉

(단위 : 명)

구분	2019년	2020년	2021년	2022년	2023년
접수자	3,540	3,380	3,120	2,810	2,990
응시자	2,810	2,660	2,580	2,110	2,220
응시율(%)	79.40	78.70	82.70	75.10	74.20
합격자	1,310	1,190	1,210	1,010	1,180
합격률(%)	46.60	44.70	46.90	47.90	53.20

※ $[\text{응시율}(\%)] = \frac{(\text{응시자 수})}{(\text{접수자 수})} \times 100$, $[\text{합격률}(\%)] = \frac{(\text{합격자 수})}{(\text{응시자 수})} \times 100$

① 2020 ~ 2023년 전년 대비 합격률 증감량

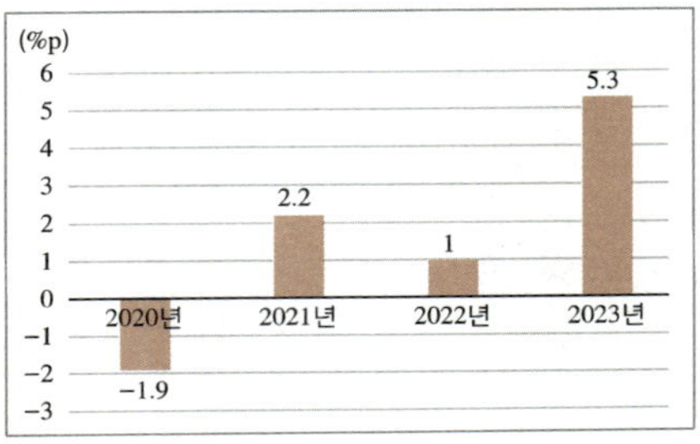

② 연도별 응시자 중 불합격자 수 추이

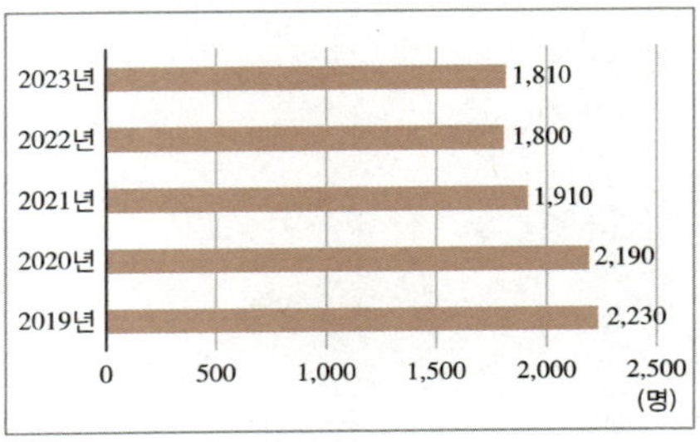

③ 2020 ~ 2023년 전년 대비 접수자 수 증감량

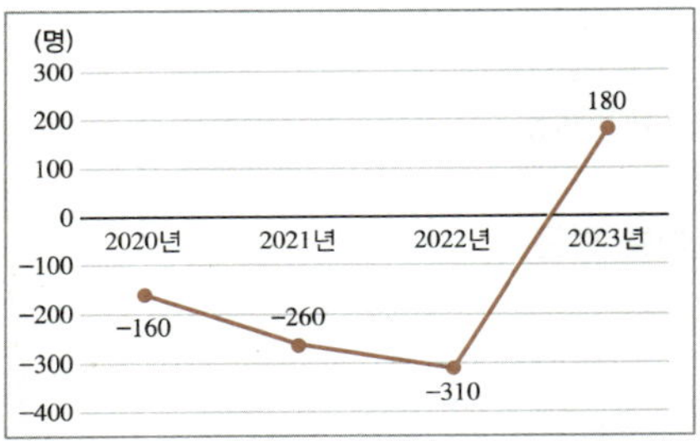

④ 2020 ~ 2023년 전년 대비 합격자 수 증감량

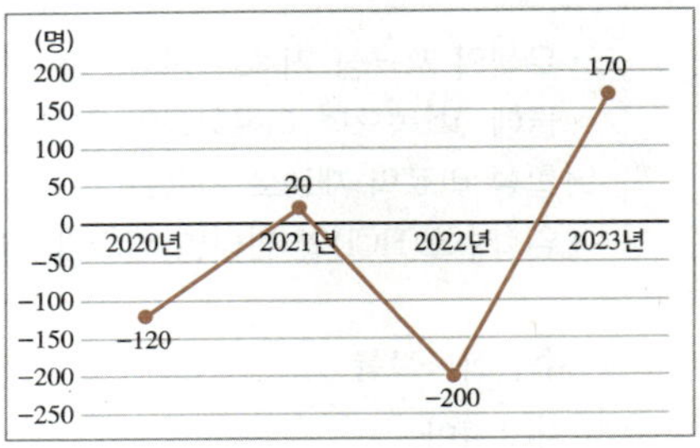

20 **우주에서는 우주인이 조금만 서로 떨어져 있어도 소리를 들을 수 없지만, 서로 헬멧을 맞대면 소리를 들을 수 있다. 이를 통해 알 수 있는 사실로 옳은 것을 〈보기〉에서 모두 고르면?**

> **보기**
> ㉠ 우주 공간에는 대기가 없다.
> ㉡ 소리는 고체를 통해서도 전달된다.
> ㉢ 소리는 진공 상태에서는 전달되지 않는다.

① ㉠
② ㉠, ㉡
③ ㉠, ㉢
④ ㉠, ㉡, ㉢

21 **다음 설명에 해당하는 것은?**

> • 2중 나선 구조를 하고 있다.
> • 유전 정보를 저장하고 있는 물질이다.

① ATP
② DNA
③ 세포막
④ 세포벽

22 다음 제시된 입체도형 중 나머지와 다른 하나는?

① 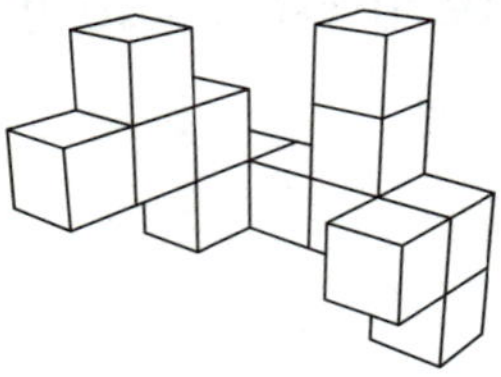

② 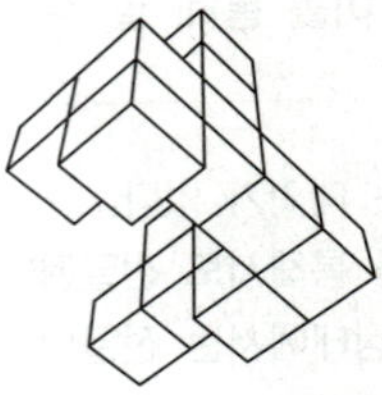

③ 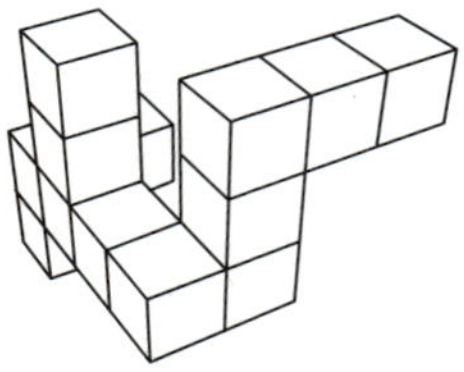

④ 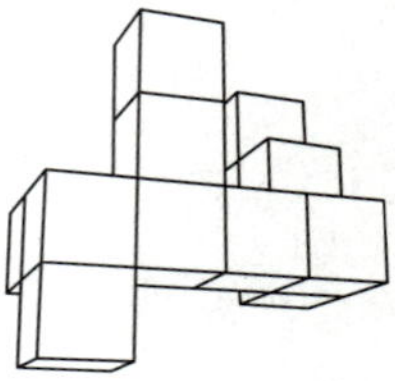

23 다음 중 태양계의 8개의 행성에 속하지 않는 것은?

① 지구
② 금성
③ 해왕성
④ 명왕성

24 **다음 중 팀워크에 대한 설명으로 적절하지 않은 것은?**

① 팀워크가 좋은 팀의 구성원은 공동의 목적을 달성하기 위하여 서로 협력한다.
② 팀워크는 팀의 구성원으로서 계속 남아 있기를 원하게 만드는 힘을 의미한다.
③ 목적이 다른 조직은 서로 다른 유형의 팀워크를 필요로 한다.
④ 팀워크가 좋은 팀일수록 명확한 목적을 공유한다.

PART 3

25 **다음 대화를 읽고 A의 태도에서 나타난 문제점으로 가장 적절한 것은?**

> A : 아, 이해를 못하겠네.
> B : 무슨 일 있어?
> A : C대리 말이야. 요즘 이래저래 힘들다고 너무 심각하길래 친구한테 들었던 웃긴 얘기를 해줬더니 오히려 화를 내는 거 있지? 지금까지 자기 얘기 들은 거 맞냐고. 나는 기분 좀 풀라고 한 말인데.

① 상대의 말에 집중하지 않고 다른 생각을 했다.
② 상대의 입장보다 자신의 생각에 비추어 판단했다.
③ 다른 사람의 문제인데 지나치게 자신이 해결해 주려고 했다.
④ 분위기를 고려하지 않고 농담을 했다.

※ 일정한 규칙으로 수를 나열할 때, 빈칸에 들어갈 알맞은 수를 고르시오. [26~29]

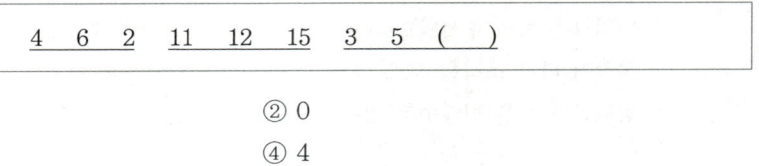

26

4 6 2 11 12 15 3 5 ( )

① −5
② 0
③ 3
④ 4

27

22 4 6 19 7 3 8 ( ) 2

① 5
② 7
③ 9
④ 10

28

5 12 26 54 ( ) 222 446

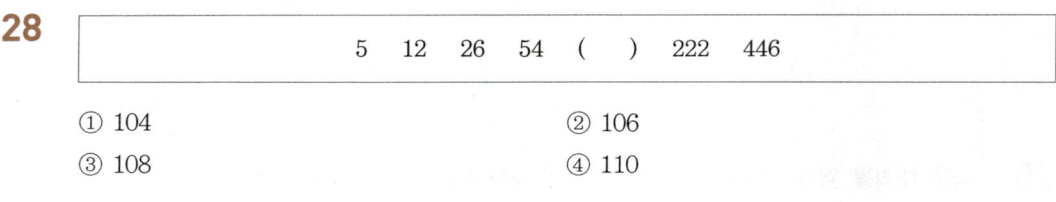

① 104
② 106
③ 108
④ 110

29

84 21 38 9.5 15 3.75 ( )

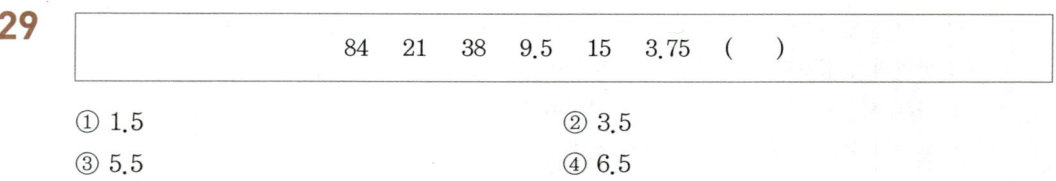

① 1.5
② 3.5
③ 5.5
④ 6.5

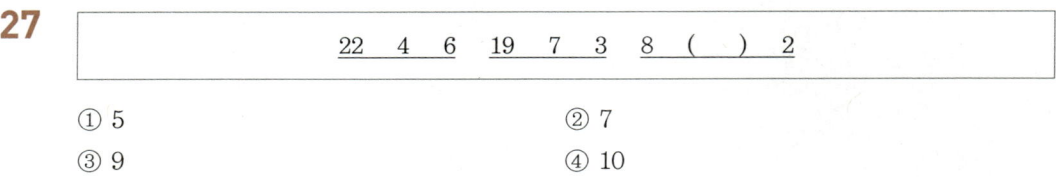

30 제시된 명제가 모두 참일 때, 다음 중 빈칸에 들어갈 명제로 가장 적절한 것은?

- 환율이 하락하면 국가 경쟁력이 떨어졌다는 것이다.
- ______________________________
- 수출이 감소했다는 것은 GDP가 감소했다는 것이다.
- 수출이 감소하면 국가 경쟁력이 떨어진다.

① 국가 경쟁력이 떨어지면 수출이 감소했다는 것이다.
② GDP가 감소해도 국가 경쟁력은 떨어지지 않는다.
③ 환율이 상승하면 GDP가 증가한다.
④ 환율이 하락해도 GDP는 감소하지 않는다.

31 어떤 고고학 탐사대가 발굴한 네 개의 유물 A, B, C, D에 대하여 다음과 같은 사실을 알게 되었다. 발굴된 유물을 시대 순으로 오래된 것부터 나열한 것은?

- B보다 시대가 앞선 유물은 두 개다.
- C는 D보다 시대가 앞선 유물이다.
- A는 C에 비해 최근의 유물이다.
- D는 B가 만들어진 시대 이후에 제작된 유물이다.

① C－D－B－A
② C－B－D－A
③ C－D－A－B
④ C－A－B－D

32 경찰이 테러범의 아지트를 알아내 급습했다. 테러범의 아지트에는 방이 3개 있는데, 그중 2개의 방에는 각각 지역특산물과 폭발물이 들어 있고, 나머지 1개의 방은 비어 있다. 단, 폭발물이 들어 있는 방에는 위장을 위해 거짓된 내용의 안내문을 붙여 놓았다. 진입하기 전 건물을 확인한 결과 각 방에는 다음과 같은 안내문이 붙어 있었고, 이 중 단 하나만 참이라고 할 때, 옳은 것은?

- 방 A의 안내문 : 방 B에는 폭발물이 들어 있다.
- 방 B의 안내문 : 이 방은 비어 있다.
- 방 C의 안내문 : 이 방에는 지역특산물이 들어 있다.

① 방 A에는 반드시 지역특산물이 들어 있다.
② 방 B에는 지역특산물이 들어 있을 수 있다.
③ 폭발물을 피하려면 방 B를 택하면 된다.
④ 방 C에는 반드시 폭발물이 들어 있다.

33 축구 대회 예선전 결과 8개의 나라가 남았다. 남은 8개의 나라는 8강 토너먼트를 치르기 위해 추첨을 통해 대진표를 작성했다. 이들 나라는 모두 다르며 남은 8개의 나라를 본 3명의 학생 은진, 수린, 민수는 다음과 같이 4강 진출 팀을 예상하였다. 이때, 8개의 나라 중에서 4강 진출 팀으로 꼽히지 않은 팀을 네덜란드라고 하면, 네덜란드와 상대할 팀은?

- 은진 : 브라질, 불가리아, 이탈리아, 루마니아
- 수린 : 스웨덴, 브라질, 이탈리아, 독일
- 민수 : 스페인, 루마니아, 독일, 브라질

① 불가리아　② 루마니아
③ 독일　④ 브라질

34 해산물을 싣고 직선 도로 위를 달리는 트럭이 있다. 달리는 도중에 트럭의 물탱크에 담겨 있는 물의 수면이 다음 그림과 같이 진행 방향 쪽으로 기울어진 상태를 유지하였다. 이 트럭의 운동 상태에 대한 설명으로 가장 타당한 것은?

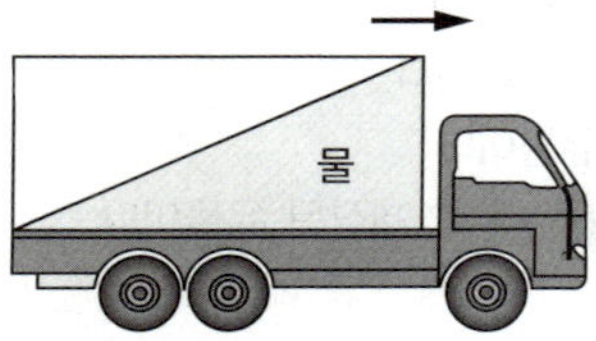

① 일정한 속도로 달리고 있다.
② 속도가 일정하게 감소하고 있다.
③ 속도가 일정하게 증가하고 있다.
④ 가속도가 일정하게 증가하고 있다.

35 다음은 조명 기구 A ~ D의 같은 시간 동안 공급된 전기에너지와 발생한 빛에너지를 나타낸 것이다. 빛에 대한 에너지 효율이 가장 높은 조명 기구는?

〈조명 기구별 전기에너지 공급량 및 빛에너지 발생량〉

조명 기구	A	B	C	D
전기에너지(J)	20	20	40	40
빛에너지(J)	5	10	5	10

① A　② B
③ C　④ D

36 **다음 상황에 대해 K대리가 G대리에게 해줄 수 있는 조언으로 가장 적절한 것은?**

> G대리 : 나 참, A과장님 왜 그러시는지 이해를 못하겠네.
> K대리 : 무슨 일이야?
> G대리 : 아니 어제 내가 회식자리에서 A과장님께 장난을 좀 쳤거든. 근데 A과장님이 내 장난을 잘 받아 주시길래 아무렇지 않게 넘어갔는데, 오늘 A과장님이 나에게 어제 일로 화를 내시는 거 있지?

① 부하직원인 우리가 참고 이해하는 것이 좋을 것 같아.

② 본인이 실수했다고 느꼈을 때 바로 사과하는 것이 중요해.

③ A과장님께 본인이 무엇을 잘못했는지 확실히 물어보는 것이 어때?

④ 직원회의 시간에 이 문제에 대해 확실히 짚고 넘어가는 것이 좋겠어.

※ 다음 도형 또는 도형 내부의 기호들은 일정한 패턴을 가지고 변화한다. 다음 중 ?에 들어갈 도형으로 옳은 것을 고르시오. [37~39]

37

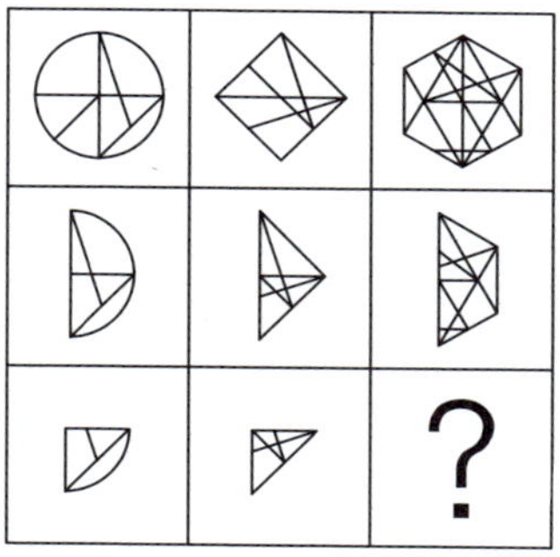

① 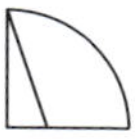

② 

③ 

④ 

38

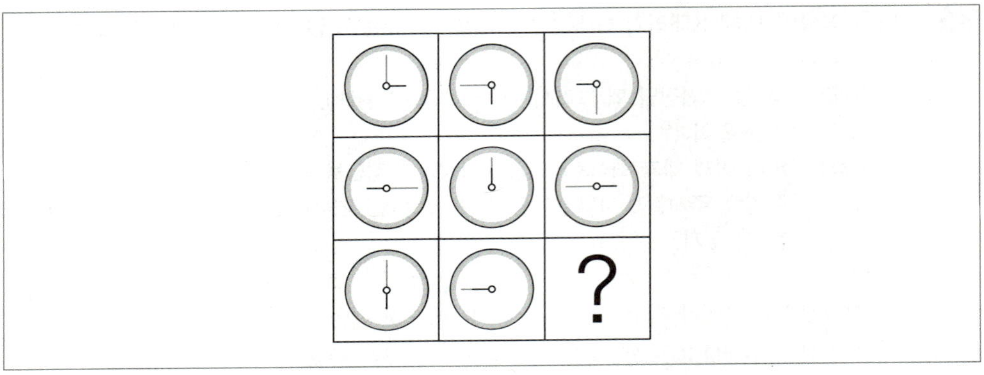

① 

② 

③ 

④ 

39

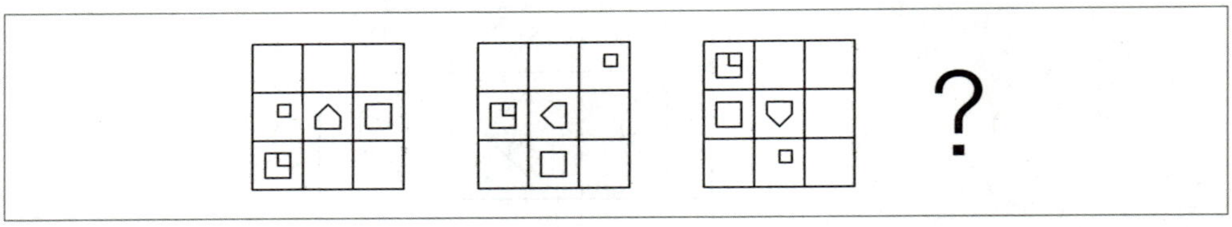

① 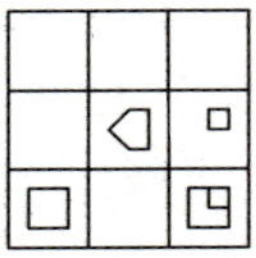

② 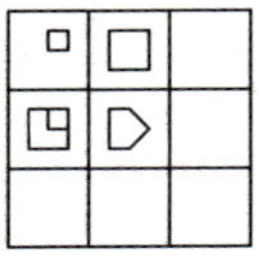

③ 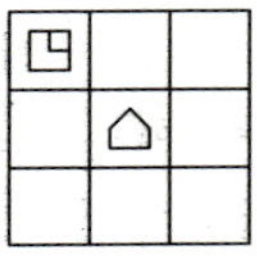

④ 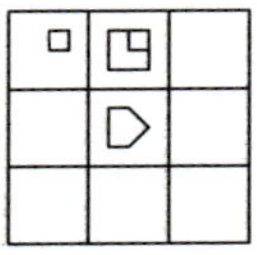

※ 다음 그림과 같이 화살표 방향으로 종이를 접은 후, 펀치로 구멍을 뚫어 다시 펼쳤을 때의 그림으로 옳은 것을 고르시오. [40~41]

40

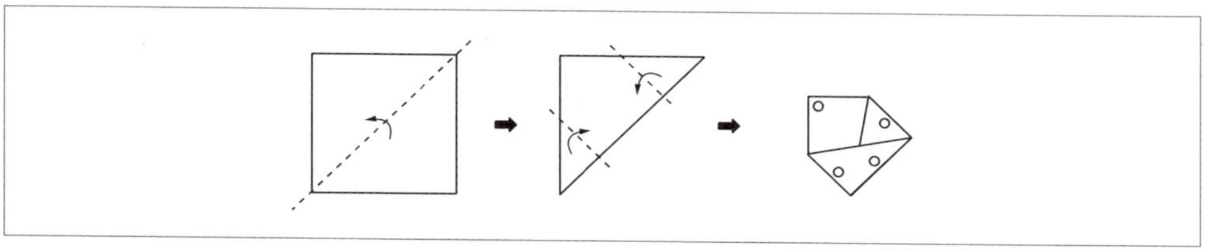

① 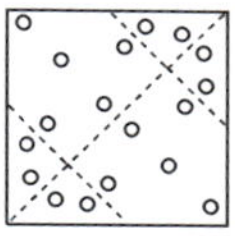

② 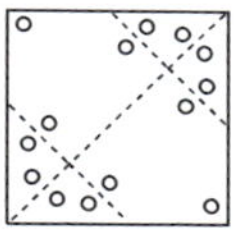

③ 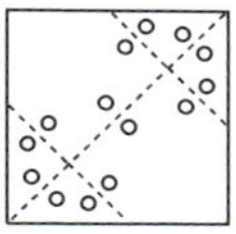

④ 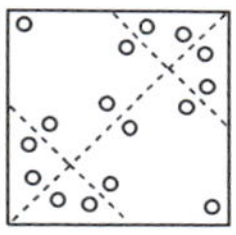

41

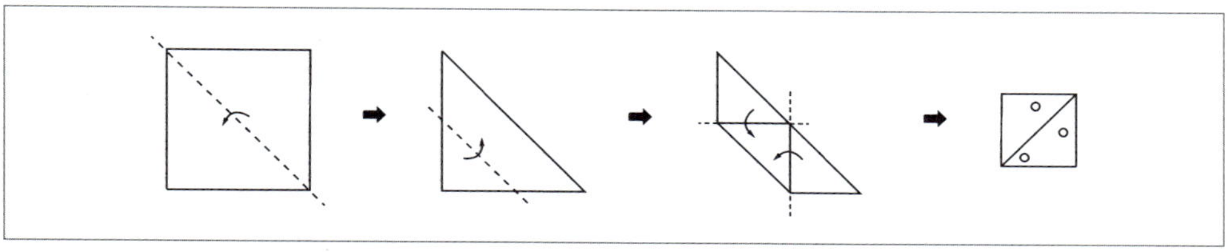

① 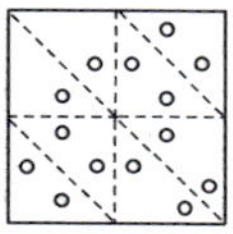

② 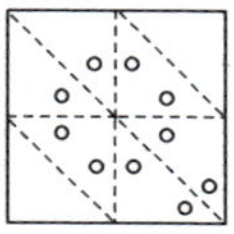

③ 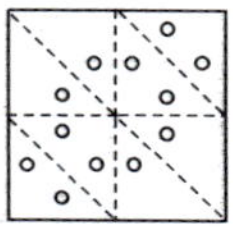

④ 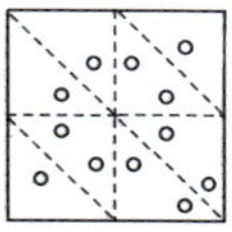

※ 다음 두 블록을 합쳤을 때, 나올 수 있는 형태를 고르시오. [42~43]

42

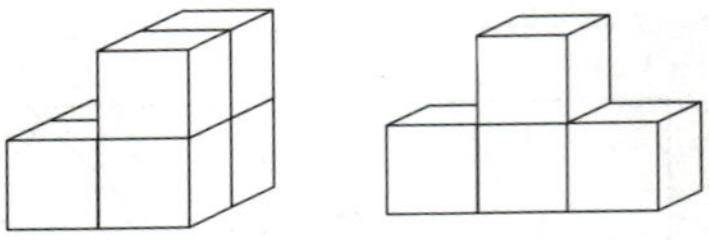

① 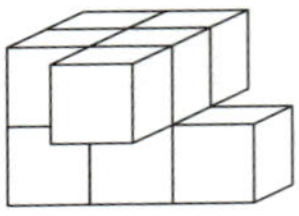

② 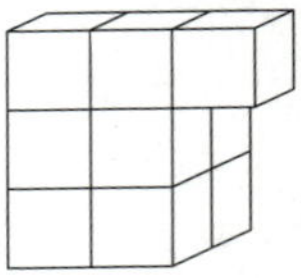

③ 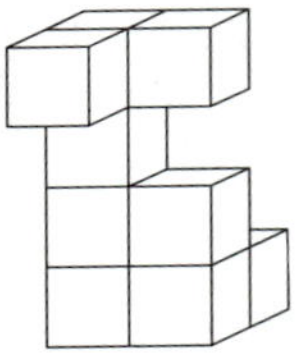

④ 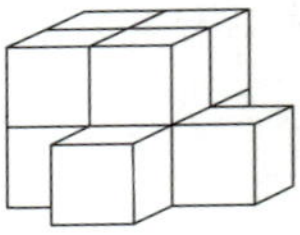

43

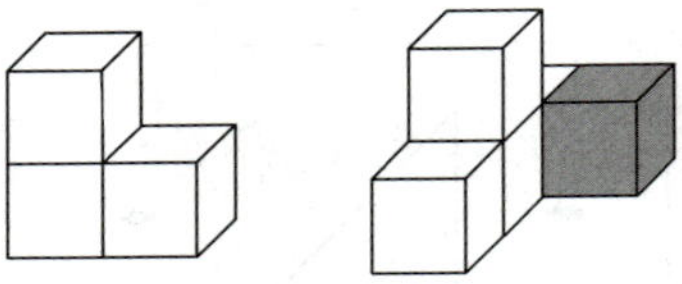

① 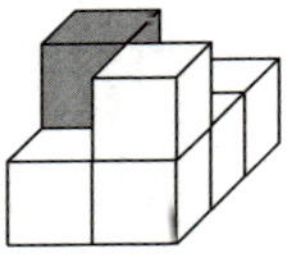

② 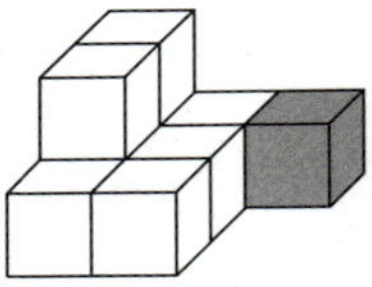

③ 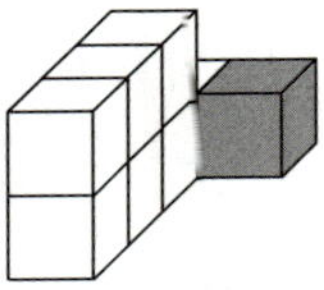

④ 

※ 왼쪽의 두 입체도형을 합치면 오른쪽의 3×3×3 정육면체가 완성된다. ?에 들어갈 도형을 회전한 모양으로 옳은 것을 고르시오. [44~45]

44

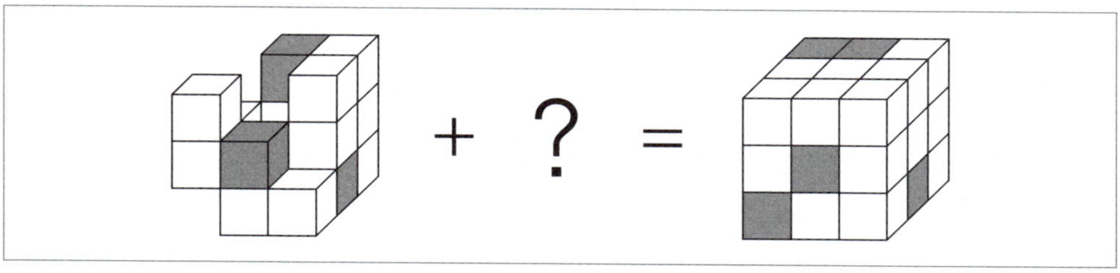

① 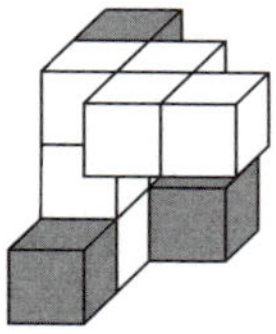

② 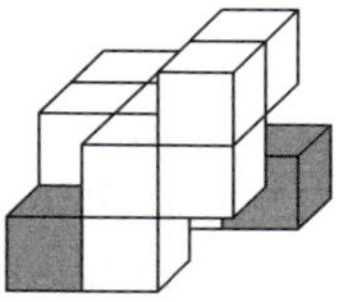

③ 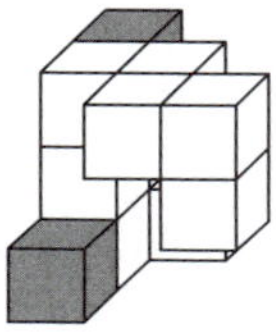

④ 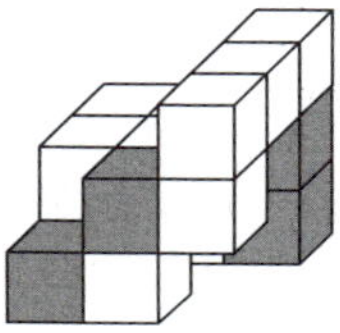

45

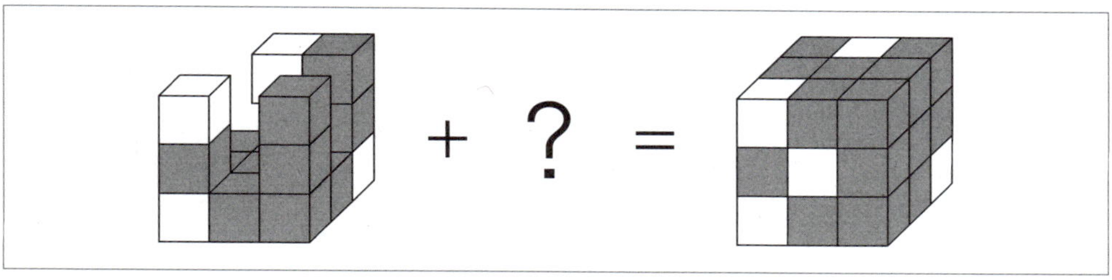

① 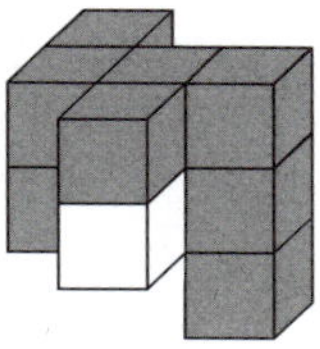

② 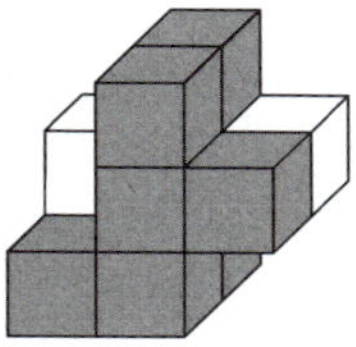

③ 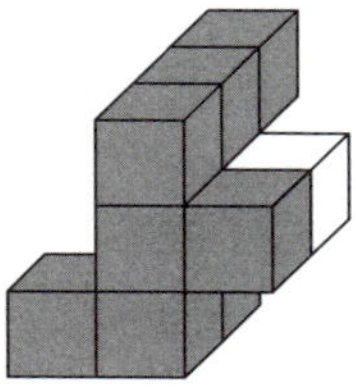

④ 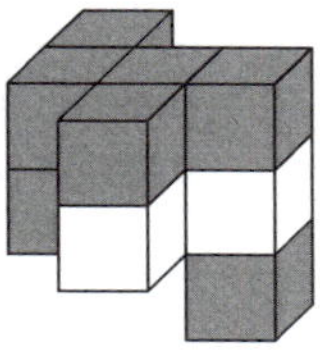

제2회 최종점검 모의고사

모바일 OMR 답안채점/성적분석 서비스

☑ 응시시간 : 50분 ☑ 문항 수 : 45문항

정답 및 해설 p.032

※ 다음 중 밑줄 친 부분과 같은 의미로 쓰인 것을 고르시오. [1~2]

01

인간만이 말을 한다는 주장은 인간 중심적 사고이다.

① 제가 먼저 말을 꺼냈습니다.
② 말은 생각을 표현하는 수단입니다.
③ 감정이 격해지니까 말도 거칠어지는데요.
④ 벌써 말이 퍼져서 이 일은 포기해야겠어요.

02

우리 집은 항상 커튼으로 창문을 가리고 지낸다.

① 그는 돈을 버는 일이라면 수단과 방법을 가리지 않았다.
② 사촌 동생은 어떤 사람에게도 낯을 가리지 않았다.
③ 비가 너무 많이 내려서 시야가 많이 가려졌다.
④ 사람들은 시비를 가리느라 진실을 못 보는 경우가 많다.

03 다음 중 제시된 문장 안에서 사용되지 않는 단어는?

- 낱말 맞히기 퍼즐은 어린이의 지능을 ______시키는 데에 도움을 준다.
- 국토의 균형적인 ______을 위해 지방 소도시에 대한 지원이 이루어져야 한다.
- 인류는 화석 연료를 대체할 수 있는 새로운 에너지를 ______하는 데에 힘써야 한다.
- 농업 기술이 ______된 덕분에 제철이 아닌 과일도 언제든지 먹을 수 있다.
- 대통령은 국정 전반에 걸쳐 ______을 단행했다.

① 개혁　　② 개척
③ 개발　　④ 발전

04 다음 제시된 글을 읽고, 이어질 문단을 논리적 순서대로 바르게 나열한 것은?

서양연극의 전통적이고 대표적인 형식인 비극은 인생을 진지하고 엄숙하게 바라보는 견해에서 생겼다. 근본 원리는 아리스토텔레스의 견해에 의존하지만, 개념과 형식은 시대 배경에 따라 다양하다. 특히 16세기 말 영국의 대표적인 극작가 중 한 명인 셰익스피어의 등장은 비극의 역사에 새로운 장을 열었다. 셰익스피어는 1600년 이후, 이전과는 다른 분위기의 비극을 발표하기 시작하는데, 이 중 대표적인 작품 4개를 '셰익스피어의 4대 비극'이라고 한다. 셰익스피어는 4대 비극을 통해 영국의 사회적·문화적 가치관과 인간의 보편적 정서를 유감없이 보여주는데, 특히 당시 영국 사회 질서의 개념과 관련되어 있다. 보통 사회 질서가 깨지고 그 붕괴의 양상이 매우 급하고 강렬할수록 사회의 변혁 또한 크게 일어날 가능성이 큰데, 이와 같은 질서의 파괴로 일어나는 격변을 배경으로 하여 쓴 대표적인 작품이 바로 『맥베스』이다.

(가) 이로 인해 『맥베스』는 인물 내면의 갈등이 섬세하게 묘사된 작품이라는 평가는 물론, 다른 작품들에 비해 비교적 짧지만 사건이 속도감 있고 집약적으로 전개된다는 평가도 받는다.
(나) 특히 셰익스피어는 작품의 전개를 사건 및 정치적 욕망의 경위가 아닌 인간의 양심과 영혼의 붕괴를 집중적으로 다룬다.
(다) 『맥베스』는 셰익스피어의 고전적 특성과 현대성이 가장 잘 드러나 있는 작품으로, 죄책감에 빠진 주인공 맥베스가 왕위 찬탈 과정에서 공포와 절망 속에 갇혀 파멸해가는 과정을 그린 작품이다.
(라) 이는 질서의 파괴 속에서 인간 내면에 자리하고 있는 선과 악에 대한 근본적인 자세에 의문을 가지면서 그로 인한 번민과 새로운 깨달음 그리고 비극적인 파멸의 과정을 깊이 있게 보여주고자 함이다.

① (가) – (나) – (다) – (라)　　② (가) – (다) – (라) – (나)
③ (다) – (나) – (가) – (라)　　④ (다) – (나) – (라) – (가)

05 다음 〈보기〉에서 대인관계능력을 향상시키는 방법을 모두 고르면?

보기

㉠ 상대방에 대한 이해심
㉡ 사소한 일까지 관심을 두지 않는 것
㉢ 약속을 이행하는 것
㉣ 처음부터 너무 기대하지 않는 것
㉤ 진지하게 사과하는 것

① ㉠, ㉡, ㉣
② ㉠, ㉡, ㉢
③ ㉠, ㉢, ㉤
④ ㉠, ㉢, ㉣, ㉤

06 다음은 갈등해결 방법에 있어서 명심해야 할 점이다. 제시된 9가지 행동 중 옳지 않은 것은 모두 몇 가지인가?

〈갈등해결 방법에 있어서 명심해야 될 점〉

- 다른 사람의 입장을 이해한다.
- 어려운 문제는 피하도록 한다.
- 자신의 의견을 명확하게 밝히고 지속적으로 강화한다.
- 사람들과 눈을 자주 마주치지 않도록 한다.
- 마음을 열어놓고 적극적으로 경청한다.
- 타협하려 애쓴다.
- 어느 한쪽으로 치우치지 않는다.
- 논쟁하고 싶은 유혹을 떨쳐낸다.
- 존중하는 자세로 사람들을 대한다.

① 1가지
② 2가지
③ 3가지
④ 4가지

07 다음 글에서 〈보기〉의 문장 ㉠~㉢이 들어갈 위치를 바르게 짝지은 것은?

언젠가부터 우리 바닷속에 해파리나 불가사리와 같이 특정한 종들만이 번창하고 있다는 우려의 말이 들린다. 한마디로 다양성이 크게 줄었다는 이야기이다. 척박한 환경에서는 몇몇 특별한 종들만이 득세한다는 점에서 자연 생태계와 우리 사회는 닮은 것 같다. 특정 집단이나 개인들에게 앞으로 어려워질 경제 상황은 새로운 기회가 될지도 모른다. ___(가)___ 왜냐하면 자원과 에너지 측면에서 보더라도 이들 몇몇 집단들만 존재하는 세계에서는 이들이 쓰다 남은 물자와 이용하지 못한 에너지는 고스란히 버려질 수밖에 없는 상황의 효율성은 극히 낮기 때문이다.
다양성 확보는 사회 집단의 생존과도 무관하지 않다. 조류 독감이 발생할 때마다 해당 양계장은 물론 그 주변 양계장의 닭까지 모조리 폐사시켜야 하는 참혹한 현실을 본다. 단 한 마리의 닭이 조류 독감에 걸려도 그렇게 많은 닭들을 죽여야 하는 이유는 인공적인 교배로 인해 이들 모두가 똑같은 유전자를 가졌기 때문이다. ___(나)___
이처럼 다양성의 확보는 자원의 효율적 사용과 사회 안정에 중요한 역할을 하지만 많은 비용이 들기도 한다. 예를 들어 출산 휴가를 주고, 노약자를 배려하고, 장애인에게 보조 공학 기기와 접근성을 제공하는 것을 비롯해 다문화 가정과 외국인 노동자를 위한 행정 제도 개선 등은 결코 공짜가 아니다. ___(다)___

보기

㉠ 따라서 다양한 유전 형질을 확보하는 길만이 재앙의 확산을 막고 피해를 줄이는 길이다.
㉡ 하지만 이는 사회 전체로 볼 때 그다지 바람직한 현상이 아니다.
㉢ 그럼에도 불구하고 다양성 확보가 중요한 이유는 우리가 미처 깨닫고 있지 못하는 넓은 이해와 사랑에 대한 기회를 사회 구성원 모두에게 제공하기 때문이다.

	(가)	(나)	(다)
①	㉠	㉡	㉢
②	㉠	㉢	㉡
③	㉡	㉢	㉠
④	㉡	㉠	㉢

08 다음 중 제시된 도형을 만들기 위해 필요하지 않은 조각은?

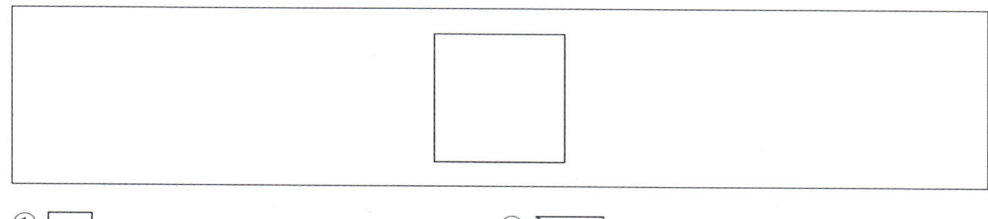

① 

② 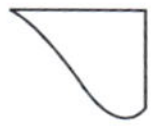

③ 

④ 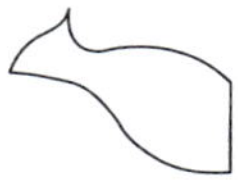

※ 다음 글을 읽고 이어지는 질문에 답하시오. [9~11]

(가) 우리는 처음 만난 사람의 외모를 보고, 그를 어떤 방식으로 대우해야 할지를 결정할 때가 많다. 그가 여자인지 남자인지, 얼굴색이 흰지 검은지, 나이가 많은지 적은지 혹은 그의 스타일이 조금은 상류층의 모습을 띠고 있는지 아니면 너무나 흔해서 별 특징이 드러나 보이지 않는 외모를 하고 있는지 등을 통해 그들과 나의 차이를 재빨리 감지한다. 일단 감지가 되면 우리는 둘 사이의 지위 차이를 인식하고 우리가 알고 있는 방식으로 그를 대하게 된다. 한 개인이 특정 집단에 속한다는 것은 단순히 다른 집단의 사람과 다르다는 것뿐만 아니라, 그 집단이 다른 집단보다는 지위가 높거나 우월하다는 믿음을 갖게 한다. 모든 인간은 평등하다는 우리의 신념에도 불구하고 왜 인간들 사이의 이러한 위계화(位階化)를 당연한 것으로 받아들일까? 위계화란 특정 부류의 사람들은 자원과 권력을 소유하고 다른 부류의 사람들은 낮은 사회적 지위를 갖게 되는 사회적이며 문화적인 체계이다. 다음에서 우리는 이러한 불평등이 어떠한 방식으로 경험되고 조직화되는지를 살펴보기로 하자.

(나) 인간이 불평등을 경험하게 되는 방식은 여러 측면으로 나눌 수 있다. 산업 사회에서의 불평등은 계층과 계급의 차이를 통해서 정당화되는데, 이는 재산, 생산 수단의 소유 여부, 학력, 집안 배경 등등의 요소들의 결합에 의해 사람들 사이의 위계를 만들어 낸다. 또한, 모든 사회에서 인간은 태어날 때부터 얻게 되는 인종, 성, 종족 등의 생득적 특성과 나이를 통해 불평등을 경험한다. 이러한 특성들은 단순히 생물학적인 차이를 지칭하는 것이 아니라, 개인의 열등성과 우등성을 가늠하게 만드는 사회적 개념이 되곤 한다.

(다) 한편 불평등이 재생산되는 다양한 사회적 기제들이 때로는 관습이나 전통이라는 이름하에 특정 사회의 본질적인 문화적 특성으로 간주되고 당연시되는 경우가 많다. 불평등은 체계적으로 조직되고 개인에 의해 경험됨으로써 문화의 주요 부분이 되었고, 그 결과 같은 문화권 내의 구성원들 사이에 권력 차이와 그에 따른 폭력이나 비인간적인 행위들이 자연스럽게 수용될 때가 많다.

(라) 문화 인류학자들은 사회 집단의 차이와 불평등, 사회의 관습 또는 전통이라고 이야기되는 문화 현상에 대해 어떤 입장을 취해야 할지 고민을 한다. 문화 인류학자가 이러한 문화 현상은 고유한 역사적 산물이므로 나름대로 가치를 지닌다는 입장만을 반복하거나 단순히 관찰자로서의 입장에 안주한다면, 이러한 차별의 형태를 제거하는 데 도움을 줄 수 없다. 실제로 문화 인류학 연구는 기존의 권력 관계를 유지시켜주는 다양한 문화적 이데올로기를 분석하고, 인간 간의 차이가 우등성과 열등성을 구분하는 지표가 아니라 동등한 다름일 뿐이라는 것을 일깨우는 데 기여해 왔다.

09 윗글의 제목으로 가장 적절한 것은?

① 차이와 불평등
② 차이의 감지 능력
③ 문화 인류학의 역사
④ 위계화의 개념과 구조

10 윗글에서 〈보기〉의 내용이 들어갈 위치로 가장 적절한 곳은?

보기

잘 알려진 나치 치하의 유태인 대학살은 아리안 종족의 우월성에 대한 믿음에서 기인했다. 또한 한 사회에서 어떠한 가치와 믿음이 중요하다고 여겨지느냐에 따라 '얼굴이 희다.'라는 것은 단순히 개인의 특징을 묘사하는 척도로 취급될 수 있으나, 동시에 인종적 우월성을 정당화시키는 문화적 관념으로 기능하기도 한다. '나의 조상이 유럽인이다.'라는 사실은 라틴 아메리카의 다인종 사회에서는 주요한 사회적 의미를 지닌다. 왜냐하면 그 사회에서는 인종적 차이가 보상과 처벌이 분배되는 방식을 결정하기 때문이다.

① (가) 문단 뒤
② (나) 문단 뒤
③ (다) 문단 뒤
④ (라) 문단 뒤

PART 3

11 윗글의 내용으로 가장 적절한 것은?

① 자원과 권력만 공평하게 소유하게 된다면 인간은 불평등을 경험하지 않을 것이다.
② 문화 인류학자의 임무는 객관적인 입장에서 인간의 문화 현상을 관찰하는 것으로 끝나야 한다.
③ 관습이나 전통은 때로 구성원끼리의 권력 차이나 폭력을 수용하는 사회적 기제로 이용되기도 한다.
④ 두 사람이 싸우다가 당신의 나이가 몇 살이냐고 묻는 것은 단순히 생물학적 차이를 알고자 하는 것이다.

※ 다음 글을 읽고 이어지는 질문에 답하시오. [12~13]

기업은 근로자에게 제공하는 보상에 비해 근로자가 더 많이 노력하기를 바라는 반면, 근로자는 자신이 노력한 것에 비해 기업으로부터 더 많은 보상을 받기를 바란다. 이처럼 기업과 근로자 간의 이해가 상충하는 문제를 완화하기 위해 근로자가 받는 보상에 근로자의 노력이 반영되도록 하는 약속이 인센티브 계약이다. 인센티브 계약에는 명시적 계약과 암묵적 계약을 이용하는 두 가지 방식이 존재한다.

명시적 계약은 법원과 같은 제삼자에 의해 강제되는 약속이므로 객관적으로 확인할 수 있는 조건에 기초해야 한다. 근로자의 노력은 객관적으로 확인할 수 없으므로, 노력 대신에 노력의 결과인 성과에 기초하여 근로자에게 보상하는 약속이 명시적인 인센티브 계약이다. 이 계약은 근로자로 하여금 자신의 노력을 증가시키도록 하는 매우 강력한 동기를 부여한다. 가령, 근로자에 대한 보상 체계가 '고정급$+a\times$성과$(0\leq a\leq 1)$'라고 할 때, 인센티브 강도를 나타내는 a가 커질수록 근로자는 고정급에 따른 기본 노력 외에도 성과급에 따른 추가적인 노력을 더 하게 될 것이다. 왜냐하면 기본 노력과 달리 추가적인 노력에 따른 성과는 a가 커질수록 더 많은 몫을 자신이 갖게 되기 때문이다. 따라서 a를 늘리면 근로자의 노력 수준이 증가함에 따라 추가적인 성과가 더욱 늘어나, 추가적인 성과 가운데 많은 몫을 근로자에게 주더라도 기업의 이윤은 늘어난다.

그러나 명시적인 인센티브 계약이 가진 두 가지 문제점으로 인해 a가 커짐에 따라 기업의 이윤이 감소하기도 한다. 첫째, 명시적인 인센티브 계약은 근로자의 소득을 불확실하게 만든다. 왜냐하면 근로자의 성과는 근로자의 노력뿐만 아니라 작업 상황이나 여건, 운 등과 같은 우연적인 요인들에 의해서도 영향을 받기 때문이다. 그런데 소득이 불확실해지는 것을 근로자가 받아들이게 하려고 기업은 근로자에게 위험 프리미엄* 성격의 추가적인 보상을 지급해야 한다. 따라서 a가 커지면 기업이 근로자에게 지급해야 하는 보상이 늘어나 기업의 이윤이 줄기도 한다. 둘째, 명시적인 인센티브 계약은 근로자들이 보상을 잘 받기 위한 노력에 치중하도록 하는 인센티브 왜곡 문제를 발생시킨다. 성과 가운데에는 측정하기 쉬운 것도 있지만 그렇지 않은 것도 있기 때문이다. 중요하지만 성과 측정이 어려워 충분히 보상받지 못하는 업무를 근로자들이 등한시하게 되면 기업 전체의 성과에 해로운 결과를 초래하게 된다. 따라서 a가 커지면 인센티브를 왜곡하는 문제가 악화되어 기업의 이윤이 줄기도 하는 것이다.

합당한 성과 측정 지표를 찾기 힘들고 인센티브 왜곡의 문제가 중요한 경우에는 암묵적인 인센티브 계약이 더 효과적일 수 있다. 암묵적인 인센티브 계약은 성과와 상관없이 근로자의 노력에 대한 주관적인 평가에 기초하여 보너스, 복지 혜택, 승진 등의 형태로 근로자에게 보상하는 것이다. ㉠ <u>암묵적 계약</u>은 법이 보호할 수 있는 계약을 실제로 맺는 것이 아니다. 이에 따르면 상대방과 협력 관계를 계속 유지하는 것이 장기적으로 이익일 경우에 자발적으로 상대방의 기대에 부응하도록 행동하는 것을 계약의 이행으로 본다. 물론 어느 한쪽이 상대방의 기대를 저버림으로써 얻게 되는 단기적 이익이 크다고 생각하여 협력 관계를 끊더라도 법적으로 이를 못하도록 강제할 방법은 없다. 하지만 상대방의 신뢰를 잃게 되면 그때부터 상대방의 자발적인 협력을 기대할 수 없게 된다. 따라서 암묵적인 인센티브 계약에 의존할 때에는 기업의 평가와 보상이 공정하다고 근로자가 신뢰하게 하는 것이 중요하다.

* 위험 프리미엄 : 소득의 불확실성이 커질 때 근로자는 사실상 소득이 줄어든 것으로 느끼게 되는데, 이를 보전하기 위해 기업이 지급해야 하는 보상

12 윗글의 내용으로 적절하지 않은 것은?

① 기업과 근로자 사이의 이해 상충은 근로자의 노력을 반영하는 보상을 통해 완화할 수 있는 문제이다.

② 법이 보호할 수 있는 인센티브 계약으로 근로자의 노력을 늘리려는 것이 오히려 기업에 해가 되는 경우가 있다.

③ 명시적 인센티브 계약에서 노력의 결과인 성과에 기초하는 것은 노력 자체를 객관적으로 확인할 수 없기 때문이다.

④ 성과를 측정하기 어려운 업무에 종사하는 근로자에 대한 보상에서는 명시적인 인센티브의 강도가 높은 것이 효과적이다.

PART 3

13 윗글의 ㉠에 대한 설명으로 적절하지 않은 것은?

① 법원과 같은 제삼자가 강제할 수 없는 약속이다.

② 객관적으로 확인할 수 있는 조건에 기초한 약속이다.

③ 자신에게 이익이 되기 때문에 자발적으로 이행하는 약속이다.

④ 상대방의 신뢰를 잃음으로써 초래되는 장기적 손실이 클수록 더 잘 지켜지는 약속이다.

14 그림과 같이 2Ω의 저항 세 개를 연결하였다. 전체 합성저항은?

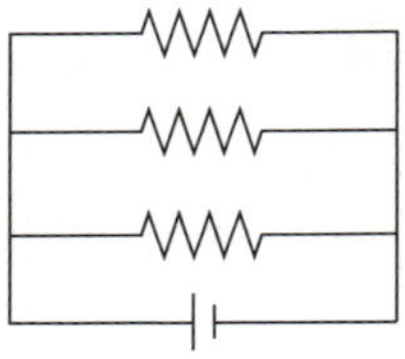

① 6Ω

② $\frac{2}{3}$Ω

③ 3Ω

④ 2Ω

15 다음 물체가 수평면에서 4m 이동한다고 할 때, 물체가 하는 일의 양은?(단, 모든 마찰 및 공기 저항은 무시한다)

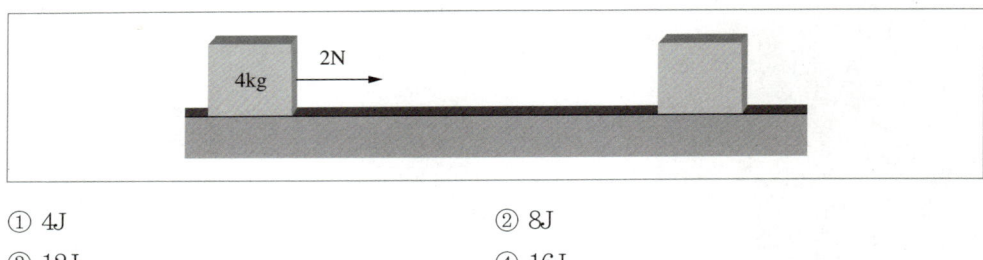

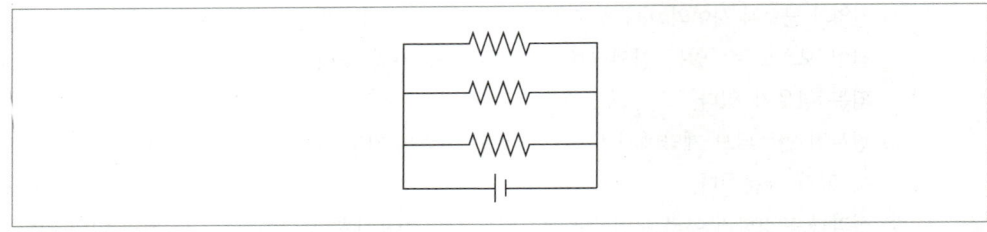

① 4J

② 8J

③ 12J

④ 16J

16 다음에서 설명하는 것은?

- 생명을 유지하는 데 필요한 최소한의 에너지량이다.
- 심장 박동, 혈액 순환, 체온 유지 등에 필요한 에너지량이다.

① 혈당량

② 호흡량

③ 기초 대사량

④ 1일 섭취량

17 암에 대한 설명으로 옳은 것을 <보기>에서 모두 고르면?

보기

㉠ 환경적 요인이나 유전적 요인에 의해 발생한다.
㉡ 흡연은 암을 유발하는 환경적 요인으로 볼 수 있다.
㉢ 정상 세포를 암으로 만드는 물질을 발암 물질이라고 한다.

① ㉢
② ㉠, ㉡
③ ㉡, ㉢
④ ㉠, ㉡, ㉢

18 신혜와 유민이는 친구의 집에 놀러가서 사과와 포도, 딸기가 담긴 접시를 받았다. 다음 <조건>을 바탕으로 옳은 것은?

조건

- 사과, 포도, 딸기 중에는 각자 좋아하는 과일이 반드시 있다.
- 유민이는 사과와 포도를 좋아한다.
- 유민이가 좋아하는 과일은 신혜가 싫어하는 과일이다.

① 신혜는 좋아하는 과일이 없다.
② 신혜가 포도를 좋아하는지 알 수 없다.
③ 신혜는 딸기를 좋아한다.
④ 유민이와 신혜가 같이 좋아하는 과일이 있다.

19 다음에서 설명하는 것은?

- 임계온도 이하에서 전기 저항이 0이 되는 물체이다.
- 자기 부상 열차를 띄우는 데 이용된다.

① 다이오드
② 초전도체
③ 고무
④ 액정

20 **다음의 명제가 모두 참일 때 반드시 참인 것은?**

- 가위는 테이프보다 비싸다
- 볼펜은 테이프보다 싸다.
- 공책은 가위보다 비싸다.

① 제시된 문구 중에서 가장 비싼 것은 테이프다.
② 테이프는 공책보다 비싸다.
③ 제시된 문구 중에서 두 번째로 비싼 것은 가위다.
④ 공책은 볼펜보다 싸다.

21 **다음 글의 빈칸에 들어갈 내용으로 가장 적절한 것은?**

제주 한라산 천연보호구역에 있는 한 조립식 건물에서 불이 나 3명의 사상자가 발생했다. 이 건물은 무속 신을 모시는 신당으로 수십 년 동안 운영된 곳이나, 실상은 허가 없이 지은 불법 건축물에 해당되었다. 특히 해당 건물은 조립식 샌드위치 패널로 지어져 있어 이번 화재는 자칫 대형 산불로 이어져 한라산까지 타버릴 아찔한 사고였지만, 행정당국은 불이 난 뒤에야 이 건축물의 존재를 파악했다. 해당 건물에서의 화재는 30여 분 만에 빠르게 진화되었지만, 이 불로 건물 안에 있던 40대 남성이 숨지고, 60대 여성 2명이 화상을 입어 병원으로 이송되었다. 이는 해당 건물이 ______________ 불이 삽시간에 번져 나갔기 때문이었다.
행정당국은 서귀포시는 산림이 울창하고, 인적이 드문 곳이어서 관련 신고가 접수되지 않는 등 단속에 한계가 있다고 밝히며 행정의 손이 미치지 않는 취약한 지역, 산지나 으슥한 지역은 관련 부서와 협의를 거쳐 점검할 필요가 있다고 말했다.

① 화재에 취약한 구조로 지어져 있어
② 산지에 위치해 기후가 건조했기 때문에
③ 안정성을 검증받지 못한 가건물에 해당 되어
④ 소방 시설과 거리가 있는 곳에 위치하고 있어

※ 다음과 같은 모양을 만드는 데 사용된 블록의 개수를 고르시오(단, 보이지 않는 곳의 블록은 있다고 가정한다). [22~23]

22

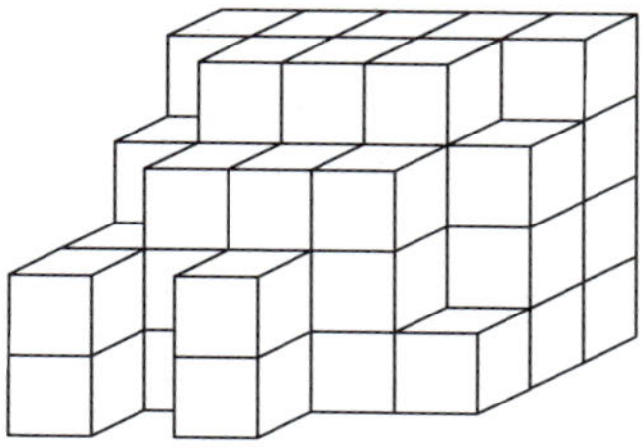

① 50개　② 52개
③ 54개　④ 56개

23

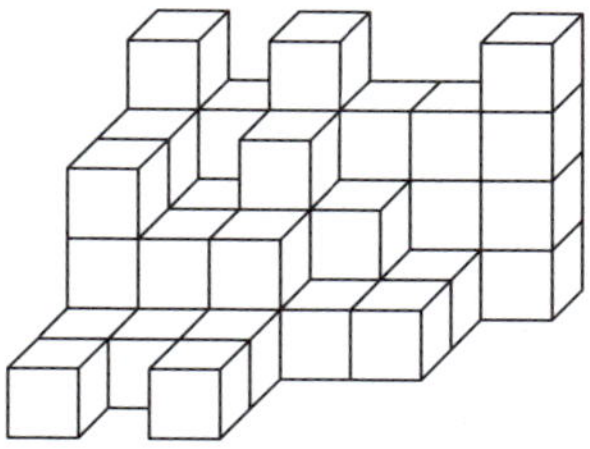

① 44개　② 45개
③ 46개　④ 47개

24 다음은 1859 ~ 2023년의 금 가격에 대한 자료이다. 다음 중 자료를 올바르게 나타낸 그래프는?

〈금 가격 동향〉

연도	금 가격(USD/트로이온스)	연도	금 가격(USD/트로이온스)
2023년	1,295.05	1999년	383.51
2022년	1,412.07	1994년	317.00
2021년	1,667.38	1989년	615.00
2020년	1,571.52	1979년	36.02
2019년	1,224.53	1969년	35.27
2014년	444.74	1959년	34.72
2009년	279.11	1909년	18.96
2004년	383.79	1859년	18.93

①
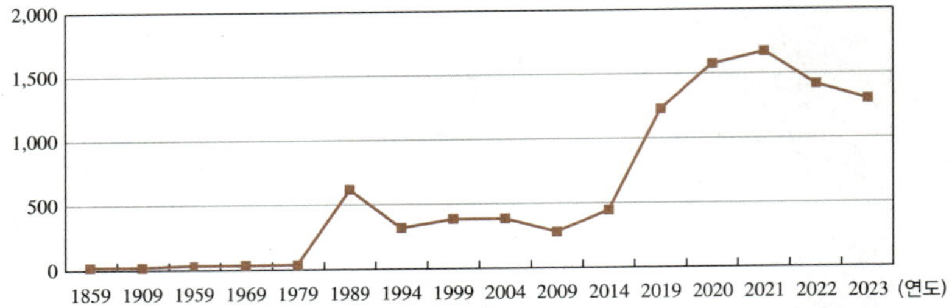

②
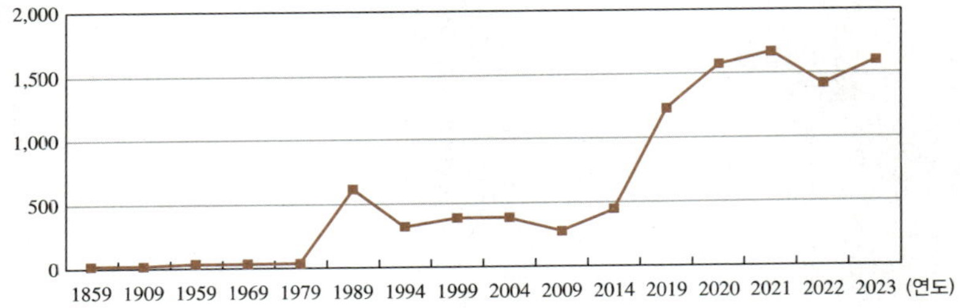

③
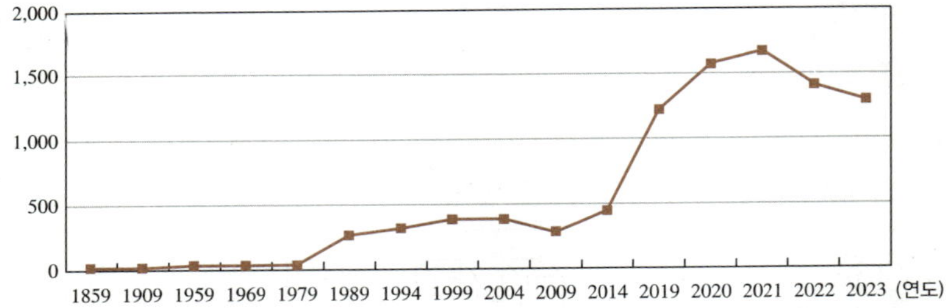

④
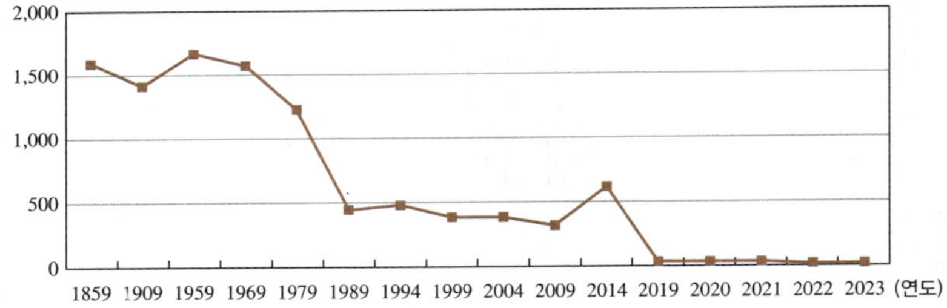

※ 일정한 규칙으로 수를 나열할 때, 빈칸에 들어갈 알맞은 수를 고르시오. [25~28]

25

−296 152 −72 40 −16 ( ) −2

① 4
② 7
③ 8
④ 12

26

1 2 3 3 7 ( ) 13 11 21 18

① 3
② 4
③ 5
④ 6

27

5 1 2 3 9 4 8 ( ) 6

① 2
② 7
③ 10
④ 11

28

3 7 16 −1 3 −8 ( ) −4 3

① 7
② 5
③ 0
④ −2

PART 3

29 **다음 설명에 해당하는 용어로 옳은 것은?**

> 지구 내부에서 자연적으로 생성되는 것으로 암석이 용융 내지는 부분용융된 것이다. 이 안에는 가스와 고체 입자(광물 또는 암편)가 포함되어 있을 수 있으며 지표로 분출할 수도 있고 심부에서 고화될 수도 있다.

① 셰일
② 염화나트륨
③ 마그마
④ 마그네슘

30 **6가지 색상의 유리구슬 18개가 있다고 할 때, 다음 중 참인 것은?**

> • 적, 흑, 청의 합계는 백, 황, 녹의 합계와 같다.
> • 황색의 수는 흑색의 3배이다.
> • 백색은 녹색보다 많고, 녹색은 흑색보다 많다.
> • 적색은 백색과 녹색의 합계와 같다.

① 적색 유리구슬의 개수는 5개이다.
② 황색 유리구슬의 개수는 2개이다.
③ 녹색 유리구슬의 개수는 4개이다.
④ 흑색 유리구슬의 개수는 1개이다.

31 **다음 중 코칭의 진행 과정에 대한 설명으로 옳은 것을 모두 고르면?**

> ㄱ. 코칭을 할 경우 시간과 목표를 명확히 알린다.
> ㄴ. 문제점에 대한 해결책을 직접 제시한다.
> ㄷ. 코칭 과정을 반복한다.
> ㄹ. 질문과 피드백에 충분한 시간을 할애한다.
> ㅁ. 경청보다는 핵심적인 질문 위주로 진행한다.

① ㄱ, ㄴ, ㅁ
② ㄱ, ㄷ, ㄹ
③ ㄴ, ㄷ, ㄹ
④ ㄴ, ㄹ, ㅁ

32 한 경기장에는 네 개의 탈의실이 있는데 이미 예약된 탈의실은 다음과 같다. 다음 〈조건〉을 따라 대여할 때, 금요일의 빈 시간에 탈의실을 대여할 수 있는 단체를 모두 고르면?

〈탈의실 예약 일정〉

구분	월요일	화요일	수요일	목요일	금요일
A	시대		한국		
B	우리			시대	
C			나라		나라
D	한국	시대		우리	

조건

- 일주일에 최대 세 번, 세 개의 탈의실을 대여할 수 있다.
- 한 단체가 하루에 두 개의 탈의실을 대여하려면, 인접한 탈의실을 대여해야 한다.
- 탈의실은 A－B－C－D 순서로 일렬로 나열되어 있다.
- 탈의실은 하루에 두 개까지 대여할 수 있다.
- 전날 대여한 탈의실을 똑같은 단체가 다시 대여할 수 없다.

① 나라
② 한국, 나라
③ 우리, 나라, 한국
④ 시대, 한국, 나라

PART 3

33 상준이는 월요일부터 일요일까지 사흘을 선택하여 오전 또는 오후에 운동을 하기로 했다. 다음 중 상준이가 운동을 시작한 첫째 주 월요일부터 일요일까지 운동한 요일은?

- 운동을 하려면 마지막 운동을 한 지 최소 12시간이 지나야 한다.
- 상준이는 주말에 약속이 있어서 운동을 하지 못했다.
- 상준이는 금요일 오후에 운동을 했다.
- 상준이는 금요일을 제외한 나머지 날 오후에 운동을 하지 못했다.
- 두 번은 이틀 연속으로 했는데, 금요일이나 월요일은 아니었다.

① 월요일(오전), 화요일(오후), 금요일(오후)
② 화요일(오전), 화요일(오후), 금요일(오후)
③ 화요일(오전), 수요일(오전), 금요일(오후)
④ 월요일(오전), 화요일(오전), 금요일(오후)

34 **다음 그림은 매질 1에서 매질 2로 진행하는 파동의 파면을 나타낸 것이다. 이에 대한 설명으로 옳지 않은 것은?**

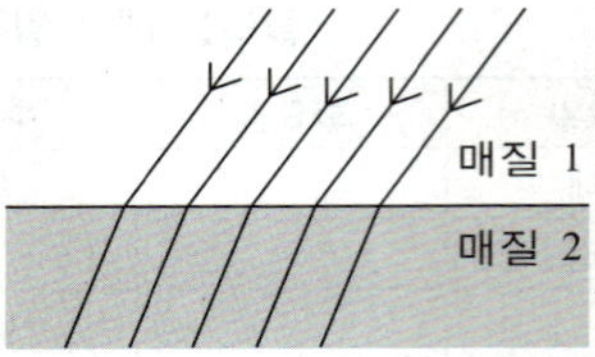

① 매질에 따른 전파속도가 다르기 때문이다.

② 매질 1에서의 속도는 매질 2에서보다 느리다.

③ 매질 1에서의 파장은 매질 2에서보다 길다.

④ 입사각이 굴절각보다 크다.

35 **다음과 같은 에너지 전환을 주로 이용하는 장치는?**

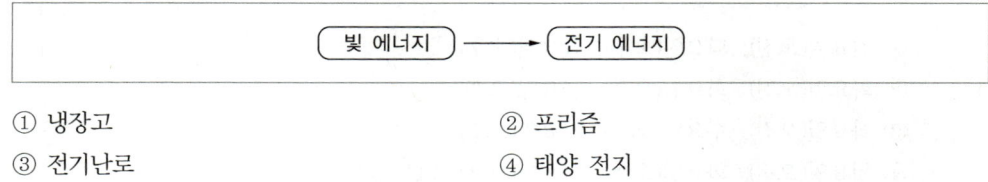

빛 에너지 → 전기 에너지

① 냉장고

② 프리즘

③ 전기난로

④ 태양 전지

※ 다음 그림과 같이 화살표 방향으로 종이를 접은 후, 펀치로 구멍을 뚫어 다시 펼쳤을 때의 그림으로 옳은 것을 고르시오. [36~37]

36

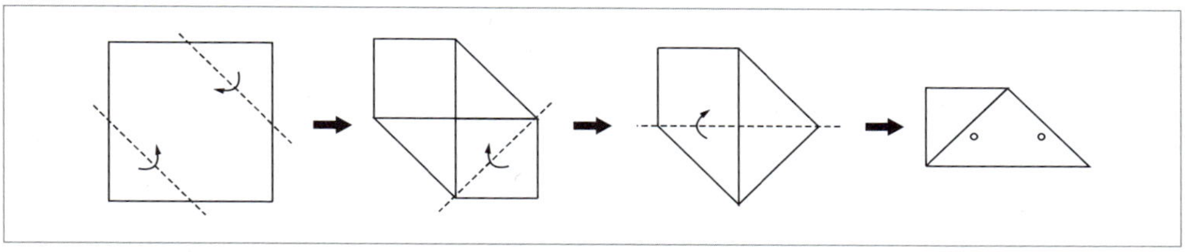

①

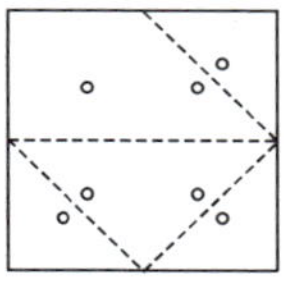

②

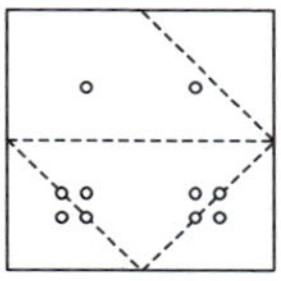

③

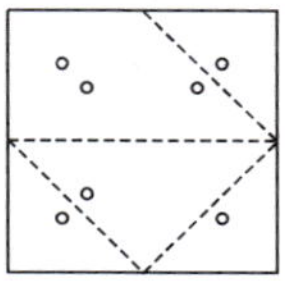

④

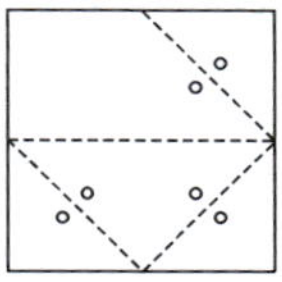

37

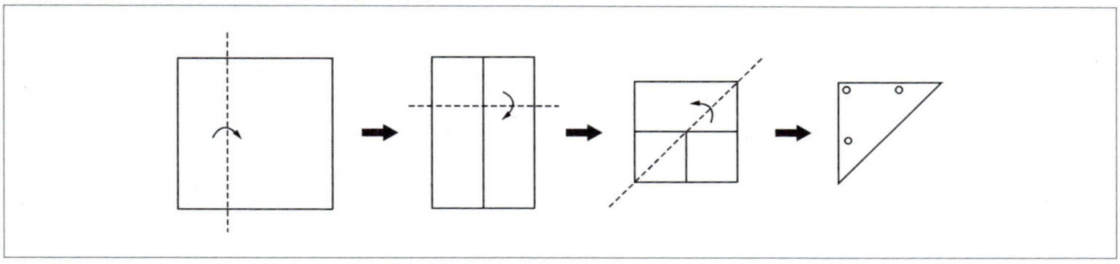

①

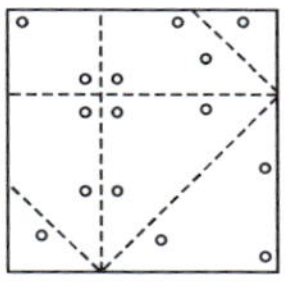

②

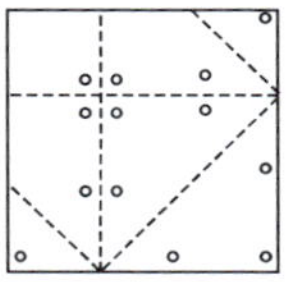

③

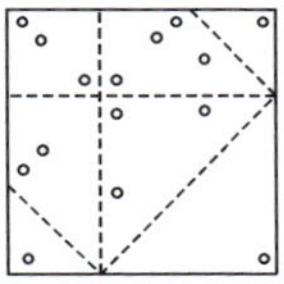

④

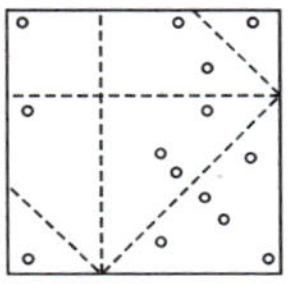

PART 3

※ 다음과 같은 정사각형의 종이를 화살표 방향으로 접고 〈보기〉의 좌표가 가리키는 위치에 구멍을 뚫었다. 다시 펼쳤을 때 뚫린 구멍의 위치를 좌표로 나타낸 것으로 옳은 것을 고르시오(단, 좌표가 그려진 사각형의 크기와 종이의 크기는 일치하며, 종이가 접힐 때 종이의 위치는 바뀌지 않는다). **[38~39]**

〈좌표〉

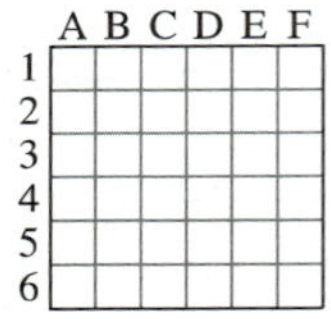

38

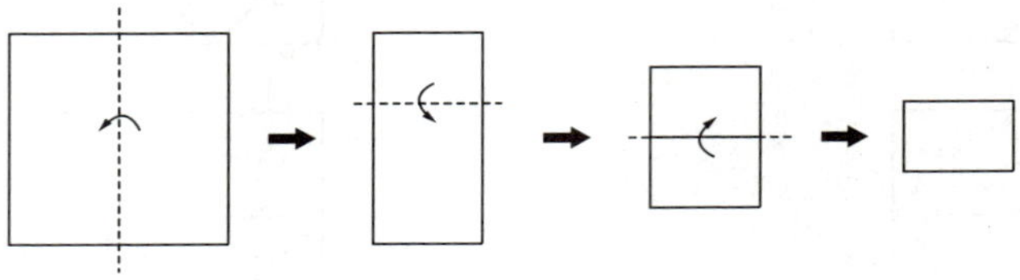

보기

A3

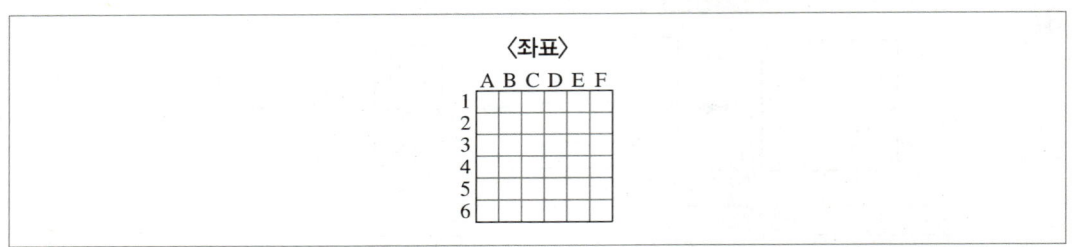

① A2, A3, A6, F2, F3, F6
② A3, B2, B3, F2, F3, F6
③ A2, A3, A6, E2, E3, E6
④ A2, A3, A5, F2, F3, F5

39

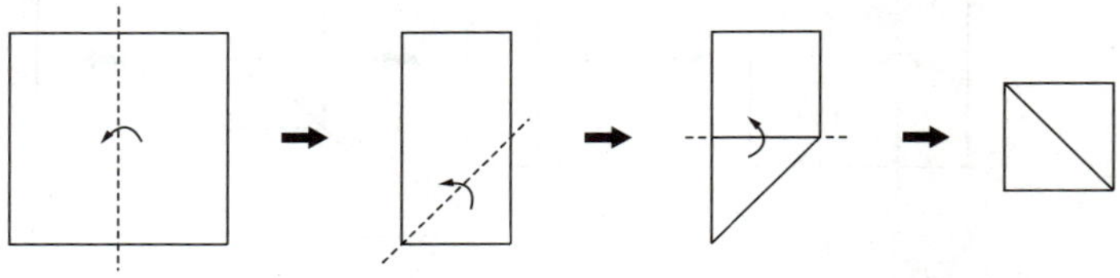

보기

A3

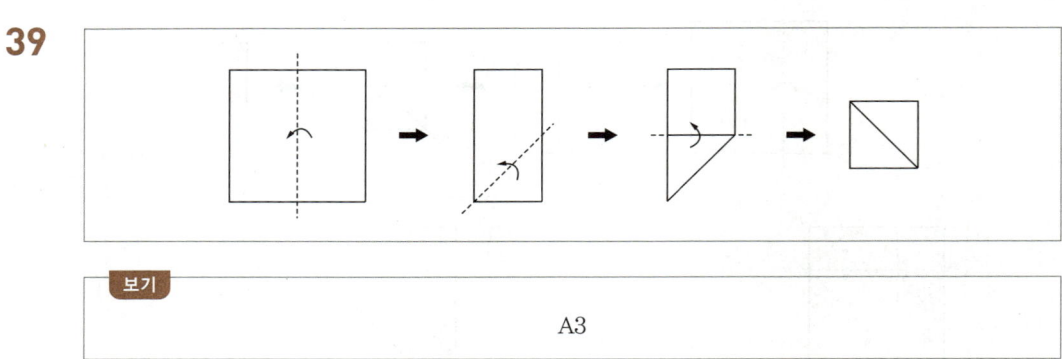

① A2, A3, C6, D6, F2, F5
② A3, A4, C1, D1, F3, F4
③ A3, B3, B4, D6, E3, E4
④ A3, A4, C6, D6, F3, F4

40 다음 제시된 단면과 일치하는 입체도형은?

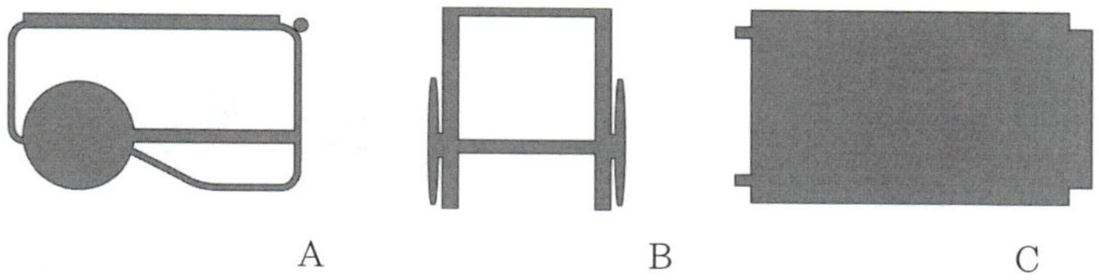

① 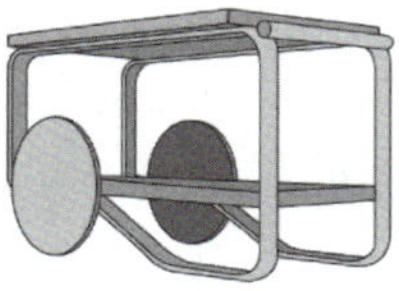

② 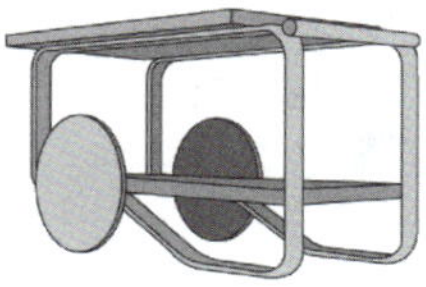

③ 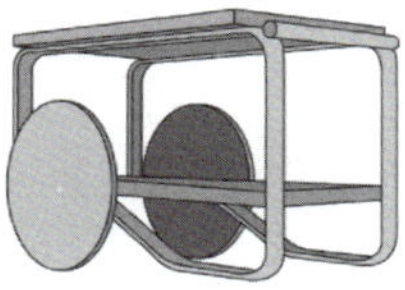

④ 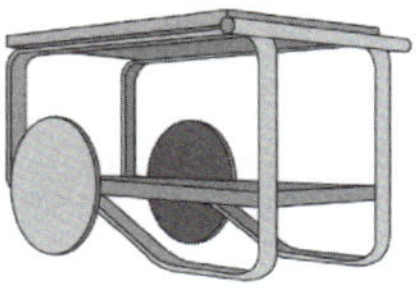

41 다음 중 제시된 도형과 같은 것은?(단, 도형은 회전이 가능하다)

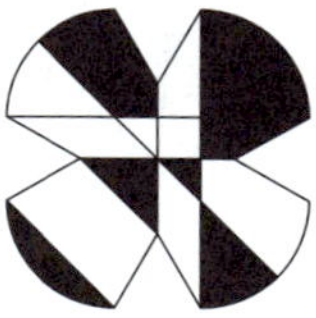

① 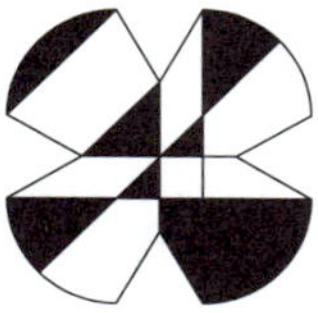

② 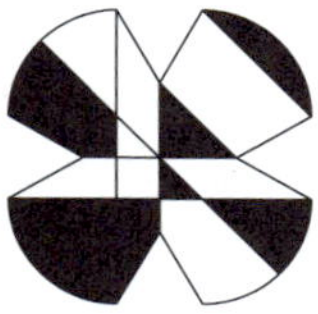

③ 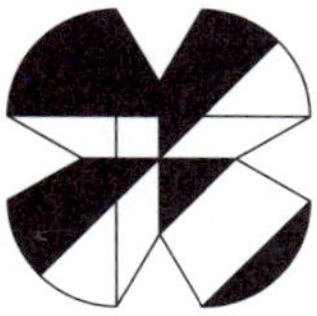

④ 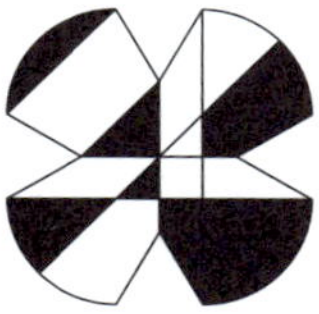

42 다음 중 입체도형을 만들었을 때, 다른 도형이 나오는 것은?

①
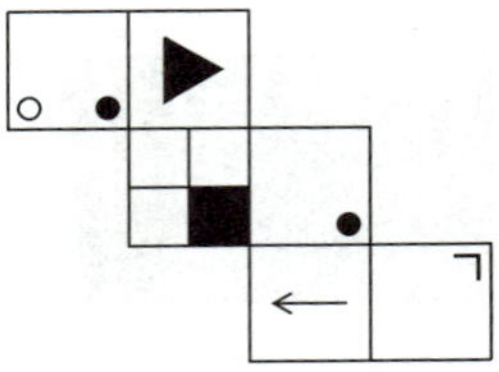

②
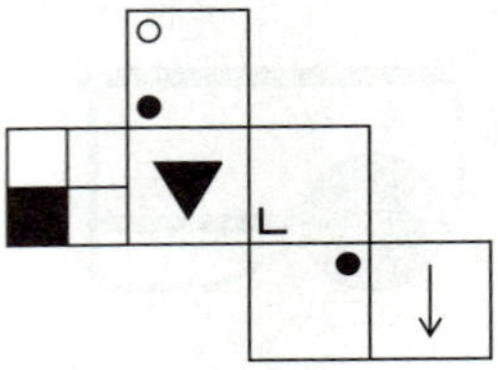

③
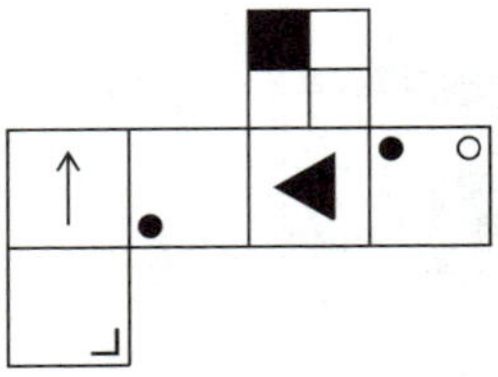

④
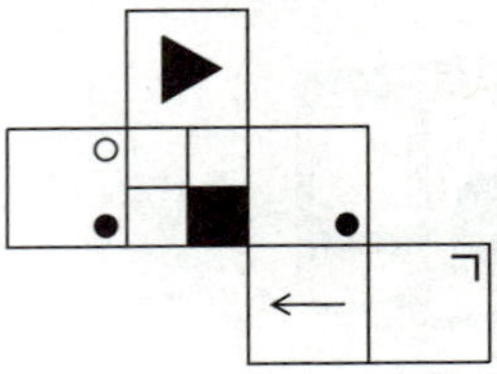

※ 왼쪽의 직육면체 모양의 입체도형은 두 번째, 세 번째 입체도형과 ?를 조합하여 만들 수 있다. ?에 들어갈 알맞은 도형을 고르시오. **[43~45]**

43

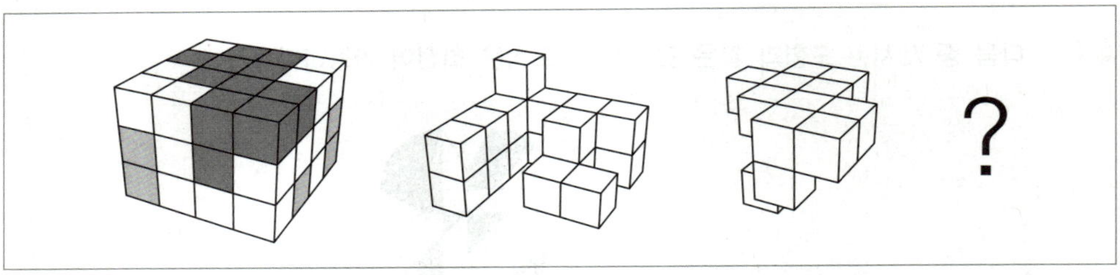

①
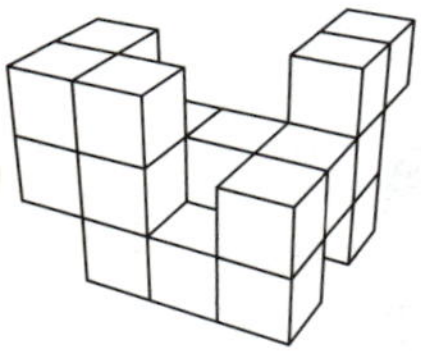

②
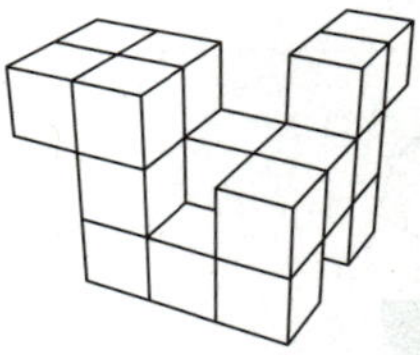

③
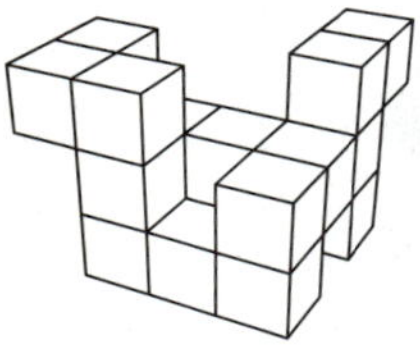

④
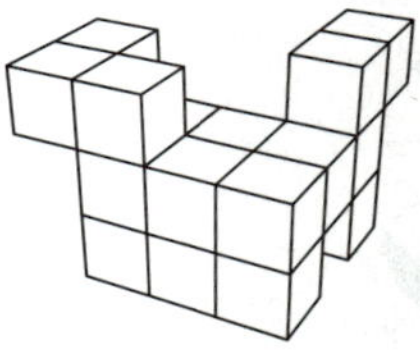

44

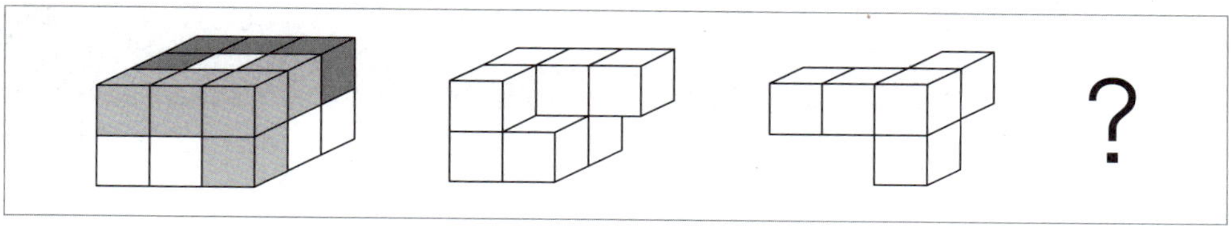

①
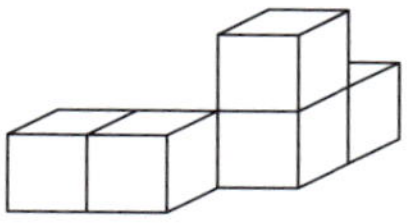

②
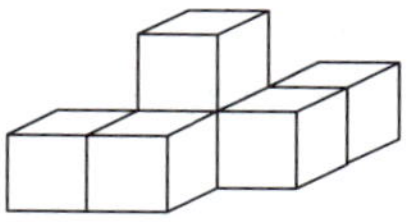

③
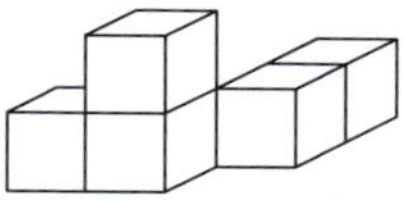

④
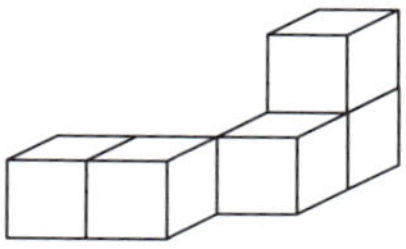

45

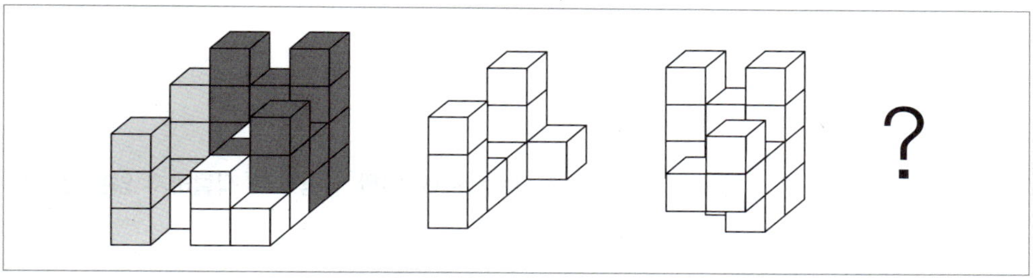

①
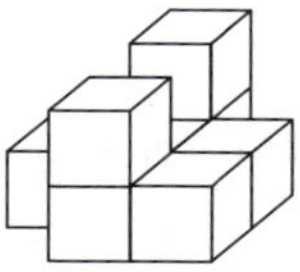

②
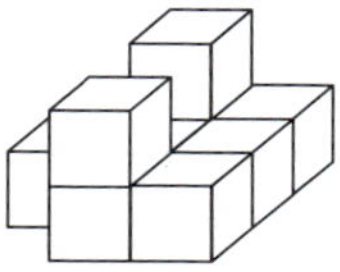

③
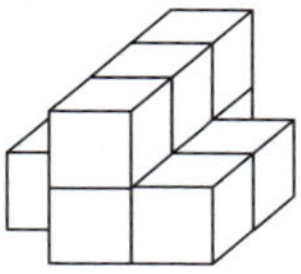

④
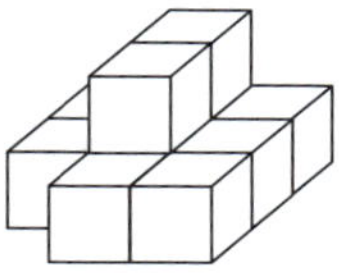

제3회 최종점검 모의고사

모바일 OMR 답안채점 / 성적분석 서비스

☑ 응시시간 : 50분 ☑ 문항 수 : 45문항

정답 및 해설 p.040

01 다음 중 단어의 품사가 나머지와 다른 것은?

① 비슷하다
② 드러나다
③ 파랗다
④ 구수하다

02 다음 중 제시된 상황에서 갑이 메일을 보낼 때에 대한 설명으로 적절하지 않은 것은?

> A팀 팀장은 팀원 갑에게 B팀 소속 을도 회의에 참석할 수 있도록 회의 내용을 전달할 것을 지시하였다. 이에 갑은 을에게 회사 메일을 통해 회의 참석을 전달하려고 한다.

① 갑이 보내는 메일의 수신인은 회의에 참석해야 하는 을과 그의 상사인 B팀 팀장이다.
② 갑은 해당 업무를 지시한 A팀 팀장이 해당 메일을 볼 수 있게 참조인에 넣을 수 있다.
③ 갑은 해당 메일을 A팀 팀장에게 전달함으로써 지시받은 업무를 갑이 어떻게 처리했는지 보고할 수 있다.
④ 갑은 해당 메일을 B팀 팀장에게 전달함으로써 B팀 팀원인 을이 어떠한 업무를 지원하게 되었는지 알릴 수 있다.

03 다음과 같은 상황에서 기획팀 직원 A가 가장 먼저 답장해야 할 사람은?

기획팀 직원인 A는 사내 행사를 준비하기 위해 경영지원팀 직원 B로부터 사내 행사계획서를 메일로 전달받았다. 그런데 B가 보낸 사내 행사계획서를 살펴보니 사내 행사의 내용과 일정이 바뀌어 있었다.

① 총무팀 담당자
② 경영지원팀 팀장
③ 경영지원팀 직원 B
④ 사내 행사 기획자

04 다음 제시된 문단을 논리적 순서대로 바르게 나열한 것은?

(가) 위기가 있는 만큼 기회도 주어진다. 다만, 그 기회를 잡기 위해 우리에게 가장 필요한 것은 지혜이다. 그리고 그 지혜를 행동으로 옮길 때, 우리는 성공이라는 결과를 얻을 수 있는 것이다.
(나) 세계적 금융위기는 끝나지 않았고, 동중국해를 둘러싼 중국과 일본의 영토분쟁은 세계 경제에 새로운 위협 요인이 되고 있다. 국가경제도 부동산가격 하락으로 가계부채 문제가 경제에 부담이 될 것이라는 예측이 나온다. 휴일 영업을 둘러싼 대형마트와 재래시장 간의 갈등도 심화되고 있다. 기업의 입장에서나, 개인의 입장에서나 온통 풀기 어려운 문제에 둘러싸인 형국이다.
(다) 이 위기를 이겨낸 사람이 성공하고, 위기를 이겨낸 기업이 경쟁에서 승리한다. 어려움을 이겨낸 나라가 자신에게 주어진 무대에서 주역이 되었다는 것을 우리는 지난 역사 속에서 배울 수 있다.
(라) 한마디로 위기(危機)의 시대이다. 위기는 '위험'을 의미하는 위(危)자와 '기회'를 의미하는 기(機)자가 합쳐진 말이다. 위기라는 말에는 위험과 기회라는 이중의 의미가 함께 들어 있다. 위험을 이겨낸 사람이 기회를 잡을 수 있다는 말이다. 위기는 기회의 또 다른 얼굴이다.

① (가) – (라) – (나) – (다)
② (나) – (가) – (다) – (라)
③ (나) – (라) – (다) – (가)
④ (라) – (가) – (다) – (나)

05 **다음 제시된 단어의 대응 관계로 볼 때, 빈칸에 들어갈 가장 적절한 단어는?**

으르다 : 겁박하다 = (　　) : 아첨하다

① 알랑대다　　② 수복하다
③ 직언하다　　④ 겸손하다

06 **다음 중 가장 적절한 의사표현법을 사용하고 있는 사람은?**

① A대리 : (늦잠으로 지각한 후배 사원의 잘못을 지적하며) "오늘도 지각을 했네요. 어제도 늦게 출근하지 않았나요? 왜 항상 지각하는 거죠?"

② B대리 : (후배 사원의 고민을 들으며) "방금 뭐라고 이야기했죠? 미안해요. 아까 이야기한 고민에 대해서 어떤 답을 해줘야 할지 생각하고 있었어요."

③ C대리 : (후배 사원의 실수가 발견되어 이를 질책하며) "이번 프로젝트를 위해 많이 노력했다는 것 압니다. 다만, 발신 메일 주소를 한 번 더 확인하는 습관을 갖는 것이 좋겠어요. 앞으로는 더 잘할 거라고 믿어요."

④ D대리 : (거래처 직원에게 변경된 계약서에 서명할 것을 설득하며) "이 정도는 그쪽에 큰 손해사항도 아니지 않습니까? 지금 서명해주지 않으시면 곤란합니다."

07 다음 그림과 같이 마찰이 없는 수평면에 놓여 있는 물체를 철수와 영수가 반대 방향으로 당기고 있으나, 물체는 움직이지 않고 있다.

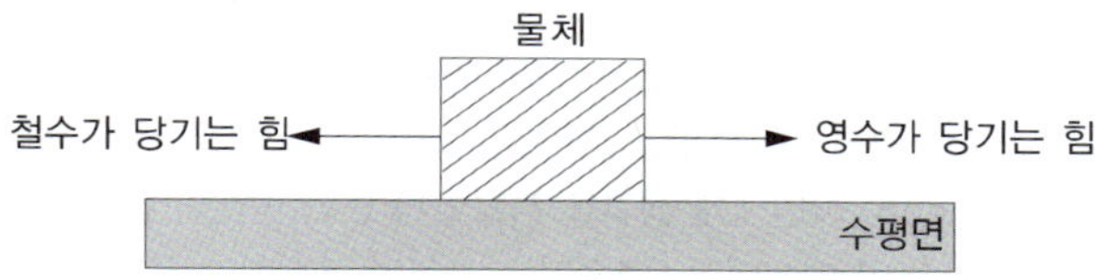

다음 〈보기〉는 위의 상황에서 물체에 작용하는 힘에 대한 설명이다. 옳지 않은 것을 모두 고르면?

보기

㉠ 물체는 정지해 있으므로, 물체에 작용하는 합력은 0이다.

㉡ 합력이 0이므로, 철수가 물체를 당기는 힘과 영수가 물체를 당기는 힘은 크기가 같고 방향만 반대이다.

㉢ 따라서 위의 두 힘은 뉴턴의 제3법칙에서 말하는 작용과 반작용의 관계에 있다.

① ㉡

② ㉢

③ ㉠, ㉡

④ ㉡, ㉢

※ 다음 글을 읽고 이어지는 질문에 답하시오. [8~9]

(가) 예술은 인간 감정의 구현체로 간주되곤 한다. 그런데 예술과 감정의 연관은 예술이 지닌 부정적 측면을 드러내는 데 쓰이기도 했다. 즉, 예술을 이성적으로 통제되지 않는 비합리적 활동, 심지어는 광기 어린 활동으로 여기곤 했다. 그렇지만 예술과 감정의 연관을 긍정적인 측면에서 해석하려는 입장도 유구한 전통을 형성하고 있다. 이러한 입장을 대표하는 사람으로 톨스토이와 콜링우드를 들 수 있다.

(나) 톨스토이의 견해에 따르면, 타인에게 생각을 전달할 필요가 있듯이 감정도 그러하다. 이때 감정을 타인에게 전달하는 주요 수단이 예술이다. 예술가는 자신이 표현하고픈 감정을 떠올린 후, 작품을 통해 타인도 공감할 수 있도록 전달한다. 그런데 이때 전달되는 감정은 질이 좋아야 하며, 한 사회를 좋은 방향으로 이끌어 나갈 수 있어야 한다. 연대감이나 형제애가 그러한 감정이다. 이런 맥락에서 톨스토이는 노동요나 민담 등을 높이 평가하였고, 교태 어린 리스트의 음악이나 허무적인 보들레르의 시는 부정적으로 평가하였다. 좋은 감정이 잘 표현된 한 편의 예술이 전 사회, 나아가 전 세계를 감동시키며 세상의 발전에 기여할 수 있다는 것이다.

(다) 반면, 콜링우드는 톨스토이와 생각이 달랐다. 콜링우드는 연대감이나 형제애를 사회에 전달하는 예술이 부작용을 초래할 수 있다고 보았다. 전체주의적 대규모 집회에서 드러나듯 예술적 효과를 통한 연대감의 전달은 때론 비합리적 선동을 강화하는 결과를 낳는다. 톨스토이 식으로 예술과 감정을 연관시키는 것은 예술에 대한 앞서의 비판에서 벗어나기 힘들다. 따라서 콜링우드는 감정의 전달이라는 외적 측면보다는 감정의 정리라는 내적 측면에 관심을 둔다.

(라) 콜링우드에 따르면, 언어가 한 개인의 생각을 정리하는 수단이듯이 예술은 한 개인의 감정을 정리하는 수단이다. 우리의 생각을 정리하는 훈련이 필요하듯이 우리의 감정도 그러하다. 일상사에서 벌컥 화를 내거나 하염없이 눈물을 흘리다 보면 감정을 지나치게 드러낸 듯하여 쑥스러운 경우가 종종 있다. 그런데 분노나 슬픔은 공책을 펴 놓고 논리적으로 곰곰이 추론한다고 정리되는 것이 아니다. 생각은 염주알처럼 진행되지만, 감정은 불쑥 솟구쳐 오르거나 안개처럼 스멀스멀 밀려오기 때문이다. 이러한 인간의 감정은 그것과 생김새가 유사한 예술을 통해 정리되는 것이 바람직하다. 베토벤이 인생의 파란만장한 곡절을 「운명」 교향악을 통해 때론 용솟음치고 때론 진저리치며 굽이굽이 정리했듯이, 우리는 자기 나름의 적절한 예술적 방식을 통해 그렇게 할 수 있다. 그리고 예술을 통해 우리의 감정이 정리되었으면 굳이 타인에게 전달하지 않더라도 예술은 그 소임을 충분히 완성한 것이다.

(마) 톨스토이와 콜링우드 양자의 입장은 차이가 나지만, 양자 모두 예술과 감정의 긍정적 연관성에 주목하면서 예술의 가치를 옹호하였으며, 이들의 이론은 특히 질풍처럼 몰아치고 노도처럼 격동했던 낭만주의 예술을 이해하는 데 기여하였다.

08 윗글에 나타난 콜링우드의 견해를 바탕으로 할 때, 영국의 시인 키츠가 〈보기〉와 같이 말한 이유에 대한 설명으로 가장 적절한 것은?

> **보기**
> 불면의 밤을 보내며 완성한 시를 아침 해를 바라보며 불태워 버려도 좋다.

① 창작한 내용이 마음에 들지 않았기 때문이다.
② 창작 작업에 근본적인 회의를 느꼈기 때문이다.
③ 혼란한 감정을 시를 통해 정화했다고 생각했기 때문이다.
④ 아침 해를 바라보며 불같은 열정을 새롭게 느꼈기 때문이다.

PART 3

09 다음 중 〈보기〉의 관점에서 윗글을 비판적으로 이해한 내용으로 가장 적절한 것은?

> **보기**
> 음악의 아름다움이란 음악의 형식을 통해 드러나는 아름다움이다. 외부에서 주어진 어떤 내용도 필요치 않고, 오직 독립적인 음들 및 그것들의 형식적 연관으로만 존재하는 그러한 아름다움이 곧 음악적 아름다움이다. 매력 넘치는 소리들의 연관, 그 연관의 조화와 대립, 이탈과 도달, 상승과 소멸 등이야말로 우리 앞에 자유로운 형식으로 나타나 만족을 주는 것들이다.

① 예술의 본질은 감정보다는 형식이다. 우리에게 미적 즐거움을 주는 원천은 예술 고유의 조형적 아름다움이지 않은가.
② 예술이 감정을 전달하려면 감정의 전달 수단인 형식도 중요하다. 아름다운 형식을 갖추지 못하면 정치적 선동이 되는 것이 아닌가.
③ 예술은 감정이 아닌 절대적 이념의 표현이다. 예술과 감정의 연관을 너무 강조하는 것은 예술이 지닌 숭고한 정신적 이념을 간과한 것이 아닌가.
④ 용솟음치는 감정을 어떻게 정리할 수 있는가. 감정이 정형화된 형식을 넘어 예술을 통해 자유로이 분출됨으로써 우리는 만족을 얻게 되는 것이 아닌가.

10 **다음 명제가 참일 때, 항상 옳은 것은?**

- 서울에 있는 어떤 공원은 사람이 많지 않다.
- 분위기가 있지 않으면 사람이 많지 않다.
- 모든 공원은 분위기가 있다.

① 분위기가 있지 않은 서울의 모든 공원은 사람이 많다.
② 분위기가 있는 서울의 어떤 공원은 사람이 많지 않다.
③ 분위기가 있는 서울의 모든 공원은 사람이 많지 않다.
④ 분위기가 있지 않은 서울의 어떤 공원은 사람이 많지 않다.

11 **원형 테이블에 번호 순서대로 앉아 있는 다섯 명의 여자 1, 2, 3, 4, 5 사이에 다섯 명의 남자 A, B, C, D, E가 한 명씩 앉아야 한다. 다음 〈조건〉을 따르면서 자리를 배치할 때 옳지 않은 것은?**

보기

- A는 짝수번호의 여자 옆에 앉아야 하고, 5 옆에는 앉을 수 없다.
- B는 짝수번호의 여자 옆에 앉을 수 없다.
- C가 3 옆에 앉으면 D는 1 옆에 앉는다.
- E는 3 옆에 앉을 수 없다.

① D는 4와 5 사이에 앉을 수 없다.
② C가 2와 3 사이에 앉으면 A는 반드시 3과 4 사이에 앉는다.
③ E가 1과 2 사이에 앉으면 C는 반드시 4와 5 사이에 앉는다.
④ E가 4와 5 사이에 앉으면 A는 반드시 2와 3 사이에 앉는다.

12 그래프는 사람의 원뿔 세포가 빛의 파장에 따라 빛을 흡수하는 정도를 나타낸 것이다. 파장이 450nm인 빛을 비추었을 때, 이 빛을 가장 많이 흡수하는 원뿔 세포는?

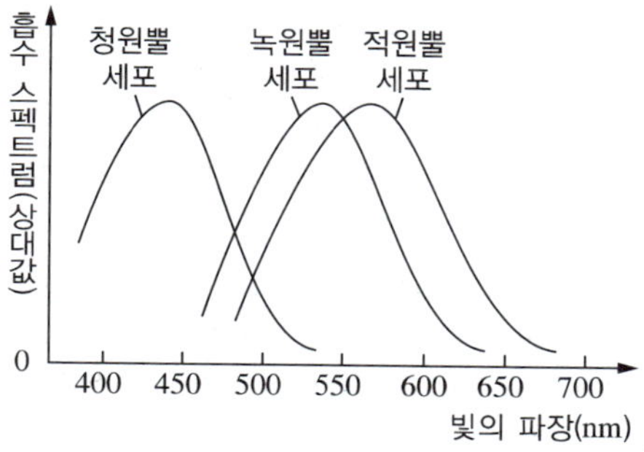

① 청원뿔 세포
② 녹원뿔 세포
③ 적원뿔 세포
④ 모두 같다

PART 3

13 **다음 글의 주제로 가장 적절한 것은?**

> 우리사회는 타의 추종을 불허할 정도로 빠르게 변화하고 있다. 가족정책도 4인 가족 중심에서 1 ~ 2인 가구 중심으로 변해야 하며, 청년실업률과 비정규직화, 독거노인의 증가를 더 이상 개인의 문제가 아닌 사회문제로 다뤄야 하는 시기이다. 여러 유형의 가구와 생애주기 변화, 다양해지는 수요에 맞춘 공동체 주택이야말로 최고의 주거복지 사업이다. 공동체 주택은 공동의 목표와 가치를 가진 사람들이 커뮤니티를 이뤄 사회문제에 공동으로 대처해 나가도록 돕고, 나아가 지역사회와도 연결시키는 작업을 진행하고 있다.
> 임대료 부담으로 작품 활동이나 생계에 어려움을 겪는 예술인을 위한 공동주택, 1인 창업과 취업을 위해 골몰하는 청년을 위한 주택, 지속적인 의료서비스가 필요한 환자나 고령자를 위한 의료안심주택은 모두 시민의 삶의 질을 높이고 선별적 복지가 아닌 복지사회를 이루기 위한 노력의 일환이다. 혼자가 아닌 '함께 가는' 길에 더 나은 삶이 있기 때문에 오늘도 수요자 맞춤형 공공주택은 수요자에 맞게 진화하고 있다.

① 4차 산업혁명과 주거복지
② 선별적 복지 정책의 긍정적 결과
③ 주거난에 대비하는 주거복지 정책
④ 다양성을 수용하는 주거복지 정책

14 **G씨는 성장기인 아들의 수면습관을 바로 잡기 위해 수면습관에 관련된 글을 찾아보았다. 다음 중 G씨가 이해한 것으로 적절하지 않은 것은?**

> 수면은 비렘(Non-Rem)수면과 렘수면으로 이뤄진 사이클이 반복되면서 이뤄지는 복잡한 신경계의 상호작용이며 좋은 수면이란 이 사이클이 끊어지지 않고 충분한 시간 동안 유지되도록 하는 것이다. 수면 패턴은 일정한 것이 좋으며 깨는 시간을 지키는 것이 중요하다. 그리고 수면 패턴은 휴일과 평일 모두 일정하게 지키는 것이 성장하는 아이들의 수면 리듬을 유지하는 데 좋다. 수면상태에서 깨어날 때 영향을 주는 자극들은 '빛, 식사 시간, 운동, 사회 활동' 등이 있으며 이 중 가장 강한 자극은 '빛'이다. 침실을 밝게 하는 것은 적절한 수면 자극을 방해하는 것이다. 반대로 깨어날 때는 강한 빛 자극을 주면 빠르게 수면 상태에서 벗어날 수 있다. 이는 뇌의 신경 전달 물질인 멜라토닌의 농도와 연관되어 나타나는 현상으로, 수면 중 최대치로 올라간 멜라토닌은 시신경이 강한 빛에 노출되면 빠르게 줄어들게 되는데 이때 수면 상태에서 벗어나게 된다. 아침 일찍 일어나 커튼을 젖히고 밝은 빛이 침실 안으로 들어오게 하는 것은 매우 효과적인 각성 방법인 것이다.

① 평일에 잠이 모자란 우리 아들은 잠을 보충해줘야 하니까 휴일에 늦게까지 자도록 둬야겠다.
② 좋은 수면은 비렘수면과 렘수면의 사이클이 충분한 시간 동안 유지되도록 하는 것이구나.
③ 잠에서 깨는 데 가장 강력한 자극을 주는 것은 빛이었구나.
④ 멜라토닌의 농도에 따라 수면과 각성이 영향을 받는군.

15 다음 설명의 빈칸에 들어갈 것은?

- 지구는 _____에 의해 외부에서 들어오는 작은 물체의 대부분이 타버리기 때문에 운석 구덩이 수가 수성보다 적다.
- 수성은 태양에 가까이 위치하여 평균 온도가 높고 중력이 작기 때문에 _____을/를 가질 수 없다.

① 대기　　② 위성
③ 생명체　　④ 행성 고리

16 다음 그림과 같이 낙하하고 있는 질량 5kg인 공 A, B가 있다. 공 A는 지면으로부터 5m 떨어져 있고 공 B는 지면으로부터 2m 떨어져 있을 때, 두 공의 위치 에너지의 차이는?(단, 중력가속도의 크기는 $9.8m/s^2$ 이고, 공기저항은 무시한다)

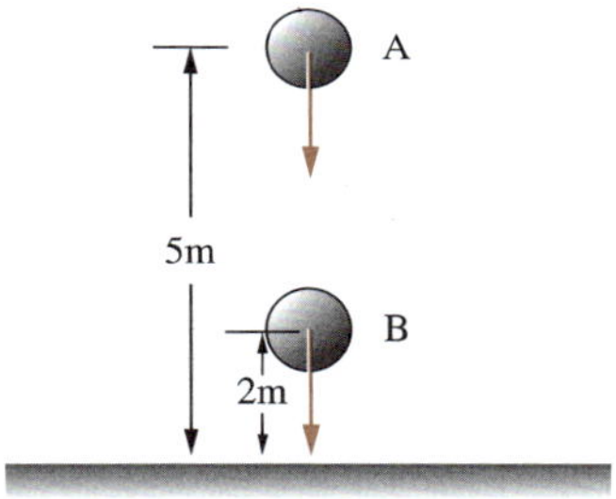

① 139J　　② 143J
③ 147J　　④ 151J

17 다음에서 설명하는 현상은?

- 백혈구가 식균 작용을 하였다.
- 항원이 침입하여 항체가 만들어졌다.

① 면역　　② 발생
③ 생식　　④ 생장

18 다음은 소비자원이 20개 품목의 권장소비자가격과 판매가격 차이에 대한 자료이다. 이에 대한 내용으로 옳지 않은 것은?

〈권장소비자가격과 판매가격 차이〉

(단위 : 개, 원, %)

구분	조사 제품 수			권장소비자가격과의 괴리율		
	합계	정상가 판매 제품 수	할인가 판매 제품 수	권장소비자 가격	정상가 판매시 괴리율	할인가 판매시 괴리율
세탁기	43	21	22	640,000	23.1	25.2
유선전화기	27	11	16	147,000	22.9	34.5
와이셔츠	32	25	7	78,500	21.7	31.0
기성신사복	29	9	20	337,500	21.3	32.3
VTR	44	31	13	245,400	20.5	24.3
진공청소기	44	20	24	147,200	18.7	21.3
가스레인지	33	15	18	368,000	18.0	20.0
냉장고	41	23	18	1,080,000	17.8	22.0
무선전화기	52	20	32	181,500	17.7	31.6
청바지	33	25	8	118,400	14.8	52.0
빙과	19	13	6	2,200	14.6	15.0
에어컨	44	25	19	582,000	14.5	19.8
오디오세트	47	22	25	493,000	13.9	17.7
라면	70	50	20	1,080	12.5	17.2
골프채	27	22	5	786,000	11.1	36.9
양말	30	29	1	7,500	9.6	30.0
완구	45	25	20	59,500	9.3	18.6
정수기	17	4	13	380,000	4.3	28.6
운동복	33	25	8	212,500	4.1	44.1
기성숙녀복	32	19	13	199,500	3.0	26.2

※ $[\text{권장소비자가격과의 괴리율}(\%)]=\frac{(\text{권장소비자가격})-(\text{판매가격})}{(\text{권장소비자가격})}\times100$

※ 정상가 : 할인판매를 하지 않는 상품의 판매가격

※ 할인가 : 할인판매를 하는 상품의 판매가격

① 정상가 판매 시 괴리율과 할인가 판매 시 괴리율의 차가 가장 큰 종목은 청바지이다.

② 할인가 판매제품 수가 정상가 판매제품 수보다 많은 품목은 8개이다.

③ 할인가 판매제품 수와 정상가 판매제품 수의 차이가 가장 크게 나는 품목은 라면이다.

④ 정상가 판매 시 괴리율이 가장 큰 품목은 세탁기이고, 가장 작은 품목은 기성숙녀복이다.

※ 다음과 같은 블록을 만드는 데 사용된 블록의 개수를 구하시오(단, 보이지 않는 곳의 블록은 있다고 가정한다). [19~20]

19

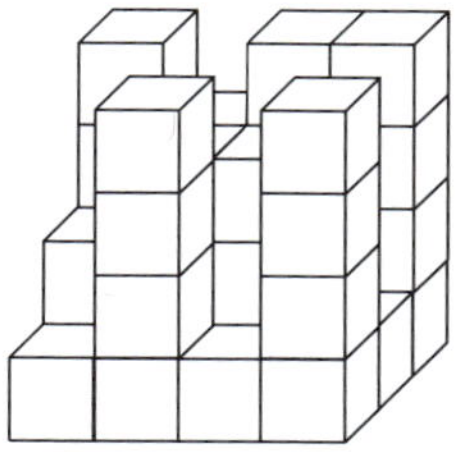

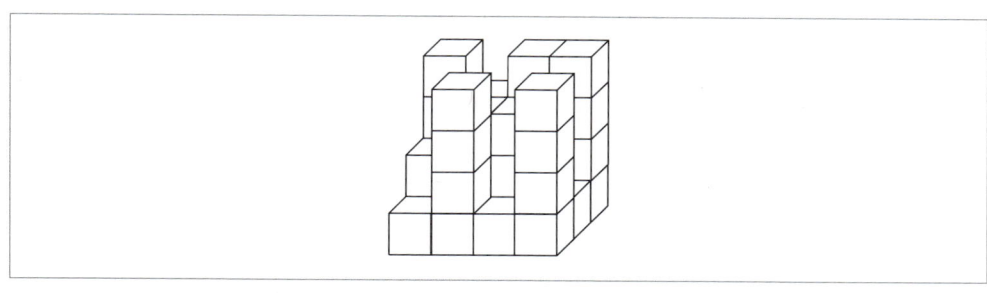

① 31개
② 32개
③ 33개
④ 34개

20

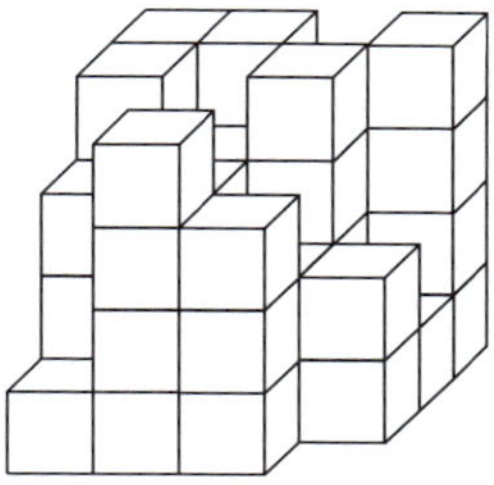

① 43개
② 44개
③ 45개
④ 46개

21 다음 중 기체의 종류와 분자식이 바르게 연결되지 않은 것은?

① 산화질소 – NO
② 오존 – O_3
③ 네온 – Ne
④ 헬륨 – He_2

※ 일정한 규칙으로 수를 나열할 때, 빈칸에 들어갈 알맞은 수를 고르시오. [22~27]

22

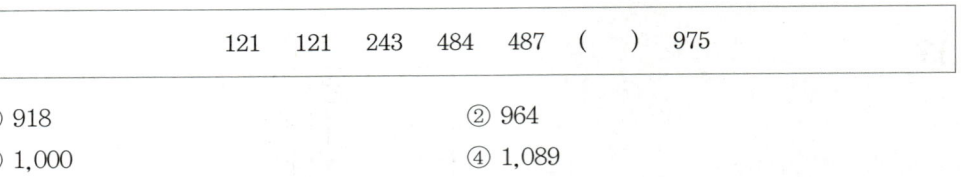

121 121 243 484 487 ( ) 975

① 918
② 964
③ 1,000
④ 1,089

23

2 12 4 24 8 48 16 ( )

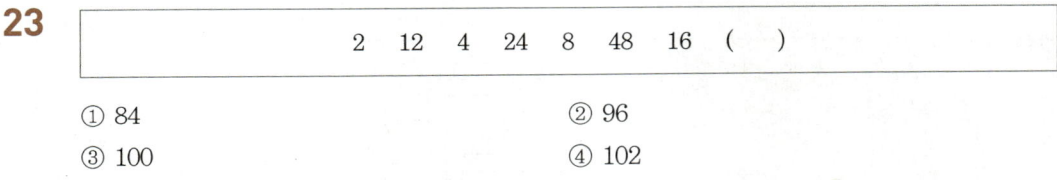

① 84
② 96
③ 100
④ 102

24

−7 3 −2 4 ( ) 8 8 15

① 3
② −5
③ 9
④ −12

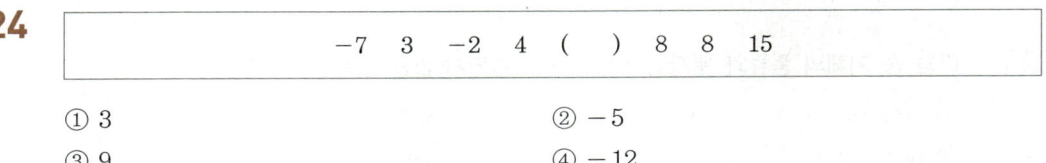

25

0　6　3　3　8　−1　15　(　)

① −3
② −6
③ 30
④ 72

26

<u>−7　3　2</u>　<u>(　)　−4　−13</u>　<u>27　5　−16</u>

① 2
② 15
③ 25
④ 30

27

<u>6　10　37</u>　<u>14　27　12</u>　<u>20　(　)　7</u>　<u>43　1　9</u>

① 20
② 23
③ 26
④ 29

PART 3

28 다음은 소비자 물가상승률에 대한 자료이다. 이를 바르게 나타낸 그래프는?

〈소비자 물가상승률〉

(단위 : %)

구분	소비자 물가상승률	구분	소비자 물가상승률
2014년	4.8	2019년	7.5
2015년	6.3	2020년	0.8
2016년	4.5	2021년	2.3
2017년	4.9	2022년	4.1
2018년	4.4	2023년	2.8

①
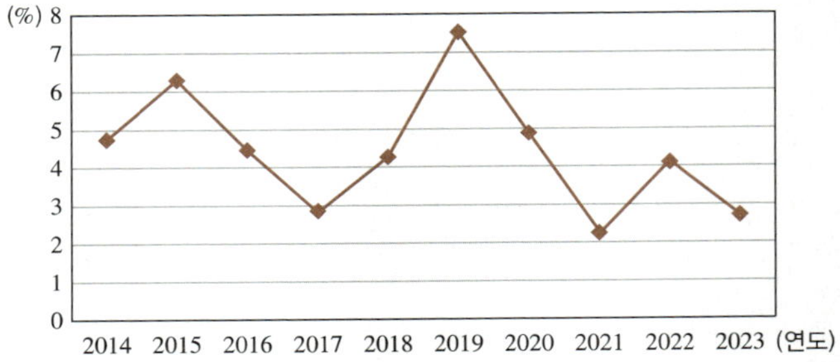

②
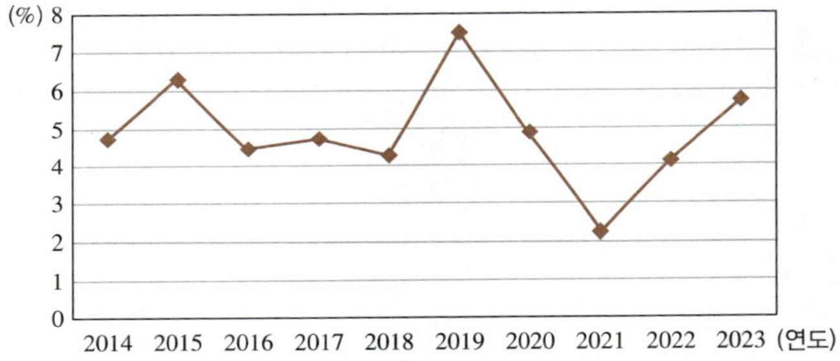

③
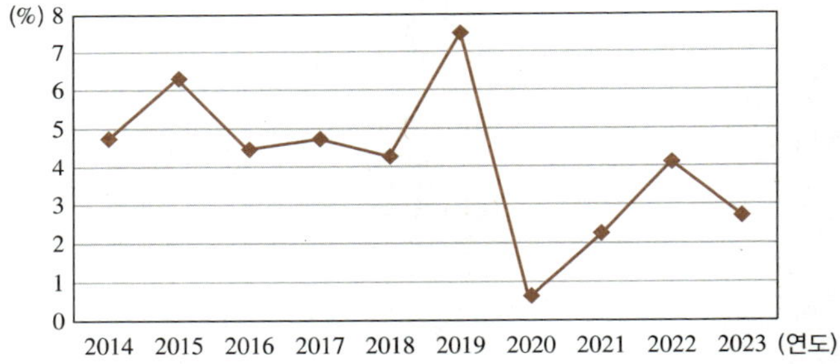

④
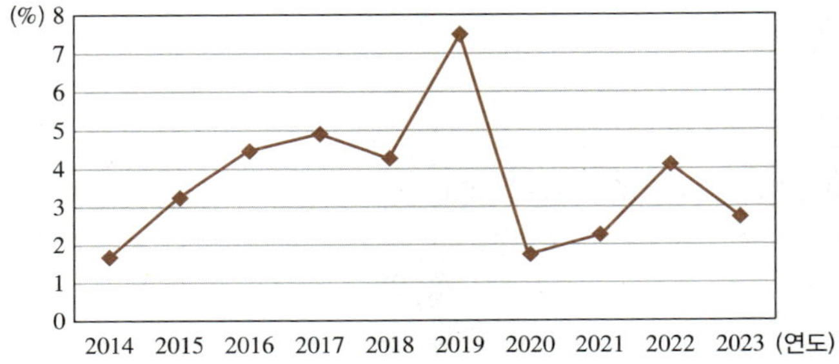

29 **A는 K사 사내 여행 동아리의 회원이고 이번 주말에 반드시 여행에 참가할 계획이다. 제시된 〈조건〉에 따라 회원들이 여행에 참가할 때, 다음 중 여행에 참석하는 사람을 모두 고르면?**

> **조건**
> - C가 여행에 참가하지 않으면, A도 참가하지 않는다.
> - E가 여행에 참가하지 않으면, B는 여행에 참가한다.
> - D가 여행에 참가하지 않으면, B도 여행에 참가하지 않는다.
> - E가 여행에 참가하면, C는 참가하지 않는다.

① A, B
② A, B, C
③ A, B, D
④ A, B, C, D

30 **K회사에 재직 중인 A ~ D 4명은 각각 서로 다른 지역인 인천, 세종, 대전, 강릉에서 근무하고 있다. A ~ D 모두 연수에 참여하기 위해 서울에 있는 본사를 방문한다고 할 때, 다음에 근거하여 바르게 추론한 것은?(단, A ~ D 모두 같은 종류의 교통수단을 이용하고, 이동 시간은 거리가 멀수록 많이 소요되며, 그 외 소요되는 시간은 서로 동일하다)**

> - 서울과의 거리가 먼 순서대로 나열하면 강릉 – 대전 – 세종 – 인천 순이다.
> - D는 B보다 더 많은 시간이 소요된다.
> - C는 A보다는 많은, B보다는 적은 시간이 소요된다.

① B는 세종에 근무한다.
② C는 대전에 근무한다.
③ D는 강릉에 근무한다.
④ C는 B보다 먼저 출발해야 한다.

31 **다음 조건을 통해 추론할 때, 항상 거짓이 되는 것은?**

> **조건**
>
> • A, B, C, D, E 다섯 명의 이름을 입사한 지 오래된 순서로 이름을 적었다.
> • A와 B의 이름은 바로 연달아서 적혔다.
> • C와 D의 이름은 연달아서 적히지 않았다.
> • E는 C보다 먼저 입사하였다.
> • 가장 최근에 입사한 사람은 입사한지 2년 된 D이다.

① C의 이름은 A의 이름보다 먼저 적혔다.

② B는 E보다 먼저 입사하였다.

③ E의 이름 바로 다음에 C의 이름이 적혔다.

④ A의 이름은 B의 이름보다 나중에 적혔다.

32 **제시된 명제를 바탕으로 결론을 내릴 때, 다음 중 참인지 거짓인지 알 수 없는 것은?**

> • K빌라의 주민들은 모두 A의 친척이다.
> • B는 자식이 없다.
> • C는 A의 오빠이다.
> • D는 K빌라의 주민이다.
> • A의 아들은 미국에 산다.

① A의 아들은 C와 친척 관계이다.

② D는 A와 친척 관계이다.

③ B는 K빌라의 주민이다.

④ A와 C는 둘 다 남자이다.

33 다음 중 두 힘이 한 물체에 작용할 때 합력이 가장 작은 것은?

34 저항을 가진 전구가 직렬연결일 때의 전체 저항은 $R=R_1+R_2$이며, 병렬연결에서의 전체 저항은 $R=\frac{R_1R_2}{R_1+R_2}$이다. 저항이 서로 다른 4개의 전구가 다음과 같이 연결되어 있을 때, 이 회로의 전체 저항의 크기는?

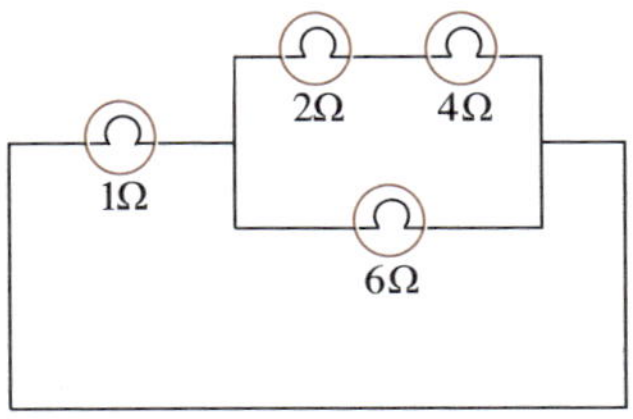

① 4Ω　　② 5Ω

③ 6Ω　　④ 7Ω

※ 다음 도형 내부의 기호들은 일정한 패턴을 가지고 변화한다. 다음 중 ?에 들어갈 도형으로 옳은 것을 고르시오. [35~36]

35

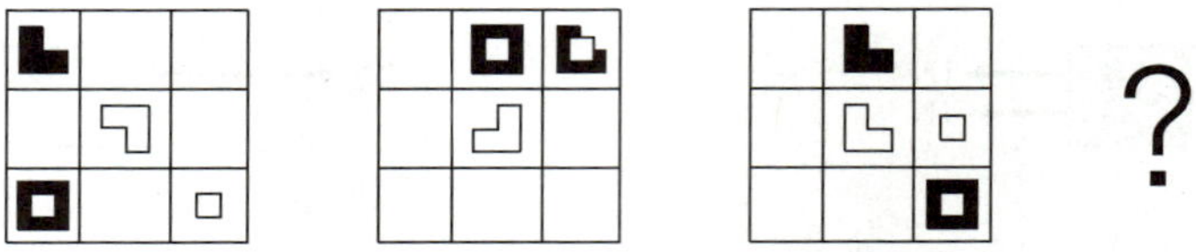

① 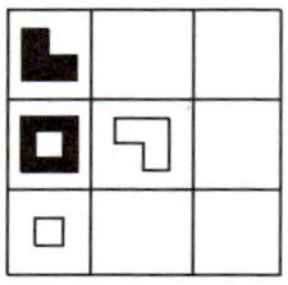

② 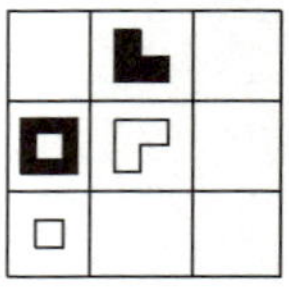

③ 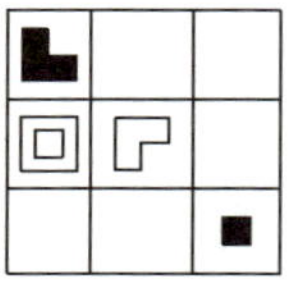

④ 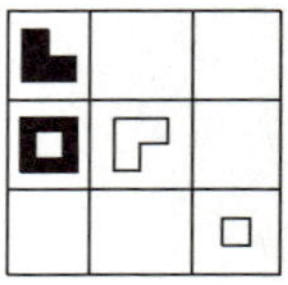

36

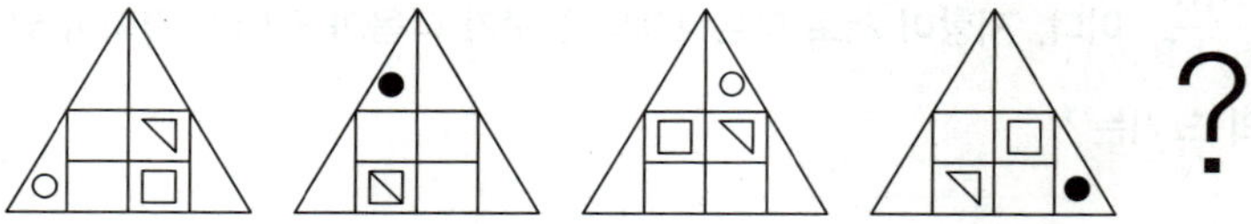

① 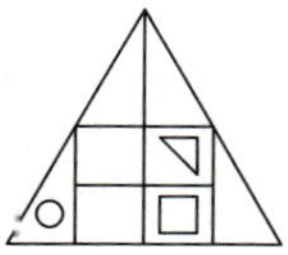

② 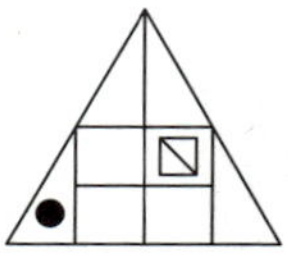

③ 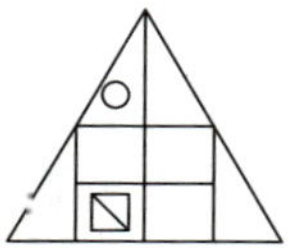

④ 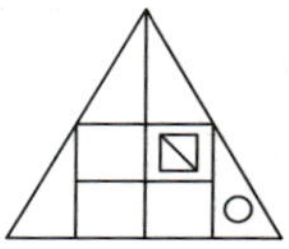

37 다음 글의 주장에 대한 비판으로 적절하지 않은 것은?

동물실험이란 교육, 시험, 연구 및 생물학적 제제의 생산 등 과학적 목적을 위해 동물을 대상으로 실시하는 실험 또는 그 과학적 절차를 말한다. 전 세계적으로 매년 약 6억 마리의 동물들이 실험에 쓰이고 있다고 추정되며, 대부분의 동물들은 실험이 끝난 뒤 안락사를 시킨다.
동물실험은 대개 인체실험의 전 단계로 이루어지는데, 검증되지 않은 물질을 바로 사람에게 주입하여 발생하는 위험을 줄일 수 있다는 점에서 필수적인 실험이라고 말할 수 있다. 물론 살아있는 생물을 대상으로 하는 실험이기 때문에 대체(Replacement), 감소(Reduction), 개선(Refinement)으로 요약되는 3R 원칙에 입각하여 실험하는 것이 당연하다. 굳이 다른 방법이 있다면 그 방법을 채택할 것이며, 희생이 되는 동물의 수를 최대한 줄이고, 필수적인 실험 조건 외에는 자극을 주지 않아야 한다.
하지만 그럼에도 보다 안전한 결과를 도출해내기 위한 동물실험은 필요악이며, 이러한 필수적인 의약실험조차 금지하려 한다는 것은 기술 발전 속도를 늦춰 약이 필요한 누군가의 고통을 감수하자는 이기적인 주장과 같다고 할 수 있다.

① 3R 원칙과 같은 윤리적 강령이 법적인 통제력을 지니지 않은 이상 실제로 얼마나 엄격하게 지켜질 것인지는 알 수 없다.
② 화장품 업체들의 동물실험과 같은 사례를 통해, 생명과 큰 연관이 없는 실험은 필요악이라고 주장할 수 없다.
③ 아무리 엄격하게 통제된 실험이라고 해도 동물 입장에서 바라본 실험이 비윤리적이며 생명체의 존엄성을 훼손하는 행위라는 사실을 벗어날 수는 없다.
④ 과거와 달리 현대에서는 인공 조직을 배양하여 실험의 대상으로 삼을 수 있으므로 동물실험 자체를 대체하는 것이 가능하다.

38 다음이 참일 때, 추론한 내용으로 적절하지 않은 것은?

원두 소비량이 감소하면 원두 수확량이 감소한다. 그리고 원두 수확량이 감소하면 원두 가격이 인상된다. 그러나 원두 수확량이 감소하지 않으면 커피 가격이 인상되지 않는다. 따라서 ______________________________

① 커피 가격이 인상되면 원두 가격이 인상된다.
② 원두 수확량이 감소하지 않으면 원두 소비량이 감소하지 않는다.
③ 원두 가격이 인상되지 않으면 원두 수확량이 감소하지 않는다.
④ 원두 소비량이 감소하지 않으면 커피 가격은 인상되지 않는다.

※ 다음과 같은 정사각형의 종이를 화살표 방향으로 접고 〈보기〉의 좌표가 가리키는 위치에 구멍을 뚫었다. 다시 펼쳤을 때 뚫린 구멍의 위치를 좌표로 나타낸 것으로 옳은 것을 고르시오(단, 좌표가 그려진 사각형의 크기와 종이의 크기는 일치하며, 종이가 접힐 때 종이의 위치는 바뀌지 않는다). [39~40]

〈좌표〉

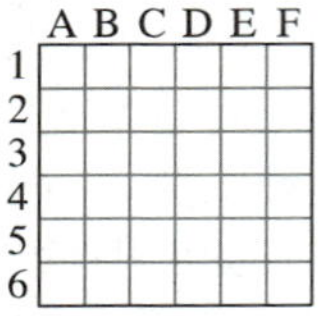

39

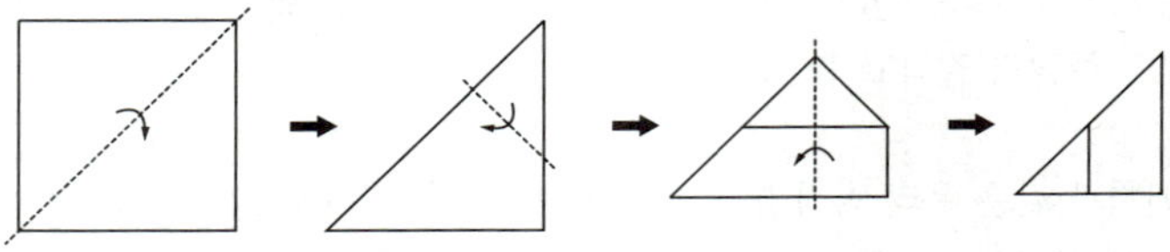

보기

D4

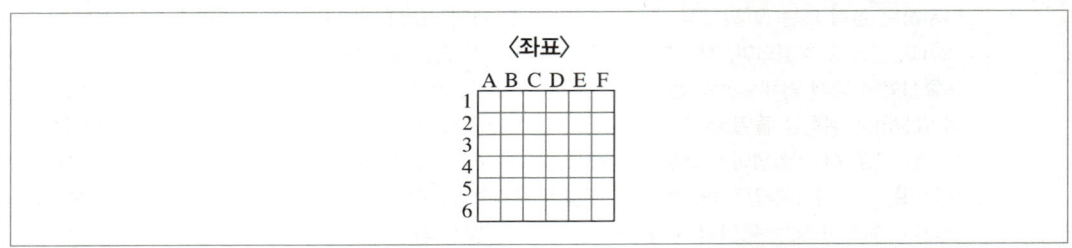

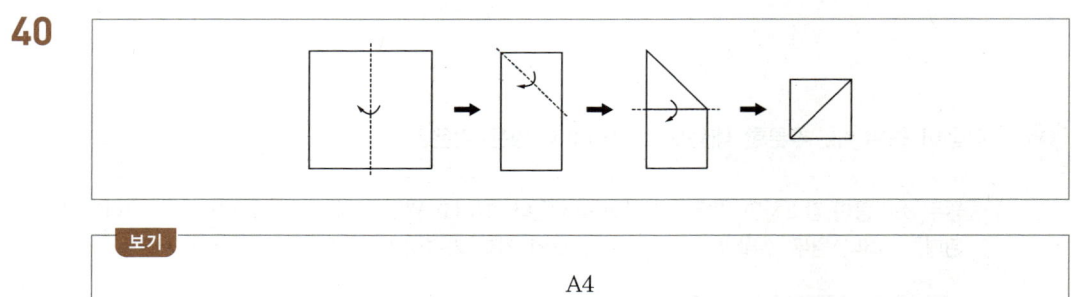

① A1, A4, C6, D4
② A3, A4, C6, D4, F2
③ A3, C2, C5, D1, D4, E1, E4
④ C2, C3, D1, D4, E1, E4, F2, F3

40

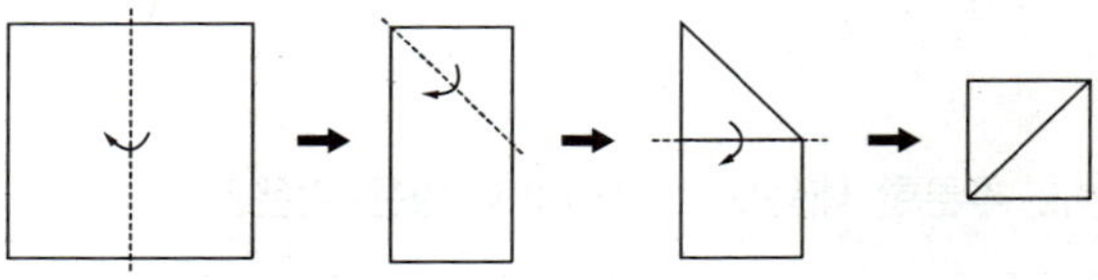

보기

A4

① A2, A4, D6, F3
② A2, A4, D6, F4
③ A2, A4, C1, D1, F4
④ A3, A4, C1, D1, F3, F4

※ 다음 두 블록을 합쳤을 때, 나올 수 없는 형태를 고르시오. [41~42]

41

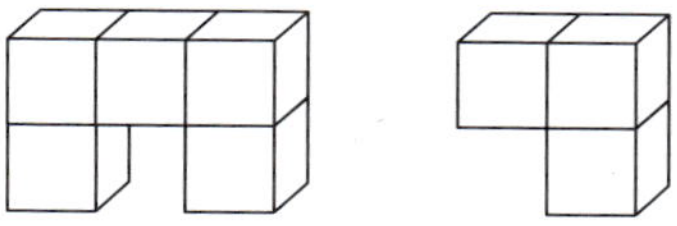

①

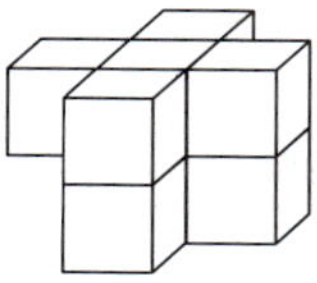

②

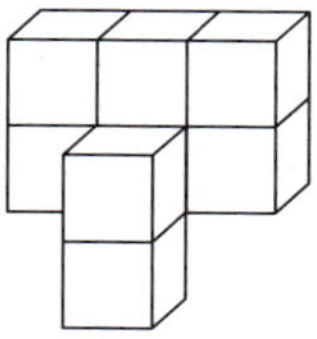

③

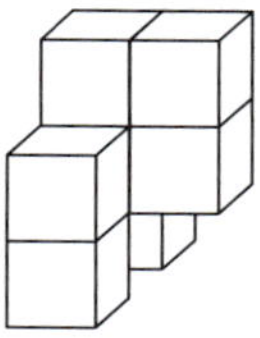

④

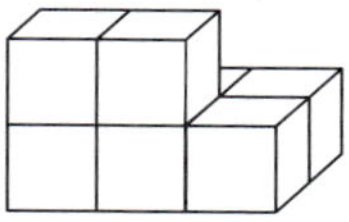

42

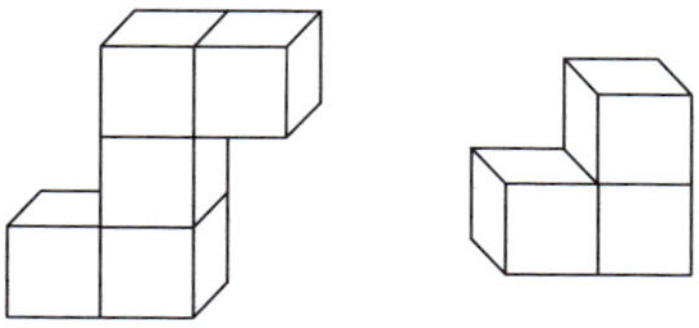

①

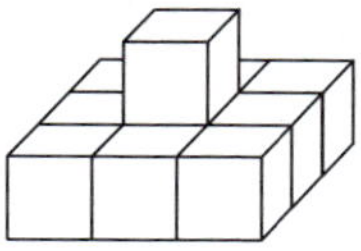

②

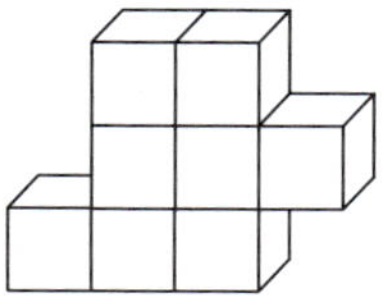

③

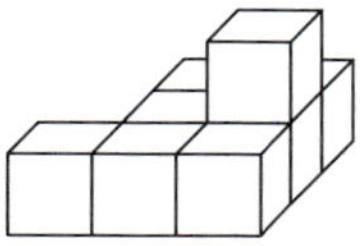

④

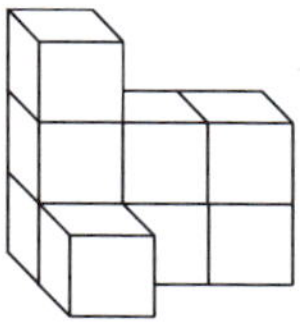

43 다음 중 입체도형을 만들었을 때, 다른 도형이 나오는 것은?

①
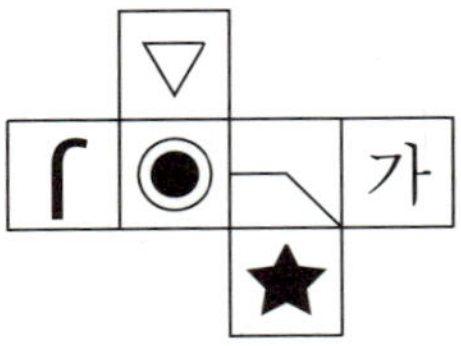

②
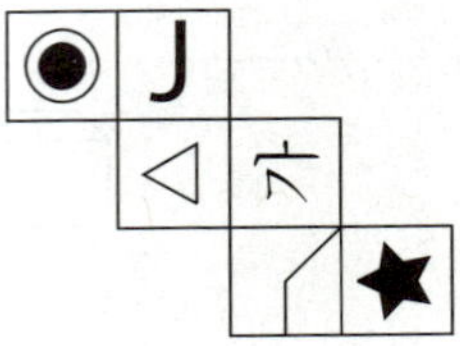

③
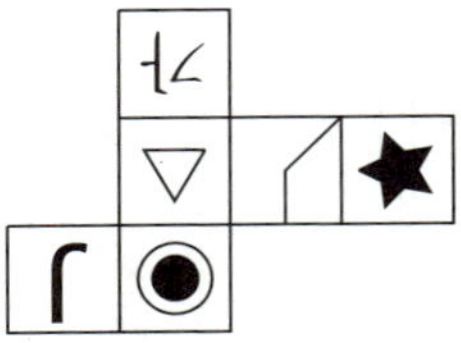

④
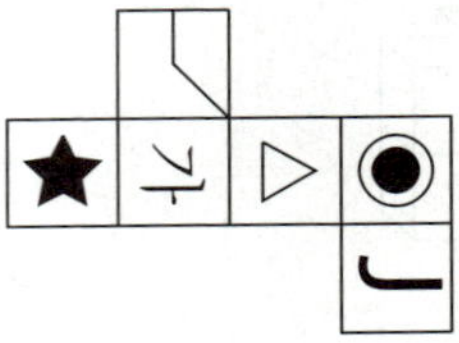

※ 다음 제시된 단면과 일치하는 입체도형을 고르시오. [44~45]

44

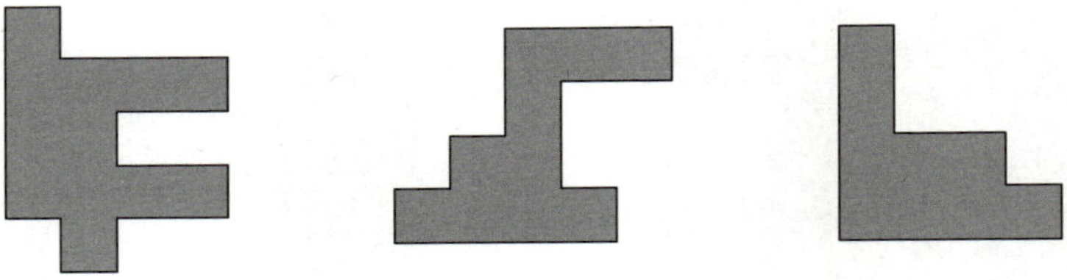

A　　　B　　　C

①
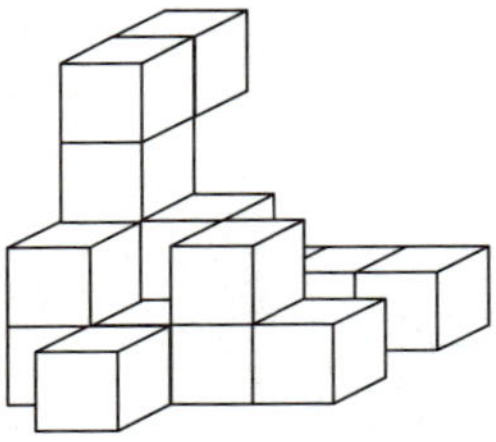

②
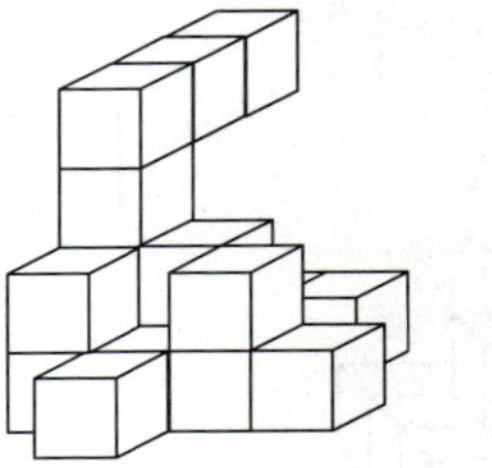

③
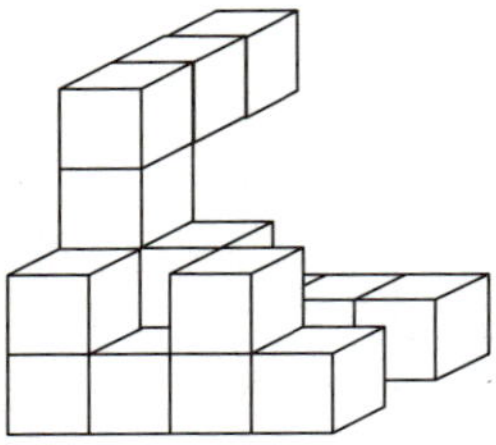

④
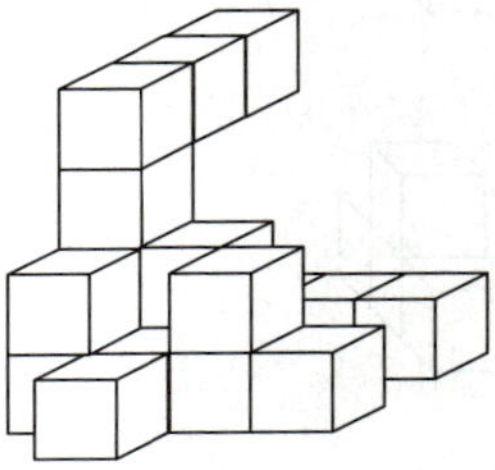

45

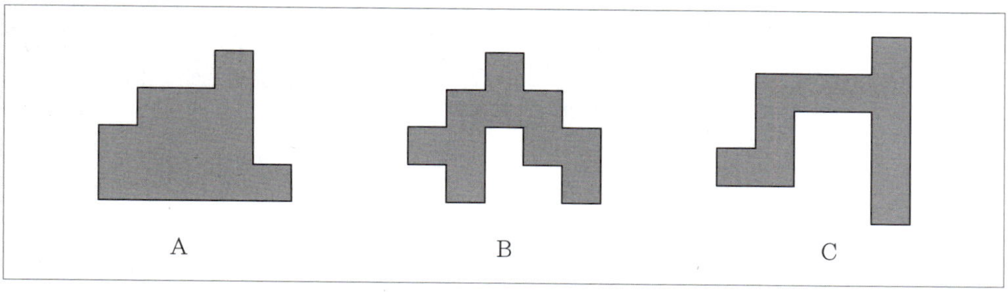

①

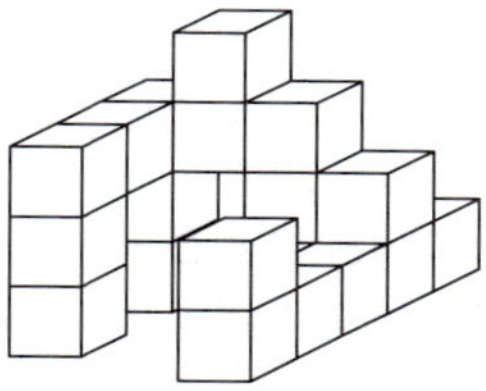

②

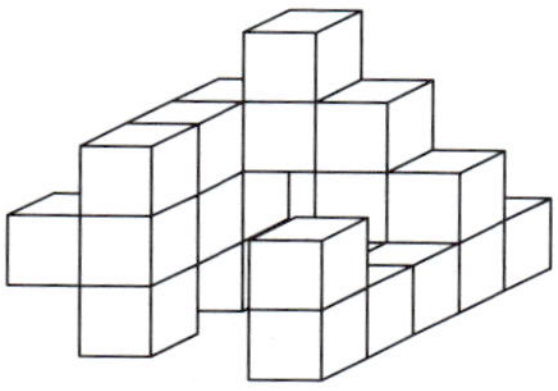

③

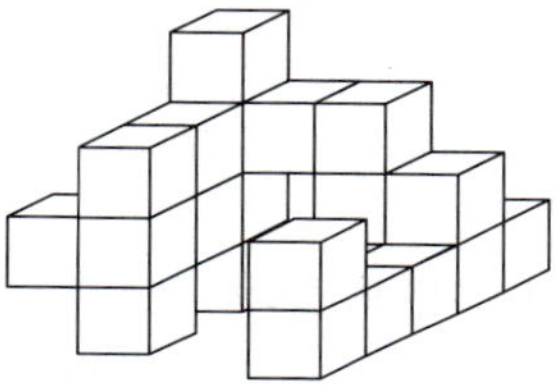

④

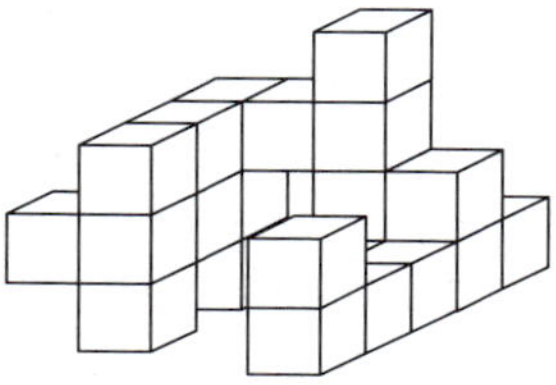

제4회 최종점검 모의고사

☑ 응시시간 : 50분 ☑ 문항 수 : 45문항

정답 및 해설 p.048

01 다음 글의 제목으로 가장 적절한 것은?

사전적 정의에 의하면 재즈는 20세기 초반 미국 뉴올리언스의 흑인 문화 속에서 발아한 후 미국을 대표하는 음악 스타일이자 문화가 된 음악 장르이다. 서아프리카의 흑인 민속음악이 18세기 후반과 19세기 초반의 대중적이고 가벼운 유럽의 클래식 음악과 만나서 탄생한 것이 재즈다. 그러나 이 정도의 정의로 재즈의 전모를 밝히기에는 역부족이다. 이미 재즈가 미국을 넘어 전 세계에서 즐겨 연주되고 있으며 그 기법 역시 트레이드 마크였던 스윙(Swing)에서 많이 벗어났기 때문이다.

한편 재즈 역사가들은 재즈를 음악을 넘어선 하나의 이상이라고 이야기한다. 그 이상이란 삶 속에서 우러나온 경험과 감정을 담고자 하는 인간의 열정적인 마음이다. 여기에서 영감을 얻은 재즈 작곡가나 연주자는 즉자적으로 곡을 작곡하고 연주해 왔으며, 그러한 그들의 의지가 바로 다사다난한 인생을 관통하여 재즈에 담겨 있다. 초기의 재즈가 미국 흑인들의 한과 고통을 담아낸 흔적이자 역사 그 자체인 점이 이를 증명한다.

억압된 자유를 되찾으려는 그들의 저항 의식은 아름답게 정제된 기존의 클래식 음악의 틀 안에서는 온전하게 표출될 수 없었다. 불규칙적으로 전개되는 과감한 불협화음, 줄곧 어긋나는 듯한 리듬, 정제되지 않은 멜로디, 이들의 총합으로 유발되는 긴장감과 카타르시스……. 당시 재즈 사운드는 충격 그 자체였다. 그렇지만 현 시점에서 이러한 기법과 형식을 담은 장르는 넘쳐날 정도로 많아졌고, 클래식 역시 아방가르드(Avantgarde)라는 새로운 영역을 개척한 지 오래이다. 그러므로 앞에서 언급한 스타일과 이를 가능하게 했던 이상은 더 이상 재즈만의 전유물이라 할 수 없다.

켄 번스(Ken Burns)의 영화 '재즈(Jazz)'에서 윈튼 마살리스(Wynton Marsalis)는 "재즈의 진정한 힘은 사람들이 모여서 즉흥적인 예술을 만들고 자신들의 예술적 주장을 타협해 나가는 것에서 나온다. 이러한 과정 자체가 곧 재즈라는 예술 행위이다."라고 말한다. 그렇다면 우리의 일상은 곧 재즈 연주와 견줄 수 있다. 출생과 동시에 우리는 다른 사람들과 관계를 맺으며 살아간다. 물론 자신과 타인은 호불호나 삶의 가치관이 제각각일 수밖에 없다. 따라서 자신과 타인의 차이가 옳고 그름의 차원이 아닌 '다름'이라는 것을 알아가는 것, 그리고 그러한 차이를 인정하고 그 속에서 서로 이해하고 배려하려는 노력이 필요하다. 이렇듯 자신과 다른 사람과 함께 '공통의 행복'이라는 것을 만들어 간다면 우리 역시 바로 '재즈'라는 위대한 예술을 구현하고 있는 것이다.

① 재즈와 클래식의 차이
② 재즈의 기원과 본질
③ 재즈의 장르적 우월성
④ 재즈와 인생의 유사성과 차이점

02 다음 명제가 참일 때 항상 옳은 것은?

• 수학 수업을 듣지 않는 학생들은 국어 수업을 듣지 않는다.
• 모든 학생들은 국어 수업을 듣는다.
• 수학 수업을 듣는 어떤 학생들은 영어 수업을 듣는다.

① 모든 학생들은 영어 수업을 듣는다.
② 모든 학생들은 국어, 수학, 영어 수업을 듣는다.
③ 어떤 학생들은 국어와 영어 수업만 듣는다.
④ 어떤 학생들은 국어, 수학, 영어 수업을 듣는다.

03 다음 제시된 단어와 같거나 유사한 의미를 가진 것은?

건곤

① 천지
② 정취
③ 도산
④ 정밀

※ 다음을 읽고 이어지는 물음에 답하시오. [4~5]

> 사원 이혜민은 급하게 ㉠ 상사와 통화를 원하는 외부전화를 받았다. 상사는 현재 사내 상품개발팀과 신제품 개발 아이디어 수집에 대해 전화회의를 하고 있다. 상대방의 양해를 얻어 전화를 대기시키고 ㉡ 메모지에 내용을 적어 통화 중인 상사에게 전하고 잠시 기다렸다. 통화 중인 상사는 사원 이혜민에게 전화를 ㉢ 받을 수 없다는 손짓을 하고, 메모지에 ㉣ '나중에 통화'라고 적었다. 이혜민 사원은 상사의 뜻을 전하고 ㉤ 전화번호를 물어보았다. 잠시 후 상품개발팀장과 통화를 끝낸 상사는 이혜민 사원에게 다음과 같이 지시하였다. ㉥ "다음 주에 약 12명이 모여 신상품 아이디어에 대한 브레인스토밍 회의를 할 겁니다. 화요일을 제외하고 날짜를 잡아 팀장과 의논해서 준비하세요."

04 다음 중 의사전달 매체를 말, 글, 비언어적 수단 등으로 구분할 때 ㉠ ~ ㉤ 중 같은 매체로 짝지어진 것은?

① ㉠, ㉢
② ㉡, ㉤
③ ㉡, ㉣
④ ㉢, ㉣

05 위의 내용으로 보아 다음 중 ㉥과 같은 형태의 회의 특징과 가장 거리가 먼 것은?

① 고정관념을 버린다.
② 의사결정에 있어 양보다 질을 추구한다.
③ 자유로운 분위기를 조성한다.
④ 여러 사람의 아이디어를 활용하여 더 좋은 안을 도출한다.

06 다음 제시된 단어와 반대되는 의미를 가진 것은?

> 상봉

① 상면
② 성함
③ 이별
④ 해후

07 크기가 10Ω 인 저항 2개와 20Ω 1개를 다음과 같이 연결하였을 때, a, b 사이의 합성 저항의 크기는?

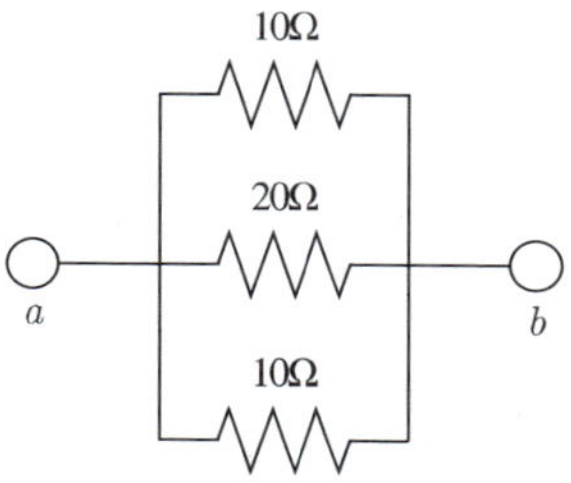

① 0.25Ω
② 5Ω
③ 4Ω
④ 20Ω

08 다음 글의 ㉠~㉢에 들어갈 접속어를 바르게 짝지은 것은?

> 우리가 탄수화물을 계속 섭취하지 않으면 우리 몸은 에너지로 사용하던 연료가 고갈되는 상태에 이르게 된다. 이 경우 몸은 자연스레 '대체 연료'를 찾기 위해 처음에는 근육의 단백질을 분해하고, 이어 내장지방을 포함한 지방을 분해한다. 지방 분해 과정에서 '케톤'이라는 대사성 물질이 생겨나면서 수분 손실이 나타나고 혈액 내의 당분이 정상보다 줄어들게 된다. 이 과정에서 체내 세포들의 글리코겐 양이 감소한다. ___㉠___ 이러한 현상은 간세포에서 두드러지게 나타난다. ___㉡___ 혈액 및 소변 등의 체액과 인체조직에서는 케톤 수치가 높아지면서 신진대사 불균형이 생기면 두통, 설사, 집중력 저하, 구취 등의 불편한 증상이 나타난다. ___㉢___ 탄수화물을 극단적으로 제한하는 식단은 바람직하지 않다.

	㉠	㉡	㉢
①	결국	따라서	따라서
②	결국	그러므로	그러므로
③	특히	이로 인해	따라서
④	특히	그런데	그러나

09 다음 제시된 문장을 논리적 순서대로 바르게 나열한 것은?

> (가) 밥상에 오르는 곡물이나 채소가 국내산이라고 하면 보통 그 종자도 우리나라의 것이라고 생각하기 쉽다.
> (나) 또한 청양고추 종자는 우리나라에서 개발했음에도 현재는 외국 기업이 그 소유권을 가지고 있으며, 국내 채소 종자 시장의 경우 종자 매출액의 50% 가량을 외국 기업이 차지하고 있다는 조사 결과도 있다.
> (다) 하지만 실상은 많은 작물의 종자를 수입하고 있으며, 양파, 토마토, 배 등의 종자 자급률은 약 16%, 포도는 약 1%에 불과할 정도로 그 자급률이 매우 낮다.
> (라) 이런 상황이 지속될 경우, 우리 종자를 심고 키우기 어려워질 것이고, 종자를 수입하거나 로열티를 지급하는 데 지금보다 훨씬 많은 비용이 들어가는 상황이 발생할 수도 있다.

① (가) – (나) – (다) – (라)
② (가) – (다) – (나) – (라)
③ (가) – (라) – (나) – (다)
④ (가) – (라) – (다) – (나)

10 다음 제시된 단어의 대응 관계로 볼 때, 빈칸에 들어갈 가장 적절한 단어는?

> (　　) : 원양 = 착석 : 기립

① 근해
② 견인
③ 근원
④ 괄대

11 다음 글의 빈칸에 들어갈 내용으로 가장 적절한 것은?

> 키는 유전적인 요소가 크다. 그러나 이러한 한계를 극복할 수 있는 강력한 수단이 있다. 바로 영양이다. 키 작은 유전자를 갖고 태어나도 잘 먹으면 키가 커질 수 있다는 것이다. 핵심은 단백질과 칼슘이다. 이를 가장 손쉽게 섭취할 수 있는 것은 우유다. 가격도 생수보다 저렴하다. 물론 우유의 효과에 대한 부정적 견해도 존재한다. 아토피 피부염과 빈혈·골다공증 등 각종 질병이 생길 수 있다는 주장이다. 그러나 이는 일부 학계의 의견이 침소봉대(針小棒大)되었다고 본다. 당뇨가 생기니 밥을 먹지 말고, 바다가 오염됐다고 생선을 먹지 않을 순 없지 않은가. ______________________

① 아이들의 건강을 위해 우유 소비를 줄여야 한다.

② 키에 관한 유전적 요소를 극복하는 방법으로는 수술밖에 없다.

③ 키는 물론 건강까지 생각한다면 자녀들에게 우유를 먹여야 한다.

④ 우유는 아이들의 혀를 담백하게 길들이는 데 중요한 역할을 한다.

PART 3

※ 다음 글을 읽고 이어지는 질문에 답하시오. [12~13]

음속은 온도와 압력의 영향을 받는데, 물속에서의 음속은 공기 중에서보다 4 ~ 5배 빠르다. 물속의 음속은 수온과 수압이 높을수록 증가한다. 한편 해양에서의 수압은 수심에 따라 증가하지만, 수온도 수심에 따라 증가하는 것은 아니기 때문에 수온과 수압 중에서 상대적으로 더 많은 영향을 끼치는 요소에 의하여 음속이 결정된다.

음속에 변화를 주는 한 요인인 수온의 변화를 보면, 표층은 태양 에너지가 파도나 해류로 인해 섞이기 때문에 온도 변화가 거의 없다. 그러나 그 아래의 층에서는 태양 에너지가 도달하기 어려워 수심에 따라 수온이 급격히 낮아지고, 이보다 더 깊은 심층에서는 수온 변화가 거의 없다. 표층과 심층 사이에 있는, 깊이에 따라 수온이 급격하게 변화하는 층을 수온약층이라 한다. 표층에서는 수심이 깊어질수록 높은 음속을 보인다. 그러다가 수온이 갑자기 낮아지는 수온약층에서는 음속도 급격히 감소하다가 심층의 특정 수심에서 최소 음속에 이른다. ㉠ 그 후 음속은 점차 다시 증가한다.

수온약층은 위도나 계절 등에 따라 달라질 수 있다. 보통 적도에서는 일 년 내내 해면에서 수심 150m까지는 수온이 거의 일정하게 유지되다가, 그 이하부터 600m까지는 수온약층이 형성된다.

중위도에서 여름철에는 수심 50m에서 120m까지 수온약층이 형성되지만, 겨울철에는 표층의 수온도 낮으므로 수온약층이 형성되지 않는다. 극지방은 표층도 깊은 수심과 마찬가지로 차갑기 때문에 일반적으로 수온약층이 거의 없다.

수온약층은 음속의 급격한 변화를 가져올 뿐만 아니라 음파를 휘게도 한다. 소리는 파동이므로 바닷물의 밀도가 변하면 다른 속도로 진행하기 때문에 굴절 현상이 일어난다. 수온약층에서는 음속의 변화가 크기 때문에 음파는 수온약층과 만나는 각도에 따라 위 혹은 아래로 굴절된다. 음파는 상대적으로 속도가 느린 층 쪽으로 굴절한다. 이런 굴절 때문에 해수면에서 음파를 보냈을 때 음파가 거의 도달하지 못하는 구역이 형성되는데 이를 음영대(Shadow Zone)라 한다.

높은 음속을 보이는 구간이 있다면 음속이 최소가 되는 구간도 있다. 음속이 최소가 되는 이 층을 음속 최소층 또는 음파통로라고 부른다. 음파통로에서는 음속이 낮은 대신 소리의 전달은 매우 효과적이다. 이 층을 탈출하려는 바깥 방향의 음파가 속도가 높은 구역으로 진행하더라도 금방 음파통로 쪽으로 굴절된다. 음파통로에서는 음파가 위로 진행하면 아래로 굴절하려 하고, 아래로 진행하는 음파는 위로 다시 굴절하려는 경향을 보인다. 즉, 음파는 속도가 느린 층 쪽으로 굴절해서 그 층에 머무르려 하는 것이다. 그리하여 이 층에서 만들어진 소리는 수천 km 떨어진 곳에서도 들린다.

해양에서의 음속 변화 특징은 오늘날 다양한 분야에 활용되고 있다. 음영대를 이용해 잠수함이 음파탐지기로부터 회피하여 숨을 장소로 이동하거나, 음파통로를 이용해 인도양에서 음파를 일으켜 대서양을 돌아 태평양으로 퍼져나가게 한 후 온난화 등의 기후 변화를 관찰하는 데 이용되기도 한다.

12 **윗글을 읽고 추론한 내용으로 적절하지 않은 것은?**

① 수온이 일정한 구역에서는 수심이 증가할수록 음속도 증가할 것이다.
② 심층에서 수온 변화가 거의 없는 것은 태양 에너지가 도달하지 않기 때문일 것이다.
③ 수영장 물 밖에 있을 때보다 물 속에 있을 때 물 밖의 소리가 더 잘 들릴 것이다.
④ 음영대의 특성을 이용하면 잠수함은 적의 음파탐지기로부터 숨을 장소를 찾을 수 있을 것이다.

13 **윗글을 토대로 추론한 ㉠의 이유로 가장 적절한 것은?**

① 수온약층이 계절에 따라 변화하기 때문이다.
② 압력 증가의 효과가 수온 감소의 효과를 능가하기 때문이다.
③ 밀도가 다른 해수층을 만나 음파가 굴절되기 때문이다.
④ 압력이 증가할수록 수온이 계속 감소하기 때문이다.

14 다음 중 상황에 따른 의사표현 방법으로 적절하지 않은 것은?

① 상대방의 잘못을 지적할 때는 '○○ 씨, 오늘 지각했어요.'와 같이 상대방이 알 수 있도록 확실하게 지적한다.
② 상대방에게 부탁할 때는 '이렇게 해주셔야 하는데 괜찮습니까?'와 같이 상대의 사정을 우선시하는 태도를 보인다.
③ 상대방의 요구를 거절할 때는 정색하면서 '안 된다.'라고 단호하게 거절해야 한다.
④ 설득할 때는 '나도 이렇게 할 테니까 너도 이렇게 하자.'와 같이 나도 양보하겠다는 의지를 보여준다.

15 다음 글의 논지를 이끌 수 있는 첫 문장으로 가장 적절한 것은?

> 사람과 사람이 직접 얼굴을 맞대고 하는 접촉이 라디오나 텔레비전 등의 매체를 통한 접촉보다 결정적인 영향력을 미친다는 것이 일반적인 견해로 알려져 있다. 매체는 어떤 마음의 자세를 준비하게 하는 구실을 하여 나중에 직접 어떤 사람에게서 새 어형을 접했을 때 그것이 텔레비전에서 자주 듣던 것이면 더 쉽게 그쪽으로 마음의 문을 열게 하는 면에서 영향력을 행사하기는 하지만, 새 어형이 전파되는 것은 매체를 통해서보다 상면하는 사람과의 직접적인 접촉에 의해서라는 것이 더 일반화된 견해이다. 사람들은 한두 사람의 말만 듣고 언어 변화에 가담하지는 않고, 주위의 여러 사람들이 다 같은 새 어형을 쓸 때 비로소 그것을 받아들이게 된다고 한다. 매체를 통해서보다 자주 접촉하는 사람들을 통해 언어 변화가 진전된다는 사실은 언어 변화의 여러 면을 바로 이해하는 한 핵심적인 내용이라 해도 좋을 것이다.

① 일반적으로 젊은 층이 언어 변화를 주도한다.
② 언어 변화는 결국 접촉에 의해 진행되는 현상이다.
③ 접촉의 형식도 언어 변화에 영향을 미치는 요소로 지적되고 있다.
④ 매체의 발달이 언어 변화에 중요한 영향을 미치는 것으로 알려져 있다.

16 다음 중 유체와 유체 속에서 작용하는 압력에 대한 설명으로 옳은 것을 〈보기〉에서 모두 고르면?

> **보기**
> ㉠ 액체 또는 기체와 같이 흐를 수 있는 물질을 유체라고 한다.
> ㉡ 유체의 단위 면적에 작용하는 힘을 압력이라고 한다.
> ㉢ 유체 속에서 작용하는 압력의 단위로 N을 사용한다.

① ㉠ ② ㉠, ㉡
③ ㉠, ㉢ ④ ㉡, ㉢

17 다음 그림과 같이 같은 양의 물이 담긴 두 개의 컵을, 하나는 마개를 덮고 다른 하나는 마개를 덮지 않았을 때, 온도가 더 낮아지는 것과 그 이유를 바르게 짝지은 것은?

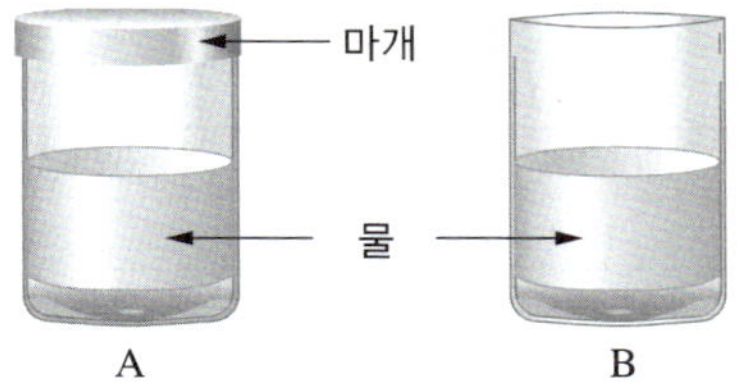

① A, 물이 기화하면서 열을 흡수하므로
② A, 물이 액화하면서 열을 방출하므로
③ B, 물이 기화하면서 열을 흡수하므로
④ B, 물이 액화하면서 열을 방출하므로

18 다음 중 원심력과 관련 있는 것을 〈보기〉에서 모두 고르면?

보기
㉠ 자동차가 커브를 돌고 있다.
㉡ 인공위성이 지구 주위를 돌고 있다.
㉢ 세탁기가 탈수 기능으로 물이 빠지고 있다.
㉣ 놀이공원 롤러코스터가 회전운동을 한다.

① ㉠, ㉢
② ㉡, ㉣
③ ㉠, ㉡, ㉣
④ ㉠, ㉡, ㉢, ㉣

19 다음 중 밑줄 친 A, B에 해당하는 물질을 바르게 짝지은 것은?

단백질을 구성하는 기본 단위는 __A__이고, 녹말을 구성하는 기본 단위는 __B__이다.

① A : 아미노산, B : 지방
② A : 아미노산, B : 포도당
③ A : 지방, B : 아미노산
④ A : 포도당, B : 아미노산

※ 다음은 2023년 1～3분기 A국의 일부 산업별 명목 GDP 및 국민총소득에 대한 자료이다. 이어지는 질문에 답하시오. **[20~21]**

〈2023년 1～3분기 A국 일부 산업별 명목 GDP 및 국민총소득(GNI)〉

(단위 : 십억 원)

구분	2023년 1분기	2023년 2분기	2023년 3분기
농림어업	6,792.7	9,360.4	8,149.0
제조업	133,669.9	142,678.5	143,102.1
건설업	20,731.4	28,163.2	28,113.2
서비스업	301,111.9	303,933.9	315,549.4
명목 GDP	509,565.8	540,700.8	546,304.5
국민총소득(GNI)	515,495.5	542,408.3	555,165.9

* 명목 GDP : 당해 생산된 재화의 단위 가격에 생산량을 곱하여 산출한 경제 지표

** 국민총소득(GNI) : 국민이 얻은 모든 소득의 합계이며 일반적으로 명목 GDP와 국외 순수취 요소 소득의 합계

20 다음 중 제시된 자료에 대한 설명으로 옳지 않은 것은?

① 모든 분기에서 명목 GDP 비중이 가장 큰 산업은 서비스업이다.

② 제조업의 생산량이 꾸준히 감소하였다면 생산된 재화의 단위 가격은 증가하였다.

③ 건설업의 생산 단가가 일정하였다면 생산량은 증가하였다가 감소하였다.

④ 국외 순수취 요소 소득은 꾸준히 증가하였다.

21 다음 중 농림어업, 제조업, 건설업, 서비스업의 명목 GDP 변화 추세를 그래프로 변환하였을 때 옳지 않은 것은?

① 〈농림어업〉

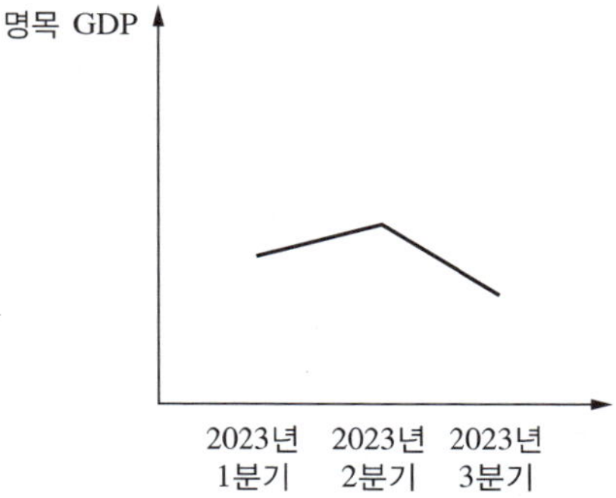

② 〈제조업〉

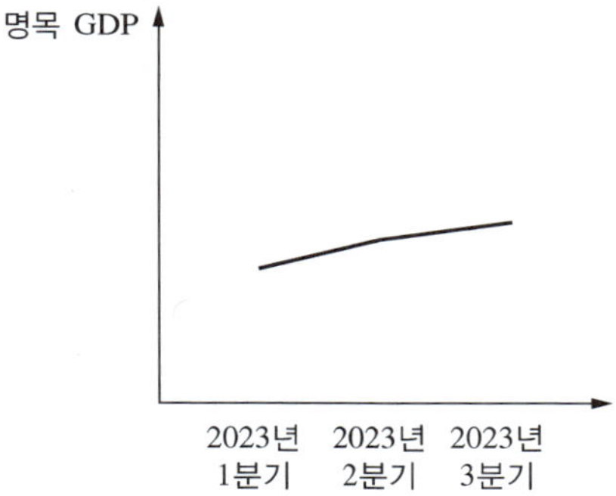

③ 〈건설업〉

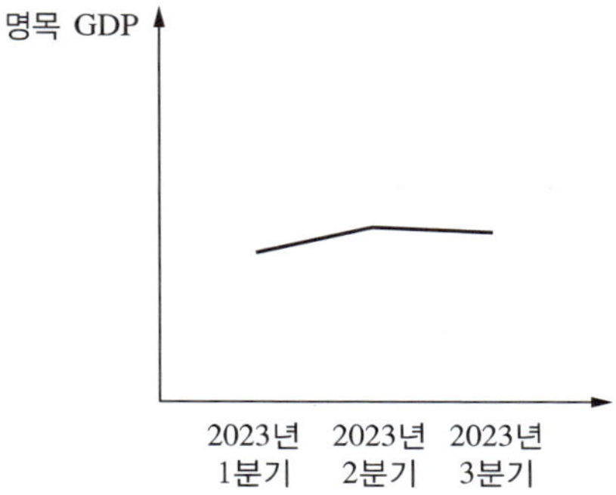

④ 〈서비스업〉

22 다음 세 블록을 합쳤을 때, 나올 수 있는 형태는?

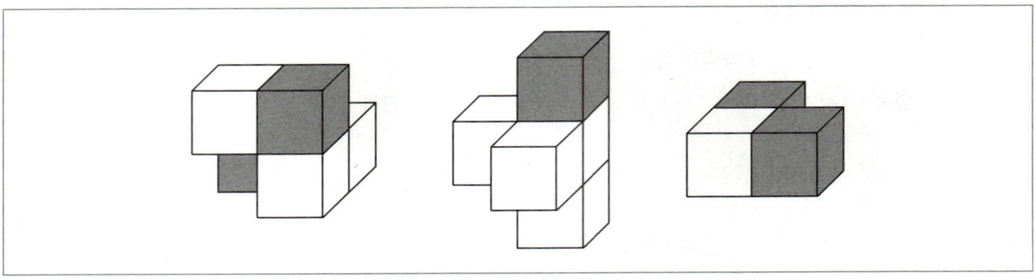

①

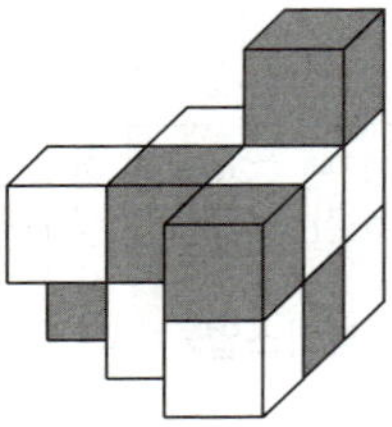

②

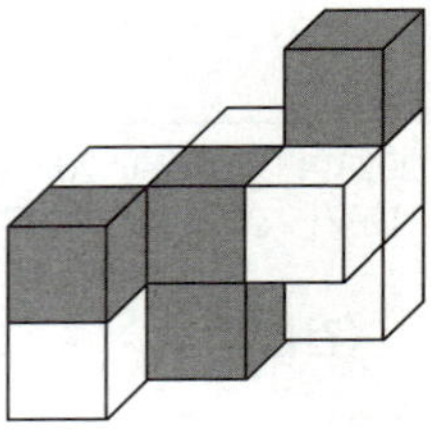

③

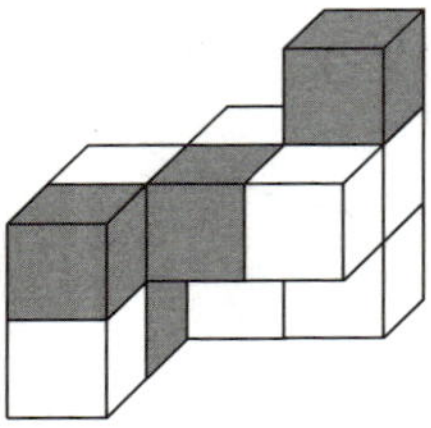

④

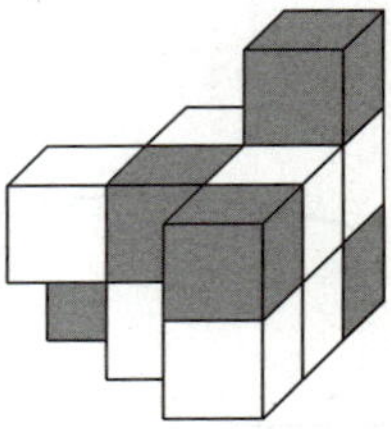

23 다음 두 블록을 합쳤을 때, 나올 수 있는 형태는?

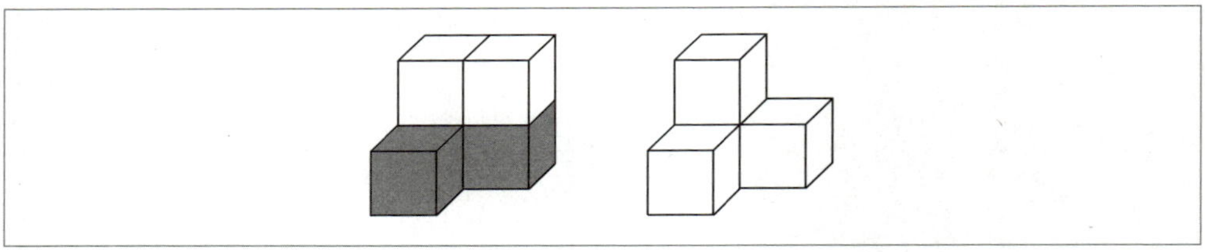

①

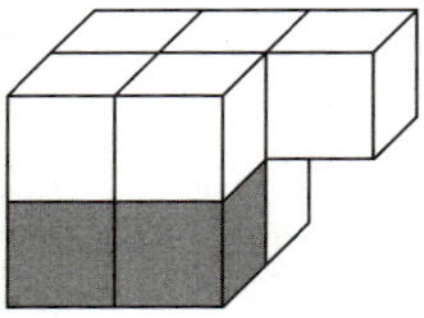

②

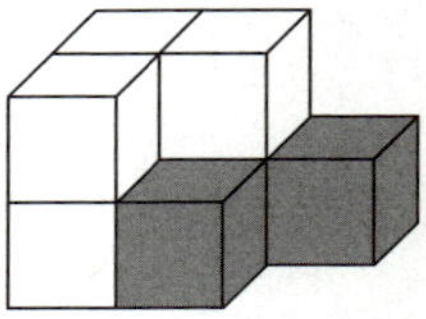

③

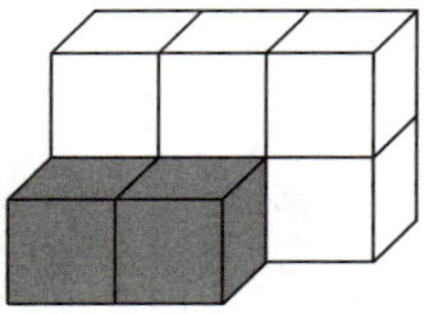

④

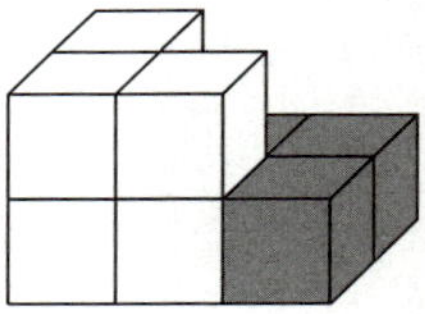

※ 일정한 규칙으로 수를 나열할 때, 빈칸에 들어갈 알맞은 수를 고르시오. [24~27]

24

4　2　6　−2　14　−18　(　)

① 46
② −46
③ 52
④ −52

25

2.3　8.2　4.8　16.3　(　)　32.5　19.8

① 6.8
② 9.8
③ 15.4
④ 19.6

26

2　2　8　−1　3　4　2　3　10　2　4　(　)

① 10
② 11
③ 12
④ 13

27

3　1　3　4　2　8　5　(　)　15

① 2
② 3
③ 10
④ 25

PART 3

※ 제시된 명제가 모두 참일 때, 다음 중 반드시 참인 것을 고르시오. [28~30]

28

• 희정이는 세영이보다 낮은 층에 산다. • 세영이는 은솔이보다 높은 층에 산다. • 은솔이는 희진이 옆집에 산다.

① 세영이는 희진이보다 높은 층에 산다.
② 희진이는 희정이보다 높은 층에 산다.
③ 은솔이는 희정이보다 높은 층에 산다.
④ 세영이가 가장 낮은 층에 산다.

29

• 아메리카노는 카페라테보다 많이 팔린다. • 유자차는 레모네이드보다 덜 팔린다. • 카페라테는 레모네이드보다 많이 팔리지만, 녹차보다는 덜 팔린다. • 녹차는 스무디보다 덜 팔리지만, 아메리카노보다 많이 팔린다.

① 녹차가 가장 많이 팔린다.
② 유자차는 가장 안 팔리지는 않는다.
③ 가장 많이 팔리는 음료는 스무디이다.
④ 카페라테보다 덜 팔리는 음료는 3개이다.

30

• 조선 시대의 대포 중 천자포의 사거리는 1,500보이다. • 현자포의 사거리는 천자포의 사거리보다 700보 짧다. • 지자포의 사거리는 현자포의 사거리보다 100보 길다.

① 천자포의 사거리가 가장 길다.
② 현자포의 사거리가 가장 길다.
③ 지자포의 사거리가 가장 짧다.
④ 현자포의 사거리는 지자포의 사거리보다 길다.

31 갑, 을, 병 세 사람이 피아노, 조각, 테니스를 함께 하는데, 각기 서로 다른 하나씩을 잘한다. 그런데 조각을 잘하는 사람은 언제나 진실을 말하고, 테니스를 잘하는 사람은 항상 거짓을 말한다. 이들이 서로에 대해 다음과 같이 진술했다면 누가 무엇을 잘하는가?

> • 갑 : 병이 조각을 잘한다.
> • 을 : 아니다. 병은 피아노를 잘한다.
> • 병 : 둘 다 틀렸다. 나는 조각도 피아노도 잘하지 못한다.

① 갑 – 피아노
② 갑 – 테니스
③ 을 – 피아노
④ 을 – 테니스

32 다음 제시된 풀이에 해당하는 사자성어는?

> 지초와 난초의 향기와 같이 벗 사이의 맑고도 높은 사귐

① 결초보은(結草報恩)
② 막역지우(莫逆之友)
③ 유유상종(類類相從)
④ 지란지교(芝蘭之交)

33 K사에 다니는 A ~ C 세 사람은 각각 대전지점, 강릉지점, 군산지점으로 출장을 다녀왔다. A, B, C의 출장지는 서로 다르며 세 사람 중 한 사람만 참을 말할 때, 세 사람이 다녀온 출장지를 바르게 짝지은 것은?

> • A : 나는 대전지점에 가지 않았다.
> • B : 나는 강릉지점에 가지 않았다.
> • C : 나는 대전지점에 갔다.

	대전지점	강릉지점	군산지점
①	A	B	C
②	A	C	B
③	B	A	C
④	B	C	A

PART 3

34 다음 중 소독 효과가 있어서 수돗물 정수에 사용되며, 물에 녹아 하이포염소산(HClO)을 생성하는 물질은?

① 염소(Cl_2)
② 나트륨(Na)
③ 플루오린(F_2)
④ 일산화탄소(CO)

35 다음 설명에 해당하는 것은?

- 도체와 부도체의 중간 정도의 전기적 성질을 갖는다.
- 대표적인 예로 규소(Si)와 저마늄(Ge)이 있다.

① 고무
② 구리
③ 나무
④ 반도체

36 다음 그림과 같이 지레에 무게가 10N인 물체를 놓고 지렛대를 수평으로 하기 위하여 필요한 힘 F의 크기는?

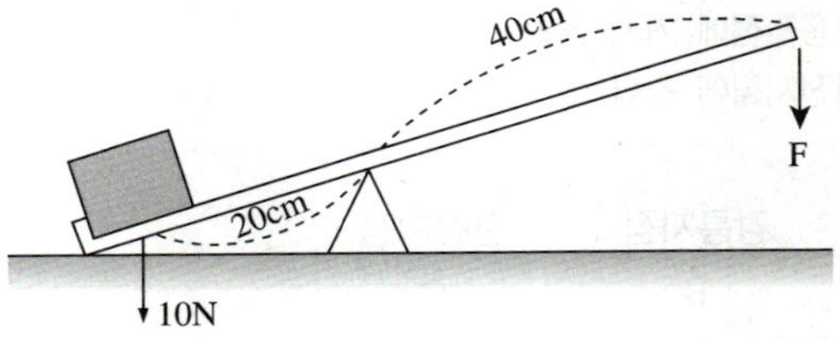

① 5N
② 10N
③ 15N
④ 20N

※ 다음 중 나머지 도형과 다른 것을 고르시오. [37~38]

37

① 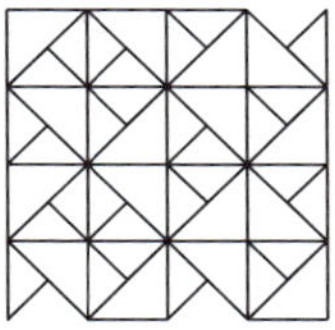

② 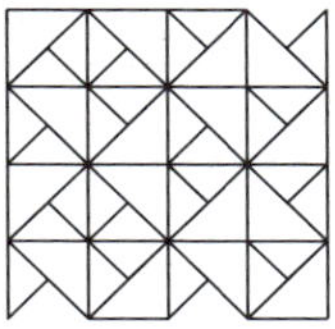

③ 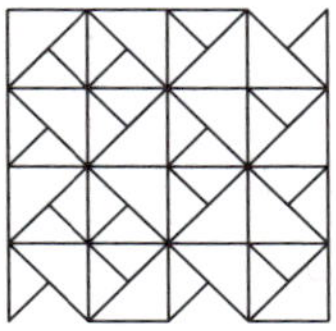

④ 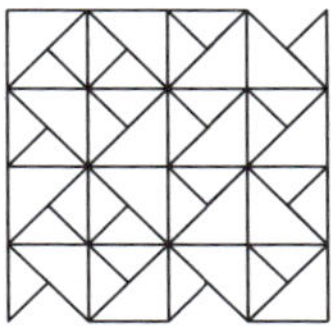

38

① 

② 

③ 

④ 

39 다음에서 설명하는 문서의 종류는?

회사의 업무에 대한 협조를 구하거나 의견을 전달할 때 작성하며, 흔히 사내 공문서라고도 함

① 기안서
② 기획서
③ 보고서
④ 비즈니스 레터

40 다음은 문서 작성 시 유의해야 할 한글 맞춤법 및 어법에 따른 표기이다. 이에 대한 설명으로 옳지 않은 것은?

〈한글 맞춤법 및 어법〉

1) 고 / 라고
앞말이 직접 인용되는 말임을 나타내는 조사는 '라고'이다. '고'는 앞말이 간접 인용되는 말임을 나타내는 격조사이다.

2) 로써 / 로서
지위나 신분 또는 자격을 나타내는 격조사는 '로서'이며, '로써'는 어떤 일의 수단이나 도구를 나타내는 격조사이다.

3) 율 / 률
받침이 있는 말 뒤에서는 '렬, 률', 받침이 없는 말이나 'ㄴ' 받침으로 끝나는 말 뒤에서는 '열, 율'로 적는다.

4) 년도 / 연도
한자음 '녀, 뇨, 뉴, 니'가 단어 첫머리에 올 때는 두음 법칙에 따라 '여, 요, 유, 이'로 적는다. 단, 의존 명사의 경우 두음 법칙을 적용하지 않는다.

5) 연월일의 표기
아라비아 숫자만으로 연월일을 표시할 경우 마침표는 연월일 다음에 모두 사용해야 한다.

① 이사장은 "이번 기회를 통해 소중함을 깨닫게 되었으면 좋겠다."라고 말했다.
② 모든 것이 말로써 다 표현되는 것은 아니다.
③ 올해의 상반기 목표 성장률을 달성하기 위해서는 모두가 함께 노력해야 한다.
④ 노인 일자리 추가 지원 사업을 시작한 지 반 연도 되지 않아 지원이 끝이 났다.

※ 다음 중 제시된 전개도를 접었을 때 나타나는 입체도형으로 옳은 것을 고르시오. [41~42]

41

①
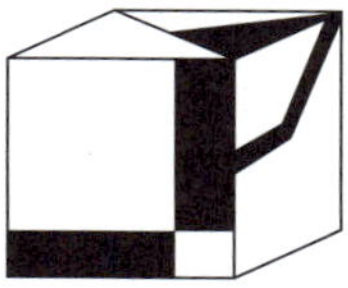

②

③
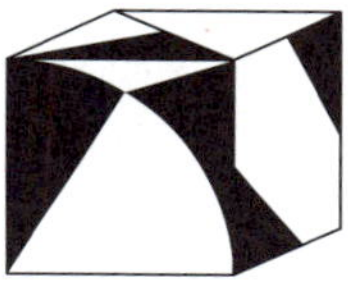

④
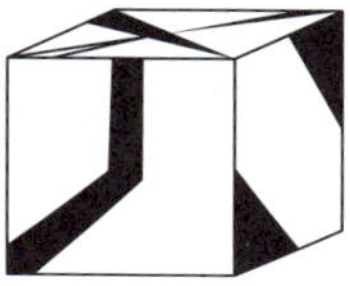

42

①
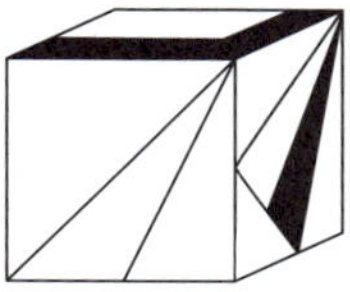

②
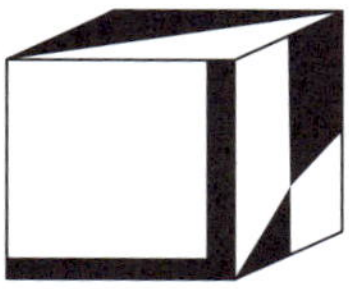

③
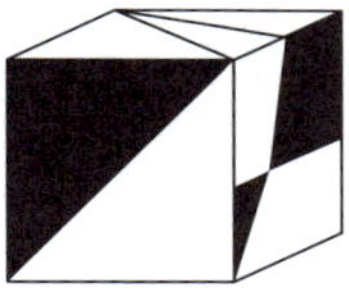

④

※ 다음과 같은 모양을 만드는 데 사용된 블록의 개수를 고르시오(단, 보이지 않는 곳의 블록은 있다고 가정한다). [43~45]

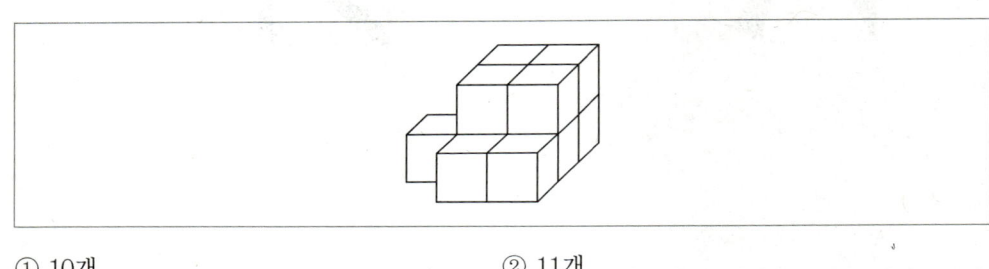

43

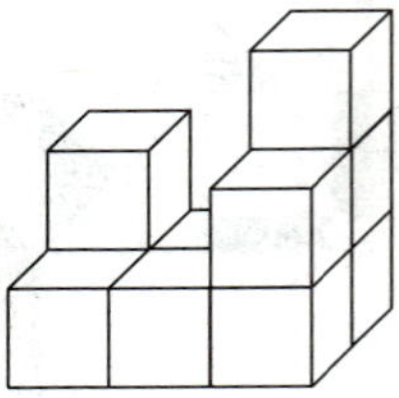

① 10개　　② 11개

③ 12개　　④ 13개

44

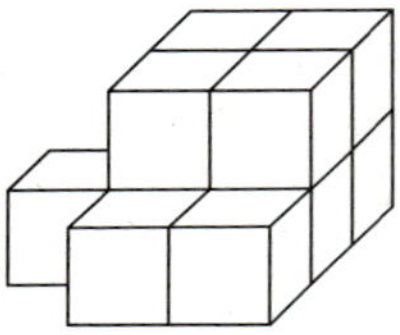

① 10개　　② 11개

③ 12개　　④ 13개

45

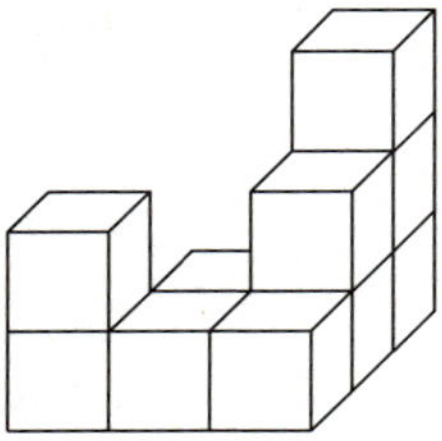

① 10개　　② 11개

③ 12개　　④ 13개

PART 4

면접

CHAPTER 01 면접 소개

01 면접 주요사항

면접의 사전적 정의는 면접관이 지원자를 직접 만나보고 인품(人品)이나 언행(言行) 따위를 시험하는 일로, 흔히 필기시험 후에 최종적으로 심사하는 방법이다.

최근 주요 기업의 인사담당자들을 대상으로 한 설문조사에서 채용 시 면접이 차지하는 비중이 50 ~ 80% 이상이라고 답한 사람은 전체 응답자의 80%를 넘었다. 이와 대조적으로 지원자들을 대상으로 취업 시험에서 면접을 준비하는 기간을 물었을 때, 대부분의 응답자가 2 ~ 3일 정도라고 대답했다.

지원자는 서류전형과 직무적성검사를 통과해야만 면접을 볼 수 있기 때문에 자연스럽게 면접은 그 비중이 작아질 수밖에 없다. 하지만 아이러니하게도 실제 채용 과정에서 면접이 차지하는 비중은 절대적이라고 해도 과언이 아니다.

기업들은 채용 과정에서 토론 면접, 인성 면접, 프레젠테이션 면접, 역량 면접 등의 다양한 면접을 실시한다. 1차 커트라인이라고 할 수 있는 서류전형을 통과한 지원자들의 스펙이나 능력은 서로 엇비슷하다고 판단하기 때문에 지원자의 인성을 파악하기 위해 면접을 더욱 강화하는 것이다.

면접의 기본은 자기 자신을 면접관에게 알기 쉽게 표현하는 것이다. 이러한 표현을 바탕으로 자신의 단점을 극복할 수 있는 연습을 한다면 좋은 결과를 얻을 수 있을 것이다.

1. 자기소개

자기소개를 시키는 이유는 면접자가 지원자의 자기소개서를 압축해서 듣고, 지원자의 첫인상을 평가할 시간을 가질 수 있기 때문이다. 면접을 위한 워밍업이라고 할 수 있으며, 첫인상을 결정하는 과정이므로 매우 중요한 순간이다. 자신을 잘 소개할 수 있는 문구의 1분 자기소개를 미리 준비해서 연습해야 한다.

2. 1분 자기소개 시 주의사항

면접에서 바른 자세가 중요하다는 것은 익히 알고 있다. 하지만 문제는 무의식적으로 나오는 흐트러진 자세 때문에 나쁜 인상을 줄 수 있다는 것이다. 이러한 습관을 고칠 수 있는 가장 좋은 방법은 캠코더로 녹화하거나 스터디를 통해 모의 면접을 해보면서 끊임없이 피드백을 받는 것이다.

3. 대화법

전문가들이 말하는 대화법의 핵심은 '상대방을 배려하면서 이야기하라.'는 것이다. 대화는 나와 다른 사람의 소통이다. 내용에 대한 공감이나 이해가 없다면 대화는 더 이상 진전되지 않는다.

4. 첫인상

취업을 위해 성형수술을 받는 지원자들에 대한 이야기는 더 이상 뉴스거리가 되지 않는다. 그만큼 많은 사람이 좁은 취업문을 뚫기 위해 이미지 향상에 신경을 쓰고 있다. 하지만 외모와 첫인상을 절대적인 관계로 이해하는 것은 잘못된 판단이다. 외모가 첫인상에서 많은 부분을 차지하지만, 외모 외에 다른 결점이 발견된다면 그로 인해 장점들이 가려질 수도 있다. 첫인상은 말 그대로 한 번밖에 기회가 주어지지 않으며 몇 초 안에 결정된다. 첫인상을 결정짓는 요소 중 시각적인 요소가 80% 이상을 차지한다. 첫눈에 들어오는 생김새나 복장, 표정 등에 의해서 결정되는 것이다. 면접을 시작할 때 자기소개를 시키는 것도 지원자별로 첫인상을 평가하기 위해서이다. 첫인상이 중요한 이유는 만약 첫인상이 부정적으로 인지될 경우, 지원자의 다른 좋은 면까지 거부당하기 때문이다. 이러한 현상을 심리학에서는 초두효과(Primacy Effect)라고 한다.

이는 먼저 제시된 정보가 추후 알게 된 정보보다 더 강력한 영향을 미치는 현상으로, 앞서 제시된 정보가 나중의 것보다 기억이 더 잘 되고, 인출도 더 잘 된다는 것이다. 예를 들어 첫인상이 착하게 기억되면 나중에 나쁜 행동을 하더라도 순간의 실수로 생각되는 반면, 첫인상이 나쁘다면 착한 행동을 하더라도 그 진위에 의심을 사게 되는 것이다. 이처럼 한 번 형성된 첫인상은 여간해서 바꾸기 힘들다. 따라서 평소에 첫인상을 좋게 만들기 위한 노력을 꾸준히 해야만 한다.

깔끔한 옷차림과 부드러운 표정 그리고 말과 행동 등에 의해 전반적인 이미지가 만들어진다. 누구나 한두 가지 단점은 가지고 있지만 이미지 컨설팅을 통해서 자신의 단점들을 보완하는 지원자도 있다. 특히, 표정이 밝지 않은 지원자는 평소 웃는 연습을 의식적으로 하여 면접을 받는 동안 계속해서 여유 있는 표정을 짓는 것이 중요하다. 성공한 사람들은 인상이 좋다는 것을 명심하자.

PART 4

02 면접의 유형 및 실전 대책

1. 면접의 유형

과거 천편일률적인 일대일 면접과 달리 현재는 면접에 다양한 유형이 도입되어 "면접은 이렇게 보는 것이다." 라고 말할 수 있는 정해진 유형이 없어졌다. 그러나 대부분의 기업에서 현재까지는 집단 면접과 다대일 면접이 진행되고 있으므로 어느 정도 유형을 파악하여 사전에 대비가 가능하다. 면접의 기본인 단독 면접부터 다대일 면접, 집단 면접, PT면접 유형과 그 대책에 대해 알아보자.

(1) 단독 면접

단독 면접이란 응시자와 면접관이 일대일로 마주하는 형식을 말한다. 면접관 한 사람과 응시자 한사람이 마주 앉아 자유로운 화제를 가지고 질의응답을 되풀이하는 방식이다. 이 방식은 면접의 가장 기본적인 방법으로 소요시간은 10 ~ 20분 정도가 일반적이다.

① 단독 면접의 장점

필기시험 등으로 판단할 수 없는 성품이나 능력을 알아내는 데 가장 적합하다고 평가받아 온 면접방식으로 응시자 한 사람 한 사람에 대해 여러 면에서 비교적 폭넓게 파악할 수 있다. 응시자의 입장에서는 한 사람의 면접관만을 대하는 것이므로 상대방에게 집중할 수 있으며, 긴장감도 다른 면접방식에 비해서는 적은 편이다.

② 단독 면접의 단점

면접관의 주관이 강하게 작용해 객관성을 저해할 소지가 있으며, 면접 평가표를 활용한다 하더라도 일면적인 평가에 그칠 가능성을 배제할 수 없다. 또한 시간이 많이 소요되는 것도 단점이다.

단독 면접 준비 Point

단독 면접에 대비하기 위해서는 평소 일대일로 논리 정연하게 대화를 나눌 수 있는 능력을 기르는 것이 중요하다. 그리고 면접장에서는 면접관을 선배나 선생님 혹은 가까운 어른을 대하는 기분으로 면접에 임하는 것이 부담도 훨씬 적고 실력을 발휘할 수 있는 방법이 될 것이다.

(2) 다대일 면접

다대일 면접은 일반적으로 가장 많이 사용되는 면접방법으로 보통 2 ~ 5명의 면접관이 1명의 응시자에게 질문하는 형태의 면접방법이다. 면접관이 여러 명이므로 다각도에서 질문을 하여 응시자에 대한 정보를 많이 알아낼 수 있다는 점 때문에 선호하는 면접방법이다.

하지만 응시자의 입장에서는 면접관에 따라 질문도 각양각색이고 동료 응시자가 없으므로 숨 돌릴 틈도 없게 느껴진다. 또한 관찰하는 눈도 많아서 조그만 실수라도 지나치는 법이 없기 때문에 정신적 압박과 긴장감이 높은 면접방법이다. 따라서 응시자는 긴장을 풀고 한 명의 면접관이 질문하더라도 면접관 전원을 향해 대답한다는 기분으로 또박또박 대답하는 자세가 필요하다.

① 다대일 면접의 장점

면접관이 집중적인 질문과 다양한 관찰을 통해 응시자가 과연 조직에 필요한 인물인가를 완벽히 검증할 수 있다.

② 다대일 면접의 단점

면접시간이 보통 10 ~ 30분 정도로 긴 편이고 응시자에게 지나친 긴장감을 조성하는 면접방법이다.

다대일 면접 준비 Point

질문을 들을 때 시선은 면접관을 향하고 다른 데로 돌리지 말아야 하며, 대답할 때에도 고개를 숙이거나 입속에서 우물거리는 소극적인 태도는 피하도록 한다. 면접위원과 대등하다는 마음가짐으로 편안한 태도를 유지하면 대답도 자연스러운 상태에서 좀 더 충실히 할 수 있고, 이에 따라 면접관이 받는 인상도 달라진다.

(3) 집단 면접

집단 면접은 다수의 면접관이 여러 명의 응시자를 한꺼번에 평가하는 방식으로 짧은 시간에 능률적으로 면접을 진행할 수 있다. 각 응시자에 대한 질문 내용, 질문 횟수, 시간 배분이 똑같지는 않으며, 모두에게 같은 질문이 주어지기도 하고, 각각 다른 질문을 받기도 한다.

또 어떤 응시자가 한 대답에 대한 의견을 묻는 등 그때그때의 분위기나 면접관의 의향에 따라 변수가 많다. 집단 면접의 경우 응시자의 입장에서는 개별 면접에 비해 긴장감은 다소 덜한 반면에 다른 응시자들과 확실하게 비교되므로 응시자는 몸가짐이나 표현력·논리성 등이 결여되지 않도록 자신의 생각이나 의견을 솔직하게 발표하여 집단 속에 묻히거나 밀려나지 않도록 주의해야 한다.

① 집단 면접의 장점

집단 면접의 장점으로는 면접관이 응시자 한 사람에 대한 관찰시간이 상대적으로 길고, 비교 평가가 가능하기 때문에 결과적으로 평가의 객관성과 신뢰성을 높일 수 있다는 것과 응시자는 동료들과 함께 면접을 받기 때문에 긴장감이 다소 덜하다는 것을 들 수 있다. 또한 동료가 답변하는 것을 들으며, 자신의 답변 방식이나 자세를 조정할 수 있다는 것도 큰 이점이다.

② 집단 면접의 단점

응답하는 순서에 따라 응시자마다 유리하고 불리한 점이 있고, 면접관의 입장에서는 각각의 개인적인 문제를 깊게 다루기가 곤란하다는 것이 단점이다.

집단 면접 준비 Point

지나친 자기 과시를 하지 않는 것이 좋다. 대답은 자신이 말하고 싶은 내용을 간단명료하게 말해야 한다. 내용이 없는 발언을 한다거나 대답을 질질 끄는 태도는 좋지 않다. 또 말하는 중에 내용이 주제에서 벗어나거나 자기중심적으로만 말하는 것도 피해야 한다. 집단 면접에 대비하기 위해서는 평소에 설득력을 지닌 자신의 논리력을 계발하는 데 힘써야 하며, 다른 사람 앞에서 자신의 의견을 조리 있게 개진할 수 있는 발표력을 갖추는 데에도 많은 노력을 기울여야 한다.

- 실력에는 큰 차이가 없다는 것을 기억하라.
- 동료 응시자들과 서로 협조하라.
- 답변하지 않을 때의 자세가 중요하다.
- 개성 표현은 좋지만 튀는 것은 위험하다.

(4) 집단 토론식 면접

집단 토론식 면접은 집단 면접과 형태는 유사하지만 질의응답이 아니라 응시자들끼리의 토론이 중심이 되는 면접방법으로 최근 들어 급증세를 보이고 있다.

이는 공통의 주제에 대해 다양한 견해들이 개진되고 결론을 도출하는 과정, 즉 토론을 통해 응시자의 다양한 면에 대한 평가가 가능하다는 집단 토론식 면접의 장점이 널리 확산된 데 따른 것으로 보인다. 사실 집단 토론식 면접을 활용하면 주제와 관련된 지식 정도와 이해력, 판단력, 설득력, 협동성은 물론 리더십, 조직 적응력, 적극성과 대인관계 능력 등을 파악하는 것이 용이하다고 한다. 토론식 면접에서는 자신의 의견을 명확히 제시하면서도 상대방의 의견을 경청하는 토론의 기본자세가 필수적이며, 지나친 경쟁심이나 자기 과시욕은 접어두는 것이 좋다.

또한 집단 토론의 목적이 결론을 도출해 나가는 과정에 있다는 것을 감안하여 무리하게 자신의 주장을 관철시키기보다 오히려 토론의 질을 높이는 데 기여하는 것이 좋은 인상을 줄 수 있다는 점을 알아야 한다. 취업 준비생들은 토론식 면접이 급속도로 확산되는 추세임을 감안해 특히 철저한 준비를 해야 한다.

평소에 신문의 사설이나 매스컴 등의 토론 프로그램을 주의 깊게 보면서 논리 전개 방식을 비롯한 토론 과정을 익히도록 하고, 친구들과 함께 간단한 주제를 놓고 토론을 진행해 볼 필요가 있다. 또한 사회・시사문제에 대해 본인 나름대로의 관점을 정립해두는 것도 꼭 필요하다.

집단 토론식 면접 준비 Point

- 토론에는 정답이 없다는 것을 명심한다.
- 내 주장을 강조하지 않는다.
- 남이 말할 때 끼어들지 않는다.
- 필기구를 준비하여 메모하면서 면접에 임한다.
- 주제에 자신이 없다면 첫 번째 발언자가 되지 않는다.
- 자신의 입장을 먼저 밝힌다.
- 상대측의 사소한 발언에 집착하지 않고 전체적인 의미에 초점을 놓치지 않아야 한다.
- 남의 의견을 경청한다.
- 예상 밖의 반론에 당황스럽다 하더라도 유연함을 잃지 않아야 한다.

(5) PT 면접

PT 면접, 즉 프레젠테이션 면접은 최근 들어 집단 토론 면접과 더불어 그 활용도가 점차 커지고 있다. PT 면접은 기관마다 특성이 다르고 인재상이 다른 만큼 인성 면접만으로는 알 수 없는 지원자의 문제해결능력, 전문성, 창의성, 기본 실무능력, 논리성 등을 관찰하는 데 중점을 두는 면접으로, 지원자 간의 변별력이 높아 대부분의 기관에서 적용하고 있으며, 확산되는 추세이다.

면접 시간은 기관별로 차이가 있지만, 전문지식, 시사성 관련 주제를 제시한 다음 보통 20 ~ 50분 정도 준비하여 5분가량 발표할 시간을 준다. 단순히 질의응답으로 이루어지는 것이 아니라 면접관은 주제에 대해 일정 시간 동안 지원자의 발언과 발표하는 모습 등을 관찰하게 된다. 정확한 답이나 지식보다는 논리적 사고와 의사표현력이 더 중시되기 때문에 자신의 생각을 어떻게 설명하느냐가 매우 중요하다. PT 면접에서 같은 주제라도 직무별로 평가요소가 달리 나타난다. 예를 들어, 영업직은 설득력과 의사소통 능력에 중점을 둘 수 있겠고, 관리직은 신뢰성과 창의성 등을 더 중요하게 평가한다.

PT 면접 준비 Point

- 면접관의 관심과 주의를 집중시키고, 발표 태도에 유의한다.
- 모의 면접이나 거울 면접으로 미리 점검한다.
- PT 내용은 세 가지 정도로 정리해서 말한다.
- PT 내용에는 자신의 생각이 담겨 있어야 한다.
- PT 중간에 자문자답 방식을 활용한다.
- 평소 지원하는 분야의 동향이나 직무에 대한 전문지식을 쌓아둔다.
- 부적절한 용어 사용이나 무리한 주장 등은 하지 않는다.

2. 면접의 실전 대책

(1) 면접 대비사항

① 지원한 기관에 대한 사전지식을 충분히 갖는다.

필기시험 또는 서류전형의 합격통지가 온 후 면접시험 날짜가 정해지는 것이 보통이다. 이때 지원자는 면접시험을 대비해 사전에 본인이 지원한 기관 또는 부서에 대해 폭넓은 지식을 가질 필요가 있다.

지원 기관에 대해 알아두어야 할 사항

- 지원 기관의 연혁
- 지원 기관의 장
- 지원 기관의 경영목표와 방침
- 지원 분야의 업무 내용
- 지원 분야의 인재상
- 지원 분야의 비전

② 충분한 수면을 취한다.

충분한 수면으로 안정감을 유지하고 첫 출발의 신선한 마음가짐을 갖는다.

③ 면접 당일 아침에 인터넷으로 신문을 읽는다.

그날의 뉴스가 질문 대상에 오를 수가 있다. 특히 경제면, 정치면, 문화면 등을 유의해서 봐둘 필요가 있다.

출발 전 확인할 사항

스케줄표, 지갑, 신분증(주민등록증), 손수건, 휴지, 필기도구 등을 준비하자.

(2) 면접 시 옷차림

면접에서 옷차림은 간결하고 단정한 느낌을 주는 것이 가장 중요하다. 색상과 디자인 면에서 지나치게 화려한 색상이나, 노출이 심한 디자인은 자칫 면접관의 눈살을 찌푸리게 할 수 있다. 단정한 차림을 유지하면서 자신만의 독특한 멋을 연출하는 것, 지원 기관의 분위기를 파악했다는 센스를 보여주는 것 등이 면접 복장의 포인트다.

복장 점검

- 구두는 잘 닦여 있는가?
- 옷은 깨끗이 다려져 있으며 스커트 길이는 적당한가?
- 손톱은 길지 않고 깨끗한가?
- 머리는 흐트러짐 없이 단정한가?

(3) 면접요령

① 첫인상을 중요시한다.

상대에게 인상을 좋게 주지 않으면 어떠한 얘기를 해도 충분히 전달되지 않을 수 있다. 예를 들면 '저 친구는 표정이 없고 무엇을 생각하고 있는지 전혀 알 길이 없다.'라고 생각하게 만들면 최악의 상태다. 청결한 복장과 바른 자세로 면접장에 침착하게 들어가 건강하고 신선한 이미지를 주도록 한다.

② 좋은 표정을 짓는다.

얘기할 때의 표정은 중요한 사항 중 하나다. 거울 앞에서 웃는 연습을 해본다. 웃는 얼굴은 상대를 편안하게 만들고 특히 면접 등 긴박한 분위기에서는 큰 효과를 나타낼 것이다. 그렇다고 하여 항상 웃고만 있어서는 안 된다. 본인이 할 얘기를 진정으로 전하고 싶을 때는 진지한 표정으로 상대의 눈을 바라보며 얘기한다.

③ 결론부터 이야기한다.

본인의 의사나 생각을 상대에게 정확하게 전달하기 위해서는 먼저 무엇을 말하고자 하는가를 명확히 결정해 두어야 한다. 대답을 할 경우에는 결론을 먼저 이야기하고 나서 그에 따르는 설명과 이유를 나중에 덧붙이면 논지(論旨)가 명확해지고 이야기가 깔끔하게 정리된다. 보통 한 가지 사실을 이야기하거나 설명하는 데는 3분이면 충분하다. 복잡한 이야기도 어느 정도의 길이로 요약해서 이야기하면 상대도 이해하기 쉽고 자기도 정리할 수 있다. 긴 이야기는 오히려 상대를 불쾌하게 할 수가 있다.

④ 질문의 요지를 파악한다.

면접 때의 이야기는 간결성만으로 부족하다. 상대의 질문이나 이야기에 대해 적절하고 필요한 대답을 하지 않으면 대화는 끊어지고 자기의 생각도 제대로 표현하지 못한다. 이는 면접관이 지원자의 인품이나 사고방식 등을 명확히 파악할 수 없도록 만들게 된다. 면접에서는 면접관이 무엇을 묻고 있는지, 무슨 이야기를 하고 있는지 그 요점을 정확히 알아내야 한다.

(4) 면접 시 주의사항

① 지각은 있을 수 없다.

면접 당일에 시간을 맞추지 못하여 지각하는 것은 있을 수 없는 일이다. 약속을 못 지키는 사람은 좋은 평가를 받을 수 없다. 면접 당일에는 지정시간 10 ~ 20분쯤 전에 미리 면접장에 도착해 마음을 가라앉히고 준비해야 한다.

② 손가락을 움직이지 마라.

면접 시에 손가락을 까딱거리거나 만지작거리는 행동은 유난히 눈에 띌 뿐만 아니라 면접관의 눈에 거슬리기 마련이다. 다리를 떠는 행동은 말할 것도 없다. 불안정하거나 산만하다는 느낌을 줄 수 있으므로 주의할 필요가 있다.

③ 옷매무새를 자주 고치지 마라.

외모에 너무 신경 쓴 나머지 머리를 계속 쓸어 올리거나, 깃과 옷 끝을 만지작거리지 않도록 한다. 인사담당자의 말에 의하면 이런 사람이 의외로 많다고 한다. 집중을 하지 못하고 어수선한 사람처럼 보일 수 있으니 이러한 행동을 삼가도록 한다.

④ 적당한 목소리 톤으로 말해라.

면접관과의 거리가 어느 정도 떨어져 있기 때문에 작은 소리로 웅얼거리는 것은 좋지 않다. 그러나 너무 크게 소리를 질러가며 말하는 사람은 오히려 거북하게 느껴진다.

⑤ 성의 있는 응답 자세를 보여라.

질문에 대해 너무 '예, 아니요'로만 답변하면 성의 없다는 인상을 심어주게 된다. 따라서 설명을 덧붙일 수 있는 질문에 대해서는 지루하지 않을 만큼의 설명을 붙인다.

⑥ 구두를 깨끗이 닦는다.

앉아있는 사람의 구두는 면접관의 위치에서 보면 눈에 잘 띈다. 그러나 의외로 구두에 대해 신경써서 미리 깨끗이 닦아둔 사람은 드물다. 면접 전날 반드시 구두를 깨끗이 닦아준다.

⑦ 지나친 화장은 피한다.

지나치게 짙은 화장은 거부감을 불러일으킬 수 있다. 또한 머리도 단정히 정리해서 이마가 가급적이면 드러나 보이게 하는 것이 좋다. 여기저기 흘러나온 머리는 지저분하고 답답한 느낌을 준다. 지나친 액세서리도 금물이다.

⑧ 기타 사항

㉠ 앉으라고 할 때까지 앉지 마라. 의자로 재빠르게 다가와 앉으면 무례한 사람처럼 보이기 쉽다.
㉡ 응답 시 너무 말을 꾸미지 마라.
㉢ 질문이 떨어지자마자 답변을 외운 것처럼 바쁘게 대답하지 마라.
㉣ 혹시 잘못 대답하였다고 해서 혀를 내밀거나 머리를 긁지 마라.
㉤ 머리카락에 손대지 마라. 정서불안으로 보이기 쉽다.
㉥ 면접실에 다른 지원자가 들어올 때 절대로 일어서지 마라.
㉦ 동종업계나 라이벌 회사에 대해 비난하지 마라.
㉧ 면접관 책상에 있는 서류를 보지 마라.
㉨ 농담을 하지 마라. 쾌활한 것은 좋지만 지나치게 경망스러운 태도는 의지가 부족하게 보인다.
㉩ 질문에 대해 대답할 말이 생각나지 않는다고 천장을 쳐다보거나 고개를 푹 숙이고 바닥을 내려다보지 마라.
㉪ 면접관이 서류를 검토하는 동안 말하지 마라.
㉫ 과장이나 허세로 면접관을 압도하려 하지 마라.
㉬ 은연중에 연고를 과시하지 마라.

자세 점검

- 지원 기관의 소재지(본사 · 지사 · 공장 등)를 정확히 알고 있다.
- 지원 기관의 정식 명칭(Full Name)을 알고 있다.
- 약속된 면접시간 10분 전에 도착하도록 스케줄을 짤 수 있다.
- 면접실에 들어가서 공손히 인사한 후 또렷한 목소리로 자기 수험번호와 성명을 말할 수 있다.
- 앉으라고 할 때까지는 의자에 앉지 않는다는 것을 알고 있다.
- 자신에 대해 3분간 이야기할 수 있는 준비가 되어 있다.
- 자신의 긍정적인 면을 상대방에게 바르게 전달할 수 있다.

CHAPTER 02 경상남도교육청 예상 면접질문

- 1분 동안 자신을 소개해 보시오.
- 교육공무직에 지원하게 된 동기를 말해 보시오.
- 경상남도교육청의 교육정책을 말해 보시오.
- 경상남도교육청의 브랜드 슬로건을 말해 보시오.
- 경상남도교육청의 브랜드 슬로건이 의미하는 바를 설명해 보시오.
- 교육이란 무엇이라고 생각하는지 말해 보시오.
- 교육공무직원이 하는 일을 설명해 보시오.
- 교육공무직의 8가지 의무 중 4가지 이상 말해 보시오.
- 교육공무직원의 업무를 3가지 이상 말해 보시오.
- 교육공무직원이 갖춰야 할 자세를 3가지 이상 말해 보시오.
- 교육공무직원이 필요한 이유를 4가지 이상 설명해 보시오.
- 교육공무직을 수행하는 데 있어 가장 중요한 것이 무엇이라고 생각하는지 말해 보시오.
- 교육공무제도의 장·단점을 설명해 보시오.
- 경상남도교육청 행정서비스헌장에 대하여 설명해 보시오.
- 공무원과 교육공무직원의 공통점과 차이점을 말해 보시오.
- 교육청에서 하는 업무에 대하여 아는 대로 설명해 보시오.
- 학교에서 하는 업무를 아는 대로 말해 보시오.
- 교육청과 학교 근무의 차이점에 대하여 설명해 보시오.
- 지원한 직렬에서 수행하는 업무에 대하여 아는 대로 설명해 보시오.
- 2명의 상급자로부터 업무를 지시받았을 때 어떻게 해결할 것인지 말해 보시오.
- 업무를 수행하는 과정에서 상급자의 실수를 발견하였다면 어떻게 할 것인지 말해 보시오.
- 갈등이 있을 때 어떻게 해결하는지 말해 보시오.
- 채용 후 본인 업무 외 다른 업무를 시킬 경우 어떻게 대처할 것인지 말해 보시오.
- 민원 처리 방법에 대하여 설명해 보시오.
- 방문 민원 응대 방법에 대하여 설명해 보시오.
- 전화 응대 방법에 대하여 설명해 보시오.
- 폭언을 하는 민원인의 민원을 어떻게 해결할 것인지 말해 보시오.
- 부정청탁 금품 수수에 해당하는 사례를 말해 보시오.
- 최근 교육 관련 이슈에 대하여 소개하고, 자신의 의견을 말해 보시오.
- 교무 행정사가 되면 무엇을 잘할 수 있는지 말해 보시오.
- 학부모가 화를 내면서 찾아온다면 어떻게 할 것인지 말해 보시오.
- 지인이나 친구들에게 어떤 친구로 기억되고 싶은지 말해 보시오.
- 직장 내 동료와 갈등이 발생한다면 어떻게 해결하겠는지 말해 보시오.

M E M O

합격의 공식 시대에듀
교육공무직 합격!
시대에듀에서 제안하는
교육공무직
합격 로드맵
교육공무직 어떻게 준비하세요?
핵심만 짚어주는 교재!
시대에듀의 교육공무직 교재로 합격을 준비하세요.

[2026 최신판]

SDC는 시대에듀 데이터 센터의 약자로 약 30만 개의 NCS · 적성 문제 데이터를 바탕으로 최신 출제경향을 반영하여 문제를 출제합니다.

합격에듀 시대에듀

경상남도 교육청

교육공무직원 소양평가

인성검사 3회 + 모의고사 7회 + 면접 + 무료공무직특강

편저 | SDC(Sidae Data Center)

정답 및 해설

G Y E O N G N A M

모바일 OMR
답안채점 / 성적분석
서비스

[합격시대]
온라인 모의고사
무료쿠폰

합격의 모든 것

시대에듀

PART 2

직무능력검사

CHAPTER 01 언어논리력 기출예상문제

01 어휘력

01	02	03	04	05	06	07	08	09	10
③	④	①	②	③	①	②	④	④	③
11	12	13	14	15	16	17	18	19	20
②	①	④	④	①	②	④	③	②	①
21	22	23	24	25	26				
②	④	④	③	③	③				

01 정답 ③

'동의'는 '의사나 의견을 같이함'이라는 의미로 '찬성'과 유의 관계이다.

오답분석

① 검열 : 어떤 행위나 사업 따위를 살펴 조사함
② 도전 : 정면으로 맞서 싸움을 걺
④ 반대 : 어떤 행동이나 견해, 제안 따위에 따르지 아니하고 맞서 거스름

02 정답 ④

• 궁색(窮塞)하다 : 말이나 태도, 행동의 이유나 근거 따위가 부족하다.
• 옹색(壅塞)하다 : 생각이 막혀서 답답하고 옹졸하다.

오답분석

① 애매(曖昧)하다 : 희미하여 분명하지 아니하다.
② 매정하다 : 얄미울 정도로 쌀쌀맞고 인정이 없다.
③ 인자(仁慈)하다 : 마음이 어질고 자애롭다.

03 정답 ①

• 수월하다 : 까다롭거나 힘들지 않아 하기가 쉽다.
• 쉽다 : 하기가 까다롭거나 힘들지 않다.

오답분석

② 차갑다 촉감이 서늘하고 썩 찬 느낌이 있다.
③ 물다 : 윗니와 아랫니 사이에 끼운 상태로 상처가 날 만큼 세게 누르다.
④ 견디다 : 사람이나 생물이 일정한 기간 동안 어려운 환경에 굴복하거나 죽지 않고 계속해서 버티면서 살아 나가는 상태가 되다.

04 정답 ②

• 촉망 : 잘되기를 기대하거나 그런 대상
• 기대 : 어떤 일이 원하는 대로 이루어지기를 바라면서 기다림

오답분석

① 사려 : 어떤 일에 대하여 깊이 생각함. 또는 그런 생각
③ 환대 : 정성껏 맞이하여 후하게 대접함
④ 부담 : 의무나 책임을 짐

05 정답 ③

• 지도 : 어떤 목적이나 방향으로 남을 가르쳐 이끎
• 감독 : 일이나 사람 따위가 잘못되지 아니하도록 살피어 단속함

오답분석

① 목도 : 눈으로 직접 봄
② 보도 : 대중 전달 매체를 통하여 일반 사람들에게 새로운 소식을 알림. 또는 그 소식
④ 정독 : 뜻을 새겨 가며 자세히 읽음

06 정답 ①

• 교육(教育) : 지식과 기술 따위를 가르치며 인격을 길러 줌
• 육영(育英) : 영재를 가르쳐 기름. 교육을 이르는 말

오답분석

② 유망(有望) : 앞으로 잘될 듯한 희망이나 전망이 있음
③ 교사(教師) : 주로 초등학교·중학교·고등학교 따위에서, 일정한 자격을 가지고 학생을 가르치는 사람
④ 학구(學究) : 학문을 깊이 연구함

07

정답 ②

• 아량(雅量) : 너그럽고 속이 깊은 마음씨
• 관용(寬容) : 남의 잘못을 너그럽게 받아들이거나 용서함. 또는 그런 용서

오답분석

① 양보(讓步) : 길이나 자리, 물건 따위를 사양하여 남에게 미루어 줌
③ 수행(修行) : 행실, 학문, 기예 따위를 닦음
④ 연구(硏究) : 어떤 일이나 사물에 대하여서 깊이 있게 조사하고 생각하여 진리를 따져 보는 일

08

정답 ④

'반제(返濟)'는 빌린 돈을 전부 갚는 것을 의미하며, 이와 반대되는 의미를 가진 단어는 돈이나 물건을 빌려 씀을 뜻하는 '차용(借用)' 이다.

09

정답 ④

• 통합(統合) : 둘 이상의 조직이나 기구 따위를 하나로 합침
• 분리(分離) : 서로 나뉘어 떨어짐. 또는 그렇게 되게 함

오답분석

① 변별(辨別) : 사물의 옳고 그름이나 좋고 나쁨을 가림
② 총괄(總括) : 개별적인 여러 가지를 한데 모아서 묶음
③ 통제(統制) : 일정한 방침이나 목적에 따라 행위를 제한하거나 제약함

10

정답 ③

• 반항(反抗) : 다른 사람이나 대상에 맞서 대들거나 반대함
• 복종(服從) : 남의 명령이나 의사를 그대로 따라서 좇음

오답분석

① 거절(拒絕) : 상대편의 요구, 제안, 선물, 부탁 따위를 받아들이지 않고 물리침
② 치욕(恥辱) : 수치와 욕됨
④ 심야(深夜) : 깊은 밤≒심경, 양야

11

정답 ②

• 암시 : 넌지시 알림. 또는 뜻하는 바를 간접적으로 나타내는 표현법
• 명시 : 분명하게 드러내 보임

오답분석

① 산문 : 율격과 같은 외형적 규범에 얽매이지 않고 자유로운 문장으로 쓴 글
③ 성숙 : 생물의 발육이 완전히 이루어짐. 또는 몸과 마음이 자라서 어른스럽게 됨
④ 결합 : 둘 이상의 사물이나 사람이 서로 관계를 맺어 하나가 됨

12

정답 ①

• 완비 : 빠짐없이 완전히 갖춤
• 불비 : 제대로 다 갖추어져 있지 아니함

오답분석

② 우연 : 아무런 인과 관계가 없이 뜻하지 아니하게 일어난 일
③ 필연 : 사물의 관련이나 일의 결과가 반드시 그렇게 될 수밖에 없음
④ 습득 : 학문이나 기술 따위를 배워서 자기 것으로 함

13

정답 ④

• 산재(散在) : 여기저기 흩어져 있음
• 밀집(密集) : 빈틈없이 빽빽하게 모임

오답분석

① 기밀(機密) : 외부에 드러내서는 안 될 중요한 비밀
② 비밀(秘密) : 숨기어 남에게 드러내거나 알리지 말아야 할 일
③ 밀렵(密獵) : 허가를 받지 않고 몰래 사냥함

14

정답 ④

오답분석

① 명의(名義)
1. 어떤 일이나 행동의 주체로서 공식적으로 알리는 개인 또는 기관의 이름
2. 문서상의 권한과 책임이 있는 이름

② 명목(名目)
1. 겉으로 내세우는 이름
2. 구실이나 이유

③ 명분(名分)
1. 각각의 이름이나 신분에 따라 마땅히 지켜야 할 도리
2. 일을 꾀할 때 내세우는 구실이나 이유 따위

15

정답 ①

오답분석

② 시찰 : 두루 돌아다니며 실지(實地)의 사정을 살핌
③ 관찰 : 사물이나 현상을 주의하여 자세히 살펴봄
④ 고찰 : 어떤 것을 깊이 생각하고 연구함

16

정답 ②

오답분석

① 유지하다 : 어떤 상태나 상황을 그대로 보존하거나 변함 없이 계속하여 지탱하다.
③ 간수하다 : 물건 따위를 잘 보호하거나 보관하다.
④ 건사하다 : 제게 딸린 것을 잘 보살피고 돌보다.

17

정답 ④

오답분석

① 살피다 : 두루두루 주의하여 자세히 보다.
② 망보다 : 상대편의 동태를 알기 위하여 멀리서 동정을 살피다.
③ 돌보다 : 관심을 가지고 보살피다.

18

정답 ③

오답분석

① 일출(日出) : 해가 뜸
② 해돋이 : 해가 막 솟아오르는 때. 또는 그런 현상
④ 해찰 : 마음에 썩 내키지 아니하여 물건을 부질없이 이것저것 집적거려 해침. 또는 그런 행동

19

정답 ②

오답분석

① 궂기다 : 상사(喪事)가 나다.
③ 시르죽다 : 기운을 못 차리다.
④ 가리 튼다 : 잘 되어가는 일을 방해하다.

20

정답 ①

오답분석

② 대살 : 단단하고 야무지게 찐 살
③ 잔입 : 아침에 일어나서 아직 아무것도 먹지 않은 입
④ 주접 : 여러 가지 이유로 생물체가 쇠해지는 상태

21

정답 ②

제시된 단어는 반의 관계이다.

- 쓰다 : 붓, 펜, 연필과 같이 선을 그을 수 있는 도구로 종이 따위에 획을 그어서 일정한 글자의 모양이 이루어지게 하다.
- 지우다 : 쓴 글씨나 그린 그림, 흔적 따위를 지우개나 천 따위로 보이지 않게 없애다.
- 달다 : 물건을 일정한 곳에 걸거나 매어 놓다.
- 내리다 : 위에 올려져 있는 물건을 아래로 옮기다.

오답분석

① 물다 : 윗니와 아랫니 사이에 끼운 상태로 상처가 날 만큼 세게 누르다.
③ 늘리다 : 물체의 넓이, 부피 따위를 본디보다 커지게 하다.
④ 짜다 : 소금과 같은 맛이 있다.

22

정답 ④

제시된 단어는 유의 관계이다.

- 간섭 : 직접 관계가 없는 남의 일에 부당하게 참견함
- 참견 : 자기와 별로 관계없는 일이나 말 따위에 끼어들어 쓸데없이 아는 체하거나 이래라저래라 함
- 갈구 : 간절히 바라며 구함
- 열망 : 열렬하게 바람

오답분석

① 개입 : 자신과 직접적인 관계가 없는 일에 끼어듦
② 경외 : 공경하면서 두려워함
③ 관조 : 고요한 마음으로 사물이나 현상을 관찰하거나 비추어 봄

23

정답 ④

오답분석

① 약기운이 돌았는지(퍼졌는지) 환자의 표정이 한결 누그러졌다.
② 왼쪽 모퉁이를 돌아(꺾어) 5분 정도 직진하면 도착합니다.
③ 갑작스런 장마로 탐험대는 한 마을을 돌아(지나) 목적지에 가기로 했다.

24

정답 ③

오답분석

① 그의 첫인상이 나에게 오래도록 남았다(기억되었다).
② 이문이 남아야(떨어져야) 장사를 하지!
④ 나는 여기에 남을(잔류할) 것이니 너희끼리 가거라.

25

정답 ③

새 정책에 대한 불충분한 설명으로 국민들이 정책을 이해하는 데 어려움을 겪었고, 그 결과 새 정책에서 소외되는 문제가 발생하였으므로 빈칸에는 일의 결과를 나타내는 '결국'이 알맞다.

26

정답 ③

수면 위를 떠다니는 플라스틱 쓰레기와 더불어 수면 아래에서 발견되는 플라스틱 쓰레기가 문제 상황을 더욱 심화하고 있음을 이야기하므로 빈칸에는 '게다가'가 적절하다.

02 나열하기

01	02	03	04	05	06	07	08		
④	①	②	④	③	④	④	③		

01

정답 ④

제시문은 공포증을 정의한 뒤 공포증은 모든 사람에게 생기는 것이 아니며, 왜 공포증이 생기는 것인지에 대한 심리학자 와이너의 설명이 담긴 글이다. 따라서 (라) 공포증의 정의 – (나) 공포증이 생기는 대상 – (가) 공포증이 생기는 이유를 밝힌 와이너 – (다) 와이너가 밝힌 공포증이 생기는 이유 순으로 연결되어야 한다.

02

정답 ①

제시문은 우리나라 여성의 고용 비율이 남성보다 낮기 때문에 여성의 고용에 대한 배려가 필요하다는 글이다. 따라서 (다) 우리나라는 남성에 비해 여성의 고용 비율이 현저히 낮음 – (가) 남녀 고용 평등의 확대를 위한 채용 목표제의 강화 필요 – (마) 역차별이라는 주장과 현실적인 한계 – (나) 대졸 이상 여성의 고용 비율이 OECD 국가 중 최하위인 대한민국의 현실 – (라) 강화된 법규가 준수될 수 있도록 정부의 계도와 감독 기능 강화의 필요성 순으로 나열되어야 한다.

03

정답 ②

문맥상 먼저 속담을 제시하고 그 속담에 얽힌 이야기가 순서대로 나와야 하므로 (라) 문단이 가장 먼저 나온다. (라) 문단 다음으로 '앞집'과 '뒷집'의 다툼이 시작되는 (가) 문단이 나오고, 적반하장 격으로 뒷집이 앞집에 닭 한 마리 값을 물어주게 된 상황을 설명하는 (다) 문단이 (가) 문단 뒤로 이어지며, 이야기를 전체적으로 요약하고 평가하는 (나) 문단이 마지막에 나열되어야 한다.

04

정답 ④

제시문은 블록체인 기술에 대한 설명과 원리 및 장단점을 소개한 글이다. 그러므로 가장 먼저 블록체인 기술에 대해 소개하는 (라) 문단이 와야 한다. 이어서 블록체인 기술의 원리 중 블록에 대해 설명하는 (가) 문단과 블록에 적용되는 암호화 기술인 해싱에 대해 설명하는 (다) 문단이 이어지는 것이 적절하다. 마지막으로 블록체인 기술의 장점을 정리하고 그 한계점을 제시한 (나) 문단이 와야 한다. 따라서 (라) – (가) – (다) – (나) 순서로 나열되어야 한다.

05

정답 ③

제시문은 우리 몸의 면역 시스템에서 중요한 역할을 하는 킬러 T세포가 있음을 알려주고, 이것의 역할과 작용 과정을 차례로 설명하며 마지막으로 킬러 T세포의 의의에 대해 이야기하는 글이다. 따라서 (라) 우리 몸의 면역 시스템에 중요한 역할을 하는 킬러 T세포 – (가) 킬러 T세포의 역할 – (마) 킬러 T세포가 작용하기 위해 거치는 단계 – (다) 킬러 T세포의 작용 과정 – (나) 킬러 T세포의 의의로 나열되어야 한다.

06

정답 ④

제시된 문장에서는 조류가 과도하게 성장하여 나타나는 현상인 녹조에 대한 설명이다. 따라서 (마) 녹조의 원인이 되는 조류는 수생태계에 꼭 필요함 – (다) 그러나 조류의 양이 많아질 경우 유해 요소가 배출됨 – (나) 유해 요소를 배출하는 녹조는 다양한 환경 문제를 일으키고 있음 – (라) 녹조는 햇빛과 산소의 유입을 막아 물속의 산소량을 감소시킴 – (가) 결국 물고기와 사람에게 피해를 줌의 순서로 나열되어야 한다.

07

정답 ④

제시문은 은유의 정의와 기술과학 및 철학에서 활용되는 사례에 대하여 설명하고 있다. 제시된 문단은 언어의 표현과 기능을 넘어 말의 본질적 상태인 은유에 대해 말하므로 (다) 현실에서 또 다른 현실로 이동하는 언어에 내포된 은유성 – (나) 언어 자체에 깊이 뿌리박은 은유 – (라) 기술과학 이론에 내포된 은유의 사례 – (가) 철학 속에 내포된 은유의 사례 순으로 나열되어야 한다.

08

정답 ③

제시문은 '원님재판'이라 불리는 죄형전단주의의 정의와 한계, 그리고 그와 대립되는 죄형법정주의의 정의와 탄생, 그리고 파생원칙에 대하여 설명하고 있다. 제시된 문단에서는 '원님재판'이라는 용어의 원류에 대해 설명하고 있으므로 이어지는 문단으로는 원님재판의 한계에 대해 설명하고 있는 (다)가 오는 것이 적절하다. 따라서 (다) 원님재판의 한계와 죄형법정주의 – (가) 죄형법정주의의 정의 – (라) 죄형법정주의의 탄생 – (나) 죄형법정주의의 정립에 따른 파생원칙의 등장의 순으로 나열되어야 한다.

PART 2

03 추론하기

01	02	03	04	05	06	07	08	09	10
④	①	④	①	②	②	②	②	④	④
11	12	13	14	15	16	17	18	19	20
③	④	④	③	④	③	④	②	④	②
21	22	23	24	25					
②	④	④	④	④					

01 정답 ④

알려지지 않은 것에서는 위험, 불안정, 걱정, 공포감이 뒤따라 나오기 때문에 우리 마음의 불안한 상태를 없애고자 한다면, 알려지지 않은 것을 알려진 것으로 바꿔야 한다. 이러한 환원은 우리의 마음을 편하게 해주고 만족하게 한다. 이 때문에 우리는 이미 알려진 것, 체험한 것, 기억에 각인된 것을 원인으로 설정하게 되고, 낯설고 체험하지 않았다는 느낌을 빠르게 제거해 버려, 특정 유형의 설명만이 남아 우리의 사고방식을 지배하게 만든다.
따라서 빈칸에는 '낯설고 체험하지 않았다는 느낌을 제거해 버린다.'는 내용이 들어가는 것이 적절하다.

02 정답 ①

제시문의 첫 문단과 마지막 문단을 중점적으로 살펴야 한다. 첫 문단에서 얼음이 '물이 될 때까지 지속적으로 녹아내린다고 생각할 것'이라는 상식이 사실과 다르다는 것을 이야기하였으므로, 빈칸에는 이와 반대되는 내용이 들어가야 한다. 따라서 빈칸에 '특정 온도에 도달할 때마다 한 층씩 녹아내린다는 것이다.'의 ①이 들어가는 것이 적절하다.

오답분석

② 실험 결과에서 −38°C와 −16°C에서 하나의 분자 층이 준 액체로 변한 것을 알 수 있지만, 그다음 녹는 온도에 대해서는 알 수 없다.
③ −16°C 이상의 온도에 대한 결과는 나와 있지 않다.

03 정답 ④

- 첫 번째 빈칸 : 빈칸 앞의 윤리적 차원에서 지식인과 노동자 사이의 화해가 반드시 필요했지만 지식인들이 노동자의 땀 냄새를 극복하지 못해 실패했다는 내용을 통해 빈칸에는 사회문제는 후각의 문제이기도 하다는 내용의 ㉡이 적절함을 알 수 있다.
- 두 번째 빈칸 : 빈칸 뒤의 '원시 종족만큼 객관적으로 냄새를 인지할 수 없지만, 후각이 주는 인상들에 대해 주관적으로 더욱 더 강렬히 반응하게 된다.'라는 문장을 통해 감각기관을 통한 인지능력의 예민함은 저하되지만, 그것이 제공하는 주관적인 느낌은 더 강해진다는 내용의 ㉢이 적절함을 알 수 있다.
- 세 번째 빈칸 : 빈칸 앞의 '우리의 중심으로 끌어들인다.'를 통해 빈칸에는 누군가의 냄새를 맡는다는 것은 그를 가장 내밀하게 인지하는 것이라는 내용의 ㉠이 적절함을 알 수 있다.

04 정답 ①

- (가) : 이어지는 부연, 즉 '철학도 ~ 과학적 지식의 구조와 다를 바가 없다.'라는 진술로 볼 때 같은 의미의 내용이 들어가야 하므로 ㉠이 들어가는 것이 적절하다.
- (나) : 앞부분에서는 철학과 언어학의 차이를 제시하고 있고, 뒤에는 언어학의 특징이 구체적으로 서술되어 있다. 그 뒤에는 분석철학에 대한 설명이 따르고 있으므로 여기에는 언어학에 대한 일반적인 개념 정의가 서술되어야 한다. 따라서 ㉡이 들어가는 것이 적절하다.
- (다) : 앞부분에서 '철학의 기능은 한 언어가 가진 개념을 해명하고 이해'하는 것이라고 설명하고 있다. 따라서 ㉢이 들어가는 것이 적절하다.

05 정답 ②

- (가) : 앞 문장에서 해프닝 장르에는 대화가 없으며, 의미 없는 말을 불쑥불쑥 내뱉는다고 하고 있으므로, 그 이유를 설명하는 ㉠이 들어가는 것이 적절하다.
- (나) : 앞 문장에서 해프닝이 관객의 역할을 변화시켰다고 하였으므로, 그 예시가 되는 ㉢이 들어가는 것이 적절하다.
- (다) : 뒤 문장에서 '그럼에도 불구하고'로 이어지며 해프닝의 의의를 설명하고 있으므로, 빈칸에는 해프닝의 비판점에 대하여 설명하는 ㉡이 들어가는 것이 적절하다.

06 정답 ②

제시문의 중심 내용은 나이 계산법 방식이 3가지가 혼재되어 있어 그로 인한 '나이 불일치'로 행정서비스 및 계약 상의 혼선과 법적 다툼이 발생해 이를 해소하고자 나이 방식을 하나로 통합하자는 것이다. 또한 이에 덧붙여 나이 방식이 통합되어도 일상에는 변화가 없으며 일부 법에 대해서는 기존 방식이 유지될 수 있다고 하였다. 따라서 위 글의 주제로 가장 적절하다.

오답분석

① 6번째 문단의 '연 나이를 채택해 또래 집단과 동일한 기준을 적용하는 것이 오히려 혼선을 막을 수 있고 법 집행의 효율성이 담보'라는 내용에서 일부 법령에 대해서는 연 나이 계산법을 유지한다는 것을 알 수 있으나, 해당 내용이 전체 글을 다루고 있다고 보기는 어렵다.

③ 제시문의 3번째 문단에 따르면 나이 불일치가 야기한 혼선과 법적 다툼이 우리나라 나이 계산법으로 인한 문제가 아니라 나이 계산법 방식이 3가지가 혼재되어 있어 발생하는 문제라고 하였다.

④ 제시문은 나이 계산법 혼용에 따른 분쟁 해결 방안을 다루기보다는 이러한 분쟁이 발생하지 않도록 나이 계산법을 하나로 통일하자는 내용을 다루고 있다.

07

정답 ②

제시문은 유류세 상승으로 인해 발생하는 장점들을 열거함으로써 유류세 인상을 정당화하고 있다. 따라서 제목으로 '높은 유류세의 정당성'이 가장 적절하다.

08

정답 ②

구비문학에서는 단일한 작품, 원본이라는 개념이 성립하기 어렵기 때문에 선창자의 재간과 그때그때의 분위기에 따라 새롭게 변형되거나 창작되는 일이 흔하다. 다시 말해 정해진 틀이 있다기보다는 상황이나 분위기에 따라 바뀌는 것이 가능하다. 유동성이란, 형편이나 때에 따라 변화될 수 있음을 뜻하는 말이다. 따라서 제목으로 '구비문학의 유동성'이 가장 적절하다.

09

정답 ④

제시문의 '수소가 분자 내에 포화되어 있으므로 포화지방산이라 부르며, 이것이 들어 있는 지방을 포화지방이라고 한다.'를 통해 포화지방은 포화지방산이 들어 있는 지방을 가리킴을 알 수 있다.

오답분석

① 포화지방산에서 나타나는 탄소 결합 형태는 연결된 탄소끼리 모두 단일 결합하는 모습을 띠고, 각각의 탄소에 수소가 두 개씩 결합한다.

② 탄소에 수소가 두 개씩 결합하는 형태는 분자 간 인력이 높아 지방산 분자들이 단단하게 뭉치게 되는 것이다. 열에너지가 많아지면 인력이 느슨해진다.

③ 분자 간 인력이 높을 때 지방산 분자들이 단단히 뭉치는 것이므로 느슨해지면 그의 반대가 된다.

10

정답 ④

제시문 전체를 통해서 익살은 우리 민족의 정서를 반영함을 확인할 수 있다. 나머지는 제시문의 내용에 어긋난다.

11

정답 ③

공급자가 소수 기업에 의해 지배되는 경우, 즉 독과점에 해당하는 경우나 공급자가 공급하는 상품이 업계에서 중요한 부품인 경우와 같이 공급자의 힘이 커지면 산업 매력도는 떨어지게 된다.

12

정답 ④

제시문은 '쓰기(Writing)'의 문화사적 의의를 기술한 글이다. '복잡한 구조나 지시 체계'는 이미 '소리 속에서' 발전해 왔는데 그러한 복잡한 개념들을 시각적인 코드 체계인 '쓰기'를 통해 기록할 수 있게 되었다. 또한, 그러한 '쓰기'를 통해 인간의 문명과 사고가 더욱 발전하게 되었다. 두 번째 문단에 따르면 쓰기가 발명된 시점까지 정밀하고 복잡한 구조나 지시 체계의 특수한 복잡성이 '그때까지 소리 속에서 발전해 왔다.'고 하였으므로, 쓰기가 발명되기 이전에 정밀하고 복잡한 구조나 지시 체계가 형성되어 있지 않았던 것은 아니다.

13

정답 ④

어빙 피셔의 교환방정식 'MV=PT'에서 V는 화폐유통 속도를 나타낸다. 따라서 사이먼 뉴컴의 교환방정식인 'MV=PQ'에서 사용하는 V(Velocity), 즉 화폐유통속도와 동일하며 대체되어 사용되지 않는다.

오답분석

① 사이먼 뉴컴의 교환방정식 'MV=PQ'에서 Q(Quantity)는 상품 및 서비스의 수량이다.

② 어빙 피셔의 화폐수량설은 최근 총거래 수 T(Trade)를 총생산량 Y로 대체하여 사용하고 있다.

③ 교환방정식 'MV=PT'는 화폐수량설의 기본 모형인 거래모형이며, 'MV=PY'는 소득모형으로 사용된다.

14

정답 ③

도킨스에 따르면 인간 개체는 유전자라는 진정한 주체의 매체에 지나지 않게 된다. 이러한 생각에는 살아가고 있는 구체적 생명체를 경시하게 되는 논리가 잠재되어 있다. 따라서 무엇이 진정한 주체인가에 대한 물음이 필자의 문제 제기로 적절하다.

15

정답 ④

제시문에서는 산업 혁명을 거치면서 일자리가 오히려 증가했으므로 로봇 사용으로 일자리가 줄어들 가능성은 낮다고 한다. 그러나 보기에서는 로봇 사용으로 인한 일자리 대체 규모가 기하급수적으로 커져 인간의 일자리는 줄어들 것이라고 한다. 로봇 사용으로 인한 일자리의 증감에 대해 정반대로 예측하는 것이다. 따라서 보기의 내용을 근거로 제시문을 반박하려면 제시문의 예측에 문제가 있음을 지적해야 하므로, 비판하는 내용으로 가장 적절한 것은 ④이다.

16

정답 ③

첫 번째 문단에서 기존의 인터넷과 사물인터넷을 대조하여 설명하였고, 세 번째 문단에서 사물인터넷이 침대와 실내등에 연결되는 것 등의 예시를 들어 설명하였다.

- 인용 : 남의 말이나 글을 자신의 말이나 글 속에 끌어 씀
- 구분 : 일정한 기준에 따라 전체를 몇 개로 갈라 나눔
- 예시 : 예를 들어 보임
- 역설 : 어떤 주의나 주장에 반대되는 이론이나 말
- 대조 : 둘 이상인 대상의 내용을 맞대어 같고 다름을 검토함

17

정답 ④

제시문에 따르면 수신자가 발신자가 될 수 있다면 사회변동이 가능하다. SNS는 수신뿐만 아니라 발신도 자유롭기 때문에 책, 신문, 라디오, TV와 같은 수신자가 발신자가 될 가능성이 매우 낮은 매체들보다는 사회변동에 대한 영향력이 크다.

18

정답 ②

제시문에 따르면 똑같은 일을 똑같은 노력으로 했을 때, 돈을 많이 받으면 과도한 보상을 받아 부담을 느낀다. 또한 적게 받으면 충분히 받지 못했다고 느끼므로 만족하지 못한다. 따라서 공평한 대우를 받을 때 행복감을 더 느낀다는 것을 추론할 수 있다.

19

정답 ④

제시문에서는 조상형 동물의 몸집이 커지면서 호흡의 필요성에 따라 아가미가 생겨났고, 소화계 일부가 변형된 허파는 식도 아래쪽으로 생성되었으며, 이후 폐어 단계에서 척추동물로 진화하면서 호흡계와 소화계가 겹친 부위가 분리되기 시작했으나 결국 하나의 교차점을 남기면서 인간의 음식물로 인한 질식 현상과 같은 단점을 남겼다고 설명하고 있다. 또한, 마지막 문장에서 이러한 과정이 '당시에는 최선의 선택'이었다고 하였으므로, 진화는 순간순간에 필요한 대응일 뿐 최상의 결과를 내는 과정이 아님을 알 수 있다.

20

정답 ②

세 번째 문단의 첫 문장에서 전자 감시는 파놉티콘의 감시 능력을 전 사회로 확장했다고 말하고 있으므로, 정보 파놉티콘은 발전된 감시 체계라고 할 수 있다. 따라서 종국에는 감시 체계 자체를 소멸시킬 것이라는 추론은 적절하지 않다.

21

정답 ②

놀이 공원이나 휴대전화 요금제 등을 미루어 생각해 볼 때, 이부가격제는 이윤 추구를 최대화하려는 기업의 가격 제도이다.

22

정답 ④

휴대전화는 기본료 이외에 별도로 개별 상품 사용료를 지불해야 하는 이원 체계를 갖는다. 즉석 사진기는 사진기의 가격 외에 즉석 필름을 따로 사서 사용해야 하기 때문에, 이원 체계를 갖는 가격제라 할 수 있다.

23

정답 ④

이부가격제에서 놀이 공원의 입장료는 일종의 기본료에 해당한다. 곧 상품을 구입하기 위해 취득해야 하는 권리에 상응하는 가치이다.

24

정답 ④

제시문은 딸기에 들어 있는 비타민 C와 항산화 물질, 식물성 섬유질, 철분 등을 언급하며 딸기의 다양한 효능을 설명하고 있다. 따라서 제목으로 ④가 가장 적절하다.

25

정답 ④

딸기는 건강에 좋지만 당도가 높으므로 혈당 조절이 필요한 사람은 마케팅 대상으로 적절하지 않다.

CHAPTER 02 이해력 기출예상문제

01	02	03	04	05	06	07	08	09	10
②	④	④	①	①	④	④	①	④	④
11	12	13	14	15					
③	①	②	②	①					

01

정답 ②

돈 문제에 관해서는 되도록 깔끔하게 처리할 수 있도록 하는 것이 좋다. 나중에 농담조로 말하거나 그냥 넘어가는 행동은 실수로 계산을 잘못했을 수도 있는 상대방이나 정확한 액수를 보내온 다른 부서원들에게나 적절하지 않다.

02

정답 ④

회사 경비로 묵는 숙소이기 때문에 이용권을 받았다고 회사 동의 없이 본인이 사용할 수는 없다. 따라서 회사 경비 담당자와 상의한 후 지침을 따르는 것이 적절한 행동이다.

03

정답 ④

어느 한쪽에 치우쳐 의견을 들어주는 행동은 좋지 않으므로 어떠한 상황에서도 상대 팀장의 험담은 하지 않는 것이 적절한 행동이다.

04

정답 ①

A사원은 돼지고기를 싫어하지만 팀 회식에는 참여하고 싶어 한다. 삼겹살집에는 삼겹살 메뉴만 있는 것이 아니라 보통 다양한 메뉴가 준비되어 있으므로 팀 회식에 참석하고 다른 메뉴를 시키는 행동이 가장 올바르다고 할 수 있다.

오답분석

④ 사회생활을 할 때 윗사람의 말을 무시하는 행동은 좋지 않으므로 삼겹살집에 가지 않겠다고 반항하는 행동은 적절하지 않다.

05

정답 ①

기말고사는 미리 예정되어 있던 스케줄이고 미룰 수 없으므로 팀장에게 양해를 구하는 것이 적절한 행동이다.

06

정답 ④

뚜껑의 법칙에서 뚜껑은 리더를 의미하며, 뚜껑의 크기로 표현되는 리더의 역량이 조직의 성과를 이끈다는 것을 의미한다. 리더의 역량이 작다면 부하직원이 아무리 뛰어나도 병목현상의 문제점이 발생할 수 있는 것이다.

07

정답 ④

팀워크는 개인의 능력이 발휘되는 것도 중요하지만 팀원들 간의 협력이 더 중요하다. 팀워크는 팀원 개개인의 능력이 최대치일 때, 가장 뛰어난 것은 아니다.

08

정답 ①

인간관계를 형성할 때 가장 중요한 요소는 무엇을 말하느냐, 어떻게 행동하느냐보다 개인의 사람됨이다.

대인관계능력
대인관계능력이란 직장생활에서 협조적인 관계를 유지하고, 조직구성원들에게 도움을 줄 수 있으며, 조직 내부 및 외부의 갈등을 원만히 해결하고 고객의 요구를 충족시켜줄 수 있는 능력이다.

09

정답 ④

내부에서 팀원 간의 갈등이 발생한 경우 다른 팀원이 제삼자로서 개입하여 이를 중재하고, 내부에서 갈등을 해결하여야 한다. 당사자에게 해결을 맡긴 채 회피하는 것은 옳지 않으며, 갈등 상황은 시간이 지남에 따라 더욱 악화되어 팀워크를 방해할 가능성이 커진다.

팀워크 활성화 방안
- 동료 피드백 장려하기
- 갈등을 해결하기
- 창의력 조성을 위해 협력하기
- 참여적으로 의사 결정하기
- 구성원 동참

10

정답 ④

타인의 부탁을 거절해야 할 경우 도움을 요청한 타인의 입장을 고려하여 인간관계를 해치지 않도록 신중하게 거절하는 것이 중요하다. 먼저 도움이 필요한 상대방의 상황을 충분히 이해했음을 표명하고, 도움을 주지 못하는 자신의 상황이나 이유를 분명하게 설명해야 한다. 그 후 도움을 주지 못하는 아쉬움을 표현하도록 한다.

11

정답 ③

여섯 번째 단계에 따라 해결 방안을 확인한 후에는 혼자서 해결하는 것이 아닌 책임을 분할함으로써 다 같이 협동하여 실행해야 한다.

오답분석

① 두 번째 단계에 해당하는 내용이다.
② 네 번째 단계에 해당하는 내용이다.
④ 첫 번째 단계에 해당하는 내용이다.

12

정답 ①

갈등이 발생하면 서로에 대해 이해하지 않고, 배척하려는 성향이 있기 때문에 갈등 당사자 간에 의사소통이 줄어들고, 접촉하려하지 않는 경향이 생긴다.

오답분석

② 조직의 갈등은 없거나 너무 낮으면 조직원들의 의욕이 상실되고, 환경변화에 대한 적응력도 떨어지고 조직성과는 낮아지게 된다.
③ 갈등이 승리를 더 원하게 만든다.
④ 목표달성을 위해 노력하는 팀이라면 갈등은 항상 있게 마련이다.

13

정답 ②

3단계는 상대방의 입장을 파악하는 단계이다. 자기 생각을 말한 뒤 A씨의 견해를 물으며 상대방의 입장을 파악하려는 ②가 3단계에 해당하는 대화로 가장 적절하다.

14

정답 ②

㉡ 갈등을 해결하려면 논쟁하고 싶은 유혹을 떨쳐내야 한다.
㉢ 갈등을 해결하려면 어려운 문제는 피하지 말고 맞서야 한다.

갈등해결방법
- 다른 사람들의 입장을 이해한다. 사람들이 당황하는 모습을 자세하게 살핀다.
- 어려운 문제는 피하지 말고 맞선다.
- 자신의 의견을 명확하게 밝히고 지속적으로 강화한다.
- 사람들과 눈을 자주 마주친다.
- 마음을 열어놓고 적극적으로 경청한다.
- 타협하려 애쓴다.
- 어느 한쪽으로 치우치지 않는다.
- 논쟁하고 싶은 유혹을 떨쳐낸다.
- 존중하는 자세로 사람들을 대한다.

15

정답 ①

고객불만 처리 프로세스는 먼저 '불만사항에 대한 경청 → 감사와 공감표시 → 사과 → 해결약속 → 신속처리 → 처리확인 및 사과 → 피드백' 등의 절차로 이루어진다.

CHAPTER 03 공간지각력 기출예상문제

01 평면도형

01	02	03	04	05	06	07	08	09	10
④	③	①	④	④	①	①	②	③	①

PART 2

01 정답 ④

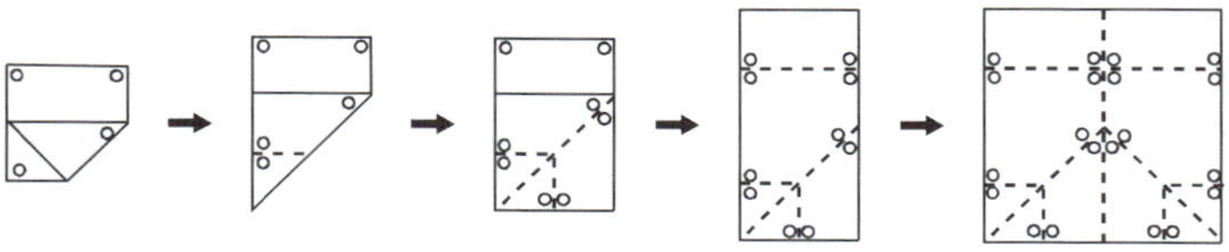

02 정답 ③

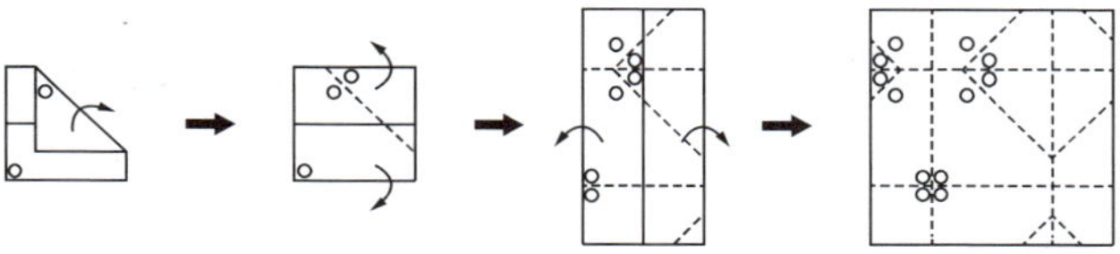

03 정답 ①

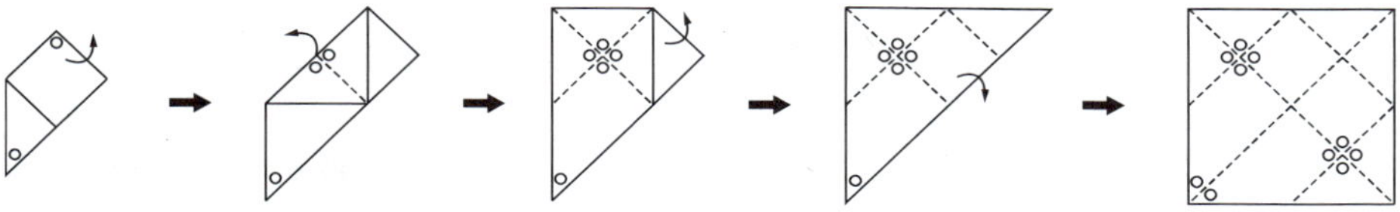

04 정답 ④

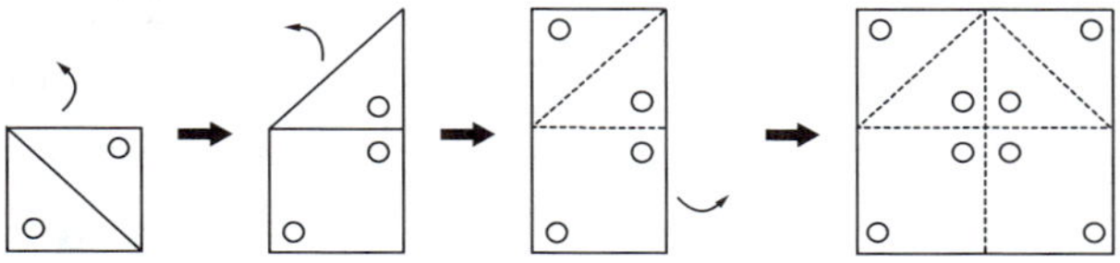

05

정답 ④

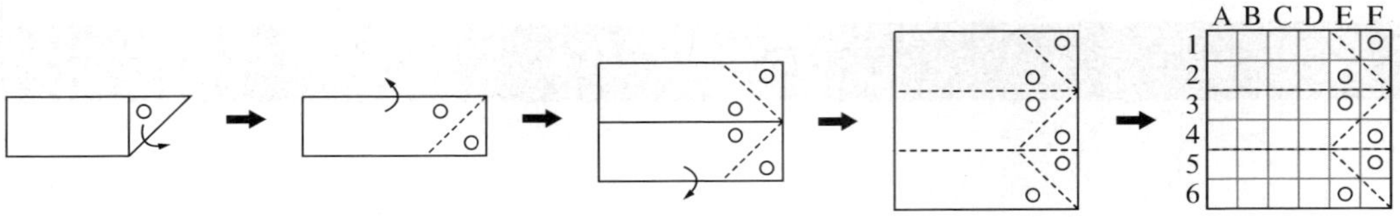

06

정답 ①

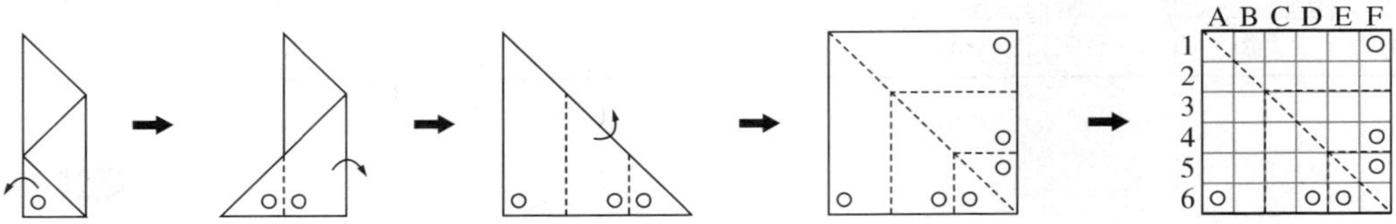

07

정답 ①

규칙은 가로로 적용된다.
첫 번째 도형을 안쪽의 선을 좌우 반전하여 합친 것이 두 번째 도형이다.
두 번째 도형을 상하 반전하여 합친 것이 세 번째 도형이다.

08

정답 ②

규칙은 세로로 적용된다.
첫 번째 도형과 두 번째 도형을 합친 것이 세 번째 도형이다.

09

정답 ③

도형이 오른쪽의 도형으로 변할 때 내부의 도형들은 각각의 규칙을 가지고 이동하는데 ⬟은 시계 반대 방향으로 세 칸 이동, ■은 제자리에서 45° 회전, ▷은 시계 방향으로 두 칸 이동, ○은 시계 방향으로 한 칸 이동한다. 또한 도형과 배경의 색이 같아질 경우 해당 도형을 색 반전하고, 두 도형이 겹칠 경우 두 도형 중 꼭짓점의 개수가 적은 쪽이 내부에 위치한다. 따라서 ?에 들어갈 도형은 주어진 마지막 도형을 기준으로 ⬟은 시계 반대 방향으로 세 칸 이동 후 색 반전, ■은 제자리에서 45° 회전, ▷은 시계 방향으로 두 칸 이동, ○은 시계 방향으로 한 칸 이동 후 색 반전을 해야 하므로 ③이 옳다.

10

정답 ①

도형이 오른쪽의 도형으로 변할 때 내부의 도형들은 각각의 규칙을 가지고 이동하는데 △과 ⬠은 좌우 이동, ♥은 시계 방향으로 한 칸씩 이동을 하며, ⬡은 시계 반대 방향으로 한 칸씩 이동한다. 또한 도형의 자리가 겹쳐질 경우, 해당 도형은 색 반전을 하게 된다. 따라서 ?에 들어갈 도형은 주어진 마지막 도형을 기준으로 △은 왼쪽으로 한 칸, ⬠은 오른쪽으로 한 칸, ♥은 시계 방향으로 한 칸 이동, ⬡은 시계 반대 방향으로 한 칸 이동 후 겹치는 ♥과 ⬡은 색 반전을 해야 하므로 ①이 옳다.

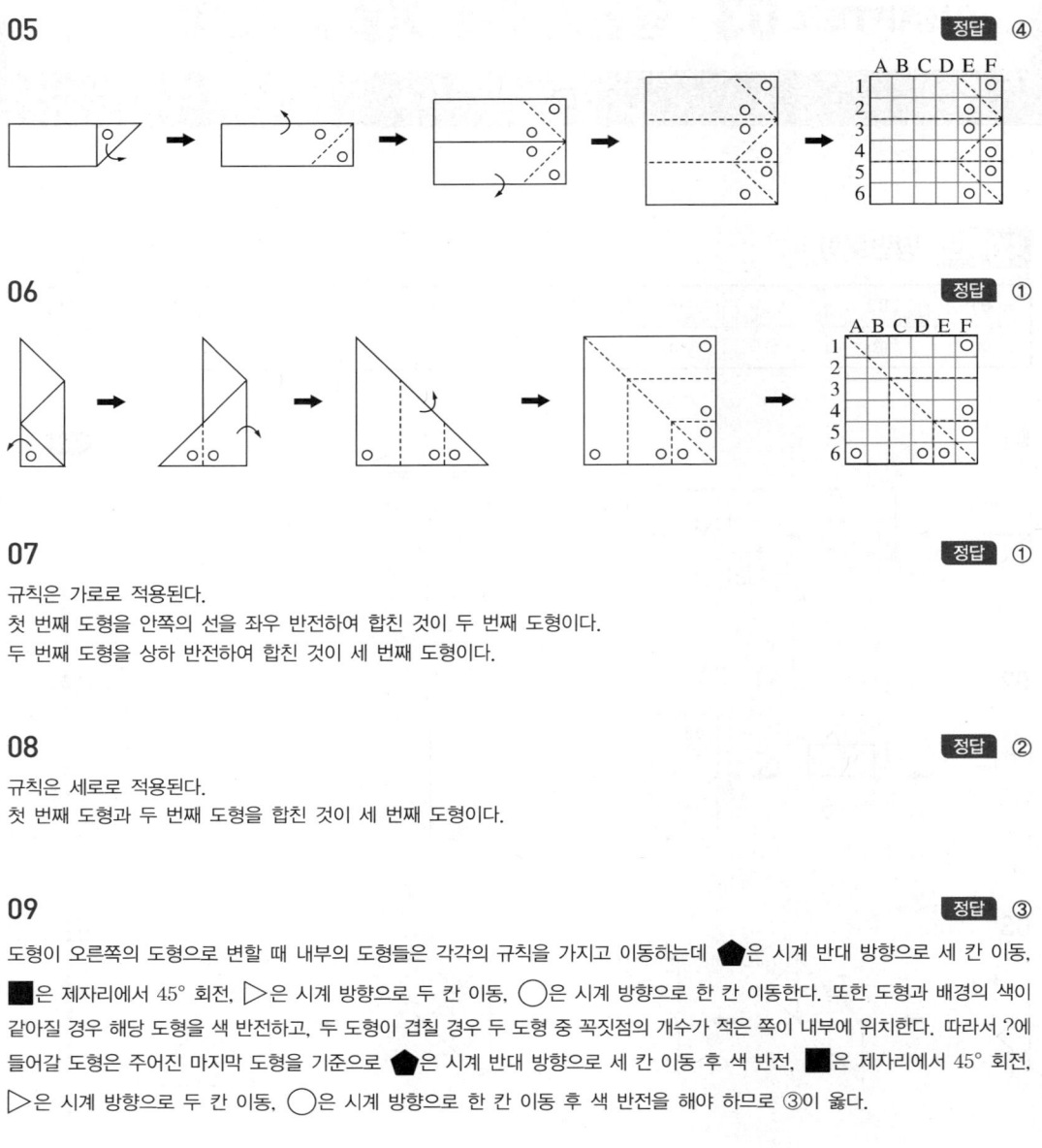

02 입체도형

01	02	03	04	05	06	07	08	09	10	11	12	13	14	15	16	17	18	19	20
④	④	③	③	④	①	④	①	①	③	①	④	④	①	③	④	④	①	④	②

01

정답 ④

02

정답 ④

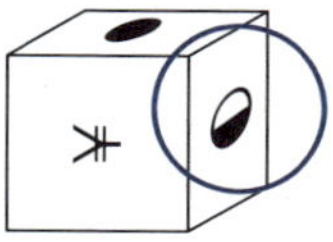

03

정답 ③

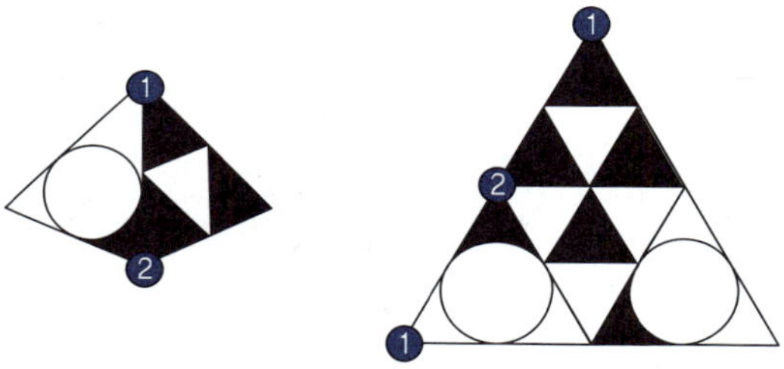

04

정답 ③

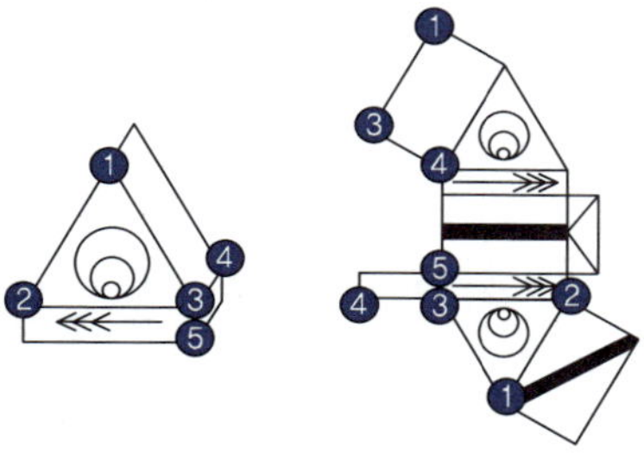

PART 2

05

정답 ④

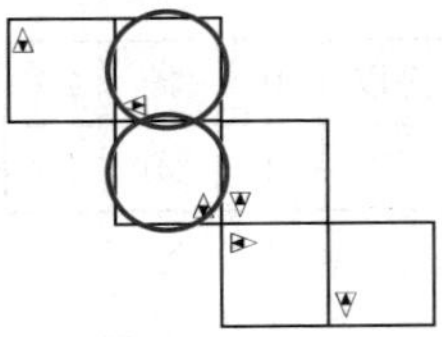

06

정답 ①

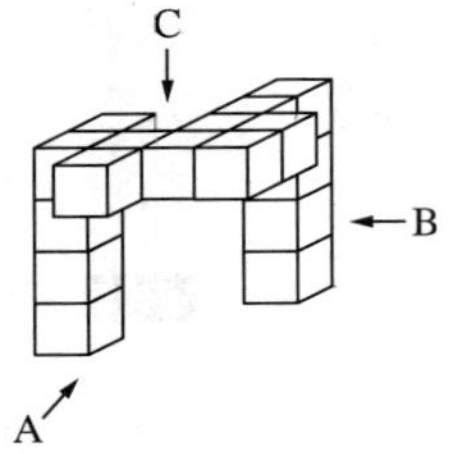

07

정답 ④

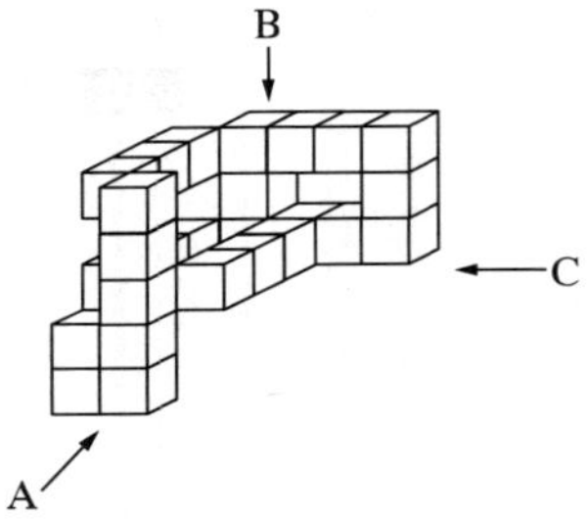

08

정답 ①

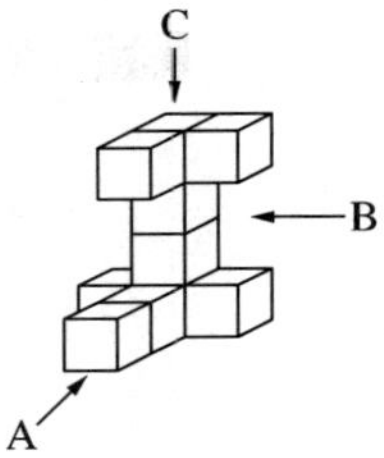

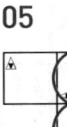

09

정답 ①

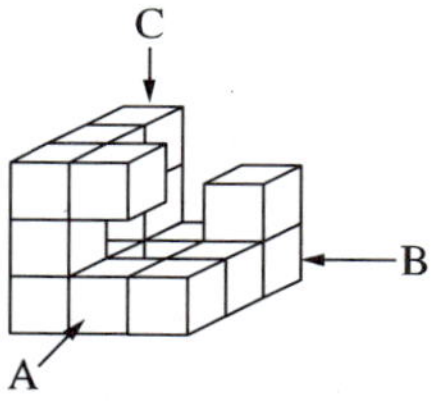

10

정답 ③

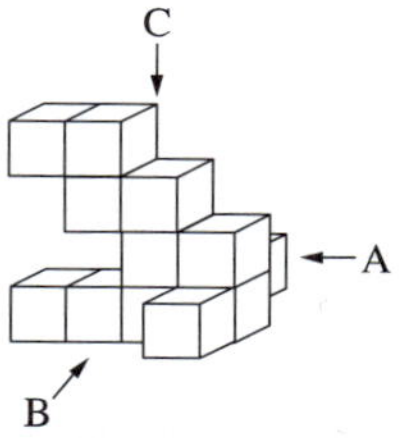

11

정답 ①

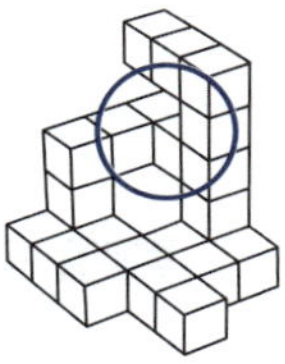

12

정답 ④

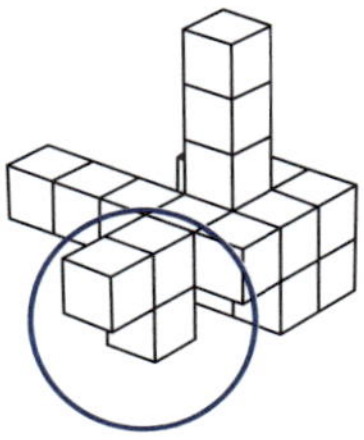

13

정답 ④

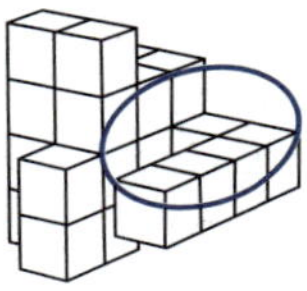

14 정답 ①

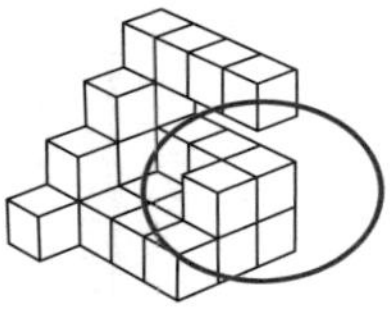

15 정답 ③

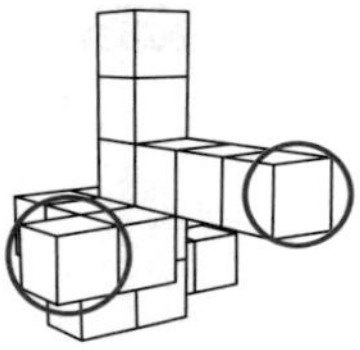

16 정답 ④

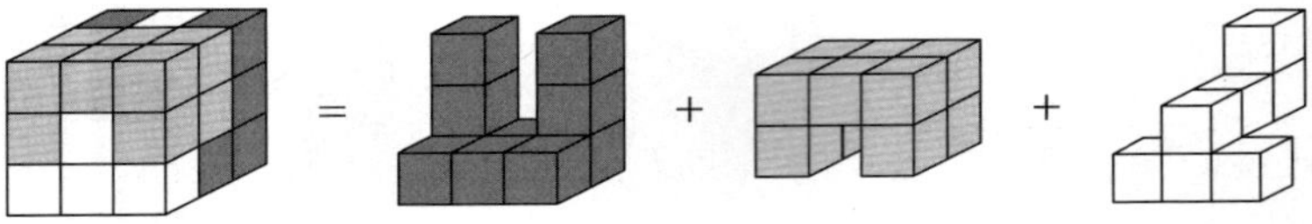

17 정답 ④

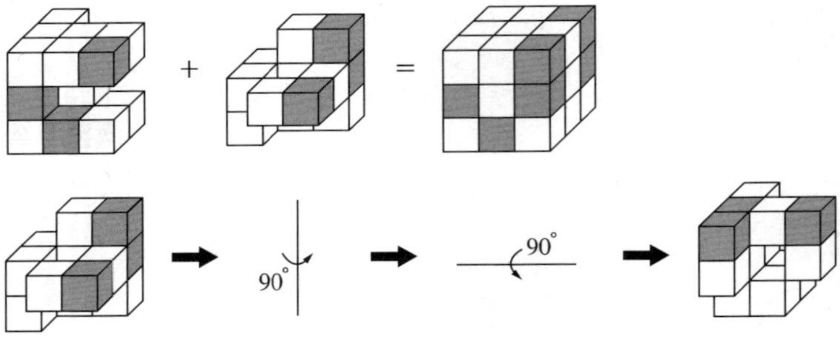

18 정답 ①

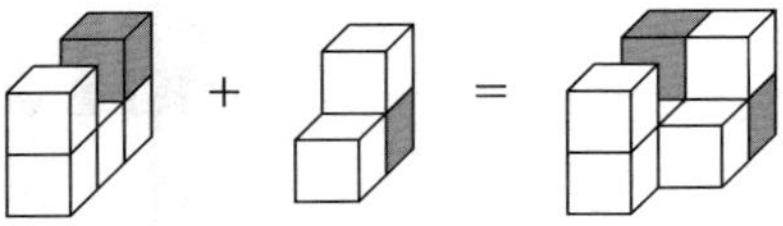

19

정답 ④

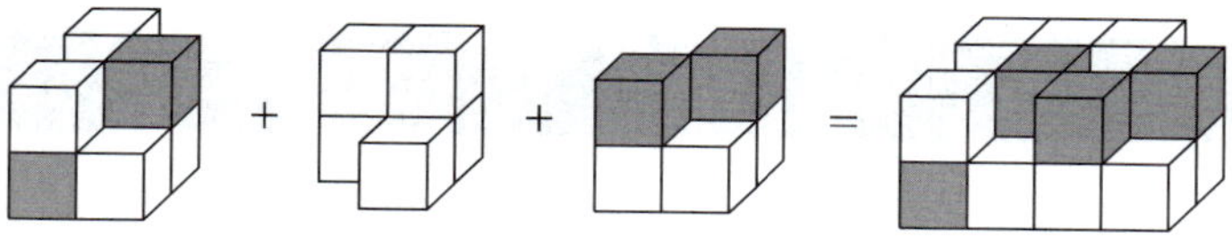

20

정답 ②

오답분석

①

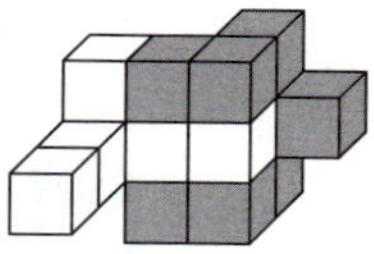

③

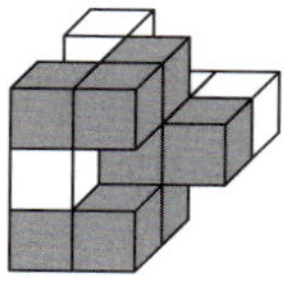

④

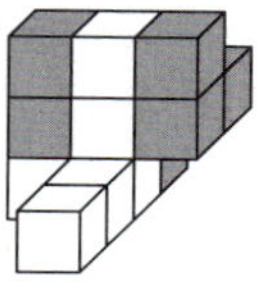

CHAPTER 04 문제해결력 기출예상문제

01 수추리

01	02	03	04	05	06	07	08	09	10
④	②	②	②	④	④	②	③	④	③
11	12	13	14	15	16	17	18	19	20
③	④	②	③	③	③	④	③	①	④

01

정답 ④

홀수 항은 $\times(-2)+2$, 짝수 항은 $+3$, $+6$, $+9$, …을 하는 수열이다.
따라서 ( )$=10\times(-2)+2=-18$이다.

02

정답 ②

앞의 항에 $\times2$, $+3$, $\times3$이 반복되는 수열이다.
따라서 ( )$=42+3=45$이다.

03

정답 ②

앞의 항에 $+3^1$, $+3^2$, $+3^3$, $+3^4$, …을 하는 수열이다.
따라서 ( )$=122+3^5=365$이다.

04

정답 ②

$\underline{A\ B\ C} \rightarrow C=(A-B)\times2$
따라서 ( )$=19-\frac{10}{2}=14$이다.

05

정답 ④

$\underline{A\ B\ C\ D} \rightarrow A+B+C=D$
따라서 ( )$=5+6+2=13$이다.

06

정답 ④

앞의 항에 -2, $\times2$, -3, $\times3$, -4, $\times4$, …를 하는 수열이다.
따라서 ( )$=35\times4=140$이다.

07

정답 ②

앞의 항에 $\times\frac{3}{2}$, $\times\frac{4}{3}$가 반복되는 수열이다.

따라서 ( )$=528\times\frac{4}{3}=704$이다.

08

정답 ③

앞의 항에 $\times3+1$을 하는 수열이다.
따라서 ( )$=121\times3+1=364$이다.

09

정답 ④

2^1-1, 2^2-1, 2^3-1, 2^4-1, …로 나열된 수열이다.
따라서 ( )$=2^6-1=63$이다.

10

정답 ③

앞의 항에 $+1^2$, $+2^2$, $+3^2$, $+4^2$, $+5^2$,…을 하는 수열이다.
따라서 ( )$=57+6^2=93$이다.

11

정답 ③

(앞의 항)$\times2-$(뒤의 항)$=$(다음 항)인 수열이다.
따라서 ( )$=3\times2-(-13)=19$이다.

12

정답 ④

앞의 두 항의 합이 다음 항이 되는 피보나치 수열이다.
따라서 ( )$=8+13=21$이다.

13
정답 ②

앞의 항에 $+2.7$, $\div 2$가 반복되는 수열이다.
따라서 ( )$=10.2\div 2=5.1$이다.

14
정답 ③

(앞의 항)+(뒤의 항)−1=(다음 항)인 수열이다.
따라서 ( )$=5+9-1=13$이다.

15
정답 ③

(앞의 항)×(뒤의 항)=(다음 항)인 수열이다.
따라서 ( )$=6\div 3=2$이다.

16
정답 ③

제시된 수열은 $+1.99$, $+1.98$, $+1.97$, …씩 증가하는 수열이다. 따라서 빈칸에 들어갈 적절한 수는 $7.94+1.96=9.9$이다.

17
정답 ④

홀수 항은 $+\frac{1}{4}$, 짝수 항은 $-\frac{1}{6}$인 수열이다.

따라서 ( )$=\frac{5}{4}+\frac{1}{4}=\frac{6}{4}=\frac{3}{2}$이다.

18
정답 ③

$\underline{A\ B\ C} \rightarrow (A+C)\times 2=B$
따라서 ( )$=(2+4)\times 2=12$이다.

19
정답 ①

$\underline{A\ B\ C} \rightarrow A=B\times C-2$
따라서 ( )$=(8+2)\div 2=5$이다.

20
정답 ④

$\underline{A\ B\ C} \rightarrow A^B=C$
따라서 ( )$=5^3=125$이다.

02 언어추리

01	02	03	04	05	06	07	08	09	10
③	④	②	②	④	④	④	④	①	④

01
정답 ③

'자차가 있다.'를 A, '대중교통을 이용한다.'를 B, '출퇴근 비용을 줄인다.'를 C라고 하면, 첫 번째 명제는 ~A → B, 마지막 명제는 ~A → C이다. 따라서 ~A → B → C가 성립하기 위해서 필요한 명제는 B → C이므로 '대중교통을 이용하면 출퇴근 비용이 줄어든다.'가 적절하다.

02
정답 ④

'운동을 꾸준히 한다.'를 A, '스트레스를 많이 받는다.'를 B, '술을 많이 마신다.'를 C, '간에 무리가 간다.'를 D라고 한다면 첫 번째 명제는 C → D, 세 번째 명제는 B → C, 네 번째 명제는 ~A → D이므로 네 번째 명제가 도출되기 위해서는 빈칸에 ~A → B가 필요하다. 따라서 대우 명제인 ④가 답이다.

03
정답 ②

A는 엘리베이터보다 계단이 더 가까운 곳에 살고 있으므로 1001호나 1002호에 살고 있다. C와 D는 계단보다 엘리베이터에 더 가까운 곳에 살고 있다고 하였으므로 1003호와 1004호에 살고 있다. D는 A 바로 옆에 살고 있으므로, D는 1003호에 살고 있고, A는 1002호에 살고 있음을 알 수 있다. 이를 정리하면 다음과 같다.

계단	1001호	1002호	1003호	1004호	엘리베이터
	B	A	D	C	

따라서 B가 살고 있는 곳에서 엘리베이터 쪽으로는 3명이 살고 있으므로 ②는 항상 거짓이다.

PART 2

04

정답 ②

제시된 명제를 정리하면 다음과 같다.

- B병원이 진료를 하지 않으면 A병원이 진료한다($\sim B \rightarrow A$ / $\sim A \rightarrow B$).
- B병원이 진료를 하면 D병원은 진료를 하지 않는다($B \rightarrow \sim D$ / $D \rightarrow \sim B$).
- A병원이 진료를 하면 C병원은 진료를 하지 않는다($A \rightarrow \sim C$ / $C \rightarrow \sim A$).
- C병원이 진료를 하지 않으면 E병원이 진료를 한다($\sim C \rightarrow E$ / $\sim E \rightarrow C$).
- E병원은 공휴일에 진료를 하지 않는다($\sim E$).

이를 하나로 연결하면 '$\sim E \rightarrow C \rightarrow \sim A \rightarrow B \rightarrow \sim D$'이다. 따라서 공휴일에 진료를 하는 병원은 B, C병원으로 2곳이다.

05

정답 ④

수연 · 윤수, 철수, 영희 순서로 점수가 높아진다. 영희는 90점, 수연이는 85점이므로 철수의 성적은 86점 이상 89점 이하이다.

06

정답 ④

세 번째 명제의 대우는 '운동을 좋아하는 사람은 고전을 좋아한다.'이다. 따라서 두 번째 명제와 연결하면 '사진을 좋아하는 사람은 고전을 좋아한다.'라는 명제를 얻을 수 있다.

07

정답 ④

세 번째 명제의 대우는 '짬뽕을 좋아하는 사람은 밥을 좋아한다.'이다. 따라서 두 번째 명제와 연결하면 '초밥을 좋아하는 사람은 밥을 좋아한다.'라는 명제를 얻을 수 있다.

08

정답 ④

조건에 따르면 수녀는 언제나 참이므로 A가 될 수 없고, 왕은 언제나 거짓이므로 C가 될 수 없다. 따라서 수녀는 B 또는 C이고, 왕은 A 또는 B가 된다.

i) 수녀 : B / 왕 : A
항상 참을 말해야 하는 수녀가, 자신이 농민이라고 거짓을 말하는 왕의 말이 진실이라고 하므로 모순이다.

ii) 수녀 : C / 왕 : A
농민은 B가 되는데 이때 농민은 거짓을 말하고, 수녀인 C는 자신이 농민이 아니라고 참을 말하는 것이므로 성립한다.

iii) 수녀 : C / 왕 : B
농민은 B가 되는데 이때 거짓을 말해야 하는 왕이 A를 긍정하므로 모순이다.

따라서 바르게 연결된 것은 ④이다.

09

정답 ①

조건만으로는 4, 5층의 화분 수를 1, 2층의 화분 수와 비교할 수 없다. 따라서 비교 가능한 조건으로 화분이 많은 순서대로 나열하면 '1층 – 2층 – 3층' 또는 '4층 – 5층 –3층'의 순서만 가능하다. 따라서 어떤 조건에서든지 3층의 화분 수가 가장 적은 것을 알 수 있다.

10

정답 ④

2층의 화분 수가 4층의 화분 수보다 많다면 화분이 많은 순서대로 나열할 때, '1층 – 2층 – 4층 – 5층 – 3층'의 순서가 된다. 이때, 4층의 화분 수는 세 번째로 많은 것일 뿐이며, 화분의 정확한 개수는 알 수 없다. 따라서 4층의 화분 수가 건물 내 모든 화분 수의 평균인지는 알 수 없다.

CHAPTER 05 관찰탐구력 기출예상문제

01	02	03	04	05	06	07	08	09	10
①	①	②	②	③	①	③	①	②	②
11	12	13							
④	①	①							

01

정답 ①

오답분석

② 외행성이며, 태양계 행성 중 질량, 반지름, 중력이 가장 크다.

③ 외행성이며, 극지방에서 오로라가 관측되며, 뚜렷한 고리가 있다.

④ 외행성이며, 자전 방향이 공전 방향과 반대 방향이다.

02

정답 ①

음악, 데이터 등의 디지털 정보를 저장하는 광디스크이다. 홈을 만들어 정보를 저장하고, 레이저 빛을 반사해 저장된 정보를 재생한다.

03

정답 ②

- 녹는점 : 고체가 녹아 액체로 되는 과정에서 일정하게 유지되는 온도
- 끓는점 : 액체가 끓어 기체로 되는 과정에서 일정하게 유지되는 온도

따라서 녹는점은 B구간이며, 끓는점은 D구간이다.

04

정답 ②

세포막을 구성하는 물질 중 하나로 기본 단위가 아미노산인 물질은 단백질이다.

05

정답 ③

[힘(F)]=[질량(m)]×[가속도(a)]

$\therefore m=\frac{F}{a}=\frac{8}{2}=4\text{kg}$

따라서 물체의 질량은 4kg이다.

06

정답 ①

주기율표는 원소를 원자 번호 순서대로 나열한 것이다.

07

정답 ③

오답분석

① 지구의 만유인력과 자전에 의한 원심력을 합한 힘

② 전기나 자기에 바탕을 둔 힘의 총칭

④ 핵의 붕괴에서 나타나는 짧은 거리에서 작용하는 힘

08

정답 ①

두 액체가 섞이지 않는 것은 밀도가 다르기 때문이다. 밀도가 큰 액체는 가라앉고 밀도가 작은 액체는 위에 떠 있어 층이 생긴다. 따라서 밀도에 따라 층으로 나눠진 액체는 분별깔때기나 스포이트를 이용해 분리가 가능하다.

09

정답 ②

물(H_2O)은 반응 후 결과물이므로 물이 산소를 얻은 것이 아니라 반응 전 식에서 수소(H_2)가 산소(O)를 얻어 산화된 것이다. 반대로 산화구리(CuO)는 산소를 잃어 환원된 것이며, 산화와 환원은 동시에 일어나는 동시성을 가진다. 또한 화학 반응식에서 원소는 구리(Cu), 수소(H), 산소(O) 3개이다.

10

정답 ②

화학 반응은 농도가 진할수록, 온도가 높을수록, 표면적이 넓을수록 빨라지며, 정촉매는 활성화 에너지를 낮추어 반응 속도를 빠르게 한다.

11

정답 ④

탄성력은 $F=kx$이므로 탄성계수 k는 $k=\frac{F}{x}=\frac{4}{5}=0.8$ N/cm이다. 따라서 용수철에 가해진 힘은 $0.8\times8=6.4$N이다.

12

정답 ①

$F=ma$이고, 그림에서 질량은 1kg이므로 가속도 a는 힘 F와 같고, 서로 반대 방향으로 힘이 작용한다.

따라서 가속도의 크기는 $a=\frac{F}{m}=\frac{8-4}{1}=4\text{m/s}^2$가 된다.

13

정답 ①

오답분석

㉡은 중력, ㉣은 관성력의 예이다.

PART

3

최종점검 모의고사

제1회 최종점검 모의고사

01	02	03	04	05	06	07	08	09	10	11	12	13	14	15	16	17	18	19	20
④	④	②	④	③	④	④	①	③	④	①	②	③	②	②	②	③	③	②	④
21	22	23	24	25	26	27	28	29	30	31	32	33	34	35	36	37	38	39	40
②	③	④	②	④	②	①	④	②	③	④	①	④	②	②	②	④	④	④	④
41	42	43	44	45															
①	④	③	②	②															

01

정답 ④

국립국어원에서는 '신기롭다'와 '신기스럽다' 중 '신기롭다'만을 표준어로 인정한다.

오답분석

한글 맞춤법에 따르면 똑같은 형태의 의미가 몇 가지 있을 경우, 그중 어느 하나가 압도적으로 널리 쓰이면 그 단어만을 표준어로 삼는다.

① '-지만서도'는 방언형일 가능성이 높다고 보아 표준어에서 제외되었으며, '-지만'이 표준어이다.

② '길잡이', '길라잡이'가 표준어이다.

③ '쏜살같이'가 표준어이다.

02

정답 ④

'쌀쌀맞게 시치미를 뗌'을 뜻하는 명사 '새침'에 접미사 '-데기'가 붙어 만들어진 파생어이므로 '새침데기'로 써야 한다.

오답분석

① '오랜만'은 '오래간만'의 준말이므로 '오랜만'으로 쓴다.

② 반짇고리'는 '바느질+고리'의 준말로, 끝소리가 'ㄹ'인 말과 딴 말이 어울릴 적에 'ㄹ'소리가 'ㄷ'소리로 나는 것은 'ㄷ'으로 적는다.

③ '표고가 600미터 이상으로 높고 한랭한 곳'이라는 의미는 '고랭지'로, 단어 분석 시 '고랭(高冷)+지(地)'로 분석하기 때문에 두음 법칙의 적용을 받지 않는다.

03

정답 ②

제시문에서 '당분 과다로 뇌의 화학적 균형이 무너져 정신에 장애가 왔다고 주장'한 것과, '정제한 당의 섭취를 원천적으로 차단'한 실험 결과를 토대로 추론하면 '과다한 정제당 섭취가 반사회적 행동을 유발할 수 있다.'로 귀결된다.

04

정답 ④

갈등을 성공적으로 해결하기 위해서는 누가 옳고 그른지 논쟁하는 일은 피하는 것이 좋으며, 상대방의 양 측면을 모두 이해하고 배려하는 것이 중요하다.

05

정답 ③

제시된 문단은 경기적 실업에 대한 고전학파의 입장을 설명하고 있으며, (나)의 '이들'은 바로 이 고전학파를 가리킨다. 그러므로 제시문 다음에 (나)가 이어져야 함을 알 수 있다. 다음으로 (가)의 '이렇게 실질임금이 상승하게 되면'을 통해 실질임금 상승에 관해 언급하는 (나)의 뒤에 (가)가 와야 함을 알 수 있다. 마지막으로 정부의 역할에 반대하는 고전학파의 주장을 강조하는 (다)는 결론에 해당한다. 따라서 (나) – (가) – (다) 순으로 나열되어야 한다.

06

정답 ④

미생물을 끓는 물에 노출하면 영양세포나 진핵포자는 죽일 수 있으나, 세균의 내생포자는 사멸시키지 못한다. 멸균은 포자, 박테리아, 바이러스 등을 완전히 파괴하거나 제거하는 것이므로 물을 끓여서 하는 열처리 방식으로는 멸균이 불가능함을 알 수 있다. 따라서 빈칸에 들어갈 내용으로는 소독은 가능하지만, 멸균은 불가능하다는 ④가 가장 적절하다.

07

정답 ④

- (가) : 빈칸 앞 문장은 현대적인 건축물에서 창과 문이 명확히 구별된다는 내용이고, 빈칸 앞 접속어가 역접 기능의 '그러나'이므로 이와 상반된 내용이 빈칸에 들어가야 한다. 따라서 ⓒ이 가장 적절하다.
- (나) : 빈칸이 포함된 문단의 첫 문장에서는 한옥에서 창호가 핵심적인 역할을 한다고 하였고, 이어지는 내용은 이를 뒷받침하는 내용이다. 따라서 '이처럼'으로 연결된 빈칸에는 문단 전체의 내용을 요약·강조하는 ㉠이 가장 적절하다.
- (다) : 빈칸을 포함한 문단의 마지막 문장에서 창호가 '지속적인 소통'을 가능하게 한다고 하였으므로 ⓛ이 가장 적절하다.

08

정답 ①

역학적 에너지는 보존되므로 위치에너지가 가장 작은 A지점의 운동에너지가 가장 크다.

09

정답 ③

'예술가가 무엇인가를 선택하는 정신적인 행위와 작업이 예술의 본질'이라는 내용과 마르셀 뒤샹, 잭슨 폴록 작품에 대한 설명을 통해 퐁피두 미술관이 전통적인 예술작품을 선호할 것이라고 추론하기는 어렵다.

오답분석

①·④ 마르셀 뒤샹과 잭슨 폴록의 작품 성격을 통해 추론할 수 있다.

② 마르셀 뒤샹과 잭슨 폴록이 서로 작품을 표현한 방식이 다르듯이 그밖에 다른 작가들의 다양한 표현 방식의 작품이 있을 것으로 추론함으로써 퐁피두 미술관을 찾는 사람들의 목적이 다양할 것이라는 추론을 도출할 수 있다.

10

정답 ④

전화를 처음 발명한 사람으로 알려진 알렉산더 그레이엄 벨이 전화에 대한 특허를 받았음을 이야기하는 (라) 문단이 첫 번째 문단으로 적절하며, 다음으로 벨이 특허를 받은 뒤 치열한 소송전이 이어졌다는 (다) 문단이 오는 것이 적절하다. 이후 벨은 그레이와의 소송에서 무혐의 처분을 받으며 마침내 전화기의 발명자는 벨이라는 판결이 났다는 (나) 문단과 지금도 벨의 전화 시스템이 세계 통신망에 뿌리를 내리고 있다는 (가) 문단이 차례로 오는 것이 적절하다.

11

정답 ①

누가 먼저 전화를 발명했는지에 대한 치열한 소송이 있었지만, (나) 문단의 1887년 전화의 최초 발명자는 벨이라는 판결에 따라 법적으로 전화를 처음으로 발명한 사람은 벨임을 알 수 있다.

오답분석

② 벨과 그레이는 1876년 2월 14일 같은 날 특허를 신청했으며, 누가 먼저 제출했는지는 알 수 없다.
③ 무치는 1871년 전화에 대한 임시특허만 신청하였을 뿐, 정식 특허로 신청하지 못하였다.
④ 벨이 만들어낸 전화 시스템은 현재 세계 통신망에 뿌리를 내리고 있다.

12

정답 ②

두 번째 문단에서 작용 반작용 법칙은 '두 물체가 접촉하여 힘을 줄 때뿐만 아니라 서로 떨어져 힘이 작용할 때에도 항상 성립한다.'고 했으므로 반작용의 힘은 위성이 지구와 인접해 있어야 나타나는 것이 아니라 항상 존재한다.

13

정답 ③

네 번째, 다섯 번째 문단에서 인공위성의 ㉠ 자세 제어용 추력기(소형의 추력기)와 ㉡ 반작용 휠은 모두 세 방향으로 설치되어 있음을 확인할 수 있다.

14

정답 ②

제시문은 CCTV가 인공지능(AI)과 융합되면 기대할 수 있는 효과들(범인 추적, 자연재해 예측)에 대해 말하고 있다. 따라서 제목으로 'AI와 융합한 CCTV의 진화'가 적절하다.

15

정답 ②

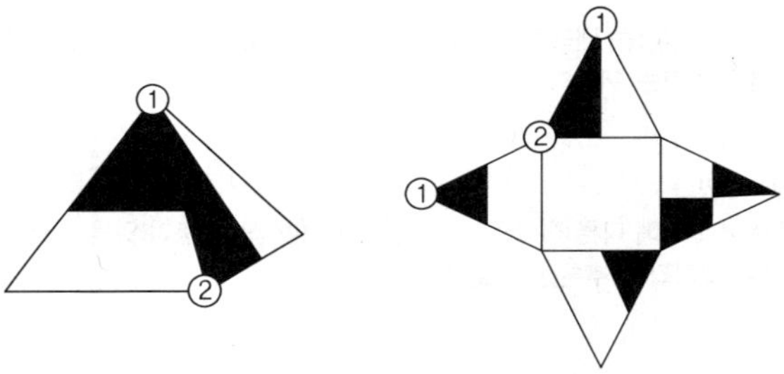

16

정답 ②

반응 속도에 영향을 주는 요인 중 농도와 관련된 실험이다. 삼각 플라스크에 향의 불씨를 넣었을 때 불꽃이 환하게 타오르는 것은 산소의 농도가 높은 삼각 플라스크 안에서 반응이 더 빨리 일어났기 때문이다.

오답분석

㉠ 향이 연소할 때 산소가 반응하여 소모되므로 산소는 반응물이다.
㉢ 여름철에 겨울철보다 음식이 쉽게 상하는 현상은 온도가 반응 속도에 미치는 영향으로 설명할 수 있다.

17

정답 ③

암모니아는 물에 잘 녹고, 이온화되어 염기성을 나타낸다. 염화수소와 반응하면 흰 연기가 발생하는데, 이것은 염화암모늄이다. 따라서 제시문에서 설명하는 것은 암모니아임을 알 수 있다.

18

정답 ③

달리고 있을 때의 자동차의 운동 에너지를 구하면 다음과 같다.

$\frac{1}{2} \times 1,000 \times 10^2 = 50,000\text{J}$

힘의 방향과 운동 방향이 반대이므로 $W = -F_s$ 이다.

$50,000 - F \times 10 = 0$

따라서 마찰력(F)은 5,000N이다.

19

정답 ②

응시자 중 불합격자 수는 응시자 수에서 합격자 수를 제외한 값이다.

- 2019년 : 2,810−1,310=1,500명
- 2020년 : 2,660−1,190=1,470명
- 2021년 : 2,580−1,210=1,370명
- 2022년 : 2,110−1,010=1,100명
- 2023년 : 2,220−1,180=1,040명

20

정답 ④

소리는 고체, 액체, 기체 속에서 모두 전달이 되지만, 진공 상태에서는 전달되지 않는다. 우주 공간은 진공 상태로, 소리를 전달할 매질이 없기 때문에 두 우주인은 대화를 나눌 수 없다. 하지만 헬멧을 맞대면 고체를 통해 소리가 전달되므로 대화를 나눌 수 있다.

21

정답 ②

DNA는 뉴클레오타이드가 수없이 많이 연결된 고분자 물질로, 유전 정보가 들어 있으며 2중 나선 구조(두 가닥의 폴리뉴클레오타이드가 하나의 축을 중심으로 나선형으로 꼬여 있음)로 되어 있다.

22

정답 ③

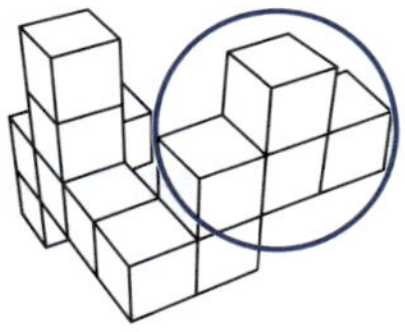

23

정답 ④

명왕성은 발견 당시에는 태양계 행성으로 분류되었으나 지금은 왜행성으로 분류되고 있다. 왜행성은 태양계를 도는 천체로 궤도 주변의 다른 천체를 배제하지 못하며, 다른 행성의 위성이 아니다. 중력을 유지할 수 있는 질량을 가지며, 원형에 가깝다.

24

정답 ②

②는 팀워크와 구분되는 응집력에 대한 설명이다. 팀워크는 공동의 목적 달성이라는 의지를 갖추고 서로 협력하여 성과를 내는 것을 의미한다.

PART 3

25

정답 ④

A는 대화의 분위기를 풀어볼 목적으로 농담을 하였다. 실제로 적절한 농담은 대화에서 긍정적인 기능을 한다. 그러나 상대방의 상황이 매우 좋지 않을 때에는 오히려 역효과가 나기 쉽다. 자신의 기분을 대수롭지 않게 대한다고 느낄 수 있기 때문이다.

26

정답 ②

$\underline{A\ B\ C} \rightarrow A+B-8=C$

따라서 ( )=3+5−8=0이다.

27

정답 ①

$\underline{A\ B\ C} \rightarrow A=B\times C-2$

따라서 ( )=(8+2)÷2=5이다.

28

정답 ④

[(앞의 항)+1]×2를 하는 수열이다.

따라서 ( )=(54+1)×2=110이다.

29

정답 ②

앞의 항에 $\times\frac{1}{4}$와 ×2−4가 반복되는 수열이다.

따라서 ( )=3.75×2−4=3.5이다.

30

정답 ③

'환율이 하락한다.'를 A, '수출이 감소한다.'를 B, 'GDP가 감소한다.'를 C, '국가 경쟁력이 떨어진다.'를 D라고 하면 첫 번째 명제는 'A → D', 세 번째 명제는 'B → C', 네 번째 명제는 'B → D'이다. 두 번째 명제가 참이 되려면 'C → A'라는 명제가 필요하다. 따라서 'C → A'의 대우 명제인 '환율이 상승하면 GDP가 증가한다.'가 적절하다.

31

정답 ④

B보다 시대가 앞선 유물은 두 개다.

1	2	3	4
		B	

나머지 명제를 도식화하면 'C－D, C－A, B－D'이다. 따라서 정리하면 다음과 같다.

1	2	3	4
C	A	B	D

32

정답 ①

각각의 안내문이 참일 경우를 보면 다음과 같다.

- 방 A의 안내문이 참인 경우 : 방 B에는 폭발물이 들어 있고, 방 C는 비어 있고, 방 A에는 지역특산물이 들어 있다.
- 방 B의 안내문이 참인 경우 : 방 B는 비어 있고, 방 C에는 폭발물이 들어 있고, 방 A에는 지역특산물이 들어 있다.
- 방 C의 안내문이 참인 경우 : 방 B는 폭발물이 들어 있지도, 비어 있지도 않아야 하므로 지역특산물이 들어 있어야 한다.

따라서 방 C의 안내문은 모순이 발생하므로 거짓이며, 반드시 옳은 것은 ①이다.

33

정답 ④

은진이, 수린이, 민수가 예상한 각 팀은 서로 대결할 수 없다는 점에 유의한다. 먼저 수린이가 예상한 팀은 은진이가 예상한 팀과 비교했을 때, '스웨덴과 독일'이 다르다. 그러므로 '불가리아와 스웨덴 또는 불가리아와 독일', '루마니아와 스웨덴 또는 루마니아와 독일'이 대결함을 알 수 있다.

여기서 민수가 예상한 팀에 루마니아와 독일이 함께 있으므로, '루마니아와 스웨덴', '불가리아와 독일'이 대결함을 알 수 있다.

또한 '이탈리아와 스페인'이 대결함을 알 수 있다.

따라서 네덜란드와 상대할 팀은 브라질이다.

34

정답 ②

물이 받는 관성력이 트럭의 진행 방향 쪽으로 일정하므로 트럭의 가속도 방향은 진행 방향과 반대이다. 따라서 트럭은 속도가 일정하게 감소하고 있다.

35

정답 ②

(에너지 효율)=(유용하게 사용된 에너지의 양)÷(공급한 에너지의 양)×100

- A : $\frac{5}{20}\times100=25\%$
- B : $\frac{10}{20}\times100=50\%$
- C : $\frac{5}{40}\times100=12.5\%$
- D : $\frac{10}{40}\times100=25\%$

따라서 조명 기구 B의 에너지 효율이 가장 높다.

36

정답 ②

회식자리에서의 농담은 자신의 생각에 달린 것이 아니라 받아들이는 사람이 어떻게 받아들이는가가 중요하다. 상사가 자신의 기분이 상할 수 있는 농담을 들었을 때, 회식과 같이 화기애애한 자리를 갑자기 냉각시킬 수는 없으므로 그 자리에서만 수용해줄 수 있는 것이다. 따라서 본인이 실수했다고 느낄 때 바로 사과하는 것이 적절하다.

37

정답 ④

규칙은 세로로 적용된다.

첫 번째 도형을 수직 방향으로 잘랐을 때 오른쪽 부분이 두 번째 도형이고, 이를 다시 수평 방향으로 잘랐을 때 아래쪽 부분이 세 번째 도형이다.

38

정답 ④

규칙은 가로로 적용된다.

짧은 바늘은 시계 방향으로 90°, 긴 바늘은 시계 반대 방향으로 90° 회전하고 있다.

39

정답 ④

도형이 오른쪽의 도형으로 변할 때 내부의 도형들은 각각의 규칙을 가지고 이동하는데, 은 제자리에서 시계 반대 방향으로 90° 회전, 은 시계 방향으로 두 칸 이동, 은 시계 방향으로 세 칸 이동, 은 시계 방향으로 한 칸 이동한다. 따라서 ?에 들어갈 도형은 주어진 마지막 도형을 기준으로 은 제자리에서 시계 반대 방향으로 90° 회전, 은 시계 방향으로 두 칸 이동, 은 시계 방향으로 세 칸 이동, 은 시계 방향으로 한 칸 이동해야 하므로 ④가 옳다.

40

정답 ④

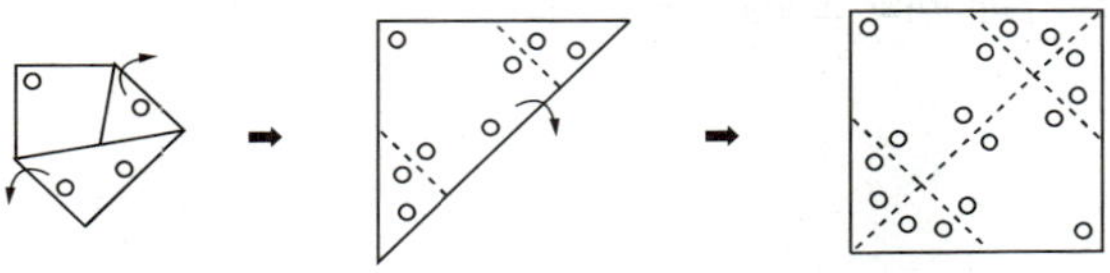

41

정답 ①

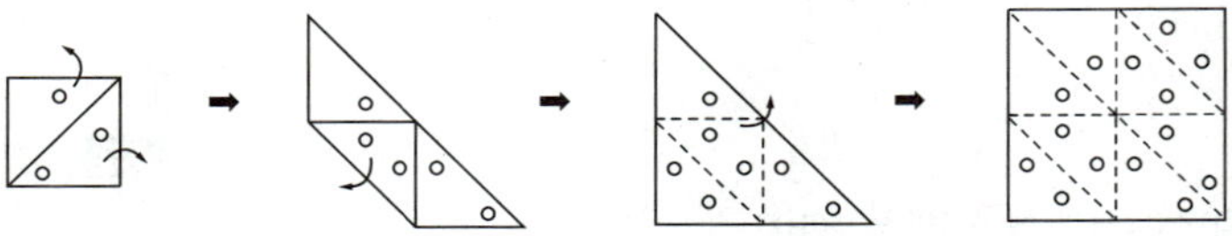

42

정답 ④

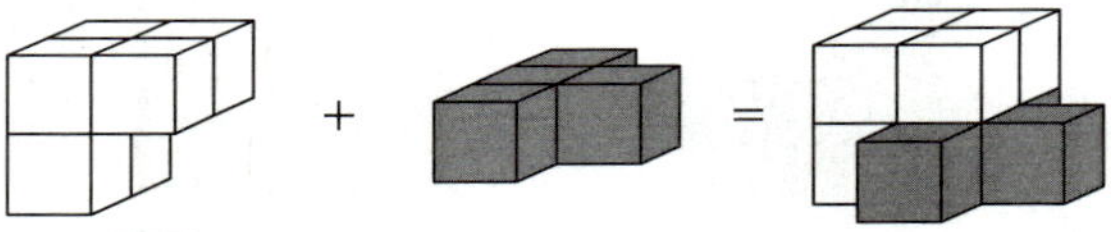

43

정답 ③

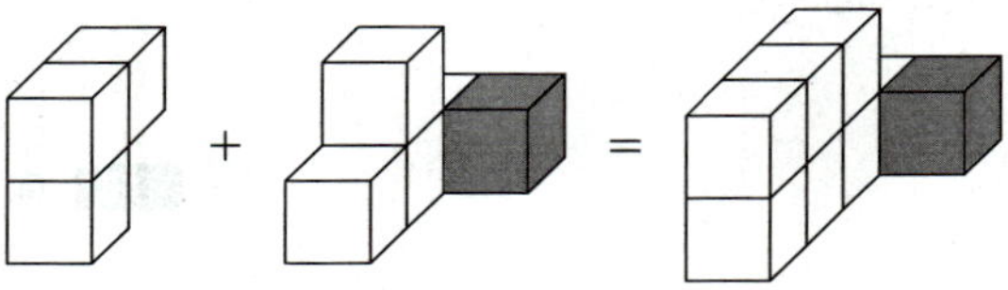

44

정답 ②

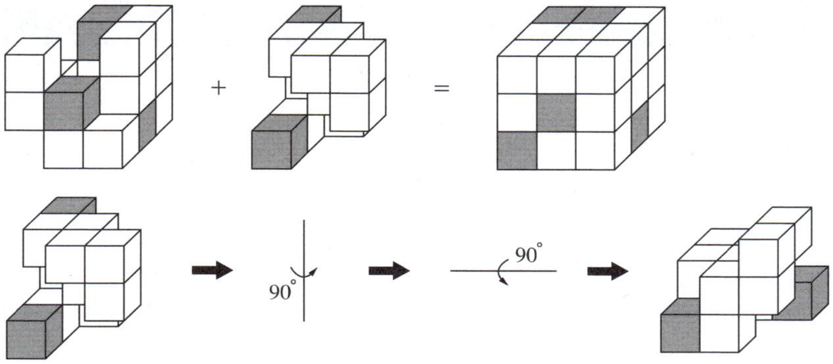

45

정답 ②

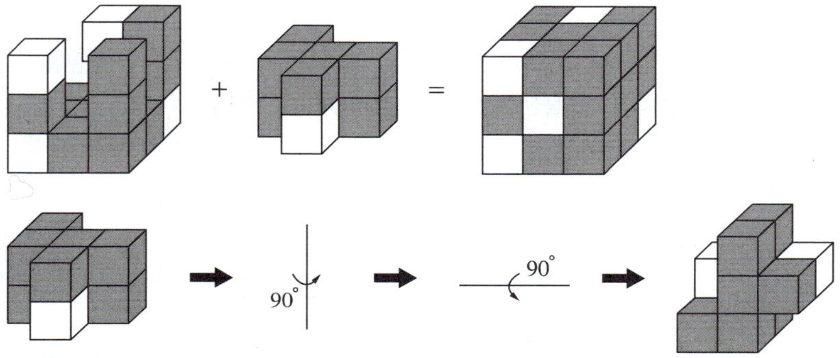

제2회 최종점검 모의고사

01	02	03	04	05	06	07	08	09	10	11	12	13	14	15	16	17	18	19	20
②	③	②	④	③	②	④	②	④	②	③	④	②	②	②	③	④	③	②	③
21	22	23	24	25	26	27	28	29	30	31	32	33	34	35	36	37	38	39	40
①	③	③	①	④	④	③	④	③	④	②	③	③	②	④	①	②	①	④	①
41	42	43	44	45															
④	④	③	②	①															

01

정답 ②

제시문의 '말'과 ②의 '말'은 '사람의 사상이나 감정을 나타내는 음성 기호'의 의미로 쓰였다.

오답분석

① 일정한 내용의 이야기
③ 말투
④ 소문, 풍문

02

정답 ③

제시문과 ③의 '가리다'는 '보이거나 통하지 못하도록 막다.'의 의미로 쓰였다.

오답분석

① 여럿 가운데서 하나를 구별하여 고르다.
② 낯선 사람을 대하기 싫어하다.
④ 잘잘못이나 좋은 것과 나쁜 것 따위를 따져서 분간하다.

03

정답 ②

- 낱말 맞히기 퍼즐은 어린이의 지능을 (개발)시키는 데에 도움을 준다.
- 국토의 균형적인 (개발 / 발전)을 위해 지방 소도시에 대한 지원이 이루어져야 한다.
- 인류는 화석 연료를 대체할 수 있는 새로운 에너지를 (개발)하는 데에 힘써야 한다.
- 농업 기술이 (발전)된 덕분에 제철이 아닌 과일도 언제든지 먹을 수 있다.
- 대통령은 국정 전반에 걸쳐 (개혁)을 단행했다.

- 개척(開拓) : 1. 거친 땅을 일구어 논이나 밭과 같이 쓸모 있는 땅으로 만듦
  2. 새로운 영역, 운명, 진로 따위를 처음으로 열어나감

오답분석

① 개혁(改革) : 제도나 기구 따위를 새롭게 뜯어고침
③ 개발(開發) : 1. 토지나 천연자원 따위를 유용하게 만듦
2. 지식이나 재능 따위를 발달하게 함
3. 산업이나 경제 따위를 발전하게 함
④ 발전(發展) : 보다 더 낫고 좋은 상태나 더 높은 단계로 나아감

04

정답 ④

제시문은 셰익스피어의 작품 『맥베스』에 나타난 비극의 요소를 설명하는 글이다. 주어진 문단의 마지막 문장에서 『맥베스』가 처음으로 언급되고 있으므로, 이어질 내용은 『맥베스』라는 작품에 대한 설명이 오는 것이 적절하다. 따라서 (다) 『맥베스』의 기본적인 줄거리 – (나) 『맥베스』의 전개 특징 – (라) 『맥베스』가 인간의 내면 변화를 집중적으로 다루는 이유 – (가) 『맥베스』에 대한 일반적인 평가의 순으로 나열되어야 한다.

05

정답 ③

오답분석

ⓒ 인간관계에서의 커다란 손실은 사소한 것으로부터 비롯되기 때문에 사소한 일에 대한 관심을 두는 것은 매우 중요하다.
ⓔ 거의 모든 대인관계에서 나타나는 어려움은 역할과 목표에 대한 갈등과 애매한 기대 때문에 발생한다. 신뢰의 시작은 처음부터 기대를 분명히 해야 가능하다.

대인관계능력 향상 방안
- 상대방에 대한 이해심
- 사소한 일에 대한 관심
- 약속의 이행
- 기대의 명확화
- 언행일치
- 진지한 사과

06

정답 ②

갈등해결 방법에 있어서 명심해야 될 점 9가지 중 옳지 않은 행동은 '어려운 문제는 피하도록 한다.', '사람들과 눈을 자주 마주치지 않도록 한다.' 2가지이다.
어려운 문제를 피하는 것은 갈등증폭의 원인이 될 수 있기 때문에 어려운 문제는 피하지 말고 맞서 바로 해결하는 것이 중요하다. 또한 사람들과 눈을 자주 마주치는 것은 갈등 해결에 있어 상대방에게 신뢰감과 존중감을 줄 수 있는 적절한 행동으로 볼 수 있다.

07

정답 ④

- (가) : 빈칸 앞 문장은 어려워질 경제 상황이 특정인들에게는 새로운 기회가 될 수도 있다는 내용, 뒤 문장은 특정인에게만 유리한 상황이 비효율적이라는 부정적인 내용이 위치하고 있다. 따라서 ⓒ이 가장 적절하다.
- (나) : 빈칸이 속한 문단의 내용이 집단 차원에서의 다양성 확보의 중요성을 주장하고, 그 근거로 반대 경우의 피해 사례를 제시하고 있으므로 ⓐ이 가장 적절하다.
- (다) : 빈칸이 속한 문단의 내용이 유전자 다양성 확보 시의 단점에 대한 내용이므로, '그럼에도 불구하고 다양성 확보가 중요한 이유'로 제시문을 마무리하는 ⓒ이 가장 적절하다.

08

정답 ②

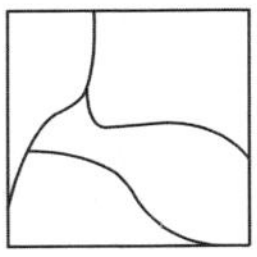

09

정답 ④

제시문은 첫 문단에서 위계화의 개념을 설명하고 이러한 불평등의 원인과 구조에 대해 살펴보고 있다.

10

정답 ②

보기는 나치 치하의 유태인 대학살과 라틴 아메리카의 다인종 사회의 예는 민족이나 인종의 차이가 단순한 차이가 아닌 차별과 불평등을 정당화하는 근거로 이용되고 있다는 내용이므로 (나) 문단 뒤에 들어가는 것이 적절하다.

11

정답 ③

(다) 문단의 '불평등은 체계적으로 ~ 수용될 때가 많다.'를 통해 알 수 있다.

12

정답 ④

명시적 인센티브 계약을 하면 성과에 기초하여 명시적인 인센티브가 지급된다. 따라서 성과를 측정하기 어려운 업무를 근로자들이 등한시하게 되는 결과를 초래할 수 있다. 그러므로 성과를 측정하기 어려운 업무에 종사하는 근로자에 대한 보상에서는 암묵적인 인센티브가 더 효과적이다.

오답분석

① 첫 번째 문단에서 확인할 수 있다.
② 세 번째 문단에서 확인할 수 있다.
③ 두 번째 문단에서 확인할 수 있다.

13

정답 ②

객관적으로 확인할 수 있는 조건보다는 주관적인 평가에 기초한 약속이다.

14

정답 ②

저항의 연결에서 병렬연결일 경우는 다음과 같은 식이 성립한다.

$$\frac{1}{R}=\frac{1}{R_1}+\frac{1}{R_2}+\frac{1}{R_3}=\frac{1}{2}+\frac{1}{2}+\frac{1}{2}$$

따라서 R(합성저항)$=\frac{2}{3}\Omega$이 된다.

15

정답 ②

물체가 하는 일은 $W=F\times s=2N\times 4m=8J$이다.

16

정답 ③

기초 대사량은 심장 박동, 혈액 순환, 호흡 운동, 체온 유지 등 생명을 유지하는 데 필요한 최소한의 에너지량이다.

17

정답 ④

암은 인체 내 (정상) 세포가 각종 원인(환경적 요인 또는 유전적 요인)에 의해 무제한 증식하여 형성되는 악성 종양을 말한다. 여러 원인 중 흡연은 암을 유발하는 대표적인 환경적 요인이다.

18

정답 ③

명제가 참이면 대우 명제도 참이다. 즉, '유민이가 좋아하는 과일은 신혜가 싫어하는 과일이다.'가 참이면 '신혜가 좋아하는 과일은 유민이가 싫어하는 과일이다.'도 참이 된다. 따라서 신혜는 딸기를 좋아하고, 유민이는 사과와 포도를 좋아한다.

19

정답 ②

초전도 현상은 어떤 물질이 특정 온도 이하에서 저항이 0이 되는 현상이며, 이러한 물질을 초전도체라고 한다. 초전도체에서는 열 에너지의 손실 없이 많은 양의 전류가 흐를 수 있는데, 이러한 초전도체로 만든 전선을 송전선으로 사용하면 전기 에너지가 열로 손실되는 것을 막을 수 있어 많은 양의 전기 에너지를 절약할 수 있다. 자기 부상 열차는 자기력을 이용하여 열차가 레일 위에 뜬 상태로 운행되므로 열차와 레일 사이 마찰 없이 고속으로 달릴 수 있는 점을 이용한 것으로 대표적인 초전도체의 이용 사례이다.

20

정답 ③

제시문을 정리했을 때 가격은 볼펜 < 테이프 < 가위 < 공책 순서이다. 따라서 가위가 두 번째로 비싼 문구임을 확인할 수 있다.

21

정답 ①

첫 번째 문단에서의 '특히 해당 건물은 조립식 샌드위치 패널로 지어져 있어 이번 화재는 자칫 대형 산불로 이어져'라는 내용과 빈칸 앞뒤의 '빠르게 진화되었지만', '불이 삽시간에 번져'라는 내용을 미루어 볼 때, 해당 건물의 화재가 빠르게 진화되었지만 사상자가 발생한 것은 조립식 샌드위치 패널로 이루어진 화재에 취약한 구조이기 때문으로 볼 수 있다. 따라서 빈칸에 들어갈 내용으로 가장 적절한 것은 ①이다.

오답분석

② 건조한 기후와 관련한 내용은 제시문에서 찾을 수 없다.
③ 해당 건물이 불법 가건물에 해당되지만 해당 건물의 안정성과 관련한 내용은 제시문에서 찾을 수 없다.
④ 소방 시설과 관련한 내용은 제시문에서 찾을 수 없으며, 두 번째 문단에서의 '화재는 30여 분 만에 빠르게 진화되었지만,'이라는 내용으로 보아 소방 대처가 화재에 영향을 줬다고 보기는 어렵다.

22

정답 ③

- 1층 : $5\times4-3=17$개
- 2층 : $20-4=16$개
- 3층 : $20-7=13$개
- 4층 : $20-12=8$개

$\therefore\ 17+16+13+8=54$개

23

정답 ③

- 1층 : $6\times5-9=21$개
- 2층 : $30-17=13$개
- 3층 : $30-21=9$개
- 4층 : $30-27=3$개

∴ $21+13+9+3=46$개

24

정답 ①

오답분석

② 자료에서 2023년 금값은 2022년과 비교했을 때 싸졌다.
③ 자료에서 1989년 금값은 1994년 금값보다 비쌌다.
④ 자료와 전체적으로 일치하지 않는다.

25

정답 ④

n을 자연수라고 하면 n항$\div(-2)+4=[(n+1)$항]인 수열이다.
따라서 ( )$=(-16)\div(-2)+4=12$이다.

26

정답 ④

홀수 항은 $+2$, $+4$, $+6$, …, 짝수 항은 $+1$, $+3$, $+5$, …을 하는 수열이다.
따라서 ( )$=3+3=6$이다.

27

정답 ③

$\underline{A\ B\ C} \rightarrow (A+B)\div3=C$
따라서 ( )$=6\times3-8=10$이다.

28

정답 ④

$\underline{A\ B\ C} \rightarrow (A\times B)-5=C$
따라서 ( )$=(3+5)\div(-4)=-2$이다.

29

정답 ③

마그마는 땅속 깊은 곳에서 암석이 지열(地熱)로 녹아 반액체로 된 물질이다. 이것이 식어서 굳어져 생긴 것이 화성암이고, 지상(地上)으로 분출하여 형성된 것이 화산이다.

오답분석

① 알갱이의 크기가 진흙과 같이 작은 것이 굳어져서 된 암석인 이암 중에서 층리가 얇게 관찰되는 암석을 말한다.
② 소금의 화학적 이름. 흰색의 결정으로 물에 녹으며, 생물체 내에서 중요한 생리 작용을 한다. 조미료, 혼합 냉각제, 화학 공업의 원료 따위로 쓴다.
④ 은백색의 가벼운 금속 원소의 하나로 산(酸)에 잘 녹고, 수소를 발생하며, 전성(展性)이 좋다. 천연으로는 탄산염 · 황산염 · 규산염 따위로 광물 속에 섞여 있거나 바닷물이나 광천, 동 · 식물의 몸 안에 들어 있으며, 주로 소금물의 전기 분해로 얻는다. 타이타늄 · 우라늄 제조의 환원제, 사진술 따위에 쓴다.

30

정답 ④

유리구슬의 총 개수는 18개이고, 제시된 조건은 아래와 같다.

i) 적+흑+청=백+황+녹

ii) 황=흑×3

iii) 백>녹>흑

iv) 적=백+녹

따라서 조건을 만족하는 개수는 적=6, 흑=1, 청=2, 백=4, 황=3, 녹=2이다.

31

정답 ②

코칭을 준비할 경우 어떤 활동을 다룰 것이며 시간은 어느 정도 소요될 것인지에 대해서 직원들에게 구체적이고 명확히 밝혀야 한다. 또한 지나치게 많은 지시와 정보로 직원들을 압도하는 일이 없도록 하고, 질문과 피드백에 충분한 시간을 할애해야 한다.

오답분석

ㄴ. 직원 스스로 해결책을 찾도록 유도한다.

ㅁ. 핵심적인 질문으로 효과를 높일 뿐 아니라 적극적으로 경청한다.

코칭의 진행 과정

1. 시간을 명확히 알린다.
2. 목표를 확실히 밝힌다.
3. 핵심적인 질문으로 효과를 높인다.
4. 적극적으로 경청한다.
5. 반응을 이해하고 인정한다.
6. 직원 스스로 해결책을 찾도록 유도한다.
7. 코칭 과정을 반복한다.
8. 인정할 만한 일은 확실히 인정한다.
9. 결과에 대한 후속 작업에 집중한다

32

정답 ③

제시된 조건을 정리하면 우리는 A, B 탈의실을, 나라는 B, D탈의실을 한국은 A, B, D 탈의실을 대여할 수 있다.

33

정답 ③

상준이는 토요일과 일요일에 운동을 하지 못하고, 금요일 오후에 운동을 했다. 또한, 월요일과 금요일이 아닐 때 이틀 연속으로 했으므로 월요일, 목요일에는 운동을 할 수 없다. 따라서 화요일(오전), 수요일(오전), 금요일(오후)에 운동을 하였다.

34

정답 ②

입사각>굴절각이므로 매질 1의 굴절률은 매질 2의 굴절률보다 작다.

매질 1에서의 속도는 매질 2에서의 속도보다 빠르다.

35

정답 ④

태양 전지는 태양광을 활용한 것으로, 태양 전지판을 이용하여 태양의 빛 에너지를 전기 에너지로 변환한다.

36

정답 ①

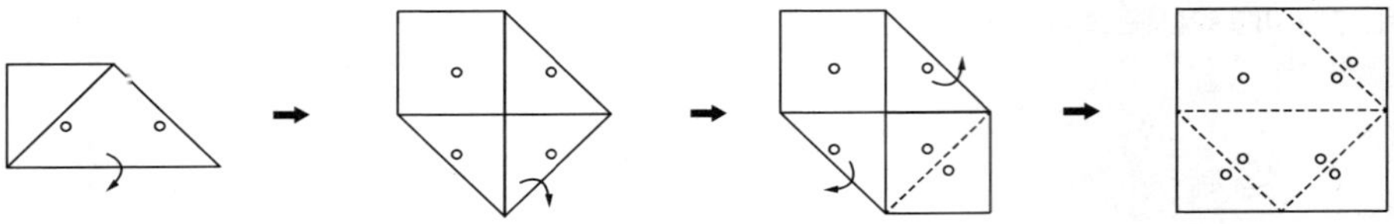

37

정답 ②

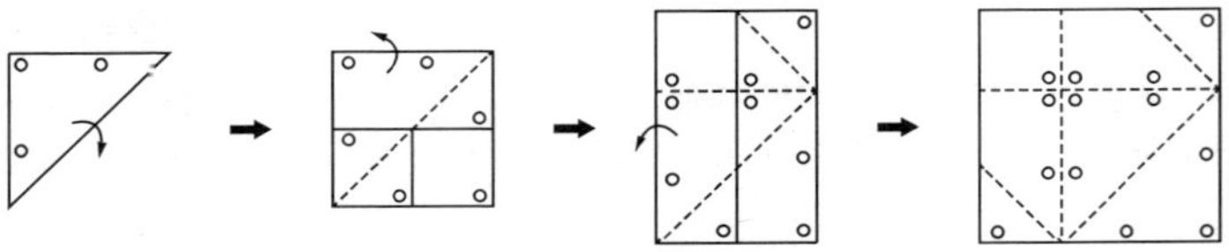

38

정답 ①

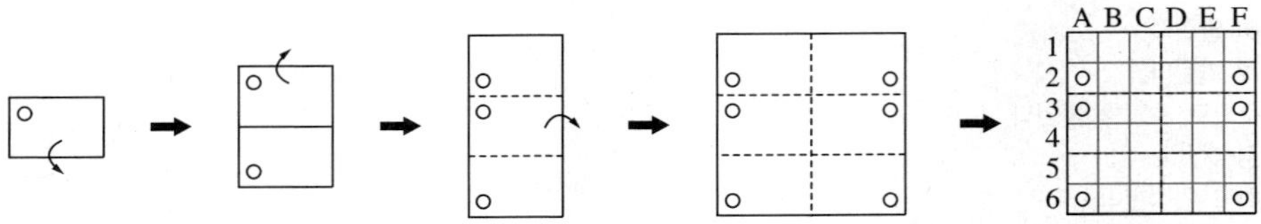

39

정답 ④

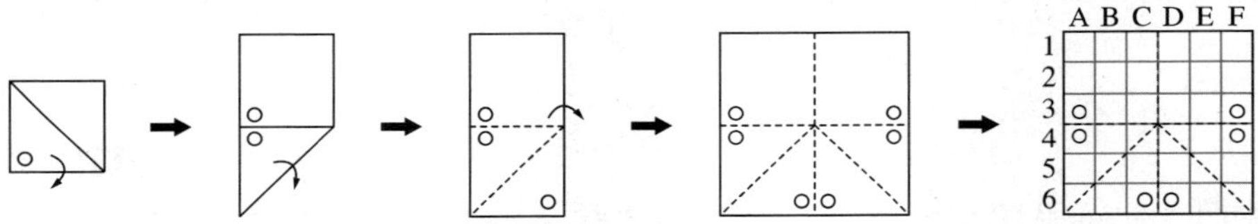

40

정답 ①

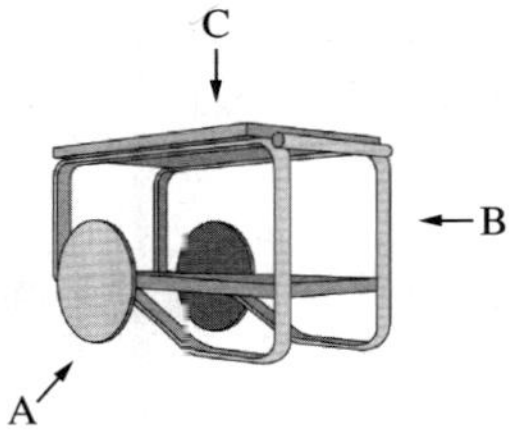

41

정답 ④

제시된 도형과 같은 것은 ④이다.

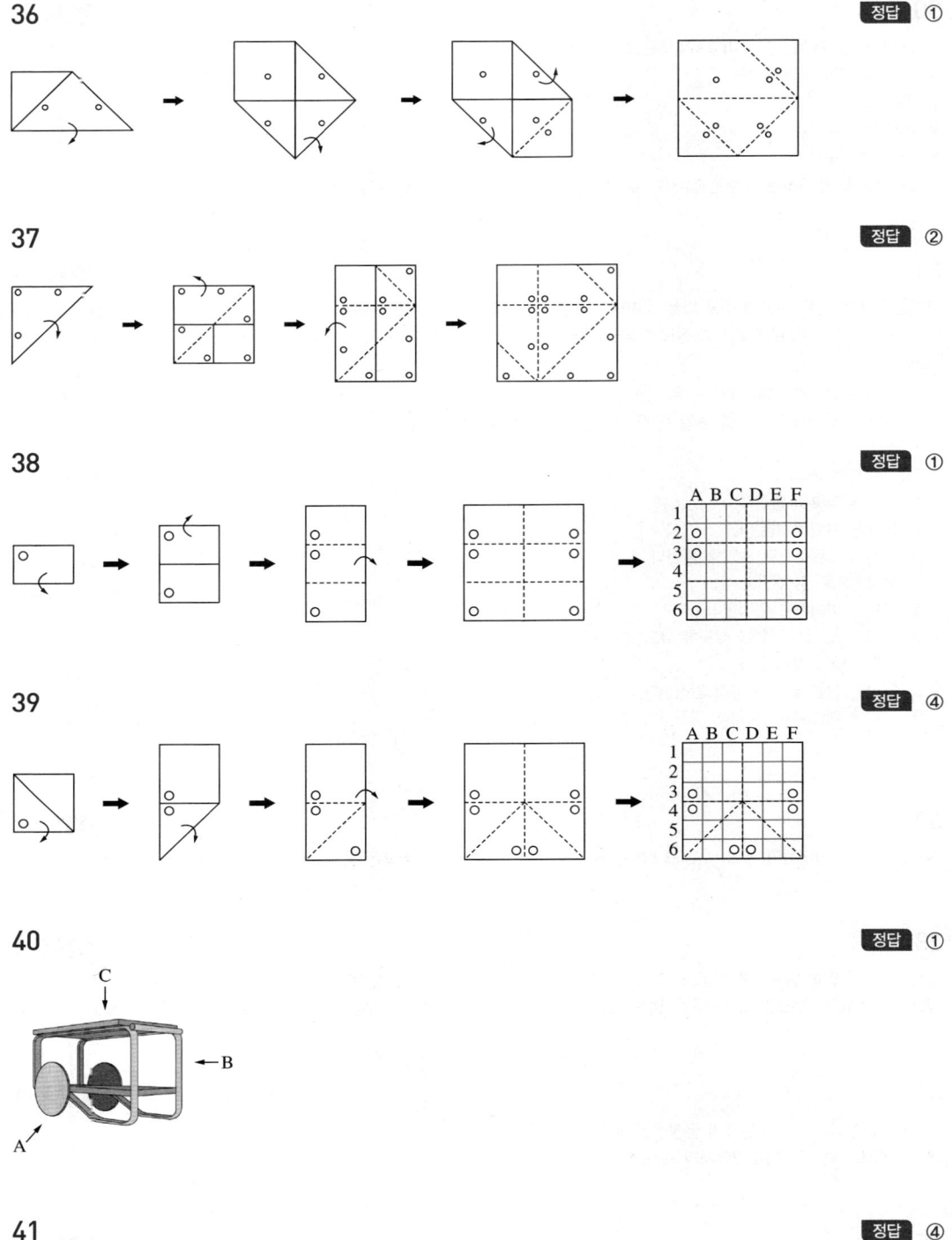

42

정답 ④

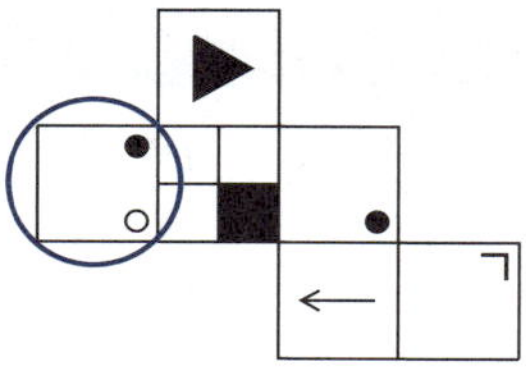

43

정답 ③

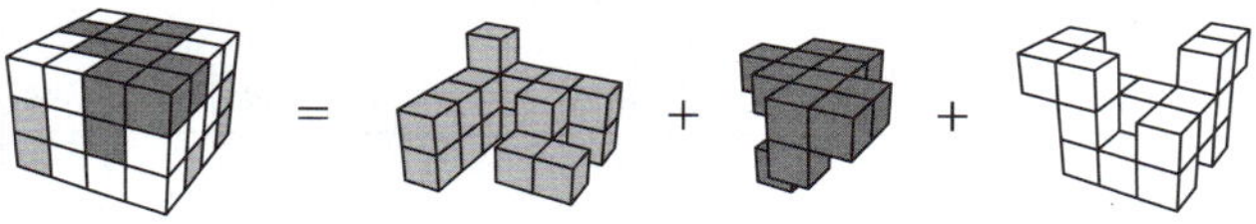

44

정답 ②

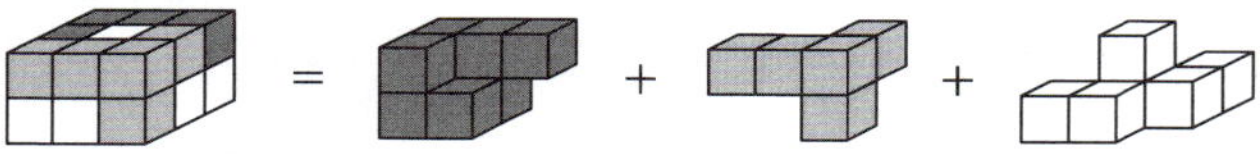

45

정답 ①

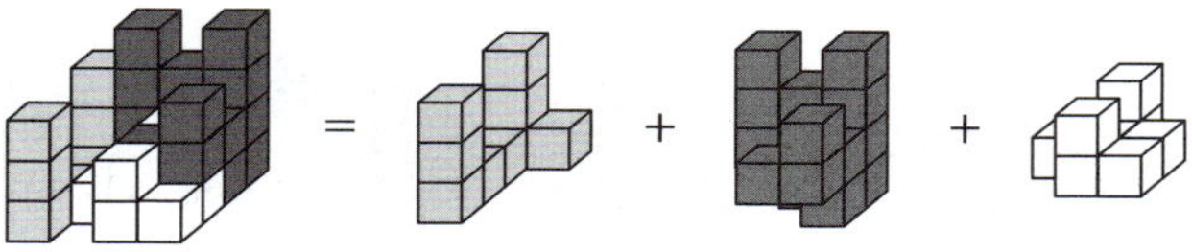

제3회 최종점검 모의고사

01	02	03	04	05	06	07	08	09	10	11	12	13	14	15	16	17	18	19	20
②	①	③	③	①	③	②	③	①	②	④	①	④	①	①	③	①	①	④	③
21	22	23	24	25	26	27	28	29	30	31	32	33	34	35	36	37	38	39	40
④	④	②	①	②	④	③	③	④	③	②	③	④	①	④	①	②	④	④	④
41	42	43	44	45															
①	①	④	④	②															

01

정답 ②

'드러나다'는 '가려 있거나 보이지 않던 것이 보이게 되다.'의 뜻을 가진 동사이다.

오답분석

① '비슷하다'는 '두 개의 대상이 크기, 모양, 상태, 성질 따위가 똑같지는 않지만 전체적 또는 부분적으로 일치하는 점이 많은 상태에 있다.'의 뜻을 가진 형용사이다.
③ '파랗다'는 '맑은 가을 하늘이나 깊은 바다, 새싹과 같이 밝고 선명하게 푸르다.'의 뜻을 가진 형용사이다.
④ '구수하다'는 '보리차, 숭늉, 된장국 따위에서 나는 맛이나 냄새와 같다.'의 뜻을 가진 형용사이다.

동사와 형용사의 구분
동사는 사물의 동작이나 작용을 나타내는 품사로서 명령형, 청유형, 현재 진행형으로 사용할 수 있으나, 형용사는 사물의 성질이나 상태를 나타내는 품사로 일반적으로 명령형, 청유형, 현재 진행형으로 사용할 수 없다.
예) 드러나다 → 드러나고 있다(현재 진행형 ○)
비슷하다 → 비슷하고 있다(현재 진행형 ×)

02

정답 ①

수신에는 실제로 회의에 참석해야 하는 을이 들어가는 것은 적절하지만, 그의 상사인 B팀 팀장은 실제로 회의에 참석하는 것이 아니므로 참조에 들어가는 것이 적절하다.

오답분석

②·③ A팀 팀장은 해당 메일에서 요청하는 일을 수행해야 하는 사람은 아니지만, 갑에게 해당 업무를 지시한 사람임으로, 갑이 해당 업무를 어떻게 수행했는지 알려주기 위해 A팀 팀장을 참조에 넣는 것은 적절하다.
④ B팀 팀장은 해당 메일에서 요청하는 일을 수행해야 하는 사람은 아니지만, 실제로 업무를 수행하는 을의 팀장임으로 을이 어떠한 업무를 지원하게 되었는지 알리기 위해 B팀 팀장을 참조에 넣는 것은 적절하다.

03

정답 ③

제시된 상황에서 A가 가장 먼저 답장해야 할 사람은 메일을 보낸 당사자인 경영지원팀 직원 B이며 바뀐 사내 행사의 내용과 일정에 대해 확인하는 것이 가장 먼저이다.

오답분석

①·② 담당자 업무와 관련한 내용을 담당자에게 알리기 전 곧바로 윗사람에게 보고하는 것은 서로 간에 예의에서 벗어난 행동이다.

④ A가 답장해야 할 내용이 사내 행사와 관련된 것은 맞지만, 사내 행사의 직접적인 관련자보다는 우선 그 메일을 보낸 사람인 B에게 먼저 답장을 하는 것이 더 적절한 행동이다.

04

정답 ③

제시문은 풀기 어려운 문제에 둘러싸인 기업적·개인적 상황을 제시하고, 위기의 시대임을 언급하고 있다. 그리고 그 위기를 이겨내는 자가 성공하는 자가 될 수 있음을 말하며, 위기를 이겨내기 위해서 지혜가 필요하다는 것에 대해 설명하고 있다. 따라서 (나) 풀기 어려운 문제에 둘러싸인 현재의 상황 – (라) 위험과 기회라는 이중의미를 가지는 '위기' – (다) 위기를 이겨내는 것이 필요 – (가) 위기를 이겨내기 위한 지혜와 성공이라는 결과 순으로 나열되어야 한다.

05

정답 ①

제시된 단어의 관계는 유의 관계이다.

• 아첨하다 : 남의 환심을 사거나 잘 보이려고 알랑거리다.
• 알랑대다 : 남의 비위를 맞추거나 환심을 사려고 다랍게 자꾸 아첨을 떨다.

PART 3

06

정답 ③

상대방에게 잘못을 지적하며 질책을 해야 할 때는 '칭찬의 말+질책의 말+격려의 말'의 순서인 샌드위치 화법으로 표현하는 것이 좋다. 즉, 칭찬을 먼저 한 다음 질책의 말을 하고, 끝에 격려의 말로 마무리한다면 상대방은 크게 반발하지 않고 질책을 받아들이게 될 것이다.

오답분석

① 상대방의 잘못을 지적할 때는 지금 당장의 잘못에만 한정해야 하며, 추궁하듯이 묻지 않아야 한다.
② 상대방의 말이 끝나기 전에 어떤 답을 할까 궁리하는 것은 좋지 않다.
④ 상대방을 설득해야 할 때는 일방적으로 강요하거나 상대방에게만 손해를 보라는 식으로 대화해서는 안 된다. 먼저 양보해서 이익을 공유하겠다는 의지를 보여주는 것이 좋다.

07

정답 ②

오답분석

㉠ 물체는 움직이지 않으므로 물체의 합력은 0이다.
㉡ 물체에 작용하는 힘은 철수가 물체를 당기는 힘과 영수가 물체를 당기는 힘으로서 서로 작용점이 같고, 힘의 평형 관계에 있다.

08

정답 ③

(라) 문단에 따르면 콜링우드는 예술을 통해 우리의 감정이 정리되었으면 굳이 타인에게 전달하지 않더라도 예술은 그 소임을 충분히 완성했다고 보았다. 따라서 보기의 경우처럼 불면의 밤을 보내며 시를 완성했다면, 그 시는 불면을 일으키는 혼란한 감정을 잘 정리해 예술로서의 소임을 다한 것이므로 그 시를 불태워 버려 타인에게 전달하지 않아도 무방한 것이다.

09

정답 ①

보기는 예술의 형식을 중요하게 여기며, 그 자체의 형식만으로도 예술은 아름다움을 충분히 드러낼 수 있다고 보고 있다. 이처럼 형식을 중요시한다는 점에서 보기의 예술관은 감정이라는 내용에 주목하는 톨스토이와 콜링우드의 예술관과 다르다. 따라서 보기의 견해처럼 예술의 형식을 중요시하는 입장이라면 예술의 본질은 감정보다는 형식이며, 예술 고유의 조형적 아름다움이 미적 즐거움을 주는 원천이라고 여길 것이다.

10

정답 ②

모든 공원은 분위기가 있고, 서울에 있는 어떤 공원은 사람이 많지 않다. 즉, 서울에 있는 어떤 공원은 분위기가 있으면서 사람이 많지 않다.

11

정답 ④

두 번째 조건에 의해, B는 항상 1과 5 사이에 앉는다. E가 4와 5 사이에 앉으면 2와 3 사이에는 A, C, D 중 누구나 앉을 수 있으므로 ④는 옳지 않다.

오답분석

① D가 4와 5 사이에 앉으면 네 번째 조건에 의해, E는 1과 2 사이에 앉는다. 그러면 C와 D는 3 옆에 앉게 되는데 이는 세 번째 조건과 모순이 된다.
② C가 2와 3 사이에 앉으면 세 번째 조건에 의해, D는 1과 2 사이에 앉는다. 또한 네 번째 조건에 의해, E는 3과 4 사이에 앉을 수 없다. 따라서 A는 반드시 3과 4 사이에 앉는다.
③ E가 1과 2 사이에 앉으면 세 번째 조건의 대우 명제에 의해, C는 반드시 4와 5 사이에 앉는다.

12

정답 ①

그래프에서 파장이 450nm일 때 빛을 흡수하는 스펙트럼은 청원뿔 세포뿐이므로, 정답은 ①이다.

13

정답 ④

제시문은 빠른 사회변화 속 다양해지는 수요에 맞춘 주거복지 정책의 예로 예술인을 위한 공동주택, 창업 및 취업자를 위한 주택, 의료안심주택을 들고 있다. 따라서 주제로 적절한 것은 다양성을 수용하는 주거복지 정책이다.

14

정답 ①

수면 패턴은 휴일과 평일 모두 일정하게 지키는 것이 성장하는 아이들의 수면 리듬을 유지하는 데 좋다. 따라서 휴일에 늦잠을 자는 것은 적절하지 않다.

15

정답 ①

지구는 액체 상태의 물과 산소와 풍부한 대기가 있고, 수성은 중력이 매우 작아 대기가 없으므로 크레이터가 많고 밤과 낮의 표면 온도 차이가 매우 크다.

16

정답 ③

공 A와 공 B의 높이 차이가 3m이고 질량과 중력가속도는 같으므로 위치 에너지의 차이는 $5\times9.8\times(5-2)=147$J이다.

17

정답 ①

면역은 항체가 체내에 있는 동안 특정 항원에 대한 항체와 기억 세포가 생성되어 저항성을 지니게 되는 현상이다.

18

정답 ①

청바지의 괴리율 차이는 37.2%p이고 운동복의 괴리율 차이는 40%p로 운동복의 괴리율 차이가 더 크다.

오답분석

② 할인가 판매제품 수가 정상가 판매제품 수보다 많은 품목은 세탁기, 유선전화기, 기성신사복, 진공청소기, 가스레인지, 무선전화기, 오디오세트, 정수기로 총 8개이다.
③ 할인가 판매제품 수와 정상가 판매제품 수의 차이가 가장 큰 품목은 라면으로 30개 차이가 난다.
④ 제시된 자료를 통해 확인할 수 있다.

19

정답 ④

- 1층 : $4\times3=12$개
- 2층 : $12-3=9$개
- 3층 : $12-4=8$개
- 4층 : $12-7=5$개

$\therefore$ $12+9+8+5=34$개

20

정답 ③

- 1층 : $4\times4-1=15$개
- 2층 : $16-3=13$개
- 3층 : $16-5=11$개
- 4층 : $16-10=6$개

$\therefore$ $15+13+11+6=45$개

21

정답 ④

헬륨(He), 아르곤(Ar), 크립톤(Cr), 제논(Xe)과 같은 비활성기체는 단원자 분자로 존재한다.

22

정답 ④

홀수 항은 $\times2+1$을 하고, 짝수 항은 11^2, 22^2, 33^2, …로 나열된 수열이다.
따라서 ( )$=33^2=1{,}089$이다.

23

정답 ②

앞의 항에 $\times6$, $\div3$이 반복되는 수열이다.
따라서 ( )$=16\times6=96$이다.

24

정답 ①

홀수 항은 $+5$, 짝수 항은 $+1$, $+4$, $+7$, …을 하는 수열이다.
따라서 ( )$=-2+5=3$이다.

PART 3

25

정답 ②

홀수 항은 1^2-1, 2^2-1, 3^2-1, 4^2-1, …로 나열되고, 짝수 항은 -3, -4, -5, …을 하는 수열이다.
따라서 (　)$=-1-5=-6$이다.

26

정답 ④

나열된 수를 각각 A, B, C라고 하면 다음과 같은 규칙이 성립한다.
$\underline{A\ B\ C} \rightarrow A+B=-2C$
따라서 (　)$=26+4=30$이다.

27

정답 ③

나열된 수를 각각 A, B, C라고 하면 다음과 같은 규칙이 성립한다.
$\underline{A\ B\ C} \rightarrow A+B+C=53$
따라서 (　)$=53-(20+7)=26$이다.

28

정답 ③

오답분석

①·②·④ 2020년 물가상승률이 제시된 수치보다 높게 표시됐다.

29

정답 ④

제시된 조건을 식으로 표현하면 다음과 같다.
- 첫 번째 조건의 대우 : A → C
- 네 번째 조건의 대우 : C → ~E
- 두 번째 조건 : ~E → B
- 세 번째 조건의 대우 : B → D

위의 조건식을 정리하면 A → C → ~E → B → D이므로 여행에 참가하는 사람은 A, B, C, D 4명이다.

30

정답 ③

이동 시간이 긴 순서대로 나열하면 'D－B－C－A'이다. 이때 이동 시간은 거리가 멀수록 많이 소요된다고 하였으므로 서울과의 거리가 먼 순서에 따라 D는 강릉, B는 대전, C는 세종, A는 인천에서 근무하는 것을 알 수 있다.

31

정답 ②

가장 최근에 입사한 사람이 D이므로 D의 이름은 가장 마지막인 다섯 번째에 적혔다. C와 D의 이름은 연달아 적히지 않았으므로 C의 이름은 네 번째에 적힐 수 없다. 또한 E는 C보다 먼저 입사하였으므로 E의 이름은 C의 이름보다 앞에 적는다. 따라서 C의 이름은 첫 번째에 적히지 않았다. 이를 정리하면 다음과 같이 3가지 경우가 나온다.

구분	첫 번째	두 번째	세 번째	네 번째	다섯 번째
경우 1	E	C			D
경우 2	E		C		D
경우 3		E	C		D

여기서 경우 2와 경우 3은 A와 B의 이름이 연달아서 적혔다는 조건에 위배된다. 경우 1만 성립하므로 정리하면 다음과 같다.

구분	첫 번째	두 번째	세 번째	네 번째	다섯 번째
경우 1	E	C	A	B	D
경우 2	E	C	B	A	D

E의 이름은 첫 번째에 적혔으므로 E는 가장 먼저 입사하였다. 따라서 B가 E보다 먼저 입사하였다는 ②는 항상 거짓이다.

오답분석

① C의 이름은 두 번째로 적혔고 A의 이름은 세 번째나 네 번째에 적혔으므로 항상 옳다.
③ E의 이름은 첫 번째에 적혔고 C의 이름은 두 번째로 적혔으므로 항상 옳다.
④ A의 이름은 세 번째에 적히면 B의 이름은 네 번째에 적혔고, A의 이름이 네 번째에 적히면 B의 이름은 세 번째에 적혔다. 따라서 참일 수도, 거짓일 수도 있다.

32

정답 ③

B와 A의 관계에 대한 설명은 제시되어 있지 않으므로 B가 K빌라의 주민인지 알 수 없다.

오답분석

① C는 A의 오빠이므로 A의 아들과는 친척 관계이다.
② K빌라의 모든 주민은 A와 친척이므로 D도 A의 친척이다.
④ C가 A의 오빠라는 말에서 알 수 있듯이 A는 여자이다. 따라서 거짓임을 알 수 있다.

33

정답 ④

합력을 구하면 ①은 오른쪽으로 4N, ②와 ③은 오른쪽으로 2N, ④는 오른쪽으로 1N이다. 따라서 합력이 제일 작은 것은 ④이다.

34

정답 ①

먼저 병렬로 연결되어 있는 3개(2Ω, 4Ω, 6Ω)의 저항들 중 윗부분의 직렬로 연결된 두 전구 저항 합은 $R=2+4=6\Omega$이며, 이 두 저항과 6Ω 전구의 저항 합은 $R'=\frac{6\times6}{6+6}=3\Omega$이다.

따라서 4개의 전구 전체 저항은 $R''=1+3=4\Omega$이다.

35

정답 ④

도형이 오른쪽의 도형으로 변할 때 내부의 도형들은 각각의 규칙을 가지고 이동하는데, ▙은 왼쪽으로 한 칸 이동, ⅂은 제자리에서 시계 방향으로 90° 회전, ◼은 시계 방향으로 세 칸 이동, □은 위쪽으로 두 칸 이동한다.
따라서 ?에 들어갈 도형은 주어진 마지막 도형을 기준으로 ▙은 왼쪽으로 한 칸 이동, ⎿은 시계 방향으로 90° 회전, ◼은 시계 방향으로 세 칸 이동, □은 위쪽으로 두 칸 이동해야 하므로 ④가 옳다.

36

정답 ①

도형이 오른쪽의 도형으로 변할 때 내부의 도형들은 각각의 규칙을 가지고 이동하는데, ○은 시계 방향으로 도형 외부의 삼각형을 따라 한 칸씩 이동하며 색 반전, □은 도형 내부의 사각형을 따라 시계 방향으로 한 칸씩 이동, ◹은 도형 내부의 사각형을 따라 시계 방향으로 두 칸씩 이동한다.
따라서 ?에 들어갈 도형은 주어진 마지막 도형을 기준으로 ●은 시계 방향으로 도형 외부에서 한 칸 이동하며 색 반전, □은 도형 내부에서 시계 방향으로 한 칸 이동, ◹은 시계 방향으로 두 칸 이동해야 하므로 ①이 옳다.

37

정답 ②

제시문에서 필자는 3R 원칙을 강조하며 가장 필수적이고 최저한의 동물실험이 필요악임을 주장하고 있다. 특히 '보다 안전한 결과를 도출해내기 위한 동물실험은 필요악이며, 이러한 필수적인 의약실험조차 금지하려 한다는 것은 기술 발전 속도를 늦춰 약이 필요한 누군가의 고통을 감수하자는 이기적인 주장'이라는 대목을 통해 약이 필요한 이들을 위한 의약실험에 초점을 맞추고 있음을 확인할 수 있다. 따라서 ②의 주장처럼 생명과 큰 관련이 없는 동물실험을 비판의 근거로 삼는 것은 적절하지 않다.

38

정답 ④

대우 명제를 활용하여 정리하면 다음과 같다.

- 원두 소비량 감소 → 원두 수확량 감소
  [대우] 원두 수확량 감소 × → 원두 소비량 감소 ×
- 원두 수확량 감소 → 원두 가격 인상
  [대우] 원두 가격 인상 × → 원두 수확량 감소 ×
- 원두 수확량 감소 × → 커피 가격 인상 ×
  [대우] 커피 가격 인상 → 원두 수확량 감소
  원두 수확량이 감소하지 않으면 원두 소비량이 감소하지 않고 커피의 가격이 인상되지 않는다. 그러나 원두 소비량과 커피 가격 인상 간의 관계는 알 수 없다.

오답분석

① 세 번째 문장의 대우 명제와 문장을 다음과 같이 정리하면 옳은 추론이다.
커피 가격 인상 → 원두 수확량 감소 → 원두 가격 인상
② 첫 번째 문장의 대우 명제로 옳은 추론이다.
③ 두 번째 문장의 대우 명제로 옳은 추론이다.

39

정답 ④

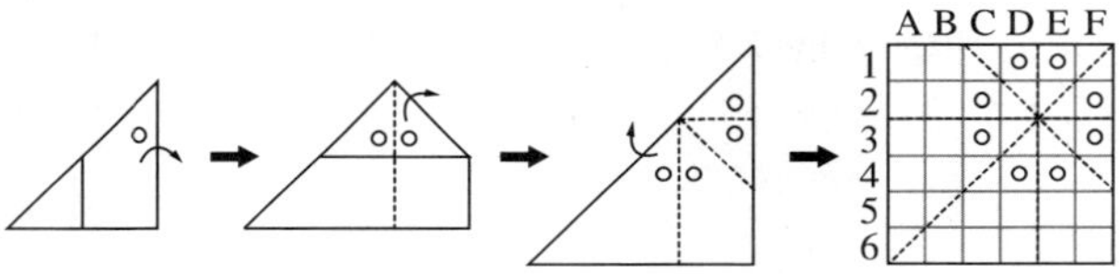

40

정답 ④

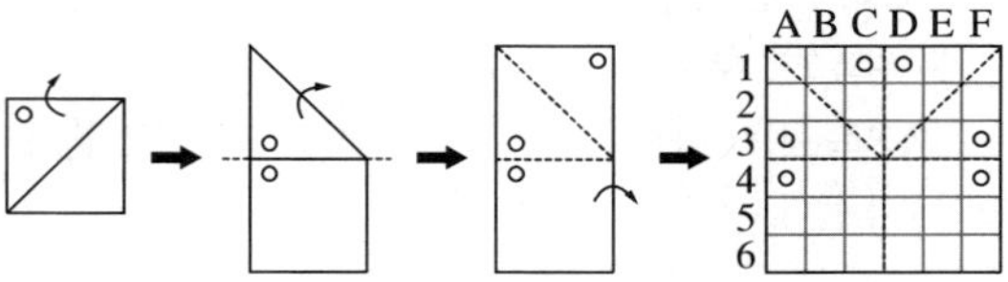

41

정답 ①

오답분석

②
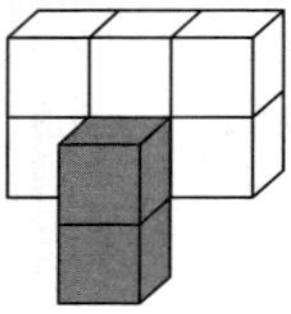

③
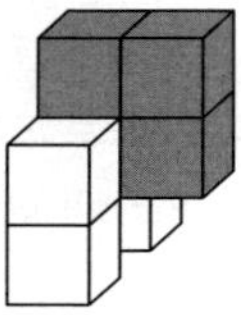

④
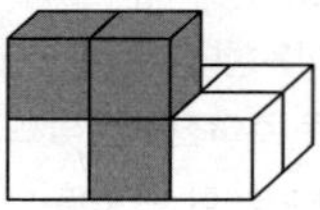

42

정답 ①

오답분석

② 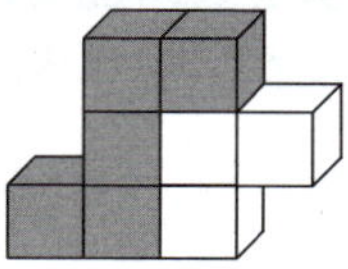

③ 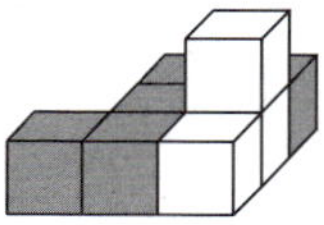

④ 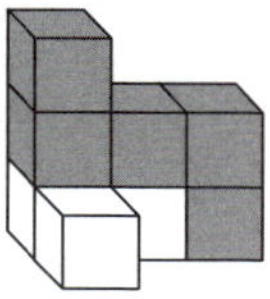

43

정답 ④

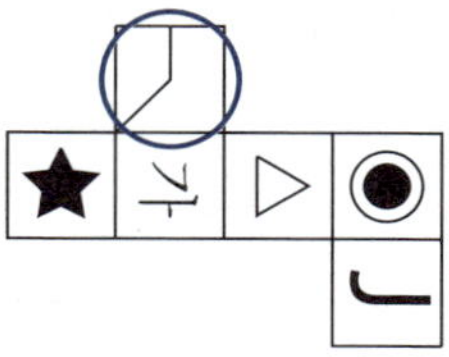

44

정답 ④

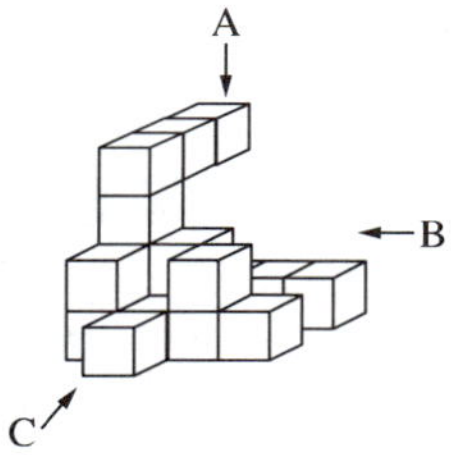

45

정답 ②

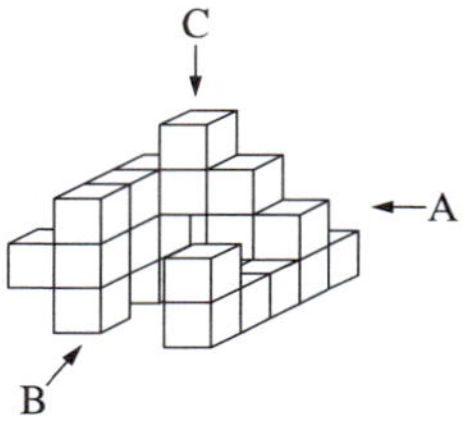

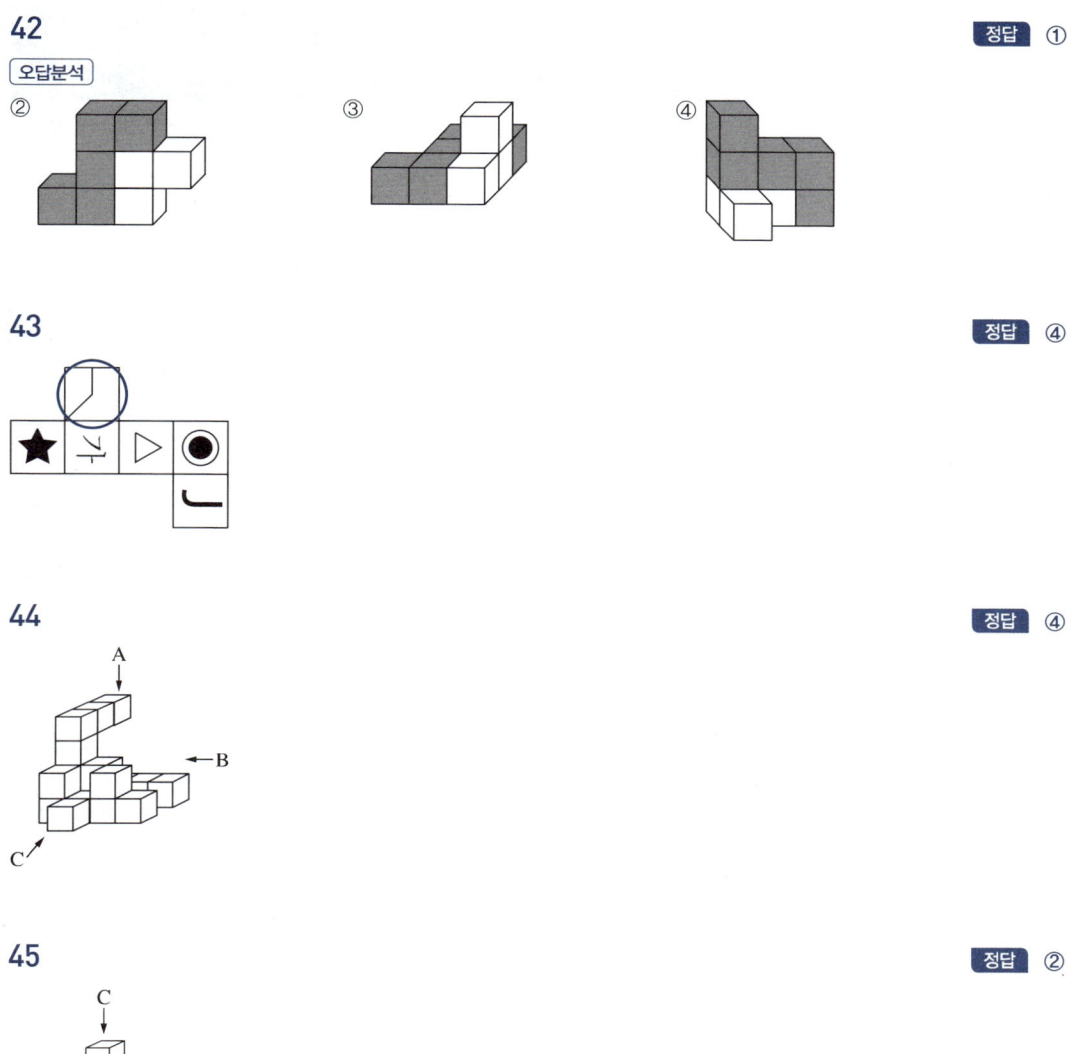

제4회 최종점검 모의고사

01	02	03	04	05	06	07	08	09	10	11	12	13	14	15	16	17	18	19	20
②	④	①	③	②	③	③	③	②	①	③	③	②	③	③	②	③	④	②	④
21	22	23	24	25	26	27	28	29	30	31	32	33	34	35	36	37	38	39	40
①	①	①	①	②	③	②	①	③	①	②	④	②	①	④	①	④	③	①	④
41	42	43	44	45															
②	③	①	②	①															

01

정답 ②

제시문은 재즈가 어떻게 생겨났고 재즈가 어떠한 것들을 표현해내는 음악인지에 대해 설명하고 있으므로 제목으로는 ②가 가장 적절하다.

02

정답 ④

첫 번째 명제의 대우와 두 번째 명제를 정리하면 '모든 학생 → 국어 수업 → 수학 수업'이 되어 '모든 학생은 국어 수업과 수학 수업을 듣는다.'가 성립한다. 세 번째 명제에서 수학 수업을 듣는 '어떤' 학생들이 영어 수업을 듣는다고 했으므로, '어떤 학생들은 국어, 수학, 영어 수업을 듣는다.'가 성립한다.

03

정답 ①

- 건곤(乾坤) : 하늘과 땅을 아울러 이르는 말
- 천지(天地) : 하늘과 땅을 아울러 이르는 말

오답분석

② 정취(情趣) : 깊은 정서를 자아내는 흥취
③ 도산(倒産) : 재산을 모두 잃고 망함
④ 정밀(精密) : 아주 정교하고 치밀하여 빈틈이 없고 자세함

04

정답 ③

ⓛ 메모이므로 '글'에 해당한다.
ⓡ 의사표시를 글로 적은 메모의 일종이므로 '글'에 해당한다.

오답분석

ⓖ 전화이므로 '말'에 해당한다.
ⓒ 손짓이므로 '비언어적 수단'에 해당한다.
ⓜ 전화상 대화이므로 '말'에 해당한다.

05

정답 ②

의사결정에 있어 질보다 양을 추구한다.

06

정답 ③

• 상봉(相逢) : 서로 만남
• 이별(離別) : 서로 갈리어 떨어짐

오답분석

① 상면(相面) : 서로 만나서 얼굴을 마주 봄
② 성함(姓銜) : 성명(姓名)의 높임말
④ 해후(邂逅) : 오랫동안 헤어졌다가 뜻밖에 다시 만남

07

정답 ③

모든 저항이 병렬로 연결되어 있으므로

$\frac{1}{R_{\text{total}}}=\frac{1}{R_1}+\frac{1}{R_2}+\frac{1}{R_3}$ 이다.

따라서 $\frac{1}{R_{\text{total}}}=\frac{1}{10}+\frac{1}{20}+\frac{1}{10}=\frac{2+1+2}{20}=\frac{5}{20}$ 이므로 $R_{\text{total}}=\frac{20}{5}=4\Omega$ 이다.

08

정답 ③

㉠의 앞 문장에서는 지방 분해 과정에서 나타나는 체내 세포들의 글리코겐 양 감소에 대해 말하고 있고, 뒤 문장에서는 이러한 현상이 간세포에서 두드러지게 나타난다고 하면서 앞의 내용을 강조하고 있으므로 ㉠에는 '특히'가 들어가야 한다. 또한, ㉡의 뒤에 이어지는 문장에서는 ㉡의 앞 문장에서 나타나는 현상이 어떤 증상으로 나타나는지 설명하므로 ㉡에는 '이로 인해'가 들어가야 하고, ㉢의 앞에 서술된 내용이 그 뒤에 이어지는 주장의 근거가 되므로 ㉢에는 '따라서'가 와야 한다.

09

정답 ②

제시문은 수입 종자를 사용하는 것으로 인해 발생하는 비용 손실과 장기적 문제점에 대하여 설명하고 있다. 따라서 (가) 밥상에 오르는 곡물과 채소 종자에 대한 보편적 인식 – (다) 많은 작물의 종자를 수입하고 있는 현실 – (나) 외국 기업이 차지하고 있는 채소 종자 시장의 실태 – (라) 종자 수입으로 인해 향후 발생할 수 있는 문제의 순으로 나열되어야 한다.

10

정답 ①

제시된 단어의 관계는 반의 관계이다.

• 원양 : 육지에서 멀리 떨어진 큰 바다
• 근해 : 육지에 가까이 있는 바다

11

정답 ③

제시문은 우유의 효과에 대해 부정적인 견해가 존재하나 그래도 우유를 먹어야 한다고 말하고 있다. 따라서 빈칸에 들어갈 내용으로 ③이 가장 적절하다.

12

정답 ③

다섯 번째 문단에서 음파는 속도가 느린 층 쪽으로 굴절해서 그 층에 머무르려 하고 그곳에서 만들어진 소리는 수천 km 떨어진 곳에서도 들린다고 하였다. 따라서 수영장 물 밖에 있을 때보다 물 속에서 잠수해 있을 때 물 밖의 소리가 더 잘 들릴 것이라는 추론은 적절하지 않다.

오답분석

① 음속은 수온과 수압 중 상대적으로 더 많은 영향을 끼치는 요소에 의해 결정되는데, 수온이 일정한 구역에서는 수압의 영향을 받게 될 것이고, 수압은 수심이 깊어질수록 높아지므로 수온이 일정한 구역에서는 수심이 증가할수록 음속도 증가할 것이다.

② 표층의 아래층에서는 태양 에너지가 도달하기 어려워 수심에 따라 수온이 급격히 낮아지고, 더 깊은 심층에서는 수온 변화가 거의 없다.

④ 음파는 상대적으로 속도가 느린 층 쪽으로 굴절하는데 이런 굴절 때문에 해수면에서 음파를 보냈을 때 음파가 거의 도달하지 못하는 구역을 '음영대'라 한다. 이러한 음영대를 이용해서 잠수함이 음파탐지기로부터 회피하여 숨을 장소로 이동할 수 있다.

13

정답 ②

음속은 수온과 수압이 높을수록 증가하며 수온과 수압 중에서 상대적으로 더 많은 영향을 끼치는 요소에 의하여 결정된다. 수온이 급격하게 낮아지다가 수온의 변화가 거의 없는 심층에서는 수심이 깊어 수압의 영향을 더 많이 받으므로 음속이 증가하는 것이다.

14

정답 ③

상대방의 요구를 거절할 때는 사과한 다음 할 수 없는 이유를 설명하는 것이 옳다. 불가능한 경우에는 모호한 것보다 단호하게 거절하는 것이 좋지만, 정색을 하면서 딱 부러지게 말하는 것은 상대의 감정을 상하게 할 수 있으므로 옳지 않다.

15

정답 ③

제시문의 마지막 문장에서 '언어 변화의 여러 면을 바로 이해'라고 언급했으므로 첫 문장으로는 일반적인 상위 진술인 ③ '접촉의 형식도 언어 변화에 영향을 미치는 요소로 지적되고 있다.'가 가장 적절함을 알 수 있다.

16

정답 ②

오답분석

ⓒ 유체 속에서 작용하는 압력도 압력의 단위인 Pa(파스칼) 또는 N/m^2을 사용한다.

17

정답 ③

물이 기화할 때 주변으로부터 기화열을 흡수하므로 물의 증발이 더 활발한 B의 물의 온도가 더 낮아진다.

18

정답 ④

원심력은 고정점의 둘레를 운동하는 물체가 밖을 향해 중심에서 멀어지도록 받는 힘을 말한다. 따라서 보기 모두 원심력이 작용하는 현상이다.

19

정답 ②

단백질은 20여 종의 아미노산이 펩타이드 결합으로 연결되어 있으며, 녹말을 구성하는 기본 단위는 포도당이다.

20

정답 ④

국민총소득(GNI)은 명목 GDP와 국외 순수취 요소 소득의 합이므로 국외 순수취 요소 소득은 국민총소득(GNI)과 명목 GDP의 차이다.

- 2023년 1분기 : 515,495.5−509,565.8=5,929.7십억 원
- 2023년 2분기 : 542,408.3−540,700.8=1,707.5십억 원
- 2023년 3분기 : 555,165.9−546,304.5=8,861.4십억 원

따라서 국외 순수취 요소 소득은 감소하였다 증가하였으므로 ④는 옳지 않은 설명이다.

오답분석

① 모든 분기에서 서비스업의 명목 GDP가 가장 높다.
② 제조업의 명목 GDP는 증가 추세이고 명목 GDP는 당해 생산된 재화의 단위 가격과 생산량의 곱이므로 생산량이 감소하였다면 재화의 단위 가격은 증가하여야 한다.
③ 건설업의 명목 GDP는 증가하였다 감소하였고 명목 GDP는 당해 생산된 재화의 단위 가격과 생산량의 곱이므로 생산 단가가 일정하다면 생산량은 증가하였다 감소하여야 한다.

21

정답 ①

농림어업의 명목 GDP는 증가하였다 감소하였으나 그 폭은 증가폭이 더 크다.
따라서 2023년 2분기에서 3분기로 감소할 때 기울기는 2023년 1분기에서 2분기로 증가할 때의 기울기보다 작아야 하므로 그래프로 변환하였을 때 옳지 않은 것은 ①이다.

22

정답 ①

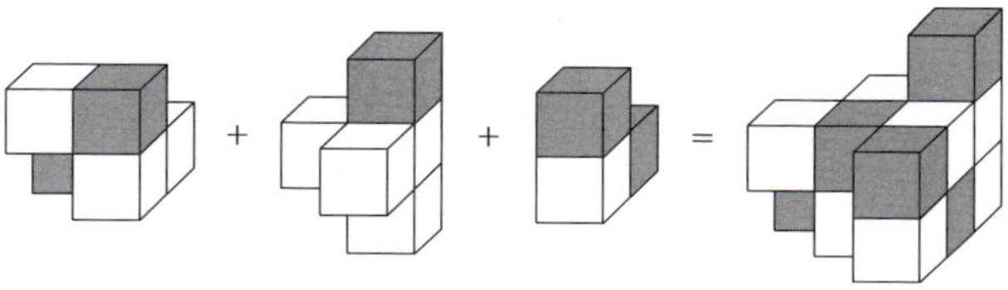

23

정답 ①

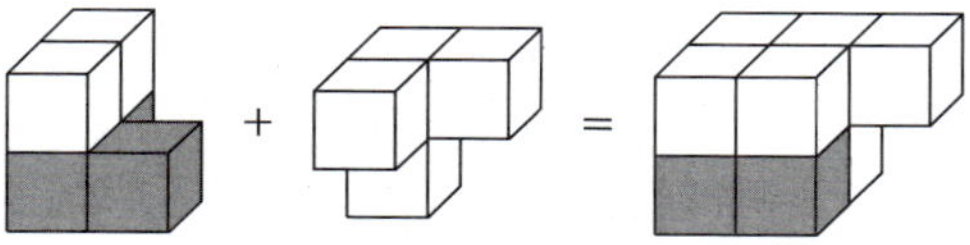

24

정답 ①

앞의 항에 -2^1, $+2^2$, -2^3, $+2^4$, -2^5, …을 하는 수열이다.
따라서 ( )=$(-18)+2^6=(-18)+64=46$이다.

25

정답 ②

홀수 항은 ×2+0.2, 짝수 항은 ×2−0.1을 하는 수열이다.
따라서 ( )=4.8×2+0.2=9.8이다.

26

정답 ③

나열된 수를 각각 A, B, C라고 하면 다음과 같은 규칙이 성립한다.

$\underline{A\ B\ C} \rightarrow (A+B)\times 2=C$

따라서 ( )$=(2+4)\times 2=12$이다.

27

정답 ②

나열된 수를 각각 A, B, C라고 하면 다음과 같은 규칙이 성립한다.

$\underline{A\ B\ C} \rightarrow A\times B=C$ 하는 수열이다.

따라서 ( )$=15\div 5=3$이다.

28

정답 ①

세영 > 희정, 세영 > 은솔 · 희진으로 세영이가 가장 높은 층에 사는 것을 알 수 있으며, 제시된 사실만으로는 가장 낮은 층에 사는 사람을 알 수 없다.

29

정답 ③

아메리카노를 A, 카페라테를 B, 유자차를 C, 레모네이드를 D, 녹차를 E, 스무디를 F라 하고 각각의 명제를 정리해 보면 A>B, D>C, E>B>D, F>E>A가 된다. 이를 연립하면 F>E>A>B>D>C이다.

따라서 가장 많이 팔리는 음료는 F, 즉 스무디이다.

30

정답 ①

천자포의 사거리는 1,500보, 현자포의 사거리는 800보, 지자포의 사거리는 900보로, 사거리 길이가 긴 순서에 따라 나열하면 '천자포 – 지자포 – 현자포'의 순서이다.

따라서 천자포의 사거리가 가장 긴 것을 알 수 있다.

31

정답 ②

피아노를 잘하는 사람의 경우 진실을 말할 수도 있고, 거짓을 말할 수도 있다는 점에 유의한다.

- 갑이 진실을 말했을 경우, 병의 말과 모순된다.
- 을이 진실을 말했을 경우, 병과 갑이 모두 거짓을 말한 것이 된다. 따라서 을이 조각, 병이 피아노(거짓을 말함), 갑이 테니스를 잘하는 사람이다.
- 병이 피아노를 잘하면서 거짓을 말했을 경우는 을이 조각, 갑이 테니스이다. 반대의 경우는 병의 말 자체가 모순되어 성립되지 않는다.

32

정답 ④

'지란지교(芝蘭之交)'는 지초와 난초의 향기와 같이 벗 사이의 맑고도 높은 사귐을 이르는 말이다.

오답분석

① 결초보은(結草報恩) : 죽어서까지도 은혜를 잊지 않고 갚음을 이르는 말

② 막역지우(莫逆之友) : 아주 허물없이 지내는 친구를 이르는 말

③ 유유상종(類類相從) : 같은 무리끼리 서로 내왕하며 사귐을 이르는 말

33

정답 ②

세 사람 중 한 사람의 진술만 참이므로, 각각의 진술이 참인 경우를 확인하면 다음과 같다.

i) A의 진술이 참일 경우

구분	대전지점	강릉지점	군산지점
A	X		
B		○	
C	X		

세 사람 중 누구도 대전지점에 가지 않았으므로 세 사람이 각각 다른 지점에 출장을 다녀왔다는 조건에 부합하지 않는다. 따라서 A의 진술은 거짓이다.

ii) B의 진술이 참일 경우

구분	대전지점	강릉지점	군산지점
A	○		
B		X	
C	X		

A는 대전지점에, B는 군산지점에, C는 강릉지점에 다녀온 것이 되므로 세 사람이 각각 다른 지점에 출장을 다녀왔다는 조건에 부합한다.

iii) C의 진술이 참일 경우

구분	대전지점	강릉지점	군산지점
A	○		
B		○	
C	○		

세 사람 중 누구도 군산지점에 가지 않았고 A와 C가 모두 대전지점에 갔으므로 세 사람이 각각 다른 지점에 출장을 다녀왔다는 조건에 부합하지 않는다. 따라서 C의 진술은 거짓이다.

따라서 B의 진술이 참이 되고 세 사람의 출장지를 바르게 짝지은 것은 ②이다.

34

정답 ①

염소(Cl_2) 소독은 염소가 물에 녹아 생성된 하이포염소산이 분해될 때 생성되는 활성 산소에 의한 살균 작용이다.

35

정답 ④

반도체는 도체와 부도체의 중간 정도의 전기적 성질을 가지며, 규소(Si)와 저마늄(Ge) 등이 대표적인 반도체이다.

36

정답 ①

(받침점에서 작용점까지의 거리) : (받침점에서 힘점까지의 거리)=(지레에 가해주는 힘) : (물체의 무게)

20cm : 40cm=F : 10N

∴ F=5N

따라서 F의 크기는 5N이다.

37

정답 ④

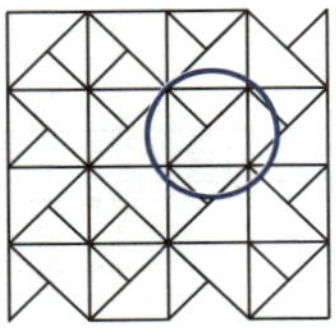

38

정답 ③

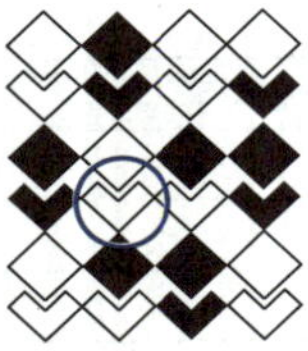

39

정답 ①

오답분석

② 기획서 : 적극적으로 아이디어를 내고 기획해 하나의 프로젝트를 문서형태로 만들어, 상대방에게 기획의 내용을 전달하여 기획을 시행하도록 설득하는 문서
③ 보고서 : 특정 일에 관한 현황이나 그 진행 상황 또는 연구·검토 결과 등을 보고하고자 할 때 작성하는 문서
④ 비즈니스 레터 : 사업상의 이유로 고객이나 단체에 편지를 쓰는 것으로 직장업무나 개인 간의 연락, 직접 방문하기 어려운 고객관리 등을 위해 사용되는 비공식적 문서

40

정답 ④

한자음 '녀'가 단어 첫머리에 올 때는 두음 법칙에 따라 '여'로 적으나, 의존 명사의 경우는 '녀' 음을 인정한다. 해를 세는 단위의 '년'은 의존 명사이므로 ④의 '연'은 '년'으로 적어야 한다.

오답분석

① 이사장의 말을 직접 인용하고 있으므로 '라고'의 쓰임은 적절하다.
② '말'이 표현을 하는 도구의 의미로 사용되었으므로 '로써'의 쓰임은 적절하다.
③ 'ㅇ' 받침으로 끝나는 말 뒤에 쓰였으므로 '률'의 쓰임은 적절하다.

41

정답 ②

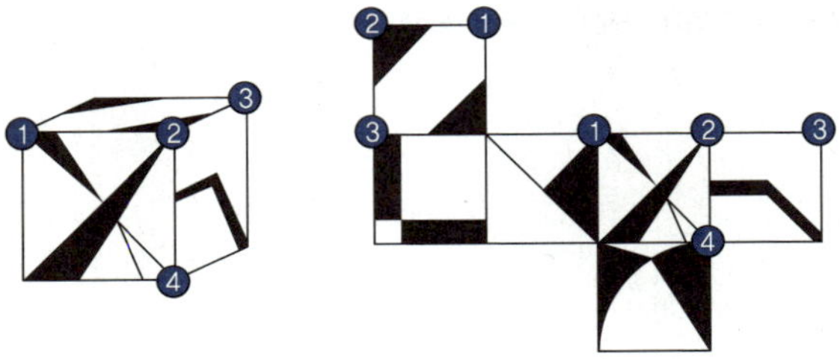

42

정답 ③

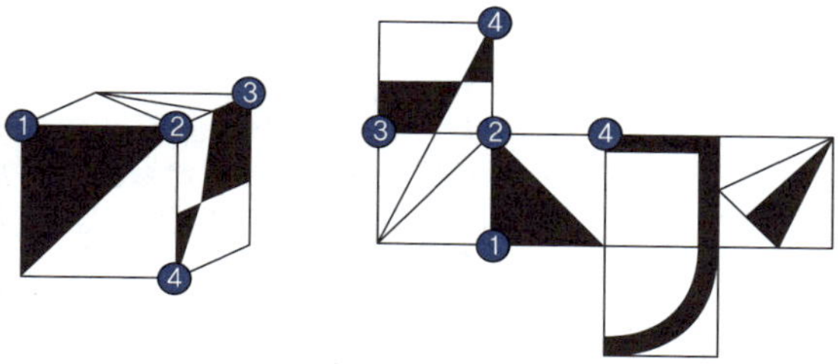

43

정답 ①

- 1층 : 3×2=6개
- 2층 : 6−3=3개
- 3층 : 6−4=1개

∴ 6+3+1=10개

44

정답 ②

- 1층 : 3×3−2=7개
- 2층 : 9−5=4개

∴ 7+4=11개

45

정답 ①

- 1층 : 3×3−3=6개
- 2층 : 9−6=3개
- 3층 : 9−8=1개

∴ 6+3+1=10개

시대에듀

MEMO

※ 절취선을 따라 분리하여 실제 시험과 같이 사용하면 더욱 효과적입니다.

경상남도교육청 교육공무직원 소양평가 답안카드

고사장

성 명

수 험 번 호						
⓪	⓪	⓪	⓪	⓪	⓪	⓪
①	①	①	①	①	①	①
②	②	②	②	②	②	②
③	③	③	③	③	③	③
④	④	④	④	④	④	④
⑤	⑤	⑤	⑤	⑤	⑤	⑤
⑥	⑥	⑥	⑥	⑥	⑥	⑥
⑦	⑦	⑦	⑦	⑦	⑦	⑦
⑧	⑧	⑧	⑧	⑧	⑧	⑧
⑨	⑨	⑨	⑨	⑨	⑨	⑨

감독위원 확인
㊞ 인

문번	1	2	3	4	문번	1	2	3	4	문번	1	2	3	4
1	①	②	③	④	21	①	②	③	④	41	①	②	③	④
2	①	②	③	④	22	①	②	③	④	42	①	②	③	④
3	①	②	③	④	23	①	②	③	④	43	①	②	③	④
4	①	②	③	④	24	①	②	③	④	44	①	②	③	④
5	①	②	③	④	25	①	②	③	④	45	①	②	③	④
6	①	②	③	④	26	①	②	③	④					
7	①	②	③	④	27	①	②	③	④					
8	①	②	③	④	28	①	②	③	④					
9	①	②	③	④	29	①	②	③	④					
10	①	②	③	④	30	①	②	③	④					
11	①	②	③	④	31	①	②	③	④					
12	①	②	③	④	32	①	②	③	④					
13	①	②	③	④	33	①	②	③	④					
14	①	②	③	④	34	①	②	③	④					
15	①	②	③	④	35	①	②	③	④					
16	①	②	③	④	36	①	②	③	④					
17	①	②	③	④	37	①	②	③	④					
18	①	②	③	④	38	①	②	③	④					
19	①	②	③	④	39	①	②	③	④					
20	①	②	③	④	40	①	②	③	④					

※ 본 답안카드는 마킹연습용 모의 답안카드입니다.

경상남도교육청 교육공무직원 소양평가 답안카드

고사장

성 명

수 험 번 호						
⓪	⓪	⓪	⓪	⓪	⓪	⓪
①	①	①	①	①	①	①
②	②	②	②	②	②	②
③	③	③	③	③	③	③
④	④	④	④	④	④	④
⑤	⑤	⑤	⑤	⑤	⑤	⑤
⑥	⑥	⑥	⑥	⑥	⑥	⑥
⑦	⑦	⑦	⑦	⑦	⑦	⑦
⑧	⑧	⑧	⑧	⑧	⑧	⑧
⑨	⑨	⑨	⑨	⑨	⑨	⑨

감독위원 확인
인

문번	1	2	3	4	문번	1	2	3	4	문번	1	2	3	4
1	①	②	③	④	21	①	②	③	④	41	①	②	③	④
2	①	②	③	④	22	①	②	③	④	42	①	②	③	④
3	①	②	③	④	23	①	②	③	④	43	①	②	③	④
4	①	②	③	④	24	①	②	③	④	44	①	②	③	④
5	①	②	③	④	25	①	②	③	④	45	①	②	③	④
6	①	②	③	④	26	①	②	③	④					
7	①	②	③	④	27	①	②	③	④					
8	①	②	③	④	28	①	②	③	④					
9	①	②	③	④	29	①	②	③	④					
10	①	②	③	④	30	①	②	③	④					
11	①	②	③	④	31	①	②	③	④					
12	①	②	③	④	32	①	②	③	④					
13	①	②	③	④	33	①	②	③	④					
14	①	②	③	④	34	①	②	③	④					
15	①	②	③	④	35	①	②	③	④					
16	①	②	③	④	36	①	②	③	④					
17	①	②	③	④	37	①	②	③	④					
18	①	②	③	④	38	①	②	③	④					
19	①	②	③	④	39	①	②	③	④					
20	①	②	③	④	40	①	②	③	④					

※ 본 답안카드는 마킹연습용 모의 답안카드입니다.

※ 절취선을 따라 분리하여 실제 시험과 같이 사용하면 더욱 효과적입니다.

경상남도교육청 교육공무직원 소양평가 답안카드

고사장

성 명

수 험 번 호						
⓪	⓪	⓪	⓪	⓪	⓪	⓪
①	①	①	①	①	①	①
②	②	②	②	②	②	②
③	③	③	③	③	③	③
④	④	④	④	④	④	④
⑤	⑤	⑤	⑤	⑤	⑤	⑤
⑥	⑥	⑥	⑥	⑥	⑥	⑥
⑦	⑦	⑦	⑦	⑦	⑦	⑦
⑧	⑧	⑧	⑧	⑧	⑧	⑧
⑨	⑨	⑨	⑨	⑨	⑨	⑨

감독위원 확인
인

문번	1	2	3	4	문번	1	2	3	4	문번	1	2	3	4
1	①	②	③	④	21	①	②	③	④	41	①	②	③	④
2	①	②	③	④	22	①	②	③	④	42	①	②	③	④
3	①	②	③	④	23	①	②	③	④	43	①	②	③	④
4	①	②	③	④	24	①	②	③	④	44	①	②	③	④
5	①	②	③	④	25	①	②	③	④	45	①	②	③	④
6	①	②	③	④	26	①	②	③	④					
7	①	②	③	④	27	①	②	③	④					
8	①	②	③	④	28	①	②	③	④					
9	①	②	③	④	29	①	②	③	④					
10	①	②	③	④	30	①	②	③	④					
11	①	②	③	④	31	①	②	③	④					
12	①	②	③	④	32	①	②	③	④					
13	①	②	③	④	33	①	②	③	④					
14	①	②	③	④	34	①	②	③	④					
15	①	②	③	④	35	①	②	③	④					
16	①	②	③	④	36	①	②	③	④					
17	①	②	③	④	37	①	②	③	④					
18	①	②	③	④	38	①	②	③	④					
19	①	②	③	④	39	①	②	③	④					
20	①	②	③	④	40	①	②	③	④					

※ 본 답안카드는 마킹연습용 모의 답안카드입니다.

경상남도교육청 교육공무직원 소양평가 답안카드

고사장

성 명

수 험 번 호						
⓪	⓪	⓪	⓪	⓪	⓪	⓪
①	①	①	①	①	①	①
②	②	②	②	②	②	②
③	③	③	③	③	③	③
④	④	④	④	④	④	④
⑤	⑤	⑤	⑤	⑤	⑤	⑤
⑥	⑥	⑥	⑥	⑥	⑥	⑥
⑦	⑦	⑦	⑦	⑦	⑦	⑦
⑧	⑧	⑧	⑧	⑧	⑧	⑧
⑨	⑨	⑨	⑨	⑨	⑨	⑨

감독위원 확인
인

문번	1	2	3	4	문번	1	2	3	4	문번	1	2	3	4
1	①	②	③	④	21	①	②	③	④	41	①	②	③	④
2	①	②	③	④	22	①	②	③	④	42	①	②	③	④
3	①	②	③	④	23	①	②	③	④	43	①	②	③	④
4	①	②	③	④	24	①	②	③	④	44	①	②	③	④
5	①	②	③	④	25	①	②	③	④	45	①	②	③	④
6	①	②	③	④	26	①	②	③	④					
7	①	②	③	④	27	①	②	③	④					
8	①	②	③	④	28	①	②	③	④					
9	①	②	③	④	29	①	②	③	④					
10	①	②	③	④	30	①	②	③	④					
11	①	②	③	④	31	①	②	③	④					
12	①	②	③	④	32	①	②	③	④					
13	①	②	③	④	33	①	②	③	④					
14	①	②	③	④	34	①	②	③	④					
15	①	②	③	④	35	①	②	③	④					
16	①	②	③	④	36	①	②	③	④					
17	①	②	③	④	37	①	②	③	④					
18	①	②	③	④	38	①	②	③	④					
19	①	②	③	④	39	①	②	③	④					
20	①	②	③	④	40	①	②	③	④					

※ 본 답안카드는 마킹연습용 모의 답안카드입니다.

※ 절취선을 따라 분리하여 실제 시험과 같이 사용하면 더욱 효과적입니다.

경상남도교육청 교육공무직원 소양평가 답안카드

고사장

성 명

수 험 번 호						
⓪	⓪	⓪	⓪	⓪	⓪	⓪
①	①	①	①	①	①	①
②	②	②	②	②	②	②
③	③	③	③	③	③	③
④	④	④	④	④	④	④
⑤	⑤	⑤	⑤	⑤	⑤	⑤
⑥	⑥	⑥	⑥	⑥	⑥	⑥
⑦	⑦	⑦	⑦	⑦	⑦	⑦
⑧	⑧	⑧	⑧	⑧	⑧	⑧
⑨	⑨	⑨	⑨	⑨	⑨	⑨

감독위원 확인
㉑ 인

문번	1	2	3	4	문번	1	2	3	4	문번	1	2	3	4
1	①	②	③	④	21	①	②	③	④	41	①	②	③	④
2	①	②	③	④	22	①	②	③	④	42	①	②	③	④
3	①	②	③	④	23	①	②	③	④	43	①	②	③	④
4	①	②	③	④	24	①	②	③	④	44	①	②	③	④
5	①	②	③	④	25	①	②	③	④	45	①	②	③	④
6	①	②	③	④	26	①	②	③	④					
7	①	②	③	④	27	①	②	③	④					
8	①	②	③	④	28	①	②	③	④					
9	①	②	③	④	29	①	②	③	④					
10	①	②	③	④	30	①	②	③	④					
11	①	②	③	④	31	①	②	③	④					
12	①	②	③	④	32	①	②	③	④					
13	①	②	③	④	33	①	②	③	④					
14	①	②	③	④	34	①	②	③	④					
15	①	②	③	④	35	①	②	③	④					
16	①	②	③	④	36	①	②	③	④					
17	①	②	③	④	37	①	②	③	④					
18	①	②	③	④	38	①	②	③	④					
19	①	②	③	④	39	①	②	③	④					
20	①	②	③	④	40	①	②	③	④					

※ 본 답안카드는 마킹연습용 모의 답안카드입니다.

경상남도교육청 교육공무직원 소양평가 답안카드

고사장

성 명

수 험 번 호						
⓪	⓪	⓪	⓪	⓪	⓪	⓪
①	①	①	①	①	①	①
②	②	②	②	②	②	②
③	③	③	③	③	③	③
④	④	④	④	④	④	④
⑤	⑤	⑤	⑤	⑤	⑤	⑤
⑥	⑥	⑥	⑥	⑥	⑥	⑥
⑦	⑦	⑦	⑦	⑦	⑦	⑦
⑧	⑧	⑧	⑧	⑧	⑧	⑧
⑨	⑨	⑨	⑨	⑨	⑨	⑨

감독위원 확인
㊞ 인

문번	1	2	3	4	문번	1	2	3	4	문번	1	2	3	4
1	①	②	③	④	21	①	②	③	④	41	①	②	③	④
2	①	②	③	④	22	①	②	③	④	42	①	②	③	④
3	①	②	③	④	23	①	②	③	④	43	①	②	③	④
4	①	②	③	④	24	①	②	③	④	44	①	②	③	④
5	①	②	③	④	25	①	②	③	④	45	①	②	③	④
6	①	②	③	④	26	①	②	③	④					
7	①	②	③	④	27	①	②	③	④					
8	①	②	③	④	28	①	②	③	④					
9	①	②	③	④	29	①	②	③	④					
10	①	②	③	④	30	①	②	③	④					
11	①	②	③	④	31	①	②	③	④					
12	①	②	③	④	32	①	②	③	④					
13	①	②	③	④	33	①	②	③	④					
14	①	②	③	④	34	①	②	③	④					
15	①	②	③	④	35	①	②	③	④					
16	①	②	③	④	36	①	②	③	④					
17	①	②	③	④	37	①	②	③	④					
18	①	②	③	④	38	①	②	③	④					
19	①	②	③	④	39	①	②	③	④					
20	①	②	③	④	40	①	②	③	④					

※ 본 답안카드는 마킹연습용 모의 답안카드입니다.

2026 최신판 시대에듀 경상남도교육청 교육공무직원 소양평가 인성검사 3회 + 모의고사 7회 + 면접 + 무료 공무직특강

개정6판1쇄 발행	2025년 11월 20일 (인쇄 2025년 10월 23일)
초 판 발 행	2020년 05월 30일 (인쇄 2020년 05월 15일)
발 행 인	박영일
책 임 편 집	이해욱
편 저	SDC(Sidae Data Center)
편 집 진 행	안희선 · 구본주
표지디자인	김경모
편집디자인	양혜련 · 장성복
발 행 처	(주)시대고시기획
출 판 등 록	제10-1521호
주 소	서울시 마포구 큰우물로 75 [도화동 538 성지 B/D] 9F
전 화	1600-3600
팩 스	02-701-8823
홈 페 이 지	www.sdedu.co.kr
I S B N	979-11-434-0218-9 (13320)
정 가	25,000원

경상남도 교육청

교육공무직원 소양평가

교 육 공 무 직 ROAD MAP

전국 시·도
교육청

부산광역시
교육청

대전광역시
교육청

세종특별자치시
교육청

전라북도
교육청

경상남도
교육청

울산광역시
교육청

경상북도
교육청

충청남도
교육청

※ 도서의 이미지 및 구성은 변동될 수 있습니다.

답안채점 • 성적분석 서비스

모바일 OMR

도서 내 모의고사 우측 상단에 위치한 QR코드 찍기 → 로그인 하기 → '시작하기' 클릭 → '응시하기' 클릭 → 나의 답안을 모바일 OMR 카드에 입력 → '성적분석 & 채점결과' 클릭 → 현재 내 실력 확인하기

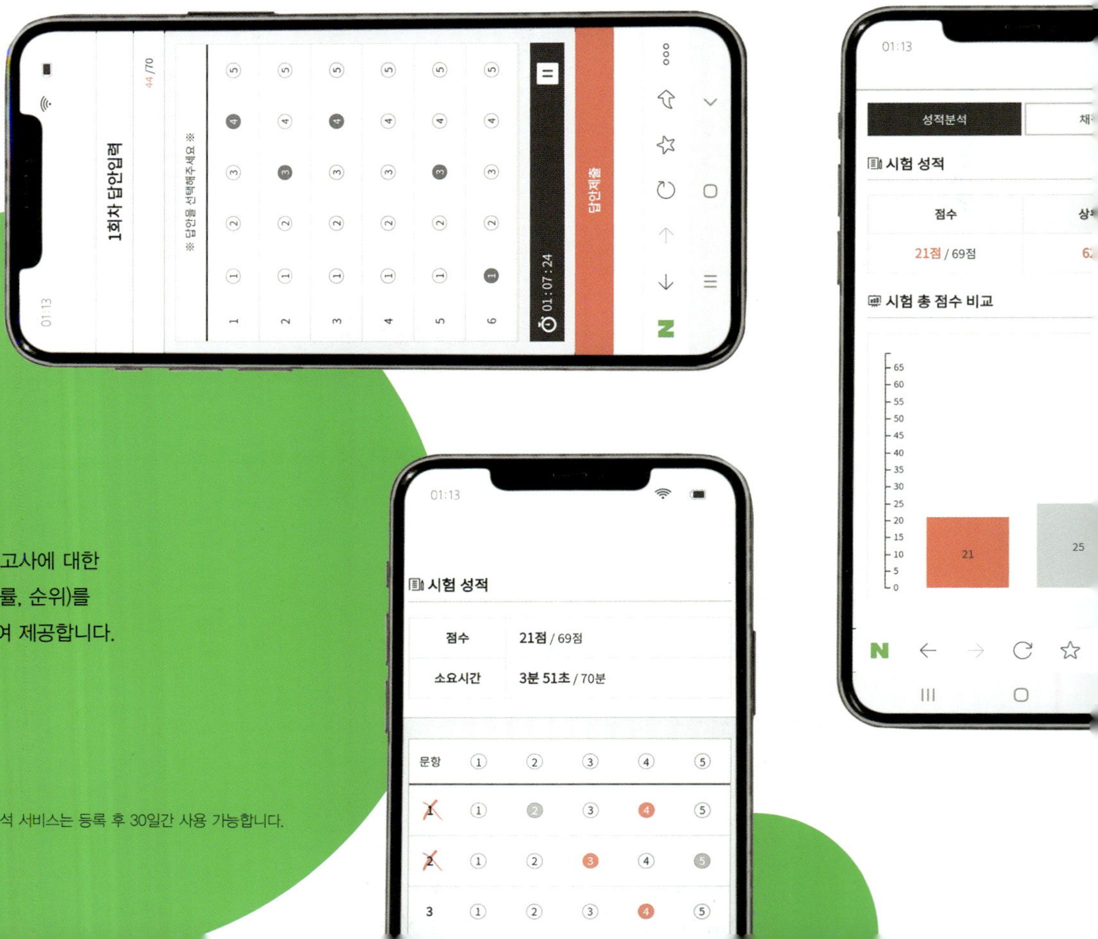

도서에 수록된 모의고사에 대한 객관적인 결과(정답률, 순위)를 종합적으로 분석하여 제공합니다.

※OMR 답안채점 / 성적분석 서비스는 등록 후 30일간 사용 가능합니다.